国家社会科学基金青年项目

# 剩余价值转移与世界经济不平衡发展研究

王智强　著

中国财经出版传媒集团

经济科学出版社

Economic Science Press

**图书在版编目（CIP）数据**

剩余价值转移与世界经济不平衡发展研究/王智强
著. -- 北京：经济科学出版社，2022.7
国家社会科学基金
ISBN 978 - 7 - 5218 - 3866 - 4

Ⅰ.①剩… Ⅱ.①王… Ⅲ.①剩余价值 - 价值转移 -
关系 - 世界经济 - 经济发展 - 研究 Ⅳ.①F014.31
②F11

中国版本图书馆 CIP 数据核字（2022）第 125708 号

责任编辑：李晓杰
责任校对：齐 杰
责任印制：张佳裕

剩余价值转移与世界经济不平衡发展研究

王智强 著

经济科学出版社出版、发行 新华书店经销
社址：北京市海淀区阜成路甲 28 号 邮编：100142
教材分社电话：010 - 88191645 发行部电话：010 - 88191522
网址：www. esp. com. cn
电子邮箱：lxj8623160@ 163. com
天猫网店：经济科学出版社旗舰店
网址：http：//jjkxcbs. tmall. com
北京密兴印刷有限公司印装
710 × 1000 16 开 17.25 印张 340000 字
2022 年 10 月第 1 版 2022 年 10 月第 1 次印刷
ISBN 978 - 7 - 5218 - 3866 - 4 定价：72.00 元

# 自 序

在硕士一年级第二学期，我有幸成为丁堡骏老师的学生，在丁老师的感染和熏陶下，我对马克思主义政治经济学产生了兴趣，开始研读《资本论》，理解马克思的劳动价值论、剩余价值理论、资本积累理论、价值转形理论。根据这些理论以及丁老师发展的双重转形理论，我对"置盐定理"进行了批判性考察，论文刊发在 2011 年第 9 期《当代经济研究》杂志上，此文被《人大复印报刊资料·理论经济学》全文转载。通过努力，2013 年我如愿考取了北京师范大学白暴力老师的博士。在即将离开长春的一次同门研讨会上，丁老师给我们分享了他的最新研究成果，双重价值转形理论在国际贸易领域的运用和价值财富国际转移给我留下了深刻印象，那时我也正在研读白老师的《世界价值与国际价格的形成与效应：劳动价值理论基础上的分析》一文，我隐约地意识到我曾经短暂工作过的台资代工企业的员工状况和剩余价值国际转移有关。

2014 年在白老师悉心指导下，我将国际垄断资本主义下的财富跨国转移定为博士论文的研究方向。理论阐释的重点是抽象财富（剩余价值）跨国转移的机制，在耳濡目染中，我对价值、个别价值、市场价值、生产价格、垄断价格、市场价格、交换价值、价格这些容易混淆的范畴有了清晰认识，而这恰恰是分析剩余价值国际转移的基础。真正的困难在于用详实的数据资料验证理论分析的正确性，我在搜集、整理、分析数据方面花了大量的时间和精力，经常到国家图书馆，频繁浏览国内外几十家官方网站，多次查阅几十家公司数年的财务年报。

博士毕业后，我接着博士期间的研究继续深入，分析了自由竞争资本主义商品经济下的剩余价值转移，重点探讨了个别价值转化为市场价值的剩余价值转移；对占据全球价值链高端环节的跨国公司的垄断利润进行了探析；分析了剩余价值国际转移的经济效应，先后考察了剩余价值国际转移对发展中国家与发达国家一般利润率的影响，剩余价值国际转移对发展中国家与发达国家经济增长的影响，剩余价值国际转移对发展中国家与发达国家工资差距的影响。这些连同博士论文的典型案例分析构成了本书的主要内容。本书的写作花费了近六年的时间。

帝国主义国家无论是发动军事侵略还是经济侵略，最终目的只有一个，那就是尽可能多地将其他国家创造的价值或应该归他国所有的价值转变为自己的垄断利润。为实现这一目的，帝国主义国家必须维护自己在全球的垄断地位，研发关键核心技术、封锁关键核心技术至关重要。如果一些小国妨碍帝国主义国家攫取剩余价值，那么等待他们的可能是依靠关键核心技术形成的军事打击。帝国主义国家绝对不允许中国强大起来，在中国经济高速增长阶段，他们从我国转移了相当可观的剩余价值。中国进入新时代，要走创新驱动经济高质量发展的道路，引起了帝国主义国家的担忧和不安。一方面，他们希望中国仍然根据比较优势参与全球价值链分工，继续为自己输送剩余价值；另一方面，又惧怕中国在攻克关键核心技术后挤占自己从全球获取的垄断利润，甚至对资本主义制度构成严重威胁。

不可否认，中国与发达国家的综合实力差距在不断缩小，中国的国有企业和民营企业在国际市场上与发达国家的跨国公司形成了强有力的竞争，中国的科技水平已位于世界中上游，在不久的将来，中国将跨越"中等收入陷阱"进入高收入国家行列。然而，"无论将来中国怎么发展，都永远属于发展中国家"。国内外有不少学者指责中国存在国有企业垄断，这种指责显然混同了生产集中与垄断。马克思、恩格斯、列宁认为，生产社会化，生产资料高度集中，劳动者共同使用集中起来的生产资料，是通向新的生产方式的过渡点。在垄断资本主义，"社会化的生产资料仍旧是少数人的私有财产"①，在社会主义，

---

① 列宁选集第2卷［M］. 北京：人民出版社，2012：593.

生产社会化的占有者是无产阶级专政（人民民主专政）的国家。在我国，国有企业生产的目的不是为了获取垄断利润，而是为了满足人民日益增长的美好生活的需要。国有企业生产集中也是同国际金融资本相竞争的必然选择。

当然，必须看到，在信息与通信技术催生的平台经济和数字经济的蓬勃发展中，国内一些民营资本在国际金融资本的扶持下已悄然转变为垄断资本，这些垄断资本正在加速融合形成互联网金融资本。他们依靠所支配的大量货币资本控制中小企业甚至决定它们的命运，中小企业、小业主以及广大劳动者的部分收入被吸吮变成这些金融资本的垄断利润，中小企业的经营风险增加，居民的消费需求下降，这对我国的金融稳定和经济良性循环造成了十分不利的影响，严重干扰了社会主义市场经济的健康持续发展。"任何一个民族都不会容忍由托拉斯领导的生产，不会容忍由一小撮专靠剪息票为生的人对全社会进行如此露骨的剥削。"[①] 2020 年 12 月 16～18 日召开的中央工作经济会议明确了强化反垄断和防止资本无序扩张的重点任务，2021 年 11 月 18日，国家反垄断局正式成立。笔者坚信，在以习近平同志为核心的党中央坚强领导下，互联网金融资本必定会被扼杀在摇篮里。

中国坚持以"一带一路"为平台努力构建人类命运共同体。2013年，习近平总书记首次提出构建人类命运共同体的倡议，党的十九大明确提出坚持推动构建人类命运共同体。人类命运共同体倡导开放、包容、平衡、共享、共赢的战略理念，体现的是一种新型国际关系。在人类命运共同体理念引领下，中国将与其他国家特别是发展中国家分工合作，共同研发新技术，共享技术创新成果，最终实现技术共同进步。有朝一日中国将成为世界主要科学中心和创新高地，然而，中国不但不会利用技术优势转移他国的剩余价值，反而会抑制某些国家利用技术优势转移他国剩余价值，并在推动世界经济平衡发展方面积极作为。

王智强<br>2022 年 5 月 1 日

---

① 马克思恩格斯文集第 9 卷［M］．北京：人民出版社，2009：395．

# 目 ■ 录

*Contents*

# 导　言

习近平在世界经济论坛 2017 年年会开幕式上发表的题为《共担时代责任共促全球发展》的主旨演讲中强调，坚持公平包容，打造平衡普惠的发展模式，以应对全球发展失衡。[①] 经济发展不平衡是资本主义制度的基本特征。自资本的现代生活史被揭开以来，资产阶级"使未开化和半开化的国家从属于文明的国家，……使东方从属于西方"。[②] 列宁在《帝国主义是资本主义的最高阶段》中指出，"在资本主义制度下，各个企业、各个工业部门和各个国家的发展必然是不平衡的"。[③] 当今世界，在企业层面，民族企业在大型跨国企业的夹缝中生存，在国家层面，美国拥有世界领导地位，外围的发展中国家依附于中心的发达国家。

2019 年瑞士信贷银行发布的《全球财富报告》显示，在全球 200 多个国家和地区中，美国依然是世界最富有的国家，北美和欧洲的家庭财富总额高达 205 万亿美元，占全球家庭财富总额的 57%，拉丁美洲和非洲拥有的家庭财富总额不到全球的 4%。2019 年联合国发布的《人类发展报告》显示，发达资本主义国家具有极高的人类发展指数[④]，挪威最高为 0.954，发展中国家的人类发展指数为 0.686，最低的仅为 0.377。根据世界银行公布的经济发展数据，40 个高收入国家与 191 个中低收入国家的按不变价购买力平价计算的就业人口人均 GDP 差

---

① 人民网，http：//world. people. com. cn/n1/2017/0118/c1002－29031274. html。
② 马克思恩格斯文集第 2 卷［M］. 北京：人民出版社，2009：36.
③ 列宁选集第 2 卷［M］. 北京：人民出版社，2012：626.
④ 人类发展指数涵盖出生时的期望寿命（life expectancy at birth）、期望教育年限（expected years of schooling）、平均教育年限（mean years of schooling）、人均国民收入（按 2011 年不变价购买力平价计价）。

值从 1991 年的 35435 美元扩大到 2019 年的 56992 美元。①

世界经济发展不平衡的原因错综复杂，根源在于物质生产方式的发展不平衡，率先进行资产阶级革命和工业革命的美、英、法、德、日、意等国家依旧是发达的资本主义国家，从殖民地、半殖民地走来的广大发展中国家在资本主义的道路上艰难地发展。伊曼纽尔的《不平等交换：对帝国主义贸易的研究》一书出版后，开始有学者从不平等交换的角度进行解释，指出不平等交换中存在的剩余价值转移是世界经济发展不平衡的重要原因之一。其实，不平等交换与剩余价值转移的思想可追溯至马克思，马克思虽然没有系统地分析剩余价值转移，但是在其经典著作中做了十分重要的论述："一个国家的三个工作日也可能同另一个国家的一个工作日交换，……在这种情况下，比较富有的国家剥削比较贫穷的国家"② "处在有利条件下的国家，在交换中以较少的劳动（国别劳动——笔者注）实现较多的劳动（世界劳动——笔者注），虽然这种差额，这种余额，同劳动和资本之间进行交换时通常发生的情况一样，总是会被某一个阶级装进腰包"③ "两个国家可以根据利润规律进行交换，两国都获利，但一国总是吃亏……一国可以不断攫取另一国的一部分剩余劳动而在交换中不付任何代价"。④

在马克思做出以上论述时，资本主义处于自由竞争的顶点，垄断还只是一种萌芽，19 世纪末 20 世纪初，资本主义转化为帝国主义，垄断价格成为剩余价值转移的手段。资本主义的发展过程验证了马克思的科学判断："竞争产生生产集中，而生产集中发展到一定阶段就导致垄断"。正因为如此，马克思在《资本论》中提出了垄断价格引起剩余价值转移的思想。马克思认为，"剩余价值平均化为平均利润的过程在不同生产部门内遇到人为的垄断或自然的垄断的障碍，……可能形成一个高于受垄断影响的商品的生产价格和价值的垄断价格"。⑤ 商品按照垄断价格出售，"不过是把其他商品生产者的一部分利润，转移

---

① 40 个高收入国家分别为：澳大利亚、奥地利、比利时、加拿大、塞浦路斯、捷克、丹麦、芬兰、法国、德国、希腊、冰岛、爱尔兰、以色列、意大利、日本、韩国、卢森堡、马耳他、荷兰、新西兰、挪威、葡萄牙、斯洛伐克、斯洛文尼亚、西班牙、瑞典、瑞士、英国、美国（前 30 个世界银行高收入经济体同时属于联合国开发计划署人类发展指数极高的国家和地区、国际货币基金组织发达经济体以及中央情报局《世界概况》发达经济体）、爱沙尼亚、拉脱维亚、立陶宛、波兰、匈牙利、智利、巴林、科威特、卡塔尔、克罗地亚（后 10 个世界银行高收入经济体人类发展指数很高，但不同时属于国际货币基金组织发达经济体以及中央情报局《世界概况》发达经济体）。
② 马克思恩格斯全集第 26 卷（Ⅲ）[M]. 北京：人民出版社，1974：112.
③ 马克思恩格斯文集第 7 卷 [M]. 北京：人民出版社，2009：265.
④ 马克思恩格斯全集第 46 卷（下）[M]. 北京：人民出版社，1980：402.
⑤ 资本论第 3 卷 [M]. 北京：人民出版社，2004：975.

到具有垄断价格的商品上"①。

马克思的这些重要论述为 K. 布休与名和统一从国际价值角度说明剩余价值转移、鲍威尔与格罗斯曼从国际生产价格角度说明剩余价值转移奠定了基础。② 在马克思、恩格斯去世后不久，《金融资本：资本主义最新发展的研究》一书问世，希法亭在这部对垄断资本主义做了极有价值的理论分析的著作中指出，金融资本限制了自由竞争，通过制定垄断价格获取垄断利润进而实现较高的利润率，金融资本获取的垄断利润源自对非垄断部门利润的分享或占有。之后不断有学者从国际价值、国际生产价格、国际垄断价格三个方面来探讨不平等交换、剩余价值国际转移及其对世界经济发展不平衡的影响。

第一，国际价值、剩余价值转移与世界经济发展不平衡。谢赫（Shaikh，1980）、白暴力、梁泳梅（2008）、杨圣明（2011）、何干强（2013）认为，对于同种商品的生产，发达国家的劳动生产率高，国别价值低于国际价值，发展中国家则相反，按照统一的国际价值进行交换，发达国家用较少的劳动可以交换发展中国家较多的劳动，部分剩余价值从发展中国家转移到发达国家。剩余价值转移有利于发达国家的资本积累，不利于发展中国家的工资提高与需求增加（白暴力、梁泳梅，2008）。然而一些研究者持不同观点，他们认为，不存在剩余价值从劳动生产率低的国家向劳动生产率高的国家转移，前者超出世界社会必要劳动时间的劳动，在世界范围内不被承认，不能形成价值，因此无"值"可转，后者在贸易中获取额外剩余价值是因为后者的劳动内涵高，同等时间的劳动能够转化为更多的平均劳动（袁文祺，1982；久保新一、中川信义，2009）。持此种观点的学者其实是坚持劳动生产率与商品价值量成正比（马艳、程恩富，2002；孟捷，2005，2011）。

第二，国际生产价格、剩余价值转移与世界经济发展不平衡。伊曼纽尔的不平等交换理论分析了国际生产价格形成引起的剩余价值转移。该理论认为，资本在全球自由流动使国别价值转化为国际生产价格，劳动力要素不能在全球自由流动，因而工资存在国际差异，工资与劳动生产率成正比，发达国家的工资与劳动生产率高，国别价值低于国际生产价格，发展中国家则相反，按照统一的国际生产价格进行交换，剩余价值从发展中国家向发达国家转移（Emmanuel，1972）。剩余价值转移对发展中国家的发展产生的负效应比对发达国家的发展产生的正效

---

① 资本论第3卷［M］. 北京：人民出版社，2004：975 – 976.

② 参见：中川信义. 国际价值论的若干理论问题［J］. 经济学动态，2003（11）；张忠任. 马克思主义经济思想史（日本卷）［J］. 上海：东方出版中心，2006；M. C. 霍华德，J. E. 金. 马克思主义经济学史［M］. 北京：中央编译出版社，2003.

应明显，剩余价值转移阻碍了发展中国家的资本积累与真实工资增长，降低了发展中国家潜在的再生产速度，扩大了发展中国家与发达国家的差距（Amin，1974；Liossatos，1980）。伊曼纽尔的不平等交换理论在学界存在争议，争论的焦点在于一般利润率能否在世界范围内形成（Foot & Webber，1983；曼德尔，1983），以及发展中国家的剩余价值率是否高于发达国家（曼德尔，1983；Houston & Paus，1987）。此外，国内一些学者认为资本有机构成的国际差异是不平等交换的真正原因（李翀，2007；丁重扬、丁堡骏，2013；钱书法、王卓然，2016）。即便如此，伊曼纽尔关于国际生产价格形成引起剩余价值转移的观点为研究者普遍接受，一些研究者做了这方面的经验分析（Gibson，1980；Marelli，1983；Nakajima，1994；冯志轩，2016）。

第三，国际垄断价格、剩余价值转移与世界经济发展不平衡。国内外学者普遍认为，垄断利润产生于剩余价值总额未按照与资本量成比例的标准进行分配，这种分配借助垄断价格实现，通过按垄断价格交换商品，其他生产者的部分剩余价值转变为垄断组织的垄断利润，垄断利润包括工人工资的扣除，不过主要来自其他生产者的部分剩余价值（宋涛，1988；刘涤源，1995；高峰，1996；斯威齐，2009）。一些学者将分析拓展到国际层面，指出发达国家凭借国际垄断价格，以垄断利润形式从发展中国家转移剩余价值（房宁，2004；吴宣恭，2007；白暴力、梁泳梅，2008），在转入的剩余价值中，既有可能是来自资本家剩余价值的一部分，也有可能是来自工人工资的一部分（陆夏，2010）。剩余价值以垄断利润形式从发展中国家转移到发达国家，限制了发展中国家原本低下的消费与投资水平，加剧了全球经济发展的不平衡（巴兰，2016）。不过也有些学者认为，垄断组织获取垄断利润不是因为剩余价值转移，而是因为垄断组织自身的生产规模大、效率高、成本低（Sraffa，1926；Demsetz，1973；龚维敬，1984）。

围绕剩余价值转移及其对世界经济发展不平衡的影响进行的研究，在一定程度上丰富和发展了马克思主义的不平等交换与不平衡发展思想，具有较高的理论与现实意义，不过，这些研究存在两点不足。第一，资本主义已从萌芽阶段发展到最高阶段，按照逻辑与历史相统一的分析方法，个别价值逐步向市场价值、生产价格、垄断价格转化，在国际层面，国别价值向国际价值、国际生产价格、国际垄断价格转化。研究者对价值转形理论缺乏全面系统的把握，未能阐明剩余价值转移的机制，正因为此，剩余价值转移的观点受到了质疑。第二，对剩余价值转移的世界经济发展不平衡效应研究得不够深入。多数研究者只限于定性分析，其中一些研究者给出了论点而没有展开详细的论述。有些学者进行了定量分析，但选取的衡量经济发展的指标不够全面。

伊曼纽尔和阿明从不平等交换的角度考察中心国家与外围国家的关系，显然是受普雷维什—辛格假说的启发，普雷维什和辛格结合当时的世界经济发展状况提出了长期贸易条件恶化论。该理论认为，外围国家出口初级产品进口工业制成品，初级产品生产率提高引起供给增加，由于初级产品的需求价格弹性与需求收入弹性缺乏，加之决定价格的工资因劳动力过剩而未能与劳动生产率同步提高，因此，外围国家相对于中心国家存在贸易条件恶化趋势，实际收入从外围国家向中心国家转移（Prebisch，1950，1959；Singer，1950）。贸易条件恶化论对当时占主流地位的比较优势理论形成了挑战，但仍然以西方经济学理论为分析基础，因而未能揭示贸易条件恶化的根本原因，也遭到了伊曼纽尔的批评。[1]

以上研究者从不平等贸易与剩余价值国际转移切入分析了发达国家与发展中国家的收入和资本积累存在差异的原因，也有些西方非主流经济学者从全球价值链的利润分配不平等的角度进行了分析。卡普林斯基（Kaplinsky，2000）认为，发展中国家从事过度竞争的加工、组装等低端环节，这些环节的经济租（economic rent）被侵蚀，发达国家把持着研发、设计、品牌等高端环节，这些环节进入壁垒高，因而能获取高额的经济租，结果是全球收入分配不平等。索梅尔（Somel，2004）进一步指出，汇率扭曲以及全球价值链的增加值分配不平等固化了发展中国家与发达国家的资本积累差距。受西方主流经济学的影响，卡普林斯基与索梅尔的研究未能充分说明全球价值链的利润不平等分配的真正原因。卡普林斯基认为，高端环节的高额经济租源于稀缺要素的报酬，低端环节损失的经济租则转变为消费者剩余，索梅尔意识到全球价值链的分配不平等在于不付代价的价值转移（value transfers along commodity chains），不过遗憾的是，由于缺乏劳动价值论，索梅尔虽然赞同高端环节的进入壁垒与低端环节的过度竞争，但没有从垄断价格的角度对全球价值链的价值转移进行深入分析。

简要地回顾前人关于金融资本转移剩余价值的研究是必要的。资本主义进入帝国主义阶段，金融资本依靠在有价证券发行方面享有的垄断特权转移垄断利润（列宁，2012）。自20世纪70年代以来，受新自由主义的影响，全球资本主义国家的金融部门极度膨胀，金融资本取得爆炸式增长，期货、期权、对冲基金等金融工具层出不穷，GDP中金融资产份额不断增加（Sweezy，1994；Dumenil &

---

[1]　贸易条件是指一定时期内一国的出口商品可以交换进口商品的比例，其实质是出口商品的国际价格与进口商品的国际价格之比。在伊曼纽尔看来，普雷维什—辛格假说不过是对当时流行的经济学教义的更成熟的再陈述，该假说混淆了工资与价格的因果关系，因而无法合理地解释《谷物法》的废除以及战后第一年英国的贸易条件恶化。参见：伊曼纽尔. 不平等的交换 [M]. 北京：中国对外经济贸易出版社，1988.

levy，2004；J. B. Foster，2006），金融资本逐渐演变为国际金融资本，美元霸权为美国金融垄断资本的发展提供支持（张宇、蔡万焕，2009），世界银行、IMF等世界经济组织成为国际金融资本攫取全球利润的工具。与此同时，金融资本转移剩余价值的方式出现了一些新特征。

当代资本主义的资本积累方式已经由产业资本的积累方式转变为金融资本的积累方式，这种积累方式，不仅可以通过将劳动者收入金融化实现对国内民众财富的掠夺，而且还可以利用金融工具和国际货币体系实现对其他国家财富的掠夺（蒯正明，2013）。金融资本获得对劳动者储蓄（首要的是养老基金）的控制，通过挪走现金、公司倒闭，将积累的养老金从劳动者那里转移到自己手中，这是金融资本剥削劳动者的最新方式（赫德森，2010）。帝国主义进入金融霸权时期，以金融霸权为武器，中心地区趁外围国家债务危机之机从中攫取高额利润来补充自身的低利润，这是帝国主义剥夺性积累的本质（哈维，2009）。发动大规模掠夺财富的金融战争，是当代帝国主义的新特征，高度垄断性的新型金融战争造就了极少数的超级富豪，金融危机、政府救市等演变为金融战争掠夺财富的手段。发达资本主义国家对世界货币发行权的垄断进一步加强了金融寡头的掠夺，美元成为美国转移他国财富的重要手段（程恩富、夏晖，2007；白暴力、梁泳梅，2009）。

本书在批判地吸收和借鉴前人研究成果的基础上，结合价值转形理论全面而系统地阐述剩余价值转移的机制，以此为切入点和逻辑起点，揭示西方经济学普遍忽视的国际贸易与全球价值链分工中存在的剩余价值国际转移，结合详实的数据说明商品垄断与金融垄断引起的剩余价值转移，从工资、GDP劳动比、经济增长、资本积累质量、一般利润率五个方面分析剩余价值转移的世界经济发展不平衡效应。本书的研究有助于认清西方古典贸易理论的庸俗性，有助于深刻认识包括我国在内的发展中国家在国际贸易和全球价值链分工中的不利地位，有助于深刻地认识国际金融资本的食利性，有助于从剩余价值国际转移角度理解国家之间的贫富差距与世界经济发展的不平衡。本书的研究不仅能够体现价值转形理论的应用价值，而且为研究劳动生产率与价值量成正比还是成反比、价值规律、资本积累规律、一般利润率下降规律、经济危机等马克思经济理论中的重难点问题提供新视角，对于捍卫马克思的劳动价值论、拓展和推进马克思主义政治经济学的研究具有重要意义。

"时代是思想之母，实践是理论之源"。习近平新时代中国特色社会主义思想是中国特色社会主义进入新时代的产物和伟大理论成果，其中的一些重要内容为抑制剩余价值国际转移、促进世界经济平衡发展提供了中国方案。第一，要以经济高质量发展为主题，以供给侧结构改革为主线，以改革创新为根本动力，推进贸易强国建设，促进产业迈向全球价值链中高端。第二，坚持推动构建人类命运共同体，推动经济全球化朝着更加开放、包容、普惠、平衡、共赢的方向发展。

最后有几点需要说明。第一，一个国家将积累的剩余价值转移到其他国家或者无偿捐赠给其他国家；一个国家的企业被其他国家的资本参股或控股，该国企业的剩余价值通过分红、派息的方式转移到其他国家，这两种剩余价值国际转移本书不做研究。第二，商人资本的两个亚种——商品经营资本和银行经营资本获取的利润来自产业资本的剩余价值，本书将平均利润视作商人资本在加快商品流通、加快货币流通、节约流通手段、促进资本循环方面所起作用的正常报酬，仅考虑商人资本凭借垄断力量获取垄断利润的剩余价值转移。商品垄断经营资本转移剩余价值通过在 G－W 阶段实行垄断低价、在 W－G 阶段实行垄断高价实现，这一点与本书第三章阐述的买（卖）方垄断与剩余价值转移相同。银行垄断经营资本转移剩余价值将在第四章加以阐述。第三，在数字经济与平台经济发展中形成的金融资本所获取的垄断利润来自三个方面。首先，金融资本家凭借平台和数据的垄断所有权向中小资本家、小业主收取垄断租金，这些租金来自中小资本家的利润和小业主的收入。其次，同时开展运输业务或类似于运输业务的金融资本家，凭借劳动力买方垄断优势雇佣工人（如外卖骑手），将应归工人所有的价值部分转变为自己的垄断利润。再次，消费者为享用金融资本家提供的商品或服务需支付垄断高价，消费者的部分收入转变为金融资本家的垄断利润。最后，中小资本家、小业主、广大消费者为借入货币而向金融资本家支付垄断利息，他们的部分收入转变为金融资本家的垄断利润。在本书的第一章、第三章、第四章，读者将看到与这种剩余价值转移相对应的论述。第四，关于剩余价值国际转移的世界经济发展不平衡效应的分析具有普遍适用性，劳动生产率差异引起的剩余价值转移，与资本有机构成差异、垄断力量差异、金融资本引起的剩余价值转移具有相同的世界经济发展不平衡效应。比如，努力工作能够增加收入从而促进消费，如果努力工作能够通过增加绩效工资促进消费，那么努力工作也会通过增加年终奖或者加班报酬促进消费。

本书各章的主要内容如下。

第一章，价值转形与剩余价值转移。（1）在国内层面，在价值依次向市场价值、生产价格、垄断价格转化的过程中，阐述剩余价值在劳动生产率、资本有机构成、垄断力量不同的企业或部门之间转移的机制。（2）在国际层面，在国别价值依次向国际价值、国际生产价格、国际垄断价格转化的过程中，阐述剩余价值在劳动生产率、资本有机构成、垄断力量不同的国家之间转移的机制。（3）构建数理模型，利用搜集处理的数据测算剩余价值转移率，运用计量方法考察剩余价值转移率与劳动生产率、资本有机构成、垄断力量之间的关系。

第二章，对西方古典贸易理论的批判性考察。（1）批判李嘉图的比较优势理论与要素禀赋理论。运用辩证分析法说明，在物质财富层面，无论是劳动生产率高还是低的国家，无论是资本技术密集型还是资源劳动密集型的国家均能在贸易中获利；然而，在抽象财富层面，劳动生产率低、资源劳动密集型的国家创造的部分剩余价值，向劳动生产率高、资本技术密集型的国家转移。（2）批判 H－O－S 定理。运用理论分析和经验分析相结合的方法说明，在发展中国家与发达国家贸易增量相同的情况下，贸易通过剩余价值国际转移量对工资差距产生的正效应大于贸易通过劳动力需求产生的负效应，发展中国家与发达国家之间的工资差距扩大。

第三章，商品垄断与剩余价值国际转移。本章阐述国际产业垄断资本通过垄断高价和垄断低价转移剩余价值，说明剩余价值向全球价值链高端环节转移的必要条件和两种方式。跨国企业以卖方垄断价格销售商品，将全球购买者的部分收入转变为自己的垄断利润；以买方垄断价格购买商品，将本应归其他国家所有的价值部分转变为自己的垄断利润。发达国家的跨国企业因控制设计、研发、品牌等核心环节而在全球价值链中拥有垄断地位，全球价值链中发生的剩余价值转移表现为，通过带有垄断性的国际商品流通，发展中国家的代工企业和劳动者的收入向发达国家的跨国企业转移。

第四章，金融垄断与剩余价值国际转移。（1）金融业垄断与剩余价值国际转移。货币垄断经营资本通过制定垄断利息率获取垄断利润，证券垄断经营资本通过收取高额佣金获取垄断利润，金融业垄断资本通过操纵金融衍生品以及与之相关的标的物的价格获取垄断利润。华尔街大型跨国银行垄断了全球投资银行业务，凭借雄厚资金，在国际金融市场上操纵外汇与有价证券的价格，获取丰厚的利润；与工商业巨头相互勾结，借助国家力量与美元的霸权地位，操纵战略资源的国际价格以及以战略资源为标的的金融衍生品的价格，获取丰厚的利润。（2）美元垄断与剩余价值国际转移。建立在强大的美国国力基础上的美元本位制是一种自然垄断，凭借对美元发行权的垄断，美国通过用美元购买其他国家的商品与劳务以及进行境外投资转移他国财富；依靠美元贬值减免国际债务、增加垄断性商品出口转移他国财富；借助美元汇率波动转移他国财富。

第五章，剩余价值国际转移的世界经济发展不平衡效应。本章选取单位劳动国内生产总值、经济增长率、资本积累质量、一般利润率作为衡量经济发展的关键指标，运用理论分析和经验分析相结合的方法论证，剩余价值国际转移有利于发达国家国内生产总值及单位劳动国内生产总值的增长，有利于发达国家资本积累质量的提高，有利于发达国家一般利润率的上升。对于发展中国家则恰好相反。通过比较分析剩余价值国际转移对发展中国家与发达国家的经济发展的不同影响，说明剩余价值国际转移具有加剧世界经济发展不平衡的效应。

　　本书的技术路线如图 1 所示。

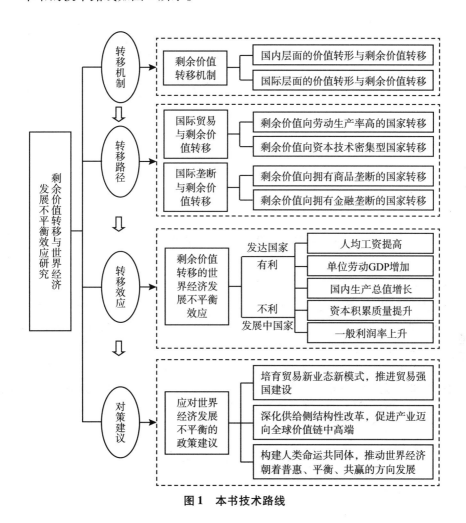

**图 1　本书技术路线**

# 第一章

## 价值转形与剩余价值转移

### 第一节　价值价格范畴辨析

商品生产和商品流通是生产方式不同的国家都具有的现象。在商品经济，生产是为交换而进行的生产，剩余价值转移主要靠商品交换来实现。深入研究《资本论》可以发现，马克思在研究资本主义生产方式以及与之相适应的生产关系时，提出了价值、个别价值、市场价值、生产价格、垄断价格、市场价格、价格等不同层次的与商品交换比例相关的范畴，其中一些范畴实现了政治经济学的"术语革命"，厘清这些容易混淆的范畴是阐明交换过程中实现的剩余价值转移的前提。

### 一、价值及其具体形式或转化形式

#### （一）价值

在《资本论》中，马克思以抽象的商品经济或一些生产方式所共有的、抽象的商品生产和商品流通为出发点，用特有的"抽象力"研究了决定商品价格的价值。同一的人类劳动力的耗费——无差异的人类劳动是价值的实体与质的规定，同一的人类劳动力，具有社会平均劳动力的性质，"在商品的生产上只使用平均必要劳动时间或社会必要劳动时间"。① 可见，"生产使用价值的社会必要劳动时间，决定该使用价值的价值量"，② 这里的社会必要劳动时间显然指的是第一种含义的社会必要劳动时间。③ 与"时间Ⅰ"相对应的价值是一个高度抽象且最为简单的范畴，马克思在纯粹形态上分析价值，抽象掉了供求因素即假定供求一致；抽象掉了部门内不同企业的劳动生产条件的差异（魏旭，2017），以及部门之间资本有机构成的差异；抽象掉了部门内不同企业为追逐超额剩余价值和抢占市场份额而展开的竞争，部门之间的资本为获取平均利润率而展开的竞争，以及从竞争中产生的垄断。

## （二）个别价值

现实中抽象的价值范畴有具体形式或转化形式。在简单商品经济，生产能力水平低下，社会分工程度不高，从事同种商品生产的农民或个体手工业者的劳动基本上是无差异的，单个劳动者的劳动近似于社会平均劳动，因此，价值的具体形式为个别价值。若不考虑供求的影响，简单商品经济中的价值和个别价值在量上是相同的。

古典政治经济学家从简单商品经济形态考察决定商品价格的价值。虽然在他们所处的时代，工场手工业已经集中出现，甚至开始向机器大工业过渡，但是受旧的物质生产方式的影响，他们习惯于将简单商品经济的物物交换与个体劳动作为研究对象，因此，他们的价值只是价值的最原始的具体形式——个别价值。在威廉·配第的劳动价值论中，决定商品与其他商品或货币的交换比例即交换价值的是个别劳动力的耗费，而不是马克思高度抽象的无差异的人类劳动。亚当·斯密从劳动者是商品所有者的角度出发，提出了两种价值的规定：一方面，商品的价值决定于生产商品所必要的劳动量；另一方面，商品的价值决定于可以买到商

---

①② 资本论第1卷［M］.北京：人民出版社，2004：52.

③ 学界普遍认为马克思在其经典著作中提出了两种含义的社会必要劳动时间。对于第一种含义的社会必要劳动时间（以下简称"时间Ⅰ"），马克思在《资本论》第1卷指出，"社会必要劳动时间是在现有的社会正常的生产条件下，在社会平均的劳动熟练程度和劳动强度下制造某种使用价值所需要的劳动时间。"（资本论第1卷［M］.北京：人民出版社，2004：52.）对于第二种含义的社会必要劳动时间（以下简称"时间Ⅱ"），马克思在《1861－1863年经济学手稿》与《资本论》第3卷论述如下："花费在这个特殊领域中的只是社会总劳动时间中的必要部分，只是为满足社会需要（需求）所必要的劳动时间"；（马克思恩格斯文集第8卷［M］.北京：人民出版社，2009：260.）"只有当全部产品是按必要的比例生产时，它们才能卖出去。……虽然必要劳动时间在这里包含着另一种意义。为了满足社会需要，只有如许多的劳动时间才是必要的。"（资本论第3卷［M］.北京：人民出版社，2004：717.）

品的活劳动量,或者决定于可以买到一定量活劳动的商品量。大卫·李嘉图批评了斯密的"二元价值论",提出了"一元价值论",即"商品的价值或其所能交换的任何另一种商品的量,取决于其生产所必需的相对劳动量"[1],不过李嘉图的抽象程度并未超越斯密。当斯密和李嘉图运用从简单商品经济得出的劳动价值论去分析资本主义商品经济的内在规律时立刻遇到了困难,[2] 马克思在批判古典政治经济学基础上提出了科学的劳动价值论,正确地解决了这些难题。

### (三) 市场价值

资本主义商品经济大致经历了三个阶段,第一个阶段为资本主义商品经济发展初级阶段,第二个阶段为自由竞争资本主义商品经济阶段,第三个阶段为垄断资本主义商品经济阶段。[3] 在资本主义商品经济发展初级阶段,个体手工业为工场手工业和机器大工业所取代,竞争率先在部门内的不同企业之间展开,企业的劳动生产率差异导致生产单位同种商品耗费的个别劳动存在差异。在这种情况下,决定价值的"时间 I"为各企业个别劳动时间的加权平均,价值的具体转化形式为个别价值加权平均形成的市场价值或社会价值。i 部门商品的市场价值决定可由下式表示:

$$\bar{v}_i = \frac{\sum_{j=1}^{n} v_{ij} q_{ij}}{\sum_{j=1}^{n} q_{ij}} = \sum_{j=1}^{n} v_{ij} \vartheta_{ij} \qquad (1-1)$$

其中,$\bar{v}_i$ 表示 i 部门的市场价值,$v_{ij}$ 表示 i 部门 j 企业的个别价值,$q_{ij}$ 表示 i 部门 j 企业的商品产量,$\vartheta_{ij} = q_{ij} / \sum q_{ij}$ 表示 i 部门 j 企业商品产量占总产量的比例。根

---

① 大卫·李嘉图全集第 1 卷 [M]. 北京:商务印书馆,2013:5.

② 第一,根据斯密关于价值的第二种规定,构成资本的商品的价值等于它能换进或支配的活劳动量,但这与资本获取利润的事实相矛盾。第二,商品按照价值进行等价交换与等量资本获取等量利润相矛盾。

③ 简单商品经济和资本主义商品经济是高度抽象的商品经济的两个具体形态。将资本主义商品经济划分为三个阶段主要依据马克思和列宁的如下论述。"商品按照它们的价值或接近于它们的价值进行的交换,比那种按照它们的生产价格进行的交换,所要求的发展阶段期低得多。按照它们的生产价格进行的交换,则需要资本主义的发展达到一定的高度。"(资本论第 3 卷 [M]. 北京:人民出版社,2004:197.)"19 世纪 60 年代和 70 年代是自由竞争发展的顶点即最高阶段。……19 世纪末的高涨和 1900~1903 年的危机。这时卡特尔成了全部经济生活的基础之一。资本主义转化为帝国主义。""20 世纪是从旧资本主义到新资本主义,从一般资本统治到金融资本统治的转折点"。(列宁选集第 2 卷 [M]. 北京:人民出版社,2012:589-612.)

据马克思在《资本论》第 3 卷第 10 章的分析，考虑生产条件差异的市场价值有三种规定。由（1-1）式可知：如果中等生产条件下生产的商品的 $\vartheta_i$ 相当大，那么，"市场价值就会由中等条件生产的商品的价值来决定"[①]；如果较坏条件下生产的商品的 $\vartheta_i$ 特别大，那么，"市场价值或社会价值就由在较坏条件下生产的大量商品来调节"[②]；如果最好条件下生产的商品的 $\vartheta_i$ 特别大，那么，"市场价值就由在最好条件下生产的那部分商品来调节"[③]。

## （四）生产价格

在自由竞争资本主义商品经济阶段，资本能够在部门之间充分流动，竞争在资本有机构成不同的部门之间展开，等量资本要求获取等量利润使得市场价值转化为生产价格，即"由于利润率平均化而形成的平均价值"[④]。生产价格等于成本价格加上平均利润，平均利润为该部门的资本从剩余价值总量中分到与它们各自的量成比例的份额。

## （五）垄断价格

在垄断阶段，垄断的存在排除了自由竞争，在一定程度上阻碍了资本的自由流动。一些部门被垄断资本所控制，剩余价值转化为平均利润的过程受到了垄断的限制。平等地占有剩余价值是资本的权利，而更多地占有剩余价值、获取垄断利润则是垄断资本的权利，垄断资本必然要凭借自身的垄断权力，从社会剩余价值的总量中分到多于它们正常比例的一部分。按高于生产价格的垄断价格出售商品是实现垄断利润的方式。

如果资本有机构成低的部门被垄断资本控制，该部门的剩余价值不参与利润的平均化，垄断资本家按高于生产价格的价值出售商品，就能够实现垄断利润。如果一种能够降低生产成本的自然力被垄断资本家占有，垄断资本家不是按由商品的成本价格和平均利润率决定的个别生产价格出售，而是按调节价格的社会生产价格出售，就能够实现垄断利润。如果垄断资本家凭借自身的垄断势力，能够按这样一种垄断价格销售商品，"这种价格只由购买者的购买欲和支付能力决定，而与一般生产价格或产品价值所决定的价格无关"[⑤]，那么垄断资本家将实现相

---

①　资本论第 3 卷［M］. 北京：人民出版社，2004：203.

②③　资本论第 3 卷［M］. 北京：人民出版社，2004：204.

④　丁堡骏. 论社会必要劳动时间的理论定位［J］. 当代经济研究，2010（10）：2.

⑤　资本论第 3 卷［M］. 北京：人民出版社，2004：876.

当大的垄断利润,这种垄断利润取决于购买者的需求大小。

商品按照垄断价格出售能够实现垄断利润,然而,对于垄断价格如何构成,学术界尚存争议。① 笔者认为,垄断是从自由竞争发展而来的,"垄断只有不断投入竞争的斗争才能维持自己"②;"垄断并不消除竞争,而是凌驾于竞争之上,与之并存"③。在垄断阶段,存在着垄断资本与垄断资本之间、垄断资本与非垄断资本之间以及非垄断资本之间的竞争。虽然在垄断阶段资本不像自由竞争阶段那样能够充分地流动,但是"平均利润……形成的根本原因……资本追求平等占有剩余价值的倾向"④ 仍然存在,垄断资本设置的壁垒,只能阻碍中小资本的自由进入,而不能成为大型垄断资本的障碍,如果一个行业中的垄断资本获取的利润率非常高,以致实际得到的垄断利润超出凭借自身垄断权力所应得到的份额,那么其他一些实力雄厚的垄断资本势必会冲破壁垒进入该行业。在垄断阶段,资本追求平等占有剩余价值的内在倾向外在地表现为:占少数的垄断势力获取大致相同的利润率;而占多数的非垄断资本获取的利润率基本相同且接近于(低于)平均利润率(希法亭,2009)。另外,经历过自由竞争阶段,"正常利润在资本家的观念中表现为理所当然的收入"⑤,即使在垄断资本主义阶段,垄断资本仍然要先保证资本的权利——获取平均利润,然后再根据垄断权利和市场供求决定获取的垄断利润。因此,在垄断阶段,平均利润(率)依然存在,垄断利润是"垄断资本凭借其在生产领域和流通领域中的垄断地位而获得的超过平均利润的高额利润"⑥。垄断价格由成本价格、平均利润和垄断利润构成,它是生产价格的转化形式。

个别价值、市场价值、生产价格、垄断价格是抽象的价值在商品经济不同发展阶段的具体形式或转化形式,是联结价值与市场价格的中介。马克思运用从思维抽象上升到思维具体的方法阐明了高度抽象的价值及其具体形式或转化形式,尽管马克思将舍象的因素逐步还原,但他的研究仍是在供求平衡的假定前提下进行的,因为只有供求平衡才能确定个别价值、市场价值、生产价格、垄断价格,

---

① 有学者认为,垄断价格由成本价格和垄断利润构成;也有学者认为,垄断价格由成本价格、平均利润和垄断利润构成;还有学者认为,垄断价格具有主观随意性,并不像市场价值与生产价格那样能通过严格的数学模型计算得到。

② 马克思恩格斯选集第1卷 [M]. 北京:人民出版社,2012:256.

③ 列宁选集第2卷 [M]. 北京:人民出版社,2012:650.

④ 丁重扬,丁堡骏. 试论马克思劳动价值论在国际交换领域的运用和发展 [J]. 毛泽东邓小平理论研究,2013(4).

⑤ 白暴力. 价值价格通论 [M]. 北京:经济科学出版社,2006:248.

⑥ 许涤新. 政治经济学辞典(中)[M]. 北京:人民出版社,1980:19.

在马克思看来，"在政治经济学上必须假定供求是一致的……这是为了对各种现象在它们的合乎规律的、符合它们的概念的形态上来进行考察，也就是说，撇开由供求变动引起的假象来进行考察"。①

## 二、市场价值与市场价格

在《资本论》第 3 卷第 10 章，马克思指出，"要使一个商品按照它的市场价值来出售，也就是说，按照它包含的社会必要劳动来出售，耗费在这种商品总量上的社会劳动的总量，就必须同这种商品的社会需要的量相适应"；② "如果对这个总量的需求仍旧是通常的需求，这个商品就会按照它的市场价值出售，……如果这个量小于或大于对它的需求，市场价格就会偏离市场价值"。③④ 可见，在考察市场价格时，马克思还原了劳动量层面而非实物量层面的供求。如果耗费的社会劳动总量（供给）与社会需要的劳动总量（需求）相适应，那么市场价格与市场价值一致，否则两者发生偏离。

### （一）"时间 I"总量大于"时间 II"的市场价格

假定 i 部门的"时间 II"为 $\bar{T}_i$，且小于该部门的"时间 I"总量即"时间 I"与商品总量的乘积，也就是说，i 部门的社会需要的劳动总量小于耗费在该部门的社会劳动总量。如果 i 部门商品的市场价格 $p_i$ 等于"时间 I"决定的市场价值 $\bar{v}_i$，那么，i 部门的需求数量 $Q_i^d$ 小于供给数量 $\sum_{j=1}^{n} q_{ij}^s$，此时各个企业实现的价值为 $\bar{T}_i/n$。如果 i 部门的 k 企业略微降低市场价格，而其他企业保持不变，那么 k 企业能够实现出清，此时，$q_{ik}^d = q_{ik}^s > Q_i^d/n$，$p_{ik}'q_{ik}^s > \bar{T}_i/n$，$(\bar{T}_i - p_{ik}'q_{ik}^s)/(n-1) < \bar{T}_i/n$。如果 i 部门的其他企业略微降低市场价格，而 k 企业保持不变，那么，其他企业的需求数量增加，而 k 企业的需求数量大幅度减少，此时，$q_{ik}^d < Q_i^d/n < q_{ik}^s$，$\bar{v}_i q_{ik}^d < \bar{T}_i/n$，$(\bar{T}_i - \bar{v}_i q_{ik}^d)/(n-1) > \bar{T}_i/n$。以上分析如表 1-1 所示。

① 资本论第 3 卷［M］. 北京：人民出版社，2004：211.
② 资本论第 3 卷［M］. 北京：人民出版社，2004：214.
③ 资本论第 3 卷［M］. 北京：人民出版社，2004：206.
④ 马克思在《资本论》第 3 卷第 10 章以自由竞争的资本主义商品经济为分析对象，用具体的市场价值范畴代替了抽象的价值范畴，当然，马克思关于市场价值的论述，也适用于个别价值、生产价格与垄断价格。

在竞争规律的作用下，i 部门的各个企业均会降低市场价格，直至该部门市场出清，将此时的市场价格记为 $p_i^*$。i 部门的任意一家企业不会以低于 $p_i^*$ 的市场价格出售商品，原因在于，若企业以低于 $p_i^*$ 的市场价格出售，销售量不会增加，实现的价值会减少。因此，$p_i^*$ 为 i 部门的均衡市场价格。当市场价格等于 $p_i^*$ 时，$Q_i^{d^*} = \sum_{j=1}^{n} q_{ij}^s$，$p_i^* Q_i^{d^*} = \overline{T}_i$，各个企业实现的价值仍为 $\overline{T}_i/n$。

表 1 – 1                       i 部门的各个企业之间的博弈

| | | i 部门除 k 企业之外的其他企业 h | |
| --- | --- | --- | --- |
| | | $p_{ih} = \bar{v}_i$ | $p_{ih}' = \bar{v}_i - \Delta\bar{v}_i,\ \Delta\bar{v}_i \to 0^+$ |
| i 部门的 k 企业 | $p_{ik} = \bar{v}_i$ | $\dfrac{\overline{T}_i}{n} = \dfrac{\bar{v}_i Q_i^d}{n},\ \dfrac{\overline{T}_i}{n} = \dfrac{\bar{v}_i Q_i^d}{n}$ | $\bar{v}_i q_{ik}^d,\ \dfrac{\overline{T}_i - \bar{v}_i q_{ik}^d}{n-1}$ |
| | $p_{ik}' = \bar{v}_i - \Delta\bar{v}_i\ \Delta\bar{v}_i \to 0^+$ | $p_{ik}' q_{ik}^s,\ \dfrac{\overline{T}_i - p_{ik}' q_{ik}^s}{n-1}$ | $\dfrac{\overline{T}_i}{n} = \dfrac{p_i' Q_i^{d'}}{n},\ \dfrac{\overline{T}_i}{n} = \dfrac{p_i' Q_i^{d'}}{n}$ |

注：i 部门各个企业的占优策略是降低市场价格，$(p_i^* Q_i^{d^*}/n,\ p_i^* Q_i^{d^*}/n)$ 是整个博弈过程的占优均衡；为了分析方便，我们将 i 部门除 k 企业之外的其他企业看作同质的参与者，这样处理不会影响分析结果。

## （二）"时间 I" 总量小于 "时间 II" 的市场价格

假定 i 部门的"时间 II"为 $\overline{T}_i$，且大于该部门的"时间 I"总量即"时间 I"与商品总量的乘积，也就是说，i 部门的社会需要的劳动总量大于耗费在该部门的社会劳动总量。如果 i 部门的各个企业按照与"时间 I"决定的价值相等的市场价格出售商品，那么会出现供不应求的情况，在竞争规律的作用下，i 部门的各个企业会提高市场价格，直至该部门的供求平衡，将此时的市场价格记为 $p_i^*$。i 部门的各个企业不会以高于 $p_i^*$ 的市场价格出售，如果 i 部门的任意一家企业按高于 $p_i^*$ 的市场价格出售商品，实现的价值仍然能够增加，那么，其他企业也会提高市场价格，这会导致供过于求，而根据前面的分析，供过于求是不稳定的，企业会重新降低市场价格直至出清的水平。因此，$p_i^*$ 为 i 部门的均衡市场价格。当市场价格等于 $p_i^*$ 时，$Q_i^{d^*} = \sum_{j=1}^{n} q_{ij}^s$，$p_i^* Q_i^{d^*} = \overline{T}_i$，每家企业实现的价值为 $p_i^* Q_i^{d^*}/n$。

综上分析，"时间 I"决定价值，"时间 I"总量与"时间 II"共同决定市场价格。市场价格与价值之间的关系可以用 $p_i^* = \Psi_i \bar{v}_i$ 表示，$\Psi_i$ 为市场价格与价值的偏离系数，当"时间Ⅰ"总量大于、等于、小于"时间Ⅱ"时，$\Psi_i$ 小于、等于、大于1。$\Psi_i$ 与"时间Ⅰ"总量同"时间Ⅱ"的比值严格负相关，"时间Ⅰ"总量同"时间Ⅱ"的比值越小，$\Psi_i$ 就越大，反之则相反。由于抽象掉劳动差异、生产条件差异以及供求因素，价值是一个相对稳定的值；由于商品总量与"时间Ⅱ"不易确定，市场价格与价值的偏离系数不易确定，从而市场价格是一个相对易变的值。重新认识价值规律可加深对前文研究的理解。

商品二重化为商品和货币是使用价值和价值的矛盾推动商品交换发展的必然结果。货币是固定地充当一般等价物的特殊商品，是物质财富的一般代表，处于一般的社会形式。自货币诞生那刻起，商品之间的直接交换演变为货币充当交易媒介的商品流通，价值形式或市场价格的表现形式在货币上取得完成形态的价格形式，商品与货币的交换比例、表现价值或市场价格所需要的货币数量即为价格。决定商品价格的最终基础是价值（本质），直接基础是市场价格（现象）。撇开供求变动假象考察规律，个别价值、市场价值、生产价格、垄断价格等价值的具体形式或转化形式决定价格。规律呈现出人们看到的事实：受"时间Ⅰ"总量和"时间Ⅰ"的影响，现实的价格——市场价格的货币表现——围绕价值决定的价格上下波动，价格变动反过来又影响"时间Ⅰ"总量同"时间Ⅱ"的关系。

## 三、对相关争论的评析

### 1. 价值转形问题

马克思在《资本论》第3卷阐述了价值转化为生产价格的理论，解决了导致李嘉图学派解体的难题之一，[①] 证明了"相等的平均利润率怎样能够并且必须不仅不违反价值规律，而且反而要以价值规律为基础来形成"。[②] 马克思对政治经济学做的这一重要贡献却成为一些西方经济学者主要攻击的对象。1894 年《资本论》第3卷问世后不久，奥地利学派经济学家庞巴维克便出版了他的《卡尔·马克思及其理论体系的终结》（*Karl Marx and the Close of His System*），企图"把

---

① "按照李嘉图的价值规律，假定其他一切条件相同，两个资本使用等量的、有同样报酬的活劳动，在相同的时间内会生产价值相等的产品，也会生产相等的剩余价值或利润。但是，如果这两个资本所使用活劳动的量不相等，那么，它们就不能生产相等的剩余价值，或如李嘉图学派所说的利润。但是情况恰恰相反。实际上，等额的资本，不论它们使用多少活劳动，总会在相同时间内生产平均的相等的利润。因此，这就和价值规律发生了矛盾。李嘉图已经发现了这个矛盾，但是他的学派同样没有能够解决这个矛盾。"参见恩格斯于 1885 年写的《资本论》第 2 卷序言。

② 资本论第 2 卷［M］. 北京：人民出版社，2004：25.

马克思建立的坚固大厦举到空中，摔得粉碎"，他写道："在这里，我没有看到对一种矛盾的解释，而是赤裸裸的矛盾本身，马克思的《资本论》第1卷同第3卷的矛盾，平均利润率和生产价格理论不能同价值理论相一致"。① 庞巴维克对马克思转形理论的批评所造成的影响要比鲍特凯维茨的逊色得多，鲍特凯维茨将简单再生产平衡条件引入价值转形领域，掀起了学术界关于转形问题百余年的讨论。

鲍特凯维茨对马克思转形理论的批评源于他不能接受马克思对投入要素生产价格化的价值转形的处理。在《资本论》第3卷马克思有一段著名的论述："我们原先假定，一个商品的成本价格，等于该商品生产中所消费的各种商品的价值。但一个商品的生产价格，对它的买者来说，就是它的成本价格，因而可以作为成本价格加入另一个商品的价格形成。因为生产价格可以偏离商品的价值，所以，一个商品的包含另一个商品的这个生产价格在内的成本价格，也可以高于或低于它的总价值中由加到它里面的生产资料的价值构成的部分。必须记住成本价格这个修正了的意义，因此，必须记住，如果在一个特殊生产部门把商品的成本价格看做和该商品生产中所消费的生产资料的价值相等，那就总可能有误差。对我们现在的研究来说，这一点没有进一步考察的必要。"②

在马克思看来，阐明投入要素按价值计算的转形理论足以论证"相等的平均利润率怎样能够并且必须不仅不违反价值规律，而且反而要以价值规律为基础来形成"③，虽然"把商品的成本价格看做和该商品生产中所消费的生产资料的价值相等总可能有误差"④，但是这丝毫不会改变"资本家生产的结果则是一个包含剩余价值的商品"⑤、一定量的资本"要求从剩余价值的总量中分到和它们各自的量成比例的一份"⑥、"商品的生产价格……等于商品的成本价格加上平均利润"⑦、商品的市场价格不再以价值为中心而是以生产价格为中心上下波动等经济规律。因此，马克思认为"对我们现在的研究来说，这一点没有进一步考察的必要。"⑧然而，秉持"无私的研究"与"不偏不倚的科学探讨"的西方经济学

① *On the Correction of Marx's Fundamental Theoretical Construction in the Third Volume of Capital*, in P. M. Sweezy, ed. *Karl Marx and the Close of his System by Eugen von Bbhm - Bawerk and Bbhm - Bawerk's criticism of Marx by Rudolf Hilferding with an appendix by L. von Bortkiewicz*, New York：Augustus M. Kelley, 1949, pp. 199 - 221.

② 资本论第3卷 [M]. 北京：人民出版社，2004：184 - 185.

③ 资本论第2卷 [M]. 北京：人民出版社，2004：25.

④⑤⑧ 资本论第3卷 [M]. 北京：人民出版社，2004：185.

⑥ 资本论第3卷 [M]. 北京：人民出版社，2004：196.

⑦ 资本论第3卷 [M]. 北京：人民出版社，2004：177.

者却声称马克思只走了一半路程，他们决定继续走下去，在行进过程中，一些学者误入歧途，一些学者别有用心。

为了解决马克思未解决的投入要素生产价格化的转形问题，鲍特凯维茨将马克思的社会再生产理论与价值转形理论相结合构造了一个独特模型（见附录一）。该模型虽然能够决定投入要素生产价格化的生产价格与平均利润率，但却无法保证"两个总计相等"，即生产价格总额等于价值总额，平均利润总额等于剩余价值总额。① 受合法马克思主义者杜冈·巴拉诺夫斯基的影响，鲍特凯维茨认为，价值转化为生产价格应保证社会再生产平衡条件得以满足，马克思的计算显然没有做到这一点，因而是错误的。或许是投入产出法还未在政治经济学中广泛应用，否则，鲍特凯维茨一定会对他的模型进行拓展，这一工作由塞顿在 1957 年发表的一篇题为《转形问题》（The "Transformation Problem"）的文章中完成。如果对塞顿定义的平均利润率或平均成本率稍做修改，那么塞顿模型（见附录一）就变为当前学术界研究转形问题时普遍采用的一般利润率与生产价格决定体系（Samuelson，1971；Morishima，1973；斯蒂德曼，1991，中译本；冯金华，2008；置盐信雄，2010；荣兆梓和陈旸，2014；孟捷，2018；王艺明和赵建，2019），该体系被称为斯拉法价格体系。之所以命名为斯拉法价格体系，其缘由在于斯拉法及其著作《用商品生产商品——经济理论批判绪论》在西方经济学和马克思主义政治经济学的巨大影响。斯拉法是新剑桥学派的领袖之一，虽然他在《用商品生产商品》中明确指出这本书的目的在于为批判新古典经济理论提供基础，但是他的追随者认为斯拉法的研究同时为解决马克思主义学者长期争论的问题提供了基础（斯蒂德曼，1991，中译本），国内外不少经济学者也认为斯拉法在《用商品生产商品》中构建的价格决定体系为解决转形问题提供了有效的分析工具。

鲍特凯维茨－塞顿－斯拉法体系似乎是一把"双刃剑"，在一些学者特别是国内马克思主义经济学者看来，它是解决转形问题的有效工具，但在一些西方经济学者手中它却变成了攻击马克思经济理论体系的有力工具。认同斯拉法价格体系的西方经济学者几乎无一例外地认定马克思的平均利润率计算公式是错误的，萨缪尔森（Samuelson，1957，1970，1971）、斯蒂德曼（1991，中译本）公然指

---

① 简单再生产平衡公式、生产价格总额等于价值总额、平均利润总额等于剩余价值总额之间存在"三元悖论"的关系，国内学者丁堡骏指出，"满足再生产平衡条件所要求的利润率，与资本竞争平等地占有剩余价值这种资本关系的平均利润率发生了矛盾。"（丁堡骏. 再生产平衡条件公式是如何被引入转形研究领域的［J］. 当代经济研究，2010（4）.）要使三者同时成立，各部门的资本有机构成和剩余价值率必须满足严格的条件，在这种情况下，价值转形问题就成为一个没有研究意义的"伪问题"。

出，马克思的劳动价值论对于价值转形是一个多余的"复杂迂回"，而且，迂回到价值、剩余价值会引起"剩余价值为负、利润却为正"的矛盾，正确的做法是"写出价值关系式，用橡皮把它擦掉，再写出价格关系式。"[①]

与马克思价值转形理论密切相关的一般利润率下降规律也未能免于批判。在《马克思体系中的价值计算和价格计算》第 3 篇论文中，鲍特凯维茨指出，利润率下降并不是劳动生产率提高的结果，而是由实际工资增加引起的。毫无疑问，鲍特凯维茨是在为李嘉图辩护，[②] 并得到了日本学者柴田敬的支持。[③] 萨缪尔森（Samuelson，1957）将鲍特凯维茨的观点进一步表述为，如果技术进步没有提高实际工资，那么它一定会提高利润率。接着，日本数理经济学者置盐信雄在 1961 年发表的《技术变革与利润率》（*Technical Change and the Rate of Profit*）一文中给出了精确的数学证明，这个观点也因此冠名为"置盐定理"。

面对西方经济学者的攻击，一些运用斯拉法价格体系解决转形问题的学者竭尽驽钝为马克思的劳动价值论辩护，但在旁观者看来，不免有种"公说公有理，婆说婆有理"的感觉。这些学者对转形问题的解答难以令人信服，也不能给劳动价值论"多余论""矛盾论"致命一击，甚至存在为了自圆其说无意将马克思劳动价值论庸俗化的情况。当然，学界对斯拉法价格体系并非没有不同声音。TSS 学派的代表人物克里曼和迈克格龙（Kliman & Mcglone，1999）指出，斯拉法价格体系的致命缺陷在于将投入期的生产价格与产出期的生产价格等同。国内学者丁堡骏在其发表的系列论文中对斯拉法价格体系进行了批判：斯拉法价格体系割裂了利润与剩余价值的联系，割裂了生产价格与价值的联系，无法说明从实物量形式上理解的客观存在的价格与平均利润的本质（丁堡骏，1999，2003，2007）。斯拉法价格体系不是将平均利润率看作结果，而是看作起点（王智强，2011），其中的利润不过是流通过程中的成本加价（张衔、薛宇峰，2020），该体系勉强适用于自由竞争的资本主义商品经济阶段，对于低于该阶段的市场价值和高于该

---

① 在这里，不提及森岛通夫在转形问题研究中所做的工作是不合适的。以斯拉法价格体系为基础，运用 Frobenius 定理和马尔科夫过程理论，森岛通夫给出了令不少西方学者肯定与称赞的转形解法，就是这位被认为是同情马克思主义经济学的森岛通夫也奉劝马克思主义经济学者放弃劳动价值论。他指出，一旦出现联合生产和技术的选择，一个明确和有意义的价值计算便必然是不可能的了，唯一的出路是"抛弃劳动价值论"，用更好的冯·诺依曼的增长模型来代替（参见：Morishima, M., The Fundamental Marxian Theorem: A Reply to Samuelson, Journal of Economic Literature, 1974, 12 (1), pp. 71 – 74.）。

② 在《政治经济学及赋税原理》一书中，李嘉图始终力图证明的是，工资不跌落，利润率就决不会提高。参见：李嘉图全集第 1 卷［M］. 北京：商务印书馆，2009：109.

③ 参见：Shibata, K., On the Law of Decline in the Rate of Profit, Kyoto University of Economic Review, 1934, 9 (1), pp. 61 – 75.

阶段的垄断价格无济于事。①

综上分析，由鲍特凯维茨掀起的争论百余年的转形问题还未得到很好的解决，争论还将持续下去。如果我们坚持以唯物辩证法和唯物史观为指导，不回避对生产方式以及与之相适应的生产关系和交换关系的分析，从而接受马克思的劳动价值论，并且愿意跟着他的逻辑往下走，那么，马克思关于价值转化为生产价格、剩余价值转化为平均利润的分析是无可辩驳的。虽然投入要素生产价格化可能使分析出现误差，但这个误差是无关紧要的，这同样适用于即将在第二节探讨的生产价格形成过程中发生的剩余价值转移。在资本主义的生产过程中总会有剩余价值生产出来，剩余价值总额按照平均利润率标准在不同部门之间进行再分配，剩余价值从资本有机构成低的部门向资本有机构成高的部门转移，这些不会因投入要素按生产价格计算而改变。

2. 评"时间Ⅱ"决定价值的观点

在纯粹形态下马克思阐明了价值范畴，还原供求因素即考虑耗费的社会劳动总量与社会需要的劳动总量之后，马克思论述的则是市场价格范畴或市场价格与价值的偏离。价值是简单稳定的本质范畴，是耗费的社会必要劳动的凝结，是决定价格的逻辑起点，需要借助抽象力才能理解。市场价格是丰富多变的现象范畴，是实现的个别价值、市场价值、生产价格、垄断价格，是决定价格的逻辑终点。当一些部门的"时间Ⅱ"小于"时间Ⅰ"总量，从而市场价格小于价值时，这些部门实现的劳动小于耗费的劳动，即损失一部分劳动；当一些部门的"时间Ⅱ"大于"时间Ⅰ"总量，从而市场价格大于价值时，这些部门实现的劳动大于耗费的劳动，即获取一部分额外劳动。假定"劳动量守恒"，各部门"时间Ⅱ"的总额等于"时间Ⅰ"总额，那么，一些部门所损失的劳动正好等于一些部门所获取的额外劳动，部分劳动从供过于求的部门向供不应求的部门转移。

有学者认为马克思提出了两种市场价值理论（孟捷，2004；王峰明，2009）。第一种市场价值理论如本节第二部分所述，学术界普遍援引马克思在《资本论》第3卷第10章的一段论述作为第二种市场价值理论的根据。马克思写道，"如果这个量（供给量——笔者注）过小，市场价值就总是由最坏条件下生产的商品来调节，如果这个量过大，市场价值就总是由最好条件下生产的商品来调节"。②第一种市场价值理论说明市场价值取决于部门内各个企业的生产条件和商品产量

---

① 布劳格指出，斯拉法体系无法解释现实生活中各个行业利润率不同的现象，也没有通过扩展自身来解释这些现象的能力。参见：夏锦清. 再论"两个剑桥之争"：缘起、回顾及新进展 [J]. 当代经济研究，2019（7）.

② 资本论第3卷 [M]. 北京：人民出版社，2004：206.

权重，第二种市场价值理论说明市场价值取决于"时间Ⅰ"总量与"时间Ⅱ"（Rubin，1972）。马克思提出的两种看似矛盾的市场价值理论应如何理解呢？笔者认为，作为抽象价值在资本主义商品经济的具体形式，市场价值应该在撇开供求影响下由（1-1）式确定。这是因为"供求必须平衡，才能确定实现市场价值"，[①]"供求关系……只是说明市场价格与市场价值的偏离"，[②]"如果劳动生产力和生产技术没有变化，需求变化不会引起价值的变化"。[③] 对于第二种市场价值理论，联系相应引文的上下文理解，马克思更多的是在讨论供求不平衡造成的市场价格与市场价值的偏离。如果供给量过小是因为社会劳动分配在最坏生产条件的企业的份额过多，那么市场价值由最坏条件下生产的商品来调节，反之则相反。[④] 无论哪一种情况，市场价格都会偏离市场价值，如果供给量与社会需求量的差额较大，那么市场价格高于或低于市场价值。

## 第二节　企业或部门之间的剩余价值转移

在商品交换中发生的剩余价值转移的实现方式是价值的具体形式或转化形式：市场价值、生产价格、垄断价格。在简单商品经济中，商品生产者准确地知道制造他换来的物品需要耗费多少劳动，没有人愿意拿10小时劳动的产品与他人1小时劳动的产品相交换，商品按照个别价值进行交换不存在剩余价值转移。在资本主义商品经济，商品按照市场价值、生产价格、垄断价格进行交换，换回的劳动量不等于耗费的劳动量，剩余价值在企业或部门之间转移。剩余价值转移既可以发生在交换双方之间，也可以发生在交换双方与第三方之间。

需要说明的是，市场价值、生产价格、垄断价格的确定以供求平衡为假定前提，若供求失衡，市场价格与市场价值、生产价格、垄断价格相偏离，这种情况下同样会发生剩余价值转移，但这不属于本书的研究范围，"为了对各种现象在它们的合乎规律的、符合它们的概念的形态上来进行考察"，

---

① 资本论第3卷 [M]. 北京：人民出版社，2004：213.
② 资本论第3卷 [M]. 北京：人民出版社，2004：212.
③ Rubin I., *Essays on Marx's Theory of Value*, Detroit：Black and Red，1972，p. 185.
④ 也有学者认为，社会劳动分配在最坏生产条件的企业的份额上升是因为供给量过小，此时可能出现市场价值由高于中等条件生产的商品的个别价值而低于劣等条件生产的商品的个别价值来调节的情形。参见：魏旭. 论市场价值及其与平均价值、市场价格的辩证关系 [J]. 社会科学辑刊，2017（5）：59.

必须撇开供求的影响。

## 一、市场价值与剩余价值转移

在生产某种商品的同一部门，不同企业之间的劳动生产率存在着较大差异。劳动生产率高的企业，在相同的时间里生产出来的商品数量较多，因而商品的个别价值较低，换言之，生产单个商品所耗费的劳动较少；相反，劳动生产率低的企业，在相同的时间内生产出来的商品数量较少，因而商品的个别价值较高，即生产单个商品所耗费劳动较多。然而，企业之间为争夺剩余价值和市场份额，使得所有企业按照（1-1）式决定的市场价值出售商品，即商品所实现的价值不是由实际生产它所耗费的个别劳动时间来衡量，而是由加权平均（权重为商品数量）的个别劳动时间衡量。因此，劳动生产率高的企业，其商品的个别价值低于市场价值而按市场价值出售，因而能够获得超额剩余价值；劳动生产率低的企业，其商品的个别价值高于市场价值而按市场价值出售，因而会损失一部分剩余价值。劳动生产率高的企业所实现（换取）的劳动大于其所耗费的劳动；劳动生产率低的企业正好相反。这正如马克思所说，"个别价值低于市场价值的商品，就会实现一个额外剩余价值或超额利润，而个别价值高于市场价值的商品，却不能实现它们所包含的剩余价值的一部分。"①

由（1-1）式可知，某种商品的市场价值总量等于生产该种商品的各企业的个别价值总量之和，这也就意味着，劳动生产率高的企业得到的超额剩余价值必然是劳动生产率低的企业所损失的剩余价值。因此，剩余价值转移本质上是部分剩余劳动通过个别价值的转化形式——市场价值，从劳动生产率低的企业向劳动生产率高的企业转移。由于剩余价值转移，劳动生产率高的企业在市场上能够换取更多的由多样性使用价值构成的物质财富。

我们可结合表1-2进行说明。有X、Y、Z三家企业生产商品A，它们生产A所耗费的劳动时间分别为8、10、15，生产A的平均劳动耗费即市场价值为10。假定另一种商品B的社会必要劳动时间为10。易知，X、Y、Z三家企业都能够用一件A交换到一件B，X能够用所生产的50件A交换到50件B，Z能够用20件A交换到20件B。如果市场只有X一家企业生产商品A（或者其他两家企业的劳动生产率与X相同），那么X仅能够用50件A交换到40件B；如果市场只有Z一家企业生产商品A（或者其他两家企业的劳动生产率与Z相同），那

① 资本论第3卷［M］. 北京：人民出版社，2004：199.

*23*

么 Z 能够用 20 件 A 交换到 30 件 B。通过比较我们可以看出，正是由于劳动生产率低的 Z 企业存在，X 企业才能多交换到 10 件 B 的财富，而正是由于劳动生产率高的 X 企业存在，Z 企业才少交换到 10 件 B 的财富。这表明，具有不同劳动生产率的企业之间的竞争，使得 100 单位的剩余价值即 10 件商品 B 的财富，在个别价值转化为市场价值过程中，从劳动生产率低的 Z 企业转移到劳动生产率高的 X 企业。

表 1 – 2　　　　　　　　　　市场价值与剩余价值转移

| 企业（生产率） | $q_i$ | $v_i$ | $q_i v_i$ | $\bar{v}$ | $\bar{v} q_i$ | 转移的剩余价值 |
|---|---|---|---|---|---|---|
| X（高） | 50 | 8 | 400 | 10 | 500 | + 100 |
| Y（中） | 30 | 10 | 300 | 10 | 300 | 0 |
| Z（低） | 20 | 15 | 300 | 10 | 200 | – 100 |
| 合计 | 100 | / | 1000 | / | 1000 | 0 |

## 二、生产价格与剩余价值转移

生产不同商品的各个部门之间的资本有机构成存在差异。劳动生产率提高在资本主义表现为资本有机构成提高，劳动生产率高的部门资本有机构成高，劳动生产率低的部门资本有机构成低。资本有机构成低的部门，投入等量的资本能够创造出较多的剩余价值，因而其个别利润率高；相反，资本有机构成高的部门，投入等量的资本创造出来的剩余价值较少，因而其个别利润率低。然而，在自由竞争资本主义阶段，竞争在部门之间充分展开，"商品不只是当作商品来交换，而是当作资本的产品来交换。这些资本要求从剩余价值的总量中，分到和它们各自的量成比例的一份，或者在它们的量相等时，要求分到相等的一份"①，即等量资本要求获取等量利润。因此，各个部门所生产的商品不再按照市场价值出售，而要按照市场价值的转化形式——生产价格出售。

资本有机构成高的部门，商品价值低于生产价格，因而得到额外的剩余价值；资本有机构成低的部门，商品价值高于生产价格，因而会损失一部分剩余价值。资本有机构成高的部门实现（换回）的劳动大于其耗费（付出）的劳动，资本有机构成低的部门正好相反。"一部分商品出售时比自己的价值高多少，另

---

① 资本论第 3 卷［M］. 北京：人民出版社，2004：196.

一部分商品出售时就比自己的价值低多少"①，"社会本身所生产的商品的生产价格的总和等于它们的价值的总和"②，"加入某种商品的剩余价值多多少，加入另一种商品的剩余价值就少多少"③，社会平均利润总和等于社会剩余价值总和。因此，资本有机构成高的部门所得到的额外剩余价值正好是资本有机构成低的部门所损失的剩余价值。综上所述，从本质内容上看，剩余价值转移是部分剩余劳动通过生产价格从资本有机构成低的部门向资本有机构成高的部门的转移，④ 其结果是资本有机构成高的部门能够换取更多的由多样性使用价值构成的物质财富。

我们可以结合表 1-3 进行说明。有 X、Y、Z 三个部门分别生产 A、B、C 三种商品，A 商品的价值构成为：不变资本 80，可变资本 20，剩余价值 20；B 商品为 70、30、30；C 商品为 60、40、40。如果三种商品按照市场价值进行交换，那么，1 件 A 能够交换到 12/13 件 B，1 件 C 能够交换到 14/13 件 B；如果三种商品按照生产价格进行交换，那么，1 件 A 能够交换到 1 件 B，1 件 C 也仅交换到 1 件 B。通过比较我们可以看出，资本有机构成高的部门 X 之所以能够多交换到 1/13 件 B，是因为资本有机构成低的部门 Z 少交换到 1/13 件 B。这表明，不同部门资本之间追求平均利润的竞争，使得 10 单位的剩余价值即 1/13 件商品 B 的财富，通过生产价格手段，从资本有机构成低的 Z 部门转移到资本有机构成高的 X 部门。

**表 1-3**               **生产价格与剩余价值转移**

| 部门 | cc 不变资本<br>vc 可变资本 | m<br>剩余价值 | v̄<br>价值 | π<br>利润 | pp<br>生产价格 | 剩余价值<br>转移 |
|---|---|---|---|---|---|---|
| X | A：80 + 20 | 20 | 120 | 30 | 130 | + 10 |
| Y | B：70 + 30 | 30 | 130 | 30 | 130 | 0 |
| Z | C：60 + 40 | 40 | 140 | 30 | 130 | − 10 |
| 合计 | 300 | 90 | 390 | 90 | 390 | 0 |

① 资本论第 3 卷［M］. 北京：人民出版社，2004：176.
② 资本论第 3 卷［M］. 北京：人民出版社，2004：179.
③ 资本论第 3 卷［M］. 北京：人民出版社，2004：181.
④ "其他领域生产的剩余价值，有一部分会纯粹按照这些在直接剥削劳动方面条件比较不利的资本的数量转给这些资本。"（马克思恩格斯全集第 26 卷 Ⅲ［M］. 北京：人民出版社，1974：90.）

## 三、垄断价格与剩余价值转移

在垄断资本主义商品经济阶段，具有垄断力量的企业按照生产价格的转化形式——垄断价格出售商品，实现的价值不是生产自身所耗费的劳动，而是包含超出正常利润的垄断利润的垄断高价。因此，生产垄断性商品的企业在交换中能够获得垄断利润，即在市场上换回的劳动量大于按资本量进行加权平均所决定的劳动量，并且，垄断力量越大，垄断利润越多。不具有垄断力量的企业只能按照低于生产价格的垄断低价出售商品，因而会损失一部分利润，即实现的劳动量小于耗费的劳动量。垄断本身不会增加价值总量和剩余价值总量，垄断价格总额总是等于价值总额，利润总额总是等于剩余价值总额，这也就是说，生产垄断性商品的企业得到的垄断利润正好是生产非垄断性商品的企业损失的利润，两者在数量上相等。因此，从本质上看，剩余价值转移是部分剩余劳动通过垄断价格以垄断利润的形式从生产非垄断性商品的企业向生产垄断性商品的企业的转移。剩余价值转移的结果是生产垄断性商品的企业在市场上交换到更多的由使用价值构成的物质财富。

如果垄断资本家出售的商品为中间产品（生产资料），商品的购买者为其他资本家，那么垄断资本家的垄断利润来自其他资本家的部分利润；如果该商品为最终消费品（生活资料），购买者为广大劳动者，那么垄断利润就来自劳动者的部分收入。正如马克思所说，"某些商品的垄断价格，不过是把其他商品生产者的一部分利润，转移到具有垄断价格的商品上。……如果这种具有垄断价格的商品进入工人的必要的消费，那末，在工人照旧得到他的劳动力的价值的情况下，这种商品就会提高工资，并从而减少剩余价值。它也可能把工资压低到劳动力的价值以下，但只是工资要高于身体最低限度。这时，垄断价格就要通过对实际工资的扣除和对其他资本家的利润的扣除来支付。"①

我们可以结合表 1-4 加以说明。商品 A 的初始价值为 10 小时：4 小时的不变资本，3 小时的可变资本，3 小时的正常利润；商品 B 的初始价值也为 10 小时并且价值构成与 A 相同。如果不存在垄断，两种商品按照 1∶1 的比例进行交换，那么，商品 A 和商品 B 的所有者各得到 10 小时的劳动，这种情况显然不存在剩余价值转移。如果生产 A 所耗费的劳动仍为 10 小时，但其所有者具有某种垄断力量，能够按照垄断价格与 B 进行交换，1 件 A 能够交换到 3/2 件 B。此时，A 的所有者付出 10 小时劳动却实现了 12 小时劳动的价值，获取了 2 小时的垄断利

---

① 马克思恩格斯全集第 25 卷 [M]. 北京：人民出版社，1974：973-974.

润，而 B 的所有者所实现的价值变为 8 小时的劳动。这说明，凭借垄断力量，通过垄断价格，商品 A 的所有者从商品 B 的所有者手中转移 2 小时劳动的垄断利润，在使用价值层面上则表现为多交换到 0.5 件商品 B 的财富。

表 1 - 4 　　　　　　　　　　　垄断价格与剩余价值转移

| 商品 | 价值 | 正常价格/垄断价格 | 交换比例 | 剩余价值转移 |
|------|------|------------------|----------|--------------|
| A | 4 + 3 + 3 | 4 + 3 + 3 | 1:1 | 0 |
| B | 4 + 3 + 3 | 4 + 3 + 3 | | 0 |
| A | 4 + 3 + 3 | 4 + 3 + (3 + 2) | 2:3 | +2 |
| B | 4 + 3 + 3 | 4 + 3 + (1) | | - 2 |

西方经济理论认为，生产高度集中的大型垄断企业所获取的垄断利润，是垄断势力作用的结果。取得垄断地位的公司，根据利润最大化原则（MR = MC），制定高于平均成本的垄断价格（$P^* > P_0 = AC$），将消费者的部分消费者剩余（图 1 - 1 的阴影部分）转变为自己的垄断利润。西方经济理论以效用价值论、三要素价值论、供求价格论为基础，运用边际分析法、均衡分析法，借助几何图形，对垄断利润进行了分析，然而，由于西方经济学是对表面现象的描述与解释，缺乏阐明事物内在联系的科学的价值价格理论。[①] 因此，西方经济学理论无法说明垄断价格的本质，无法说明垄断利润或他们所谓的"消费者剩余"的本质和来源，从而也无法说明垄断利润的转移机制。

最后特别需要强调，一些学者认为商品按照市场价值、生产价格、垄断价格进行交换是剩余价值转移的原因，这种观点无异于剩余价值转移是商品流通的结果。剩余价值转移实质上是剩余价值在资本之间的再分配，如果剩余价值在资本之间的分配是流通的结果，那么，活劳动创造的价值在资本与劳动之间的分配也应该是流通的结果，进一步，资本增殖也应该是流通的结果。这种重商主义的见

---

① 在均衡价格理论和边际生产力理论（源自三位一体公式）中，我们可以明显地看到存在于西方经济学家头脑里的商品拜物教和资本拜物教，他们看不到物的社会关系所掩盖的人的特定的社会关系，将商品、货币、资本、劳动、土地看作是赋有生命、彼此联系的独立存在的东西（物）。马歇尔告诉我们，当一种产品的需求数量与供给数量相等时，价格达到均衡，却没有告诉我们，这个均衡价格究竟是什么，为什么一定量的产品能够和一定量的货币相交换，似乎产品和货币具有天然的能够交换且不断调整交换比例的社会属性。在克拉克那里，拜物教达到无以复加的程度，劳动脱离劳动者成为能直立行走、能发挥主观能动性的独立生命体，劳动与它和"资本先生""土地太太"的共同产物的交换比例或交换关系由劳动的边际产品（自身每增加一单位所带来的产物的增量）决定。

解早已被斯密从古典经济学中赶出，马克思明确指出，"剩余价值不能从流通中产生"。① 生产决定交换和分配。在资本主义制度下，不同企业、不同部门的生产技术进步并不均衡，在竞争中必然产生优胜劣汰从而达到生产集中，生产集中发展到一定阶段自然而然形成垄断。以追逐剩余价值为目的的资本主义生产方式是剩余价值转移的深层次原因，技术差异以及技术进步速度差异是直接原因，竞争以及由此产生的垄断是客观的前提条件，按照市场价值、生产价格、垄断价格进行交换是实现方式。

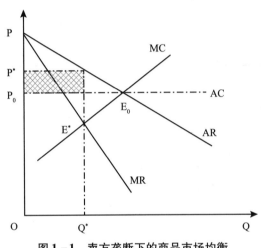

图 1-1　卖方垄断下的商品市场均衡

## 第三节　国家之间的剩余价值转移

世界经济已从世界市场形成、殖民扩张发展到经济全球化阶段，"历史地看，经济全球化是社会生产力发展的客观要求和科技进步的必然结果"②。坚持开放发展，融入世界市场，是顺应时代潮流的必然选择。马克思、恩格斯在《德意志意识形态》《共产党宣言》《资本论》等经典著作中阐述的世界市场与世界贸易，为认识当今的经济全球化奠定了理论基础。15～17世纪，欧洲商人与新兴资产阶级对贵金属货币及扩大商品销路的需求催生了地理大发现，新航路的开辟、美

---

① 资本论第 1 卷 [M]. 北京：人民出版社，2004：192.
② 习近平. 共担时代责任促进全球发展 [N]. 人民日报，2017-01-18.

洲的发现引发了世界市场的革命。① 市场与贸易的突然扩大，"使商业、航海业和工业空前高涨，因而使正在崩溃的封建社会内部的革命因素迅速发展。"② 行会的工业经营方式与工场手工业不能满足日益扩大的市场需求，最终被机器大工业所取代，大工业建立了地理大发现所准备好的世界市场。"资产阶级，由于开拓了世界市场，使一切国家的生产和消费都成为世界性的了。"③

商品在世界市场进行交换必然伴随着国家之间的剩余价值转移。在国际范围内，剩余价值转移是通过国际商品流通进行的，其实现方式是国别价值的转化形式。在世界市场，如果一国生产的凝结一定量劳动的一种商品，与另一国生产的凝结等量劳动的另一种商品相交换，那么，这两个国家之间不存在剩余价值转移。然而，由于劳动生产率、资本有机构成以及垄断力量存在国际差异，如果一国生产的某种商品的国别价值转化为国际价值、国际生产价格、国际垄断价格，换回的劳动量不再等于生产该种商品耗费的劳动量，那么国家之间的剩余价值转移便会存在。为了分析简便，在考察剩余价值国际转移时，我们不考虑国内的剩余价值转移，因此做出如下假定：第一，一个国家的不同部门拥有相同的资本有机构成；第二，同一部门的企业拥有相同的劳动生产率；第三，一国的所有企业都没有垄断力量或者拥有相同的垄断力量。

## 一、国际价值与剩余价值国际转移

生产同种商品的劳动生产率存在国际差异。劳动生产率高的国家，生产单位商品耗费的国别劳动少，商品的国别价值低；反之，劳动生产率低的国家，商品的国别价值高。④ 然而，在世界市场，商品按照世界社会必要劳动时间所决定的国际价值出售，"这里的世界社会必要劳动时间，是指全世界范围内正常的生产

---

① "15 世纪末开始的世界市场的革命指地理上的大发现所造成的经济后果。由于发现了通往印度的海路，发现了西印度群岛和美洲大陆，商路发生了变化。意大利北部的贸易城市热那亚、威尼斯等失去了它们在过境贸易中的统治地位。相反，葡萄牙、荷兰、西班牙和英国由于位于大西洋海岸而受益，开始在世界贸易中起重要作用。"（资本论第 1 卷 [M]. 北京：人民出版社，2004：949.）

② 马克思恩格斯文集第 2 卷 [M]. 北京：人民出版社，2009：32.

③ 马克思恩格斯文集第 2 卷 [M]. 北京：人民出版社，2009：35.

④ 劳动生产率与商品价值量成反比的前提是，同一劳动在同样的时间内创造相同的价值不受劳动生产率的影响。马克思在《资本论》第 1 卷与第 4 卷（《剩余价值理论》）中指出，"既然生产力属于劳动的具体有用形式，它自然不再能同抽去了具体有用形式的劳动有关。因此，不管生产力发生了什么变化，同一劳动在同样的时间内提供的价值量总是相同的"；"生产力虽然提高一倍，一个工作日仍然同从前一样只创造 6 先令新价值"；"劳动生产率并不影响产品的总价值"；"较高的劳动生产率……不是使产品的总价值增大"。

条件下，在全世界平均的劳动熟练程度和劳动强度下制造某种使用价值所需要的劳动时间。"[①] 国际价值可表示如下：

$$\overline{v_j^c} = \frac{\sum\limits_{i=1}^{n} v_{ij}^c q_{ij}^c}{\sum\limits_{i=1}^{n} q_{ij}^c} = 1 \Big/ \frac{\sum\limits_{i=1}^{n} l_{ij}^c f_{ij}^c}{\sum\limits_{i=1}^{n} l_{ij}^c} = \frac{1}{\overline{f_j^c}} \qquad (1-2)$$

其中，$\overline{v^c}$ 表示国际价值，$v^c$ 表示国别价值，$q^c$ 表示国别商品数量，$l^c$ 表示国别劳动，$f^c$ 表示国别劳动生产率，$\overline{f^c}$ 表示世界平均劳动生产率，下标 i 表示国家，下标 j 表示商品种类。按照国际价值出售商品，劳动生产率高的国家（用 H 表示）能够实现超额剩余价值，即 $m_{Hj}^e = \overline{v_j^c} - v_{Hj}^c > 0$；劳动生产率低的国家（用 L 表示）则损失部分剩余价值，即 $m_{Lj}^e = \overline{v_j^c} - v_{Lj}^c < 0$。劳动生产率高的国家实现超额剩余价值与劳动生产率低的国家损失部分剩余价值彼此联系，互为前提，原因同为按照国别价值加权平均形成的国际价值出售商品。如果没有劳动生产率低的国家参与竞争，国际价值由劳动生产率高的国家的国别价值调节，超额剩余价值将无法实现。同样，如果没有劳动生产率高的国家参与竞争，国际价值由劳动生产率低的国家的国别价值调节，劳动生产率低的国家将不会损失部分剩余价值。由于在世界范围内劳动量守恒，商品的国际价值总量等于各个国家国别价值量之和，因此，劳动生产率高的国家得到的超额剩余价值在数值上等于劳动生产率低的国家损失的剩余价值，即 $\left| \sum m_{Hj}^e \right| = \left| \sum m_{Lj}^e \right|$。在国际价值形成中，一部分剩余价值从劳动生产率低的国家转移到劳动生产率高的国家。[②][③]

---

① 白暴力，王智强. 劳动力价值国际差异的形成与跨国企业超额利润的来源 [J]. 福建论坛·人文社会科学版，2015 (11).

② 王智强. 剩余价值国际转移与一般利润率变动：41 个国家的经验证据 [J]. 世界经济，2018 (11).

③ 谢克（Shaikh，1980）在《对外贸易与价值规律》（下）(*Foreign Trade and The Law of Value*：*Part* II) 一文中指出，如果商品按照社会（平均）价值出售，剩余价值从低效率的生产者向高效率的生产者转移。丁重扬、丁堡骏（2013）在《试论马克思劳动价值论在国际交换领域的运用和发展》一文中指出，商品按照国际价值交换，价值财富从发展中国家向发达国家转移。马艳、李俊（2018）在《中国"一带一路"倡议的"逆不平等性"分析》一文中指出，以国际价值为基础进行交换会形成国际不平等交换，其实质是超额剩余价值在国际转移，中国的"一带一路"倡议能够防止超额剩余价值在全球的逆向转移。一些学者认为超额剩余价值是生产率高的劳动创造的，笔者认为此观点值得商榷。第一，如果超额剩余价值是创造的，那么它与市场上是否存在生产率低的劳动无关，然而，如果生产率低的劳动未参与市场竞争，从而未形成加权平均的市场价值（国际价值），那么生产率高的劳动不可能实现超额剩余价值。第二，如果超额剩余价值是创造的，那么生产率高的劳动在同样的时间内提供更多的价值量，这与马克思强调的"不管生产力发生了什么变化，同一劳动在同样的时间内提供的价值量总是相同的"相矛盾，也无法得出劳动生产率与商品价值量成反比的结论。

为了分析简便，假设有 A、B 两个国家生产 X 商品，A 国的劳动生产率高于 B 国。A 国生产单位商品耗费的国内劳动少，商品的国别价值 $v_A^c$ 低；B 国生产单位商品耗费的国内劳动多，商品的国别价值 $v_B^c$ 高。X 商品的国际价值为：

$$\overline{v^c} = \frac{q_A^c v_A^c + q_B^c v_B^c}{q_A^c + q_B^c} \qquad (1-3)$$

进一步假定 C 国生产 Y 商品，其国别价值为 $\overline{v^c}$。在这种情况下，A 国用 $q_A^c$ 单位 X 可交换 $q_A^c$ 单位 Y；B 国用 $q_B^c$ 单位 X 可交换 $q_B^c$ 单位 Y。如果只有 A 国生产 X，或者 B 国的劳动生产率与 A 国相同，那么 A 国用 $q_A^c$ 件 X 仅能交换到 $q_A^c v_A^c / \overline{v^c}$ 件 Y；如果只有 B 国生产 X，或者 A 国的劳动生产率与 B 国相同，那么 B 国用 $q_B^c$ 件 X 可交换到 $q_B^c v_B^c / \overline{v^c}$ 件 Y。通过比较可以看出，正是由于劳动生产率低的 B 国存在，A 国才能够多交换到 $q_A^c (1 - v_A^c / \overline{v^c})$ 件 Y，才能获取 $q_A^c (\overline{v^c} - v_A^c)$ 单位超额剩余价值。正是由于劳动生产率高的 A 国存在，B 国才会少交换到 $q_B^c (v_B^c / \overline{v^c} - 1)$ 件 Y，才会损失 $q_B^c (v_B^c - \overline{v^c})$ 单位剩余价值。

由（1-3）式可得：

$$q_A^c (\overline{v^c} - v_A^c) = q_B^c (v_B^c - \overline{v^c}) \qquad (1-4)$$

（1-4）式表明 A 国多得的恰好是 B 国少得的。因此，国别价值按商品量加权平均为国际价值导致，在使用价值层面，有 $q_B^c (v_B^c / \overline{v^c} - 1)$ 件 Y 商品从劳动生产率低的 B 国转移到劳动生产率高的 A 国；在价值层面，有 $q_B^c (v_B^c - \overline{v^c})$ 单位剩余价值从前者转移到后者。

## 二、国际生产价格与剩余价值国际转移

在世界范围内，生产不同商品的国家之间的资本有机构成千差万别，劳动生产率高的国家资本有机构成高，劳动生产率低的国家资本有机构成低。假设有 A、B、C 三个国家分别生产 X、Y、Z 三种商品，产量分别为 $q_A^c$、$q_B^c$、$q_C^c$，商品的国际价值分别为 $\overline{v_A^c}$、$\overline{v_B^c}$、$\overline{v_C^c}$，A 国的资本有机构成最高，B 国的资本有机构成等于世界平均资本有机构成，C 国的资本有机构成最低。A 国投入等量的资本创造出来的剩余价值少，因而个别利润率低；C 国投入等量的资本创造出来的剩余价值多，因而个别利润率高。然而，资本在全球范围内的充分流动使得竞争在国家之间开展，利润率具有在世界范围内平均化的强劲趋势，国际价值向国际生产价格转化，商品按国际生产价格出售。

国际价值转化为国际生产价格可由如下模型表示：

$$\begin{cases} \overline{v_i^c} = cc_i^c + vc_i^c + m_i^c \\ \overline{r^c} = \dfrac{\sum q_i^c m_i^c}{\sum (q_i^c cc_i^c + q_i^c vc_i^c)} \\ (1 + \overline{r^c})(cc_i^c + vc_i^c) = pp_i^c \end{cases} \qquad (1-5)$$

其中，$pp_i^c$ 为国际生产价格，$\overline{r^c}$ 为世界平均利润率，$cc_i^c$ 为 i 国的不变资本，$vc_i^c$ 为 i 国的可变资本，$m_i^c$ 为 i 国的剩余价值，下标 i 分别为 A、B、C。（1 - 5）式表明，"两个总计相等"成立，整个世界"劳动量守恒"。由于 A 国、B 国、C 国的资本有机构成分别高于、等于、低于世界平均资本有机构成，因此，$pp_A^c > \overline{v_A^c}$，$pp_B^c = \overline{v_B^c}$，$pp_B^c < \overline{v_B^c}$。

按照国际生产价格交换商品，$q_A^c$ 件 X 能够交换到 $q_A^c pp_A^c / pp_B^c$ 件 Y，$q_C^c$ 件 Z 能够交换到 $q_C^c pp_C^c / pp_B^c$ 件 Y。如果按照国际价值交换商品，那么，$q_A^c$ 件 X 能够交换到 $q_A^c \overline{v_A^c} / \overline{v_B^c}$ 件 Y，$q_C^c$ 件 Z 能够交换到 $q_C^c \overline{v_C^c} / \overline{v_B^c}$ 件 Y。通过比较不难发现，资本有机构成高的 A 国多交换到 $q_A^c (pp_A^c - \overline{v_A^c}) / \overline{v_B^c}$ 件 Y，获得 $q_A^c (pp_A^c - \overline{v_A^c})$ 单位的额外剩余价值，即实现高出按商品量加权平均所决定的劳动量 $q_A^c (pp_A^c - \overline{v_A^c})$ 单位的劳动量；资本有机构成低的 C 国少交换到 $q_C^c (\overline{v_C^c} - pp_C^c) / \overline{v_B^c}$ 件 Y，损失 $q_C^c (\overline{v_C^c} - pp_C^c)$ 单位的剩余价值。

由模型（1 - 5）可得：

$$\frac{q_A^c (pp_A^c - \overline{v_A^c})}{\overline{v_B^c}} = \frac{q_C^c (\overline{v_C^c} - pp_C^c)}{\overline{v_B^c}} \qquad (1-6)$$

（1 - 6）式表明 A 国多得的正好是 C 国少得的。正如马克思所指出的，"一部分商品出售时比自己的价值高多少，另一部分商品出售时就比自己的价值低多少"[1]；"加入某种商品的剩余价值多多少，加入另一种商品的剩余价值就少多少"[2]。这意味着，在国际价值转化为国际生产价格过程中，在使用价值层面，有 $q_C^c (\overline{v_C^c} - pp_C^c) / \overline{v_B^c}$ 件商品 Y 从资本有机构成低的 C 国转移到资本有机构成高的 A 国；在价值层面，有 $q_C^c (\overline{v_C^c} - pp_C^c)$ 单位剩余价值从前者转移到后者。

## 三、国际垄断价格与剩余价值国际转移

具有垄断力量的国际资本凭借自身的垄断权力，要求从剩余价值总量中分到

---

[1] 资本论第 3 卷 [M]. 北京：人民出版社，2004：176.

[2] 资本论第 3 卷 [M]. 北京：人民出版社，2004：181.

多于和它们各自的量成比例的一份，使得国际生产价格转化为国际垄断价格，国际垄断价格由成本价格、平均利润和垄断利润构成，可表示为：

$$mp_i^c = k_i^c(1 + \overline{r^c}) + \overline{m\pi_i^c} = k_i^c + \overline{\pi_i^c} + \overline{m\pi_i^c} \qquad (1-7)$$

其中，$mp_i^c$ 表示 i 国的国际垄断价格，$k_i^c$ 表示 i 国的成本价格，$\overline{\pi_i^c}$ 表示 i 国的平均利润，$\overline{m\pi_i^c}$ 表示 i 国的垄断利润。我们用 $\varsigma_i^c$ 表示 i 国具有的垄断力量，用 $\nu^c$ 表示垄断利润总额同总的垄断力量的比值，即单位垄断力量所获取的垄断利润。（1-7）式可进一步变为：

$$mp_i^c = k_i^c + \overline{\pi_i^c} + \varsigma_i^c \nu^c \qquad (1-8)$$

其中，$0 < \varsigma_i^c \leqslant 1$，$\varsigma_i^c = 1$ 表示完全垄断，拥有全部的垄断力量。自由竞争性资本为非垄断资本，没有垄断力量，即 $\varsigma_i^c = 0$。当 $\varsigma_i^c = 0$ 时，国际价格显然不能由（1-8）式决定。等量资本获取等量利润的竞争在非垄断资本之间展开，其结果是在非垄断资本内部形成一个低于世界剩余价值总额同世界资本总额之比的平均利润率。非垄断资本损失一部分利润，获取的平均利润低于按国际生产价格出售所能获取的平均利润。对于垄断性商品，国际生产价格转化为国际垄断高价，对于非垄断性商品，国际生产价格转化为国际垄断低价。$\varsigma_i^c = 0$ 时的国际垄断低价可表示为：

$$mp_j^c = k_j^c(1 + \overline{r'^c}) = k_j^c + \overline{\pi_j'^c} \qquad (1-9)$$

其中，$\overline{r'^c}$ 表示非垄断资本获取的平均利润率，$\overline{\pi_i'^c}$ 表示非垄断资本获取的平均利润。$\overline{r'^c} < \overline{r^c}$，$\overline{\pi_i'^c} < \overline{\pi_i^c}$。

假设仅有 A、B 两个国家分别生产 X、Y 两种商品，产量分别为 $q_A^c$、$q_B^c$，A 国拥有的垄断力量为 $\varsigma_A^c$，B 国为 0。于是，$mp_A^c > pp_A^c$，$mp_B^c < pp_B^c$。按照国际垄断价格出售商品，$q_A^c$ 件 X 能够交换 $q_A^c mp_A^c / mp_B^c$ 件 Y，$q_B^c$ 件 Y 能够交换 $q_B^c mp_B^c / mp_A^c$ 件 X。如果不存在国际垄断，按照国际生产价格出售商品，那么，$q_A^c$ 件 X 能够交换 $q_A^c pp_A^c / pp_B^c$ 件 Y，$q_B^c$ 件 Y 能够交换 $q_B^c pp_B^c / pp_A^c$ 件 X。通过比较不难看出，A 国由于具有垄断力量，能够多交换到 $q_A^c(mp_A^c/mp_B^c - pp_A^c/pp_B^c)$ 件商品 Y，获取 $q_A^c \varsigma_A^c \nu_A^c$ 单位垄断利润，即实现超出按资本量加权平均所决定的 $q_A^c \varsigma_A^c \nu_A^c$ 单位的劳动量；B 国则少交换到 $q_B^c(pp_B^c/pp_A^c - mp_B^c/mp_A^c)$ 件商品 X，损失 $q_B^c(\overline{\pi_B^c} - \overline{\pi_B'^c})$ 单位利润。

由于垄断本身不会增加整个世界的价值总额与剩余价值总额，整个世界"劳动量守恒"，因此，垄断价格总额等于生产价格总额，等于价值总额，平均利润总额等于剩余价值总额，垄断资本获取的垄断利润等于非垄断资本损失的利润，即 $mp_A^c + mp_B^c = pp_A^c + pp_B^c$，$q_A^c \varsigma_A^c \nu_A^c = q_B^c(\overline{\pi_B^c} - \overline{\pi_B'^c})$。这也就意味着，A 国多得的正好是 B 国少得的。因此，在国际垄断价格形成中，在使用价值层面，有 $q_A^c(mp_A^c/mp_B^c - pp_A^c/pp_B^c)$ 件商品 Y 从不具有垄断力量的 B 国转移到具有垄断力量的 A 国；在价值层面，有 $q_A^c \varsigma_A^c \nu_A^c$ 单位剩余价值以垄断利润的形式从 B 国转移到 A 国。

垄断价格不像生产价格那样服从于一般规则，它的决定具有一定的随意性。希法亭在《金融资本》中指出，"垄断价格虽然可以根据经验确定，但是它的水平却不能从理论上客观地认识，而只能从心理上主观地把握。"[①] 斯威齐在《资本主义发展论》中指出，"要寻求一个和价值理论与生产价格理论并驾齐驱的垄断价格理论，这种努力是徒劳无益的。"[②] 在他们看来，垄断价格不能确定的原因在于不能测定的需求。就本书而言，（1-7）式中的垄断利润是难以确定的，原因同样在于不能测定的需求。

假定 j 国拥有完全垄断的优势，依据利润率最大化原则制定垄断价格，j 国的利润率为：

$$r_j^c = \frac{(mp_j^c - lc_j^c - vc_j^c)q_j^c - \delta_j^c fc_j^c}{fc_j^c + (lc_j^c + vc_j^c)q_j^c}$$

求利润率关于垄断价格的导数可得：

$$\frac{dr_j^c}{dmp_j^c} = \frac{[(mp_j^c - lc_j^c - vc_j^c)(q_j^c)' + q_j^c][fc_j^c + q_j^c(lc_j^c + vc_j^c)] - (lc_j^c + vc_j^c)(q_j^c)'[(mp_j^c - lc_j^c - vc_j^c)q_j^c - \delta_j^c fc_j^c]}{[fc_j^c + (lc_j^c + vc_j^c)q_j^c]^2}$$
。

当 $\frac{dr_j^c}{dmp_j^c} = 0$，即 $mp_j^c = lc_j^c + vc_j^c - \frac{q_j^c[fc_j^c + q_j^c(lc_j^c + vc_j^c)] + \delta_j^c fc_j^c (q_j^c)'(lc_j^c + vc_j^c)}{(q_j^c)'\{q_j^c(lc_j^c + vc_j^c) - [fc_j^c + q_j^c(lc_j^c + vc_j^c)]\}}$

时，利润率最大化。由一阶条件可知，要确定利润率最大化的垄断价格和垄断利润，除了成本价格外，还需要知道需求函数，但需求函数是难以测定的。因此，我们只能从理论上给出垄断价格和垄断利润的决定方法。

# 第四节　劳动生产率、资本有机构成、垄断力量与剩余价值国际转移的经验分析

随着数学在经济研究中的广泛应用，数据的可获得性在大数据时代不断提

---

① 希法亭. 金融资本 [M]. 福民，等译. 北京：商务印书馆，2009：256.
② 斯威齐. 资本主义发展论 [M]. 陈观烈，等译. 北京：商务印书馆，2009：337.

高，计算机软件挖掘、处理、分析数据的功能日益强大，经济学研究呈现出模型化与定量化的趋势。我们主张根据研究需要使用必要的数学方法，反对过度"模型化""数量化"等数学滥用的不良倾向。以必要的计量分析为基础的经验分析是理论分析的重要补充，两者结合可以使论证更为严谨，结论更有说服力。因此，本章最后一节尝试对劳动生产率、资本有机构成、垄断力量对剩余价值国际转移的影响进行经验分析。

## 一、剩余价值国际转移率

我们用剩余价值国际转移率（用 $\eta$ 表示）衡量某国的剩余价值国际转移程度。$\eta$ 为正值，意味着一国从其他国家转入剩余价值；$\eta$ 为负值，意味着一国的剩余价值被转出到其他国家。$\eta$ 增加意味着转入的剩余价值增加或转出的剩余价值减少，反之则相反。

### （一）国别价值转化为国际价值的剩余价值国际转移率

对于生产同种商品但劳动生产率不同的国家而言，在国别价值转化为国际价值的过程中，i 国转入或转出的剩余价值同国内创造的剩余价值之比即剩余价值国际转移率，可表示为：

$$\eta_i^{\bar{v}} = \frac{m_i^e}{m_i^c} = \frac{(\overline{v^c} - v_i^c)}{\dfrac{s_i^c}{1 + s_i^c} v_i^c} = \frac{1 + s_i^c}{s_i^c}\left(f_i^c \Big/ \frac{\sum\limits_{h=1}^{n} l_h^c f_h^c}{\sum\limits_{h=1}^{n} l_h^c} - 1\right) = \frac{1 + s_i^c}{s_i^c}\left(\frac{f_i^c}{\overline{f^c}} - 1\right)$$

$$(1-10)$$

其中，额外的剩余价值 $m_i^e$ 表示 i 国的剩余价值国际转移量，$m_i^c$ 表示 i 国创造的剩余价值量，$s_i^c$ 表示 i 国的剩余价值率。由（1-10）式可知，如果 i 国的劳动生产率高于世界平均劳动生产率，那么 $\eta_i^{\bar{v}} > 0$，表示 i 国从其他国家转入一部分剩余价值；反之，$\eta_i^{\bar{v}} < 0$，表示 i 国的一部分剩余价值被转移到其他国家。

### （二）国际价值转化为国际生产价格的剩余价值国际转移率

对于生产不同商品且资本有机构成不同的国家而言，与国际价值转化为国际生产价格相对应的剩余价值国际转移率，为 i 国转入或转出的剩余价值同该国按国际价值进行交换所实现的剩余价值之比，可表示为：

$$\eta_i^{pp} = \frac{m_i^e}{m_i^c} = \frac{\dfrac{\sum m_i^c}{\sum (cc_i^c + vc_i^c)}(cc_i^c + vc_i^c) - m_i^c}{m_i^c}$$

$$= \frac{\sum m_i^c / \sum vc_i^c}{m_i^c / vc_i^c}\left[\frac{(cc_i^c + vc_i^c)/vc_i^c}{\sum (cc_i^c + vc_i^c) / \sum vc_i^c} - \frac{m_i^c / vc_i^c}{\sum m_i^c / \sum vc_i^c}\right] \quad (1-11)$$

由 (1-11) 式可知，当各国的剩余价值率相同时，若 i 国的资本有机构成高于世界平均资本有机构成，那么 i 国的 $\eta_i^{pp} > 0$，表示 i 国从其他国家转入一部分剩余价值；反之，$\eta_i^{pp} < 0$，表示 i 国的一部分剩余价值被转移到其他国家。当各国的剩余价值率不同时，$\eta_i^{pp}$ 的符号取决于 i 国的资本有机构成与世界平均资本有机构成之比和 i 国的剩余价值率与世界平均剩余价值率之比的大小。一般而言，从时间层面看，资本有机构成与剩余价值率随着劳动生产率的提高而增加，且前者的增速相对更快；从空间层面看，剩余价值率高（低）的国家资本有机构成也高（低），且资本有机构成的国际差异大于剩余价值率的国际差异。因此，一般地，若 i 国的资本有机构成高于世界平均资本有机构成，那么 i 国的 $\eta_i^{pp} > 0$；反之，$\eta_i^{pp} < 0$。

### （三）国际生产价格转化为国际垄断价格的剩余价值国际转移率

垄断引起的剩余价值转移，在本质上是部分剩余劳动以垄断利润形式的转移，因此，估算垄断转移的剩余价值量，本质上是估算垄断利润。虽然，在垄断资本主义阶段，平均利润（率）依然存在，垄断价格由成本价格、平均利润和垄断利润构成。然而，垄断资本家并不会区分出平均利润和垄断利润，而是统一将其看作利润总额，因此，在计算垄断利润时，需要首先确定出平均利润，而确定平均利润的关键在于确定平均利润率。马克思指出，"平均利润率……是资本家阶级（每年）生产的剩余价值同社会范围内预付资本的比率"。[①] 马克思关于平均利润率的定义是在自由竞争资本主义商品经济阶段提出的，但也适用于垄断资本主义商品经济阶段。

垄断价格同生产价格一样，"是社会总剩余价值的分配机制，也是社会总价值的分配机制。"[②] 社会总价值和总剩余价值通过垄断价格在不同部门之间分配，一些垄断组织在市场上按高于生产价格的垄断高价出售自己的商品，相对应地，

---

① 马克思恩格斯《资本论》书信集 [M]. 北京：人民出版社，1976：267.
② 白暴力."价值转形问题"研究的三个学术基础 [J]. 经济评论，2005 (4)：4.

一些非垄断性组织按低于生产价格的价格出售自己的商品；或者，垄断组织在市场上按垄断低价购进商品，相对应地，一些非垄断性组织按照高于生产价格的价格购进垄断组织的商品。无论哪种情况，剩余价值总额总是等于利润总额，垄断价格总额总是等于价值总额。因此，在垄断资本主义阶段，平均利润率依然等于剩余价值（利润）总额同预付资本总额的比值。

确定了平均利润率之后，用垄断组织的个别利润率减去平均利润率，再乘上垄断组织的预付总资本，便可以得到垄断组织获取的垄断利润。垄断利润的估算可用下式表示：

$$m\pi = (r - \bar{r})k \qquad (1-12)$$

由（1-12）式确定的垄断利润为企业获取的总垄断利润，它既包括通过以垄断高价销售最终产品所实现的垄断利润，也包括通过以垄断低价购买生产要素从而降低生产成本所实现的垄断利润。

对于垄断势力不同的国家而言，在国际生产价格转化为国际垄断价格过程中的剩余价值国际转移率为，i 国转入或转出的剩余价值（垄断利润）同该国按国际生产价格进行交换所实现的剩余价值（平均利润）之比，可表示为：

$$\eta_i^{mp} = \frac{m\pi_i^c}{\bar{\pi}^c} = \frac{r_i^c - \bar{r}^c}{\bar{r}^c} \qquad (1-13)$$

由（1-13）式可知，如果 i 国生产的商品具有垄断势力，那么 $\eta_i^{mp} > 0$，表示 i 国从其他国家转入一部分剩余价值；反之 $\eta_i^{mp} < 0$，表示 i 国的一部分剩余价值被转移到其他国家。

## 二、计量模型设定

一国的剩余价值国际转移率受该国的劳动生产率、资本有机构成、垄断力量的影响，为进一步检验这三种因素与剩余价值国际转移率之间的关系，我们构建如下模型：

$$\ln\eta_{it} = \beta_0 + \beta_1 \ln lpr_{it} + \beta_2 \ln org_{it} + \beta_3 \ln mon_{it} + \gamma \ln \mathbf{X}_{it} + \varepsilon_{it} \qquad (1-14)$$

其中，$\beta_0$ 为常数项，解释变量 lpr、org、mon 分别表示劳动生产率、资本有机构成、垄断力量，$\beta_1$、$\beta_2$、$\beta_3$ 为相应解释变量的回归系数，$\mathbf{X}$ 为控制变量矩阵，$\gamma$ 为对应的回归系数向量，$\varepsilon_{it}$ 为扰动项，i、t 分别表示国家和年份，ln 表示变量的对数化。由于重点考察的是劳动生产率、资本有机构成、垄断力量与剩余价值国际转移率的回归系数和显著性，因此需要对其他一些影响剩余价值国际转移的因素进行控制。一是国际贸易程度。商品在世界市场进行交换是剩余价值国际转移的前提条件与实现方式，因而剩余价值国际转移会受到国际贸易程度的影响。二是市场汇率、物价总水平变动以及资本国际流动等因素也可能对剩余价值国际转移产生影响。

## 三、变量说明与样本选择

如何度量剩余价值国际转移量、资本有机构成和垄断力量是计量分析的关键，也是难点。[①] 我们无法测算三种因素综合作用引起的剩余价值国际转移量，不过，该指标与一国在贸易中实现的剩余价值相关。如果一国出口中包含来自国内的附加值越多，那么该国通过贸易获取的贸易利益也就越多（王岚、盛斌，2014；戴翔，2015），即实现的剩余价值越多。因此，这里将出口贸易中来自国内的附加值作为剩余价值国际转移量的度量指标，用该指标同附加值总额的比度量剩余价值国际转移率。本节用根据 ICIO 表测算的耗费的流动不变资本总额同家庭消费支出总额之比度量资本有机构成。在国际交换中，一国的垄断力量主要由其输出商品的垄断价格来体现，商品的垄断价格高表明国家的垄断力量强，而商品的垄断价格往往与技术含量成正比（Somel，2003；房宁，2004；李翀，2006），因此，考虑到数据的可获得性，本节用高科技出口度量垄断力量。此外，我们用就业人口人均 GDP 度量社会劳动生产率，用进出口贸易总额同 GDP 之比度量国际贸易程度，用外国直接投资度量国际资本流动，用按消费价格指数计算的通货膨胀率度量物价总水平的变动。由于世界银行公布的官方汇率数据缺失严重，因而用官方外汇储备替代市场汇率作为控制变量。

本节研究的样本数据来自联合国、世界银行与 OECD 的数据库，世界银行与联合国的数据库的统计对象基本涵盖了世界上所有的国家或地区。OECD 数据库的 ICIO 表的统计对象涵盖 63 个国家或地区，时间跨度为 1995～2011 年。为保

---

① 本书第五章第三节将专门讨论剩余价值国际转移量的度量方法及其合理性与不足之处。本节利用 OECD 提供的 ICIO 表与总出口中附加值来源（origin of value added in gross exports）的计算方法测算出各国总出口中来自国内的附加值，可参见：http：//www. oecd. org/sti/ind/tiva/TIVASaM_2016_Indicator_Definitions. pdf. 本书还将尝试测算劳动生产率国际差异引起的剩余价值国际转移量。度量资本有机构成的真正困难在于固定资本存量和劳动力价值（而非工资）的估算，本书除了用耗费的流动不变资本总额同家庭消费支出总额之比度量资本有机构成外，还将用人均资本度量资本有机构成，将劳动生产率作为资本有机构成的代理变量。本书除了用高科技出口度量垄断力量外，还将用 PPP（购买力平价）转换因子与市场汇率之比度量国家垄断力量。这样处理在一定程度上可以增强计量分析的稳健性。即便如此，也必须承认，对基于马克思经济理论得出的理论观点进行经验分析或计量分析存在不小的困难，难免会出现漏洞甚至错误，我们只能尽力把它做好。

证面板的平衡性，我们选取其中 54 个国家或地区。所有变量的方差膨胀因子（VIF）均远小于 10（最大值为 2.51，均值为 1.84），这表明解释变量之间不存在严重的多重共线性。表 1 - 5 为所选取的主要变量的描述性统计。

表 1 - 5 　　　　　　　　主要变量的描述性统计

| 变量名 | 含义 | 观察值 | 均值 | 标准差 | 最小值 | 最大值 |
|---|---|---|---|---|---|---|
| η | 剩余价值国际转移率 | 918 | − 3.083 | 1.050 | − 6.007 | − 0.748 |
| lpr | 劳动生产率 | 918 | 10.74 | 0.671 | 8.434 | 11.83 |
| org | 资本有机构成 | 918 | 0.484 | 0.337 | − 0.195 | 1.727 |
| mon | 垄断力量 | 918 | 21.84 | 2.363 | 15.03 | 26.85 |
| tra | 进出口贸易总额同 GDP 之比 | 918 | − 0.579 | 0.552 | − 2.096 | 1.240 |
| fdi | 外国直接投资 | 918 | 0 | 1 | − 0.899 | 14.15 |
| inf | 通货膨胀率 | 918 | 0 | 1 | − 0.316 | 28.33 |
| trs | 官方外汇储备 | 918 | 23.73 | 1.587 | 19.15 | 28.81 |

注：外国直接投资与通货膨胀率存在负值，因而做了标准化处理，均值、标准差、最小值、最大值为取对数或标准化的变量的描述性统计。

## 四、计量结果及分析

### （一）基准估计结果

表 1 - 6 报告了劳动生产率、资本有机构成、垄断力量与剩余价值国际转移率的回归结果。从表 1 - 6 可以看出，除（1）列的 lnmon 变量外，无论是混合 OLS、随机效应还是固定效应模型，lnlpr、lnorg、lnmon 与 lnη 的回归系数均为正且高度显著（见表 1 - 6 的（1）、（3）、（5）列），控制变量的加入并未对回归结果产生实质性影响（见表 1 - 6 的（2）、（4）、（6）列）。估计结果表明，劳动生产率、资本有机构成、垄断力量对剩余价值国际转移率有正效应，也就是说，劳动生产率与资本有机构成越高、垄断力量越强的国家，其国别价值的转化形式越是高于国别价值，按照国别价值的转化形式进行等价交换，从其他国家转入的剩余价值也越多，即剩余价值国际转移率越大；反之，劳动生产率与资本有机构成越低、垄断力量越弱的国家，其国别价值的转化形式越是低于国别价值，在国际贸易中转出的剩余价值越多，即剩余价值国际转移率越小。

表1-6　　劳动生产率、资本有机构成、垄断力量与剩余价值国际转移率的回归结果

| 变量 | 混合 OLS 模型 | | 随机效应模型 | | 固定效应模型 | |
|---|---|---|---|---|---|---|
| | （1） | （2） | （3） | （4） | （5） | （6） |
| lnlpr | 0.745 *** (14.34) | 0.546 *** (15.31) | 0.520 *** (8.01) | 0.472 *** (8.56) | 0.455 *** (6.42) | 0.328 *** (4.93) |
| lnorg | 1.475 *** (19.19) | 0.377 *** (4.93) | 1.211 *** (14.80) | 0.568 *** (7.50) | 1.215 *** (14.43) | 0.640 *** (8.25) |
| lnmon | −0.012 （−0.68） | 0.182 *** (9.36) | 0.161 *** (12.33) | 0.065 *** (5.58) | 0.176 *** (12.85) | 0.082 *** (6.51) |
| lntra | | 0.848 *** (16.36) | | 0.877 *** (19.74) | | 0.810 *** (17.63) |
| sinf | | −0.029 （−1.11） | | −0.003 （−0.53） | | −0.003 （−0.50） |
| lntrs | | −0.274 *** （−12.07） | | 0.052 *** (4.81) | | 0.073 *** (6.65) |
| sfdi | | −0.061 *** （−3.89） | | −0.010 （−1.24） | | −0.007 （−0.84） |
| 常数项 | −11.540 *** （−28.24） | −6.106 *** （−12.90） | −12.761 *** （−22.84） | −10.570 *** （−22.35） | −12.406 *** （−21.02） | −9.958 *** （−18.90） |
| N | 918 | 918 | 918 | 918 | 918 | 918 |
| $R^2$ | 0.473 | 0.770 | 0.623 | 0.734 | 0.624 | 0.736 |

注：* 表示 $p < 0.1$，** 表示 $p < 0.05$，*** 表示 $p < 0.01$，括号里为 t 值或 z 值。

## （二）内生性检验

由于无法控制所有可能影响剩余价值国际转移的其他变量，而这些变量又可能与解释变量相关，因而可能存在遗漏变量导致的内生性问题，控制国家固定效应可以在一定程度上缓解这种内生性问题。根据本书第五章的分析，剩余价值国际转移会影响劳动生产率、资本有机构成与垄断力量，这也就意味着，解释变量与被解释变量之间存在逆向因果关系，从而导致内生性问题。然而，内生性问题并不会太严重。原因在于，劳动生产率、资本有机构成与垄断力量在短期内相对稳定，剩余价值国际转移对这三者产生影响，需要通过剩余价值资本化来改变不

变资本和可变资本的质和量，而这个过程需要一定的时间。

我们参照学界通常采用的两种方法解决可能存在的内生性问题。第一，借鉴王晋斌（2007）、张杰等（2011）的做法，采用动态 GMM 的方法来克服内生性问题，表 1-7 中（1）~（4）列分别报告了差分 GMM 和系统 GMM 的估计结果。第二，将解释变量或被解释变量滞后一期或两期可以弱化逆向因果带来的内生性问题，这里将解释变量与滞后一期的被解释变量进行回归，回归结果见表 1-7 中（5）列、（6）列。

表 1-7 的估计结果显示，GMM 估计、将解释变量滞后二期进行估计的回归系数均为正且高度显著，与表 1-6 相比未发生本质性变化，这说明可能存在的内生性问题并不严重。

表 1-7　　　　　　内生性检验：不同估计方法的回归结果

| 变量 | 两步法差分 GMM | | 两步法系统 GMM | | 固定效应模型（滞后二期） | |
|---|---|---|---|---|---|---|
| | （1） | （2） | （3） | （4） | （5） | （6） |
| lnlpr | 0.823 ***<br>（23.52） | 0.482 ***<br>（7.04） | 0.381 ***<br>（15.52） | 0.340 ***<br>（16.78） | 0.560 ***<br>（6.78） | 0.376 ***<br>（4.32） |
| lnorg | 1.379 ***<br>（55.63） | 0.709 ***<br>（22.27） | 1.066 ***<br>（37.27） | 0.353 ***<br>（11.94） | 0.967 ***<br>（10.02） | 0.596 ***<br>（5.96） |
| lnmon | 0.141 ***<br>（23.07） | 0.074 ***<br>（16.23） | 0.063 ***<br>（24.31） | 0.047 ***<br>（11.62） | 0.155 ***<br>（9.57） | 0.090 ***<br>（5.54） |
| lntra | | 0.723 ***<br>（30.58） | | 0.744 ***<br>（44.80） | | 0.500 ***<br>（8.70） |
| sinf | | -0.008 ***<br>（-18.05） | | 0.001 *<br>（1.91） | | -0.004<br>（-0.61） |
| lntrs | | 0.075 ***<br>（11.87） | | 0.001<br>（0.17） | | 0.090 ***<br>（6.60） |
| sfdi | | 0.014 ***<br>（3.94） | | 0.018 ***<br>（2.75） | | -0.016<br>（-1.64） |
| L1. lnmtr | 0.227 ***<br>（30.18） | 0.219 ***<br>（22.94） | 0.597 ***<br>（61.05） | 0.504 ***<br>（40.48） | | |

续表

| 变量 | 两步法差分 GMM | | 两步法系统 GMM | | 固定效应模型（滞后二期） | |
|---|---|---|---|---|---|---|
| | (1) | (2) | (3) | (4) | (5) | (6) |
| L2. lnmtr | -0.052 ***<br>(-9.71) | -0.032 ***<br>(-7.00) | | | | |
| 常数项 | -15.131 ***<br>(-30.10) | -11.018 ***<br>(-14.92) | -7.201 ***<br>(-22.92) | -5.950 ***<br>(-30.12) | -12.988 ***<br>(-18.78) | -11.249 ***<br>(-16.47) |
| AR1 (z) | -3.848 | -3.676 | -5.222 | -4.718 | | |
| AR2 (z) | -0.909 | -1.067 | -1.434 | -1.605 | | |
| Sargan test (P) | 0.388 | 0.399 | 0.567 | 0.578 | | |
| N | 756 | 756 | 864 | 864 | 864 | 864 |
| $R^2$ | | | | | 0.533 | 0.598 |

注：* 表示 $p < 0.1$，** 表示 $p < 0.05$，*** 表示 $p < 0.01$，括号里为 t 值或 z 值。差分 GMM 与系统 GMM 工具变量的最大滞后期数分别为 4 期与 3 期；对于差分 GMM，将被解释变量的一阶滞后项作为解释变量，误差项存在显著的二阶自相关，因此采用二阶滞后项。

# 第二章

# 对西方古典贸易理论的批判性考察

改革开放以来，我国经济取得了举世瞩目的成就，国际贸易对经济高速增长的贡献功不可没。然而，受西方比较优势理论的误导，我们不自觉地放弃了独立自主的优良传统（魏旭，2015），按照"雁行理论"效仿发达国家，以资源、劳动力要素禀赋优势参与全球生产网络。其结果是我们的产业被锁定在全球价值链低端环节，出口的产品质量不高，附加值低（程恩富和丁晓钦，2003）。这对我国工资水平的提高产生不利影响，也是工资增速长期低于 GDP 增速、劳动报酬份额持续下降的一个重要原因。有鉴于此，我们应以马克思主义为指导，辩证地看待西方贸易理论，将造不如买、买不如租的逻辑倒过来。①

## 第一节　李嘉图比较优势理论评析

### 一、李嘉图比较优势理论概述

大卫·李嘉图在其经典著作《政治经济学及赋税原理》中提出了比较优势理

---

① 习近平体验 C919 客机样机：把大飞机搞上去，中国政府网，http：//www. gov. cn/xinwen/2014 - 05 - 24/content_2686241. html。

论。"由于更好地安排劳动，由于使各国都生产与其位置、气候和其他自然或人为的便利条件相适应的商品，并以之与其他国家的商品相交换，因而使我们的享受得到增进"。① "由于鼓励勤勉、奖励智巧、并最有效地利用自然所赋予的各种特殊力量，它使劳动得到最有效和最经济的分配；同时，由于增加生产总额，它使人们都得到好处，……正是这一原理，决定葡萄酒应在法国和葡萄牙酿制，谷物应在美国和波兰种植，金属制品及其他商品则应在英国制造。"②

比较优势理论在西方贸易理论中有着十分重要的地位。李嘉图由于错误地坚持资本与劳动相交换，因而无法正确地根据价值规律解释资本获取利润的事实；由于缺乏必要的中介环节，因而不能解决等量资本获取等量利润与价值规律之间的矛盾。李嘉图学派及其追随者尝试解决这两个难题，他们不仅没能解决这两个难题，反而使李嘉图的理论庸俗化，李嘉图学派最终解体了。③ 李嘉图的劳动价值论被资产阶级经济学所抛弃，然而，李嘉图在其劳动价值论的基础上提出的比较优势理论却得到了很好的继承与发展。

李嘉图利用英国、葡萄牙两个国家与葡萄酒、毛呢两种商品的简单贸易模式阐述了他的比较优势原理。他指出，"英国的情形可能是生产毛呢需要一百人一年的劳动；而如果要酿制葡萄酒则需要一百二十人劳动同样长的时间。""葡萄牙生产葡萄酒可能只需要八十人劳动一年，而生产毛呢却需要九十人劳动一年"。因此，"英国发现对自己有利的办法是输出毛呢以输入葡萄酒。""对葡萄牙来说，输出葡萄酒以交换毛呢是有利的"。④ 为了便于理解，我们利用表 2 - 1 进行表述。英国生产毛呢需要 100 人一年的劳动，而酿制葡萄酒则需要 120 人一年的劳动；葡萄牙酿制葡萄酒需要 80 人一年的劳动，生产毛呢需要 90 人一年的劳动。虽然英国在葡萄酒和毛呢的生产上均处于劣势，但根据"两弊相权取其轻"的原则，英国应输出毛呢以输入葡萄酒。同样，虽然葡萄牙在葡萄酒和毛呢的生产上都处于优势，但根据"两利相权取其重"的原则，葡萄牙输出葡萄酒以交换毛呢是有利的。

表 2 - 1                  李嘉图的两个国家两种商品的贸易模式

| 国家 | 葡萄酒（1 单位） | 毛呢（1 单位） |
|---|---|---|
| 英国 | 120 人·年 | 100 人·年 |
| 葡萄牙 | 80 人·年 | 90 人·年 |

① 大卫·李嘉图全集第 1 卷 [M]. 北京：商务印书馆，2013：109.
② 大卫·李嘉图全集第 1 卷 [M]. 北京：商务印书馆，2013：111.
③ 参见马克思的《剩余价值理论》。
④ 大卫·李嘉图全集第 1 卷 [M]. 北京：商务印书馆，2013：111 - 112.

## 二、对李嘉图比较优势理论的评析

"应用于国际贸易中的比较优势学说，明显地体现了李嘉图头脑的极端精明。"① 李嘉图的比较优势理论不仅具有理论上的巧妙优雅，而且具有意识形态上的重要意义，它和斯密的绝对优势理论代表了当时资本主义国家新兴资产阶级的利益。如果说斯密的绝对优势理论向贸易保护发起挑战，那么，作为绝对优势理论的继承与发展，李嘉图的比较优势理论则在某种程度上推翻了贸易保护。② 李嘉图在有利于资产阶级反对封建贵族和重商主义的贸易保护方面进行了不偏不倚的研究，在有可能被认为是替贸易保护主义辩护的地方则与真理失之交臂。③ 李嘉图不是在特定的、历史的社会形态中考察，而是从与社会形态、生产关系无关的物的生产和物的交换的角度进行考察。从这一点来看，李嘉图的比较优势理论和他的其他一些理论一样是科学性和庸俗性的统一。

从使用价值层面考察，比较优势理论有值得肯定的地方；从价值层面考察，按照比较优势理论进行分工与贸易会导致"两国都获利，但一国总是吃亏"。④ 当人类进入共产主义社会，商品、货币、阶级、国家全部消亡，人们获取使用价值不再需要交换而是按需分配，生产的目的不再是价值而是使用价值。为了实现用等量的劳动生产出数量更多、质量更高的使用价值的目的，人们会"更好地安排劳动"，使各个地域都生产与其位置、气候和其他自然或人为的便利条件相适应的产品。这对于增进全人类的幸福具有积极的意义。然而，只要私有制在国家之间存在，国家之间需要通过交换来获取各自所需的使用价值，那么，一个国家在运用比较优势理论进行分工与贸易时，不仅要考虑在纵向层面使用价值总量是否增加，而且要考虑在横向层面交换价值总量与其他国家的差距是否缩小。

就英国和葡萄牙两个国家而言，国际分工使等量劳动创造的使用价值增加，或者说，创造等量使用价值所耗费的劳动减少。分工贸易前，获取两单位毛呢和

---

① 兰德雷斯，柯南德尔. 经济思想史［M］. 周文，译. 北京：人民邮电出版社，2014：153.

② 亚当·斯密、大卫·李嘉图等英国古典政治经济学家在反对封建残留与重商主义方面具有科学的和历史的意义，李嘉图的贸易理论促成了一场涉及议会政治改革的长期斗争（赫德森，2010），在李嘉图去世后的 1846 年，被视作资产阶级庸俗经济学的最后一根刺的《谷物法》被废除了。

③ 下面我们会看到，如果李嘉图坚持他的劳动价值论，那么比较优势理论就不能成立；如果用比较优势理论为自由贸易辩护，那么劳动价值论在国际交换领域就得失效。李嘉图由于选择了后者，因而无法说明毛呢和葡萄酒的国际交换比例。

④ 马克思恩格斯全集第 46 卷（下）［M］. 北京：人民出版社，1980：401.

两单位葡萄酒需要 390 人一年的劳动，分工贸易后，则需要 360 人一年的劳动。就英国或葡萄牙一国而言，一国专门从事生产本国具有相对优势的产品，然后通过国际贸易换取另一种产品，要比分工与贸易前同时生产两种产品有利。所谓有利指的是能够获取比分工与贸易前更多的使用价值。以葡萄牙为例，分工与贸易前，170 人一年的劳动能够生产 1 单位葡萄酒和 1 单位毛呢，分工贸易后，170 人一年的劳动能够生产 17/8 单位葡萄酒。如果将 1 单位葡萄酒用于交换，则葡萄牙最终拥有 9/8 单位葡萄酒和 1 单位毛呢；如果将 9/8 单位葡萄酒用于交换，则葡萄牙最终拥有 9/8 单位毛呢和 1 单位葡萄酒。[①]

在确定毛呢和葡萄酒的国际交换价值时，李嘉图认为，"英国将以 100 人的劳动产品交换 80 人的劳动产品"，[②] 也就是说，英国 100 人·年生产的 1 单位毛呢与葡萄牙 80 人·年生产的 1 单位葡萄酒相交换。其实，毛呢与葡萄酒的国际交换价值不一定为 1，只要介于 100/120 与 90/80，李嘉图的比较优势原理就能成立。[③] 然而，无论按 5/6 与 9/8 之间的哪个数值进行交换，"处在有利条件下的国家，在交换中以较少的劳动（国别劳动——笔者注）实现较多的劳动（世界劳动——笔者注）"[④] 的事实总无法避免。李嘉图用产品交换思考问题，但商品二重化为商品与货币后，产品交换变为商品流通，金在世界范围执行货币职能，假定其价值为 1 人·年/单位。根据李嘉图的价值规律，1 单位毛呢在英国可以交换到 100 单位金，1 单位葡萄酒在法国可以交换到 80 单位金。然而，根据李嘉图的比较优势理论，在国际市场 1 单位毛呢和 1 单位葡萄酒能够交换到相同单位的金。李嘉图本人也隐约地感觉到这一点，他明确指出，"不可能用一百个英国人的劳动交换八十个英国人的劳动，却可能用一百个英国人劳动的产品去交换八十个葡萄牙人、六十个俄国人或一百二十个东印度人的劳动产品。"[⑤] 由于李嘉图没有价值转形理论，更谈不上运用价值转形理论来分析剩余价值国际转移，因此，对于"这种不可能发生在同一国家的个人间的交易"，他错误地认为，"支

---

① "即使葡萄牙进口的商品在该国制造时所需要的劳动虽然少于英国，这种交换仍然会发生。虽然葡萄牙能够以九十人的劳动生产毛呢，但它宁可从一个需要一百人的劳动生产毛呢的国家输入，因为对葡萄牙说来，与其挪用种植葡萄的一部分资本去织造毛呢，还不如用资本来生产葡萄酒，因为由此可以从英国换得更多的毛呢。"（大卫·李嘉图全集第 1 卷 [M]. 北京：商务印书馆，2013：112. ）

② 大卫·李嘉图全集第 1 卷 [M]. 北京：商务印书馆，2013：112.

③ 穆勒虽然指出了分工与贸易后两个国家两种商品的交换比例的取值范围，但他和李嘉图一样未能说明这个交换比例该如何决定。参见约翰·斯图亚特·穆勒. 政治经济学原理（下卷）[M]. 胡企林，等译. 北京：商务印书馆，2009：118 - 120. 在本章第二节读者将会看到国际交换价值的一种决定方式。

④ 马克思恩格斯文集第 7 卷 [M]. 北京：人民出版社，2009：265.

⑤ 大卫·李嘉图全集第 1 卷 [M]. 北京：商务印书馆，2013：112.

配一个国家中商品相对价值的法则不能支配两个或更多国家间互相交换的商品的相对价值"①。这是李嘉图的价值规律在国际交换领域的"失灵"②，也是本书所指出的李嘉图的价值规律的第三次例外。

李嘉图理论缺乏中介环节，一味地坚持生产商品所必需的相对劳动量决定商品的交换价值，这一习惯是他的理论体系破产的重要原因。根据本书第一章的分析，决定商品价格的最终基础是价值，直接基础是市场价格，个别价值、市场价值、生产价格、垄断价格是联结价值与市场价格的中介环节，受供给和需求的影响，市场价格围绕这些中介环节上下波动。在世界市场，决定商品价格的最终基础仍然是价值，直接基础是国际市场价格，国别价值、国际价值、国际生产价格、国际垄断价格是联结价值与国际市场价格的中介环节，受供给和需求的影响，国际市场价格围绕这些中介环节上下波动。

就李嘉图的比较优势而言不需要考虑供求和垄断的影响。在国际交换中，国别价值转化为国际价值或国际生产价格，转化的结果是，虽然生产商品所耗费的劳动即国别价值不同，但商品能够交换到的劳动或实现的劳动即国际价值或国际生产价格相同。100人的英国国别劳动与80人的葡萄牙国别劳动相交换，转化为英国和葡萄牙按照90人的世界平均劳动交换劳动产品，这也就意味着，10人的劳动从劳动生产率处于劣势的英国转移到劳动生产率处于优势的葡萄牙，葡萄牙可以用1单位葡萄酒多交换到英国1/5单位毛呢。因此，100人的英国国别劳动与80人的葡萄牙国别劳动相交换并非价值规律失灵。价值规律仍然是支配国际交换的法则，不过价值规律发生了重大变化，等价交换的"价"不再是高度抽象的价值，而是国际价值、国际生产价格等价值的具体形式或转化形式。

比较优势理论强调一个国家参与贸易与分工要比不参与能够获取更多的物质财富，忽视贸易与分工后国家与国家之间的抽象财富转移及其造成的经济发展不平衡。相对于封建贵族、大地主和商人，新兴的产业资产阶级是先进的，他们反对贸易保护主义，宣扬自由贸易，因为这不仅有助于英国资本主义生产方式的发展，而且有助于英国工业获取国际垄断地位。李嘉图的比较优势理论符合了当时西方资本主义国家大工业资本家的利益诉求。然而，在运用比较优势理论指导贸易实践时，我们往往看不到它的阶级性和历史性，将它看作适用于任何国家、任何社会形态的经济规律。于是，在改革开放后的较长一段时间里，逐渐形成了"造不如买、买不如租"的逻辑，凭借在劳动力要素方面具有的比较优势甚至是

---

①　大卫·李嘉图全集第1卷［M］. 北京：商务印书馆，2013：110.

②　丁重扬、丁堡骏. 试论马克思劳动价值论在国际交换领域的运用和发展［J］. 毛泽东邓小平理论研究，2013（4）：55.

绝对优势从事跨国公司主导的全球价值链的加工组装环节。不可否认，这种参与国际分工与贸易的模式极大地促进了我国经济的增长，国内生产总值与人民的生活水平相比之前有了极大提高。但是也应清醒地看到：第一，我们正逐渐丧失自主研发核心关键技术的动力和能力，在核心关键技术上受制于人，日益增加的高端产品需求很大一部分依赖于发达国家的进口，一旦发达国家限制核心关键技术的使用与高端产品的出口，我们的企业将面临威胁；第二，在世界经济繁荣时，我们生产的低端产品可以通过世界市场消化，一旦世界经济陷入低迷，国内普遍性低端产品过剩的问题便浮现出来，结果是我国国内循环的不稳定性和脆弱性增加。

历史地看，世界上有许多国家从低收入迈入了中高收入，但最终真正成为高收入国家的屈指可数。从正反两方面的经验教训中不难发现，跨越"中等收入陷阱"的国家往往是敢于突破为维护垄断资本统治服务的主流经济学的束缚、大力推动技术创新、实现经济结构优化升级的国家，反之，盲目崇拜、迷信新古典经济学的国家，安于现状，不思进取，安然地从事发达国家主导的分工与贸易，他们能否跨越"中等收入陷阱"由发达国家决定。我们要引以为鉴，坚持以人民为中心，坚持中国共产党的领导，坚持以马克思主义为指导，辩证地看待新古典经济学，将"造不如买、买不如租"的逻辑倒过来。要完善关键核心技术攻关的新型举国体制，发挥市场在科技创新资源配置中的决定性作用，更好发挥政府在科技创新中的作用，构建以企业为主体、市场为导向、产学研深度融合的科技创新体系，培育造就一批科技人才、高水平科技创新团队与科技领军企业，全面提高关键核心技术自主创新能力。

## 第二节 按照剩余价值转移思想研究 H-O-S 定理

### 一、问题与争论

在李嘉图去世之后的一百多年里，西方资产阶级经济学家对比较优势原理进行了补充与发展，其中，由赫克歇尔、奥林所提出的要素禀赋论的影响最为广泛。奥林继承并发展了赫克歇尔的基本思想创立了要素禀赋论，该理论与李嘉图的比较优势理论同为西方贸易理论的基础。要素禀赋论认为，贸易能引起国家间要素绝对价格或相对价格趋于均等（奥林，1986），萨缪尔森进一步证明，要素价格均等化不只是趋势而且是必然（Samuelson，1948）。根据 H – O – S 定理（赫克歇尔—奥林—萨缪尔森定理），随着贸易的发展，发展中国家与发达国家的工资差距应不断缩小，然而实际情况并非如此。

根据联合国和世界银行的数据库公布的数据：发展中国家的平均贸易额从1996 年的 356 亿美元，增加到 2015 年的 2652 亿美元，增加了 2296 亿美元，平均人均工资从 1588 美元增加到 4462 美元，增加了 2874 美元；发达国家的平均贸易额从 1996 年的 3021 亿美元，增加到 2015 年的 6853 亿美元，增加了 3832 亿美元，平均人均工资从 29012 美元增加到 42645 美元，增加了 13633 美元（见图 2 – 1）。由此可知，在贸易额增量相同的情况下，发达国家的人均工资有更大的增幅，这会扩大发展中国家与发达国家的人均工资差距。1996 年两种国家的平均人均工资相差 27424 美元，2015 年扩大至 38183 美元。

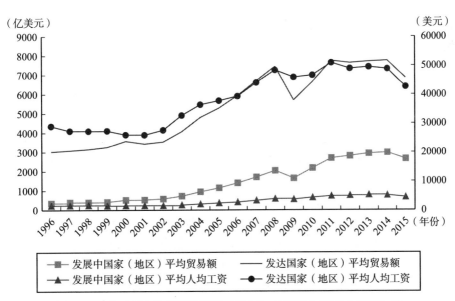

**图 2 – 1  1996～2015 年发达国家（地区）与发展中国家（地区）的**
**平均贸易额与平均人均工资的走势**

注：按照世界银行 2015 年的收入分组标准划分国家（地区）发展程度，将高收入（人均国民收入高于 12475 美元）国家（地区）视作发达国家（地区），将中低收入（人均国民收入低于 12475 美元）国家视作发展中国家（地区）。在我们所选取的面板数据中，不存在数据缺失的发展中国家（地区）23 个，发达国家 36 个。从 36 个发达国家（地区）中进一步选取 24 个国家（地区），这些国家（地区）同时属于联合国开发计划署人类发展指数极高的国家和地区、国际货币基金组织发达经济体以及中央情报局《世界概况》发达经济体。人均工资 = 以美元计价的劳动报酬总额/就业人口，以美元计价的劳动报酬总额 = 以本币计价的劳动报酬总额/以本币计价的 GDP × 以美元计价的 GDP，就业人口 = 劳动力总人口 ×（1 – 失业率）。有不少国家 2015 年之后的相关数据联合国数据库尚未公布，因此本节研究的数据截至 2015 年。

资料来源：联合国和世界银行的数据库。

一些西方经济学者认为，现实与理论相违背并未对要素价格均等化理论形成挑战，要素价格均等化需要满足三个条件：①不存在垄断、贸易壁垒等阻碍商品价格均等化的因素；②各国生产同种商品的技术相同；③国家间同种要素同质。然而，现实中这三个条件往往无法满足。奥林（1986）本人承认，尽管贸易可以缩小要素价格国际差异，但由于运输费用和贸易障碍的存在，要素价格不能均等化。马库森（Markusen，1981）指出，由于存在垄断，贸易无法实现要素价格均等化，大国在生产垄断性商品中密集使用的要素，价格相对较高。除贸易壁垒和垄断因素外，生产技术国际差异也是要素价格均等化理论难以成立的重要原因。对于资本相对丰裕的国家，如果资本密集型行业生产技术高，那么利息率相对较高（Bardhan，1965），一般地，生产技术高的国家的工资率和利息率均高于生产技术低的国家（克鲁格曼和奥伯斯法尔德，2013）。还有一些学者从要素异质性角度对要素价格均等化理论提出了质疑。梅特卡夫和斯蒂德曼（Metcalfe & Steedman，1979）通过一个简单的数学例子说明，如果存在异质性资本品，那么要素均等化理论的主要结论将不再成立，梅因沃林（Mainwaring，1976）利用斯拉法的生产价格体系给出了一般性证明。崔夫勒（Trefler，1993，1995）认为，同种要素的效率存在国际差异，这导致要素价格不能均等化。劳动效率国际差异在一定程度上可以解释"里昂惕夫之谜"（Leontief，1953，1956）。

也有些学者持不同意见，通过研究他们发现，当放松一些假设条件时，要素均等化理论仍能成立。坎普和大川（Kemp & Okawa，1997）认为，如果各国的生产技术系数相同，那么，即使存在垄断，要素价格均等化也是必然的。汤普森（Thompson，1997）指出，生产技术的国际差异不会对要素价格均等化产生较大的影响。此外，发展中国家可以使用发达国家的技能偏向性技术（Acemoglu，2003），这有助于缩小生产技术差距进而实现要素价格均等化。

综上所述，当假设条件得不到满足时，要素价格能否趋向均等或完全均等，西方经济学者尚存争议。根据他们的观点可以确定，垄断、生产技术国际差异、国家间劳动异质性等因素可能会扩大国家间工资差距，但贸易不会。然而，事实真的如此吗？我们知道，西方经济学者分析的是反映物与物之间关系的经济现象，不研究这些现象所掩盖的本质即人与人之间的关系。奥林、萨缪尔森看到了在使用价值层面国际分工与贸易能够给发达国家和发展中国家带来利益，却未看到在价值层面贸易所带来的剩余价值国际转移。伊曼纽尔（1988）在批判李嘉图的比较优势理论时指出，按照国际生产价格进行交换，剩余价值会从发展中国家向发达国家转移，其实，李嘉图隐约地感觉到了剩余价值国际转移，但由于缺乏转形理论，他未能将其揭示出来（丁重扬和丁堡骏，2013）。对李嘉图的批判也适用于奥林和萨缪尔森。既然奥林、萨缪尔森同李嘉图一样没有看到价值层面的剩余价值国际转移，那么他们所提出的要素价格均等化理论不免要受到质疑，如果考虑剩余价值国际转移，即使假设条件得以满足，贸易也有可能扩大国家间要素价格差距。①

## 二、要素价格均等化理论及其基础的内在缺陷

### （一）要素价格均等化理论的简要阐明

要素禀赋论认为，一国应"进口那些含有较大比例生产要素昂贵的商品，而出口那些含有较大比例生产要素便宜的商品"②，贸易的结果是商品价格均等化，生产要素价格也有均等化的趋势。③ 简单起见，我们以 A、B 两国利用资本 K、劳动 L 两种要素生产 C、F 两种商品为例进行说明。④ 分工与贸易前两国生产的两种商品的价格由如下模型决定：

$$p_j^i = a_{jK} r^i + a_{jL} w^i \qquad\qquad (2-1)$$

其中，p 表示单位商品的价格，i 代表 A、B 两国（下同），j 代表 C、F 两种商品（下同），a 表示两国相同的生产技术系数，即生产单位 C 或 F 商品所消耗的 K 或 L 要素的数量，r 表示要素 K 的价格，w 表示要素 L 的价格。

假定：（a）F 商品的生产为 K 要素密集型，C 商品的生产为 L 要素密集型，即 $a_{FK}/a_{FL} > a_{CK}/a_{CL}$；（b）A 国的 L 相对丰裕，B 国的 K 相对丰裕。由（2-1）式和假设条件（a）可得，$p_F^i/p_C^i$ 是 $r^i/w^i$ 的单调增函数，由假设条件（b）可得 $r^A/w^A > r^B/w^B$，于是 $p_F^A/p_C^A > p_F^B/p_C^B$。按照奥林的观点，A 国在商品 C 生产方面具有比较价格优势，因而应该出口 C，同理，B 国应生产并出口 F。这样，对于 A

---

① 根据马克思的经济理论，工资不是劳动要素的价格而是劳动力要素的价格；利息不是资本要素自身的价格，而是为获取资本要素的生产利润的能力而向其贷出者支付的价格；地租不是土地要素的价格，而是土地所有者凭借土地的垄断所有权获取的超额剩余价值。本节的第三部分仅分析贸易对国家间劳动力要素价格差距的影响。读者在后文将会看到，由于买方垄断与剩余价值国际转移的存在，土地资源丰裕的国家生产并出口土地密集型产品不一定能增加地租，但资本和技术丰裕的国家生产并出口资本技术密集型产品却往往能够提高平均利润率。借贷资本的需求增加，资本生产利润的能力增加，利息率必然提高。

② 奥林. 地区间贸易和国际贸易［M］. 北京：商务印书馆，1986：23.

③ 奥林. 地区间贸易和国际贸易［M］. 北京：商务印书馆，1986：41.

④ 一般性的数学说明可参见奥林. 地区间贸易和国际贸易［M］. 北京：商务印书馆，1986：324－331. 西方经济学认为生产要素包括土地、资本与劳动三大基本范畴，但一般只考虑资本与劳动，为了便于分析，我们仅在评析成本函数与新古典生产函数时考虑这三种要素。

国，贸易能够增加相对丰裕要素 L 的需求，从而提高 L 的价格，同时，能够减少相对稀缺要素 K 的需求，从而降低 K 的价格，对于 B 国则正好相反。这意味着，$r^A$ 与 $r^B$、$w^A$ 与 $w^B$、$r^A/w^A$ 与 $r^B/w^B$ 趋于均等。

奥林强调要素价格均等化不能完全实现，然而这一论断受到了萨缪尔森的质疑。萨缪尔森证明，如果不存在贸易壁垒与运输成本，两个国家同种要素同质，且生产技术系数相同，那么贸易必然导致要素价格的完全均等化（Samuelson，1949）。由生产者一般均衡条件可知

$$\frac{MP_{FK}^i}{MP_{FL}^i} = \frac{MP_{CK}^i}{MP_{CL}^i} = \frac{r^i}{w^i} \qquad (2-2)$$

其中，MP 表示要素的边际生产力。在完全竞争市场，实现帕累托最优的条件为：

$$\frac{p_F^i}{p_C^i} = \frac{MC_F^i}{MC_C^i} = \frac{MP_{CK}^i}{MP_{FK}^i} = \frac{MP_{CL}^i}{MP_{FL}^i} \qquad (2-3)$$

其中，MC 表示边际成本。由于 MP 大于零，MP 的一阶导数小于零，因此，由 (2-2) 式、(2-3) 式可以确定出 $r^i/w^i$ 与 $L_j^i/K_j^i$、$p_F^i/p_C^i$ 与 $L_j^i/K_j^i$ 的唯一对应关系。进一步可得，如果 $p_F^A/p_C^A = p_F^B/p_C^B$，那么 $r^A/w^A = r^B/w^B$。[①②]

## （二）要素价格均等化理论的基础

受前期西方经济学家的影响，奥林放弃了劳动价值论，利用要素价值理论分析国际贸易问题。[③] 根据西方经济学理论，在完全竞争市场，厂商获取的最大利润为零，即 pq = c(q)，其中，c 表示成本，q 表示产量，而成本又等于利息加上工资，即 c(q) = rK(q) + wL(q)，因此 pq = rK + wL，两边同除以 q 可得 (2-1) 式。根据前文的分析，(2-1) 式是奥林阐明要素禀赋论的重要基础。在分析国际贸易问题上萨缪尔森将西方经济学理论运用得淋漓尽致，他曾指出，"当我们的学科能在国际贸易问题上侃侃而谈时，就能给人留下好的印象。"[④] 萨缪尔森

---

① 具体的证明过程可参见：Samuelson, P. A., International Factor – Prices Equalization Once Again, *Economic Journal*, 1949, 59 (234), pp. 181 – 197；Samuelson, P. A., Summary on Factor – Price Equalization, *International Economic Review*, 1967, 8 (3), pp. 286 – 295.

② 事实上，根据 (2-1) 式和假设条件 (a) 也可推出此结论，因为 $p_F^i/p_C^i$ 是 $r^i/w^i$ 的单调增函数，所以，如果商品的相对价格相等，那么要素的相对价格相等。

③ 奥林在《地区间贸易和国际贸易》第一版序言中指出，"为这样的权威如瓦尔拉、门格尔、杰文斯、马歇尔、克拉克、费希尔、帕累托、卡塞尔所发展的相互依赖理论来取代古典的劳动价值论，那么就有理由放弃劳动价值论分析国际贸易问题。"（奥林. 地区间贸易和国际贸易 [M]. 北京：商务印书馆，1986：2.）

④ 阿普尔亚德，菲尔德. 国际经济学（国际贸易分册）[M]. 北京：机械工业出版社，2014：118.

对要素价格完全均等化的证明充分反映了这一点。结合新古典生产函数 q = q(K, L) 与成本预算线, 利用边际分析法与均衡分析法可得: 无论生产何种商品, 生产者为实现成本既定时产量最大, 必须保证资本与劳动的边际生产力之比等于利息与工资之比, 也就是 (2-2) 式。根据利润函数 π = pq - c(q) = pq(K, L) - (rK + wL) 与完全竞争市场的利润最大化条件可推出 (2-3) 式。利用新古典生产函数一阶导数大于零、二阶导数小于零的性质, 由 (2-2) 式、(2-3) 式可确定 $r^i/w^i$ 与 $L_j^i/K_j^i$、$p_F^i/p_C^i$ 与 $L_j^i/K_j^i$ 的唯一对应关系。根据以上分析, 奥林和萨缪尔森以成本函数与新古典生产函数为基础, 利用边际分析法与均衡分析法证明了要素价格均等化, 然而, 他们未意识到成本函数与新古典生产函数具有无法克服的内在缺陷。

### (三) 成本函数与新古典生产函数的内在缺陷

#### 1. 成本函数的内在缺陷

成本函数是萨伊三位一体公式的一种数学表述, 三位一体公式的思想又源自斯密教条, 受斯密教条和萨伊三位一体公式的影响, 成本函数将真正属于生产成本的不变资本抹去, 而将利息、地租等剩余价值的具体形式看作生产成本。

在《国民财富的性质和原因的研究》第六章, 斯密阐述了被马克思称为斯密教条的思想,[①] 他指出, "无论在什么社会, 商品价格归根到底都分解成为那三个部分 (即工资、利润和地租——引者注) 或其中之一";[②] "工资、利润和地租, 是……一切可交换价值的三个根本源泉"。[③] 斯密教条的错误之处在于, 利用一种不断重复分解的方法巧妙地将不变资本从商品价格中赶走,[④] 混同了价值产品与产品价值。

斯密犯错误源于他没有明确地区分劳动的二重性, 将物化劳动和活劳动混同, 没有区分商品的二因素性。斯密只看到抽象劳动形成的可变资本价值和剩余

---

① 马克思指出, "亚当·斯密的教条是: 每一个单个商品……的价格或交换价值, 都是由三个组成部分构成, 或者说分解为: 工资、利润和地租。" (资本论第 2 卷 [M]. 北京: 人民出版社, 2004: 410.)

② 斯密. 国民财富的性质和原因的研究 (上卷) [M]. 北京: 商务印书馆, 2009: 44.

③ 斯密. 国民财富的性质和原因的研究 (上卷) [M]. 北京: 商务印书馆, 2009: 46.

④ 斯密在《国民财富的性质和原因的研究》第 1 篇第 6 章关于谷物价格和面粉价格组成的论述中指出, "也许有人以为必须有第四个部分, 用来补偿租地农场主的资本, 或者说, 补偿他的役畜和其他农具的损耗。但是必须考虑到, 任何一种农具的价格, 例如一匹役马的价格, 本身又是由上述三个部分构成: 养马用的土地的地租, 养马的劳动, 预付这块土地的地租和这种劳动的工资的租地农场主的利润。因此, 谷物的价格虽然要补偿马的价格和给养费用, 但全部价格仍然直接地或最终地分解为这三个部分: 地租、劳动〔他指的是工资〕和利润。"

价值，而未看到具体劳动转移的并保留在新商品价值中的不变资本价值。构成不变资本的商品的价值是物化劳动，是过去的劳动，它与活劳动存在区别，物化劳动仅仅在新商品中再现，只有活劳动形成的价值才根据劳动力和资本的所有权进一步分解为劳动力价值和剩余价值。商品是使用价值与价值的对立统一，作为价值物，商品是相同的，作为有用物，商品是不同的。斯密忽视商品在使用价值上的异而仅考虑在价值上的同，将生产过程中耗费的生产资料的价值分解为劳动力价值和剩余价值。然而，仅靠工人和资本家消费生活资料无论如何是不能产生出耗费的生产资料的。斯密教条"为庸俗经济学大开了方便之门"。

萨伊继承并发展了斯密教条，提出了三位一体公式。他指出，"不论借出的是劳动力（根据马克思对资本与劳动相交换的提法与萨伊三位一体公式的批判，准确的翻译应为劳动，而不是劳动力——引者注）、资本或土地，由于它们**协同创造价值**（粗体为引者加），因此它们的使用是有价值的，而且通常得有报酬。对借用劳动力所付的代价叫做工资。对借用资本所付的代价叫做利息。对借用土地所付的代价叫做地租。"① 在这里，我们看到的是，萨伊抛弃了斯密教条里的科学成分，彻底将其庸俗化。虽然斯密抹去了商品价值中的不变资本价值部分，未提出剩余价值范畴同利润、地租等具体形式加以区分，但是，他承认利润、地租是"工人产品中的扣除部分，……这个扣除部分是由剩余劳动，即工人劳动的无酬部分构成。"②

萨伊将资本主义社会和商品经济看作永恒的自然的社会形式，他被日常的资本主义经济假象迷惑，将生产关系直接物化，将具有特殊的社会规定性的雇佣劳动看作劳动一般。在萨伊看来，劳动一般天然是雇佣劳动，生产资料天然是资本，土地天然是被土地所有者私人垄断占有的土地，劳动（雇佣劳动）仅创造工资所代表的价值部分，利息、地租是资本（生产资料）、土地（物）创造的价值部分，是借用能够创造价值的资本、土地应支付的费用。③ 于是，利息、地租这些剩余价值（活劳动凝结形成的却被资本所有者和地主所有者凭借对资本、土地的所有权无偿占有的特殊价值部分）的具体形式就巧妙地被排除了。萨伊既将工资、利息、地租看作生产费用的全部组成，又接受了斯密教条将其看作价格的全

---

① 萨伊. 政治经济学概论［M］. 北京：商务印书馆，2009：79.
② 马克思恩格斯文集第6卷［M］. 北京：人民出版社，2009：15.
③ 同古典经济学家一样，萨伊把资产阶级生产方式误认为是社会生产的永恒的自然形式，忽略了商品、货币、资本的历史性和特殊性，直接从物的社会关系而非其所掩盖的人的社会关系理解资本主义商品经济。如果资本不是借入的而是自有的，利息依然存在，不过不再是借入资本的代价而是资产阶级经济学的机会成本。

部组成，因而得出了西方经济学沿用至今的价格等于生产费用的结论。①

### 2. 新古典生产函数的内在缺陷

新古典综合学派的新古典生产函数在"两个剑桥之争"中受到了来自新剑桥学派的批评，英国著名经济学家琼·罗宾逊夫人（Robinson，1953）在《生产函数与资本理论》（*The Production Function and the Theory of Capital*）一文中最早指出新古典生产函数的缺陷：资本不能像劳动一样用一个物理单位来计量。如果资本度量问题无法解决，那么新古典生产函数就不能成立（白暴力和白瑞雪，2019），赞贝利（Zambelli，2017）利用经验数据说明新古典生产函数并不存在。此外，新古典生产函数的内在缺陷还体现在以下两个方面。第一，利用新古典生产函数与成本函数得到的重要推论——生产要素的数量与其边际生产力的乘积等于生产要素的实际报酬——存在矛盾，等式的一边是使用价值，另一边是交换价值，让两种不可通约的量保持一定的比例关系显然不合理。第二，新古典生产函数中的资本是机器、设备、厂房等多种多样的生产资料，而不是真正意义上的资本。"资本不是物，而是一定的、社会的、属于一定历史社会形态的生产关系，……资本是已经转化为资本的生产资料，这种生产资料本身不是资本。"②新古典生产函数反映的是实物投入与实物产出之间的生产关系，不是反映物的生产关系所掩盖的人的特定的生产关系，因此，不能说明剩余价值的本质与来源，也不能说明资本主义生产过程是劳动过程与价值增殖过程的统一。

## 三、贸易、剩余价值国际转移与国家间工资差距

成本函数与新古典生产函数具有内在缺陷是西方经济学回避研究生产关系的体现，③ 以这两种函数为基础分析国际贸易问题，导致奥林、萨缪尔森能够从反映物与物之间关系的使用价值层面阐述贸易能够给发达国家和发展中国家带来利

---

① 在《资本论》第3卷第49章的一个脚注中，马克思援引了李嘉图的评论，"根据萨伊先生的说法，生产费用是由地租、工资和利润构成的。"参见马克思. 资本论第3卷［M］. 北京：人民出版社，2004：953. 萨伊在《政治经济学概论》第2篇第3章的一个脚注中指出，"生产费用就是斯密所谓产品自然价格"（参见萨伊. 政治经济学概论［M］. 北京：商务印书馆，2009：367.）。

② 资本论第3卷［M］. 北京：人民出版社，2004：922.

③ 在西方经济学中，资本是生产资料，劳动是劳动一般，土地是具有自然肥力的天然物。西方经济学不从资本主义生产关系的角度理解资本（归私人所有、能够吸附活劳动并给其所有者带来利润的生产资料），不从资本主义生产关系的角度理解劳动（不同于劳动一般的雇佣劳动以及形成价值的抽象劳动）。生产资料、土地、具体劳动在使用价值的生产过程中具有不可或缺的使用价值（西方经济学所谓的要素贡献），但如同使用价值不决定交换一样，使用价值也不决定分配。

益，而未能从反映人与人之间关系的价值层面分析贸易中存在的剩余价值国际转移。如果考虑剩余价值国际转移，国家间要素价格不一定趋向均等。

## （一）必要说明

本节的主要目的是对要素价格均等化理论进行辩证地考察，希望在借鉴比较优势理论以及其他西方贸易理论时能够做到取其精华、弃其糟粕，也希望能起到抛砖引玉的作用，与学术界同行一道，以马克思主义为指导构建具有中国特色的贸易理论。首先我们肯定奥林的观点，劳动力要素禀赋丰裕的国家生产并出口劳动密集型产品，这些国家的实际工资会因劳动力需求的增加而提高，从这个方面考虑，分工与贸易可以缩小发展中国家与发达国家的工资差距。但是奥林忽视了劳动密集型产品与资本密集型产品的交换中发生的剩余价值国际转移，及其对发展中国家与发达国家的工资差距扩大具有的正效应。为什么奥林会忽视这一点呢？回答这个问题需要分析奥林基于什么得出了要素价格均等化理论，答案是他主张否定劳动价值论，利用成本函数和新古典生产函数以及一般均衡分析法分析国际贸易问题。在奥林看来，不需要研究生产关系，不需要劳动二重性，不需要价值和剩余价值，因而也就无所谓剩余价值国际转移。这是要素价格均等化理论需要批判的地方。根据研究的需要，我们没有考虑发达国家获取更多的利润可能是通过将资本投入到发展中国家获取的情况。

即使分析国际贸易中存在的剩余价值国际转移，也需要考虑多种因素，除国别价值转化为国际价值、国际价值转化为国际生产价格之外，还有供求带来的国际市场价格与国际生产价格的偏离，以及技术垄断导致的国际垄断价格，等等。我们单独用国际生产价格模型而没有考虑以上因素有以下几点原因。第一，考虑诸多引起剩余价值国际转移的情况比较困难，特别是，定量分析发达国家转入的剩余价值中有多少是由技术垄断带来的，会面临的一个难题即技术垄断的度量指标。同时，考虑诸多剩余价值国际转移的情况也不利于辩证地分析要素价格均等化理论，因此，我们没有考虑技术垄断引起的剩余价值国际转移及其对工资国际差异的影响。第二，西方经济学者围绕要素价格均等化理论展开的讨论主要集中于不存在垄断、生产技术系数相同、同种要素同质这三条假设条件能否成立，我们力图撇开这一点，在假定这三条假设条件均成立的前提下考察要素价格均等化理论是否站得住脚。在这种情况下，资本与除劳动力商品外的其他商品可以国际流动，将马克思的转形理论拓展到国际层面，劳动密集型产品的国际价格与资本密集型产品的国际价格是等量资本获取等量利润所决定的国际生产价格，按照国际生产价格进行国际贸易，剩余价值从资本有机构成低的发展中国家转移到资本有机构成高的发达国家。

国别价值转化为国际价值，国际价值转化为国际生产价格，在两次转形中，A、B 两国之间发生两次剩余价值转移。具体到本节的研究，依照要素禀赋论的观点，A、B 两国生产并出口各自具有相对优势的商品。在这种情况下，国别价值为国际价值，在 A、B 两国贸易中存在的是第二次转形引起的剩余价值国际转移。关于第一次转形引起的剩余价值国际转移的讨论可参见王智强（2018）。

下文阐述的是在投入要素按价值计算的国别价值向国际生产价格转化过程中存在的剩余价值国际转移，未对投入要素生产价格化的国别价值转形与剩余价值国际转移进行探讨。一方面，投入要素生产价格化将涉及争论百余年的转形问题，目前这一问题还未得到很好的解决。鲍特凯维茨（1988，中译本）、塞顿（Seton，1957）、萨缪尔森（Samuelson，1971）、森岛通夫（2017，中译本）、斯蒂德曼（1991，中译本）、克里曼和迈克格龙（Kliman & McGlone，1999）、丁堡骏（1999）、白暴力（2006）、冯金华（2008）、荣兆梓和陈旸（2014）、余斌（2016）、孟捷（2018）、王艺明和赵建（2019）对此进行了研究，这些学者的理论观点存在差异。另一方面，投入要素生产价格化可能使分析出现误差，但这个误差是无关紧要的。A、B 两国生产剩余价值，剩余价值总额按照世界平均利润率在两国之间进行再分配，剩余价值从资本有机构成低的 A 国向资本有机构成高的 B 国转移，这些不会因投入要素生产价格化而发生改变。

### （二）国别价值转形与剩余价值国际转移

马克思在《资本论》第 3 卷阐述了价值向生产价格的转化以及一般利润率的形成，将马克思的价值转形理论拓展到国际层面，我们可以说明在按照国际生产价格交换过程中存在的剩余价值在国家之间的转移。

生产不同商品的各个国家之间的资本有机构成存在差异，资本有机构成低的国家投入等量资本能够创造出较多的剩余价值，因而国别利润率高，相反，资本有机构成高的国家的国别利润率低。在自由竞争条件下，利润率具有在世界范围内平均化的强劲趋势，国别价值转化为国际生产价格，各国从价值总额中分到与它们各自的资本量成比例的价值。发达国家资本有机构成高，商品的国别价值低于国际生产价格，按照国际生产价格进行交换，能够获取额外的剩余价值。发展中国家的资本有机构成低，按照国际生产价格进行交换会损失一部分价值。发达国家在国际交换中实现（换回）的劳动大于其所耗费的劳动，发展中国家则相反。如果发展中国家不参与国际竞争，发达国家不可能获取额外剩余价值，如果发达国家不参与国际竞争，发展中国家也不可能损失部分剩余价值。在世界范围内"两个总计相等"仍然成立，因此，发达国家所得到的额外剩余价值是发展中国家所损失的剩余价值，两者在数量上相等。正如马克思所言，"一部分商品出售时比自己的价值高多少，另一部分商品出售时就比自己的价值低多少"[1]；"加入某种商品的剩余价值多多少，加入另一种商品的剩余价值就少多少"[2]。综上所述，在国际生产价格形成过程中，部分剩余价值从发展中国家向发达国家转移。剩余价值国际转移就其本质而言是，"一国可以不断攫取另一国的一部分剩余劳动而在交换中不付任何代价"[3]。

为了便于进一步考察贸易对国家间劳动力要素价格差距的影响以及下一步的定量分析，我们利用模型对国际生产价格形成与剩余价值国际转移进行表述。假定不存在垄断，两国的同种要素同质，生产同种商品的技术系数相同，并沿用本节第二部分的两个假设条件（a）和（b）。分工与贸易前，i 国生产的单位 j 商品的国别价值可表示为：

$$v_j^i = \sum_{h=1}^{n} a_{jh} v_h^i + a_{jL} v_L^i + m_j^i \qquad (2-4)$$

其中，i 代表 A、B 两国（下同），j 代表 C、F 两种商品（下同），$a_{jh}$ 表示生产单位 j 商品所消耗的 h 生产资料数量，$a_{jL}$ 表示生产单位 j 商品所消耗的劳动力商品数量，$v_h^i$ 为 i 国 h 生产资料的价值，$v_L^i$ 为 i 国劳动力商品的价值，$m_j^i$ 表示 i 国生产单位 j 商品创造的剩余价值。按照要素禀赋论的观点，A 国生产并出口商品 C，B 国生产并出口商品 F。这样，在使用价值层面 A、B 两国都能获利，也就是说，在生产要素投入不变的情况下，两国获取的使用价值比分工与贸易前多，或者，获取相同的使用价值，分工与贸易后两国需要投入的生产要素减少（参见附录二）。然而，分工与贸易后在价值层面资本有机构成低的 A 国总是吃亏。

资本在国际范围内充分流动，等量资本获取等量利润的竞争在国际范围内展开，使得国别价值转化为国际生产价格。结合（2-4）式，国别价值向国际生产价格转化、世界平均利润率形成可表述为：

---

① 资本论第 3 卷 [M]. 北京：人民出版社，2004：176.
② 资本论第 3 卷 [M]. 北京：人民出版社，2004：181.
③ 马克思恩格斯全集第 46 卷（下）[M]. 北京：人民出版社，1980：402.

$$
\left\{
\begin{aligned}
pp_C^A &= \left(\sum_{h=1}^n a_{Ch}v_h^A + a_{CL}v_L^A\right)(1 + \overline{r^c}) = \frac{\left(\sum\limits_{h=1}^n a_{Ch}v_h^A + a_{CL}v_L^A\right)(v_C^A + v_F^B)}{\left(\sum a_{Ch}v_h^A + a_{CL}v_L^A\right) + \left(\sum a_{Fh}v_h^B + a_{FL}v_L^B\right)} \\
pp_F^B &= \left(\sum_{h=1}^n a_{Fh}v_h^B + a_{FL}v_L^B\right)(1 + \overline{r^c}) = \frac{\left(\sum\limits_{h=1}^n a_{Fh}v_h^B + a_{FL}v_L^B\right)(v_C^A + v_F^B)}{\left(\sum a_{Ch}v_h^A + a_{CL}v_L^A\right) + \left(\sum a_{Fh}v_h^B + a_{FL}v_L^B\right)} \\
\overline{r^c} &= \frac{m_C^A + m_F^B}{\left(\sum a_{Ch}v_h^A + a_{CL}v_L^A\right) + \left(\sum a_{Fh}v_h^B + a_{FL}v_L^B\right)}
\end{aligned}
\right.
$$

$$(2-5)$$

其中，$pp_C^A$ 表示 A 国生产单位 C 商品的国际生产价格，$pp_F^B$ 表示 B 国生产单位 F 商品的国际生产价格，$\overline{r^c}$ 表示世界平均利润率。$pp_F^B/pp_C^A$ 介于 $v_F^B/v_C^A$ 与 $v_F^B/v_C^B$ 之间，否则分工与贸易将不会在 A、B 两国开展。[①] 由于 C 商品为劳动密集型，F 商品为资本密集型，因此，$a_{CL} > a_{FL}$，$\sum\limits_{h=1}^n a_{Ch}v_h^A/a_{CL}v_L^A < \sum\limits_{h=1}^n a_{Fh}v_h^B/a_{FL}v_L^B$，结合 (2-4) 式与 (2-5) 式可得 $pp_C^A < v_C^A$。同理，$pp_F^B > v_F^B$。此外还可以得到，在等量资本获取等量利润的情况下，投入等量劳动力要素，发展中国家实现的附加值小于发达国家，即 $v_L^A + \pi^A/a_{CL} < v_L^B + \pi^B/a_{FL}$，其中，$\pi^A = \left(\sum\limits_{h=1}^n a_{Ch}v_h^A + a_{CL}v_L^A\right)\overline{r^c}$，$\pi^B = \left(\sum\limits_{h=1}^n a_{Fh}v_h^B + a_{FL}v_L^B\right)\overline{r^c}$。

为了便于阐明剩余价值国际转移，假设存在一种特殊商品 S 具有在世界范围内充当一般等价物的职能，单位 S 商品的价值或代表的价值为 1。如果不存在国际生产价格形成的外部力量，从而 C、F 两种商品按照国别价值进行交换，那么，1 单位 C 商品能够交换到 $v_C^A$ 单位 S，1 单位 F 能够交换到 $v_F^B$ 单位 S。一旦 A、B 两国之间的竞争充分展开，C、F 两种商品按照国际生产价格进行交换，那么，1 单位 C 商品能够交换到 $pp_C^A$ 单位 S，1 单位 F 能够交换到 $pp_F^B$ 单位 S。通过比较可以看出，资本有机构成高的 B 国多交换到（$pp_F^B - v_F^B$）单位 S，而资本有机构成低的 A 国少交换到 $-(pp_C^A - v_C^A)$ 单位 S。由 (2-4) 式与 (2-5) 式可知，$-(pp_C^A - v_C^A) = pp_F^B - v_F^B$，$-(\pi^A - m_C^A) = \pi^B - m_F^B$。B 国多交换到的在数值上等于 A 国少交换到的。这表明，两国资本之间为追求平均利润而展开的竞争，

---

① 国际分工前，在 B 国，1 单位 F 能交换到 $v_F^B/v_C^B$ 单位 C；在 A 国，1 单位 C 能交换到 $v_C^A/v_F^A$ 单位 F。因此，要使 A、B 两国展开分工与贸易，必须满足 $pp_F^B/pp_C^A > v_F^B/v_C^B$；$pp_C^A/pp_F^B > v_C^A/v_F^A$。

使得与 $-(pp_C^A - v_C^A)$ 单位或 $(pp_F^B - v_F^B)$ 单位 S 等值的 $-(\pi^A - m_C^A)$ 单位或 $\pi^B - m_F^B$ 单位剩余价值，从资本有机构成低的 A 国转移到资本有机构成高的 B 国。

用 φ 表示剩余价值国际转移量，A 国为剩余价值转出国，$\phi^A < 0$，B 国为剩余价值转入国，$\phi^B > 0$。A 国与 B 国之间交换的商品数量越多，$\phi^A$ 越小，$\phi^B$ 越大，也就是说，A 国转出的剩余价值与 B 国转入的剩余价值越多。对于资本有机构成高的国家，剩余价值国际转移量与商品贸易额成正比，对于资本有机构成低的国家则成反比。

### （三）贸易对国家间工资差距的影响

奥林和萨缪尔森由于放弃了劳动价值论，因而只能从供求与均衡角度说明国家间要素价格的变动，看不到也无法说明贸易通过剩余价值国际转移对要素价格变动的影响。诚如他们所言，贸易有助于提高劳动密集型的发展中国家的劳动力需求从而提高其工资，贸易能够降低资本密集型的发达国家的劳动力需求从而降低其工资。从这一方面理解，两种国家之间的工资差距缩小，然而，贸易通过剩余价值国际转移会对工资差距产生截然相反的影响。

发达国家为剩余价值转入国，投入单位劳动力要素实现的附加值高，剩余价值转入有利于发达国家工人工资的提高。第一，为了调动工人的劳动积极性以进一步提高单位劳动力要素实现的附加值，发达国家的许多企业实行利润分享制，在这种情况下，企业从国外转入的利润越多，工人分享到的利润就越多。另外，发达国家的企业为了联合本国工人，也会从转移来的利润中拿出一部分用于提高工资，正如列宁指出的，"从这种超额利润中，资本家可以拿出一部分（甚至是不小的一部分）来收买本国工人。"[①] 第二，转入的利润为发达国家技术创新提供资金。技术进步带来超额利润，根据第一点，超额利润对工资上涨具有正效应。技术进步能够促进社会经济文化持续发展，其结果是工人的受教育程度提高，工人的生活必需品的品质提高、种类增加，这些因素会推动工资上涨。发展中国家为剩余价值转出国，投入单位劳动力要素实现的附加值低，剩余价值转出不利于发展中国家工人工资的提高。

工资 w 与劳动力需求 D、剩余价值国际转移量 φ 之间的关系，劳动力需求 D、剩余价值国际转移量 φ 与商品贸易额 τ 之间的关系，可用复合函数 $w = w(D(\tau), \phi(\tau))$ 表示。由前文分析可知，对于资本密集型的发达国家 B，$\partial w^B / \partial D^B > 0$，$\partial D^B / \partial \tau^B < 0$，$\partial w^B / \partial \phi^B > 0$，$\partial \phi^B / \partial \tau^B > 0$；对于劳动密集型的发展中国

---

① 列宁选集第 2 卷［M］.北京：人民出版社，2012：713.

家 A，$\partial w^A / \partial D^A > 0$，$\partial D^A / \partial \tau^A > 0$，$\partial w^A / \partial \phi^A > 0$，$\partial \phi^A / \partial \tau^A < 0$。求 $w^B - w^A$ 关于 $\tau$ 的全导数可得：

$$\frac{dw^B}{d\tau^B} - \frac{dw^A}{d\tau^A} = \left( \frac{\partial w^B}{\partial D^B} \frac{\partial D^B}{\partial \tau^B} - \frac{\partial w^A}{\partial D^A} \frac{\partial D^A}{\partial \tau^A} \right) + \left( \frac{\partial w^B}{\partial \phi^B} \frac{\partial \phi^B}{\partial \tau^B} - \frac{\partial w^A}{\partial \phi^A} \frac{\partial \phi^A}{\partial \tau^A} \right) \qquad (2-6)$$

（2-6）式等号右边第一项小于零，表示贸易通过劳动力需求对工资差距的影响为负，即贸易有缩小两国工资差距的效应。（2-6）式等号右边第二项大于零，表示贸易通过剩余价值国际转移量对工资差距的影响为正，即贸易有扩大两国工资差距的效应。在 A、B 两国贸易增量相同的情况下，如果（2-6）式等号右边第一项的绝对值大于第二项的绝对值，那么两国的工资趋向均等化；如果相等，那么两国的工资差距保持不变；如果小于，那么两国的工资差距扩大。因此，即使贸易能够通过影响劳动力需求，增加劳动力相对丰裕国家的工人工资，降低劳动力相对稀缺国家的工人工资，两种国家的工资能否趋向均等还要取决于劳动力需求与剩余价值国际转移量对工资差距的综合效应。

## 四、贸易影响国家间工资差距的经验分析

### （一）计量模型的构建

本部分依次考察发展中国家与发达国家的剩余价值国际转移量对工资的影响、贸易对剩余价值国际转移量的影响、贸易通过劳动力需求与剩余价值国际转移量对工资的总影响，[①] 借鉴温忠麟等（2004）的研究构建如下基准估计模型：

$$w_{it} = \alpha_1 + \beta_1 \phi_{it} + \gamma_1 \tau_{it} + \boldsymbol{\varphi}_1 \mathbf{U}_{it} + \mu_i + \lambda_t + \kappa_{ig} + \varepsilon_{it} \qquad (2-7)$$

$$\phi_{it} = \alpha_2 + \beta_2 \tau_{it} + \boldsymbol{\varphi}_2 \mathbf{U}_{it} + \mu_i + \lambda_t + \kappa_{ig} + \varepsilon_{it} \qquad (2-8)$$

$$w_{it} = \alpha_3 + \gamma_2 \tau_{it} + \boldsymbol{\varphi}_3 \mathbf{U}_{it} + \mu_i + \lambda_t + \kappa_{ig} + \varepsilon_{it} \qquad (2-9)$$

其中，$\alpha_1$、$\alpha_2$、$\alpha_3$ 为常数项，$\beta_1$、$\gamma_1$、$\beta_2$、$\gamma_2$ 为解释变量的回归系数，$\gamma_1$、$\gamma_2$ 为贸易对工资的直接效应与总效应，$\boldsymbol{\varphi}_1$、$\boldsymbol{\varphi}_2$、$\boldsymbol{\varphi}_3$ 为控制变量回归系数向量，$\mathbf{U}_{it}$ 为控制变量向量，$\mu_i$ 为国家固定效应，$\lambda_t$ 为年份固定效应，$\kappa_{ig}$ 为收入等级固定效应，$\varepsilon_{it}$ 为扰动项，$i$ 表示国家，$t$ 表示年份。

---

[①] 我们不再分别考察发达国家与发展中国家的贸易对劳动力需求的影响，关于这方面的研究可参见格林纳威等（Greenaway et al.，1999），杨玉华（2007），斯皮尔曼（Spilerman，2009），盛斌和牛蕊（2009），赫尔普曼等（Helpman et al.，2011），魏浩等（2013）。劳动力需求对工资的影响没有考察的必要。

（2-7）式与（2-9）式中的控制变量为通货膨胀率、失业率、GDP 增长率、固定资本形成总额占 GDP 比、外国直接投资占 GDP 比、劳动参与率的男女比例。一般地，当一国的物价总水平上涨时，以现价本币计价的工资提高，以现价美元计价的工资变动还要取决于该国的通货膨胀对该国货币与美元的兑换比率，如果一国出现滞涨甚至恶性通胀，那么该国的以美元计价的工资会下降。失业率低，表明经济处于繁荣阶段，工资水平较高；失业率高，表明经济发展不景气，工资水平较低，不过两者存在互为因果的关系，高失业率可能与高工资相关。GDP 增长率与工资之间存在负向关系，GDP 快速增长一般出现在人均收入与人均资本较低的时期，随着经济发展程度提高，GDP 增速逐渐放缓，人均工资、人均收入、人均资本相应地达到较高的水平。如果用于追加建筑工程形式的固定资本的比例增加，那么，就业人口增加，工资上涨；如果用于追加新机器、新设备形式的固定资本的比例增加，那么，工人工资下降。外商投资比例增加能够通过拉动就业促进工资上涨，需要指出，一些学者认为，发达国家在发展中国家的直接投资并不利于发展中国家人均工资的提高，原因在于发达国家的跨国资本为了获取超额利润而压低发展中国家的工资水平。根据世界劳动组织公布的数据，男性的平均工资高于女性，因此，若劳动参与率的男女比例增加，则人均工资增加。当然，还有一些变量也可能与工资存在相互关系，如大学入学率、教育支出占政府支出比、科研投入占 GDP 比、贫困人口占总人口比、城镇化率、储蓄率等，考虑到这些变量数据缺失严重而且引入控制变量过多会带来比较严重的多重共线性，我们未对这些变量进行控制。

与剩余价值国际转移量存在相互关系的变量不多。第一章第四节指出，高科技出口占制成品出口比与剩余价值国际转移量正相关，根据索梅尔（Somel，2004）、王雪婷等（2017）的研究，PPP 转换因子同市场汇率比与剩余价值国际转移量之间存在正向关系，根据"普雷维什—辛格"假说，贸易条件高的中心国家在贸易中获取的利润多，反之则相反。因此，（2-8）式的控制变量为 PPP 转换因子同市场汇率比、高科技出口占制成品出口比、贸易条件指数。

### （二）剩余价值国际转移量的构建

如何度量资本有机构成差异引起的剩余价值国际转移是研究的关键。在研究价值转形理论时马克思假定一个国家不同部门的剩余价值率相同，这里将该假定拓展到国际层面，假定世界范围内不同部门的剩余价值率相同，从而各国的剩余价值率相同。根据第三部分的分析，i 国的剩余价值国际转移率即转移的剩余价值同创造的剩余价值之比为：

$$\eta_i = \frac{m_i^t - m_i^c}{m_i^c} = \frac{\frac{cc_i + vc_i}{\sum\limits_{i=1}(cc_i + vc_i)}\sum\limits_{i=1} m_i^c - m_i^c}{m_i^c} = \frac{cc_i/vc_i - \sum cc/\sum vc}{1 + \sum cc/\sum vc}$$

$$(2-10)$$

其中，cc 为不变资本，vc 为可变资本，$m^c$ 为一国创造的剩余价值，$m^t$ 为一国实现的剩余价值，即转移的剩余价值与创造的剩余价值之和。由（2-10）式可知，测量剩余价值国际转移率，需要各国的资本有机构成数据进而资本存量数据，根据估算一国资本存量的相关文献（张军和章元，2003；单豪杰，2008；李宾，2011；李帮喜等，2019），估算 94 个国家的资本存量所需的数据尚无法获取。不过，可以将劳动生产率国际差异引起的剩余价值国际转移率 $\varpi_i = (f_i - \bar{f})/(1 + \bar{f})$ 作为资本有机构成差异引起的剩余价值国际转移率 $\eta_i$ 的代理变量，[①] 将 $\psi_i = m_i^t \varpi_i/(1 + \varpi_i)$ 作为剩余价值国际转移量 $\phi_i$ 的代理变量。原因有如下两点。第一，马克思在《资本论》第 1 卷、第 3 卷中指出，"劳动生产率的增长，表现为劳动的量比它所推动的生产资料的量相对减少"；[②] "社会劳动生产力的发展，表现为可变资本同总资本相比相对减少"；[③] "社会劳动生产力的提高，正好表现为可变资本部分同不变资本部分相比越来越相对减少。"[④] "随着劳动的社会生产力的发展，为了推动同量的劳动力……所需要的总资本量越来越大"。[⑤] 第二，在计量分析中我们关注的是剩余价值国际转移量与贸易及国家间工资差距之间的关系，至于引起剩余价值国际转移的原因是无关紧要的，$\psi_i$ 与贸易及国家间工资差距的关系和 $\phi_i$ 与两者的关系相同。

## （三）样本选取与描述性统计

本节研究使用的样本数据来自联合国与世界银行的数据库公布的 1996~2015 年 94 个国家和地区的面板数据。2015 年，这些国家的 GDP 总额占世界总额的

---

① $f_i$ 为 i 国的社会劳动生产率，用不变价购买力平价计价的 GDP 除以就业人口度量，$\bar{f} = \sum(GDP)/\sum($就业人口$)$ 为世界平均劳动生产率，详见王智强（2018）。i 国实现的剩余价值用以美元计价的营业利润总额度量，它等于以本币计价的营业利润总额/以本币计价的 GDP×以美元计价的 GDP。

② 资本论第 1 卷 [M]. 北京：人民出版社，2004：718.

③ 资本论第 3 卷 [M]. 北京：人民出版社，2004：244.

④ 资本论第 3 卷 [M]. 北京：人民出版社，2004：448.

⑤ 资本论第 3 卷 [M]. 北京：人民出版社，2004：247.

90%以上。在这94个国家中，发展中国家53个，发达国家41个，① 关键变量数据完整的国家56个，其他国家数据缺失的年数均小于10。为保证样本量，未进行平衡性处理。我们对关键变量的分位数99%以上或1%以下的极端值进行了截尾处理，表2-2为变量的经济含义与描述性统计。

表2-2 变量的含义与描述性统计

| 变量 | 经济含义 | 单位 | 观测值 | 均值 | 标准误 | 最小值 | 最大值 |
|---|---|---|---|---|---|---|---|
| φ | 剩余价值国际转移量 | 百亿美元 | 1686 | 3.399 | 20.682 | -172.156 | 154.480 |
| τ | 商品贸易额 | 百亿美元 | 1643 | 14.020 | 22.399 | 0.011 | 107.002 |
| w | 人均工资 | 千美元 | 1720 | 14.833 | 17.763 | 0.041 | 86.988 |
| inf | 通货膨胀率 | % | 1714 | 6.298 | 9.200 | -35.837 | 61.135 |
| une | 失业率 | % | 1741 | 8.616 | 5.842 | 0.164 | 32.000 |
| ggp | GDP增长率 | % | 1734 | 3.747 | 3.766 | -7.300 | 17.291 |
| gog | 固定资本形成总额占GDP比 | % | 1691 | 23.466 | 6.643 | 8.779 | 43.738 |
| fog | 外国直接投资占GDP比 | % | 1691 | 5.090 | 8.178 | -58.323 | 53.191 |
| mvw | 劳动参与率的男女比例 | / | 1741 | 70.649 | 15.605 | 24.509 | 99.271 |
| por | PPP转换因子同市场汇率比 | / | 1721 | 0.626 | 0.333 | 0.124 | 1.678 |
| htr | 高科技出口占制成品出口比 | % | 1593 | 12.072 | 11.969 | 0.000 | 61.687 |
| ctr | 贸易条件指数 | / | 1519 | 109.134 | 29.372 | 43.878 | 223.100 |

### （四）计量结果及分析

1. 剩余价值国际转移量对工资的影响

表2-3的（1）列与（2）列为发展中国家和发达国家的剩余价值国际转移量与工资之间关系的基准估计结果，可以看出，两种国家的剩余价值国际转移量与工资的回归系数均为正且在1%的水平上显著，这表明：资本有机构成高的发

① 41个发达国家和地区分别为：澳大利亚、奥地利、比利时、加拿大、塞浦路斯、捷克、丹麦、芬兰、法国、德国、希腊、冰岛、爱尔兰、以色列、意大利、日本、韩国、卢森堡、马耳他、荷兰、新西兰、挪威、葡萄牙、斯洛伐克、斯洛文尼亚、西班牙、瑞典、瑞士、英国、美国、中国香港（这31个世界银行高收入经济体同时属于联合国开发计划署人类发展指数极高的国家和地区、国际货币基金组织发达经济体以及中央情报局《世界概况》发达经济体），沙尼亚、拉脱维亚、立陶宛、波兰、匈牙利、智利、巴林、科威特、卡塔尔、克罗地亚（这10个世界银行高收入经济体人类发展指数很高，但不同时属于国际货币基金组织发达经济体以及中央情报局《世界概况》发达经济体）。

达国家转入的剩余价值多,工资相对较高,资本有机构成低的发展中国家则相反;发达国家转入的剩余价值增加,或者发展中国家转出的剩余价值减少,这些国家的工资就会提高,反之则降低。需要指出,(1)列中发展中国家的剩余价值国际转移量与贸易额的方差膨胀因子分别为 22.19、6.57,发达国家的分别为 54.54、22.03,(2)列为未控制国家固定效应的估计结果,方差膨胀因子相应地减小为 1.84、2.05 与 3.05、3.29。严重的多重共线性对回归系数的大小产生了较大影响。

表 2-3　　　　　　　剩余价值国际转移量影响工资的估计结果

| 变量 | (1) | (2) | (3) | (4) | (5) | (6) | (7) | (8) |
|---|---|---|---|---|---|---|---|---|
| | 发展中国家 | | | | | | | 全样本 |
| $\phi$ | 0.058 *** (0.008) | 0.022 *** (0.003) | 0.020 *** (0.003) | 0.020 *** (0.004) | 0.020 *** (0.004) | 0.019 *** (0.002) | 0.012 *** (0.002) | 0.183 *** (0.022) |
| $\tau$ | 0.057 *** (0.010) | 0.037 *** (0.008) | 0.035 *** (0.007) | 0.029 *** (0.008) | 0.046 *** (0.010) | 0.028 *** (0.007) | 0.016 *** (0.005) | 0.075 *** (0.010) |
| 控制变量 | 控制 | 控制 | 控制 | 控制 | 控制 | 控制 | 控制 | 控制 |
| 国家固定效应 | 控制 | 未控制 | 未控制 | 未控制 | 未控制 | 未控制 | 未控制 | 控制 |
| 年份固定效应 | 控制 | 控制 | 控制 | 控制 | 控制 | 控制 | 控制 | 控制 |
| 收入等级固定效应 | 控制 | 控制 | 控制 | 控制 | 控制 | 控制 | 控制 | 控制 |
| $R^2$ | 0.895 | 0.679 | 0.688 | 0.654 | 0.675 | 0.681 | 0.701 | 0.952 |
| 观测值 | 806 | 806 | 761 | 490 | 316 | 759 | 796 | 1580 |
| | 发达国家 | | | | | | | 全样本 |
| $\phi$ | 0.285 *** (0.070) | 0.054 *** (0.019) | 0.056 *** (0.019) | 0.047 * (0.024) | 0.158 ** (0.064) | 0.061 *** (0.019) | 0.037 *** (0.012) | 0.183 *** (0.022) |
| $\tau$ | -0.033 * (0.018) | 0.031 ** (0.014) | 0.027 * (0.014) | 0.0380 (0.024) | -0.0180 (0.022) | 0.0190 (0.014) | 0.020 ** (0.010) | 0.075 *** (0.010) |
| 控制变量 | 控制 | 控制 | 控制 | 控制 | 控制 | 控制 | 控制 | 控制 |
| 国家固定效应 | 控制 | 未控制 | 未控制 | 未控制 | 未控制 | 未控制 | 未控制 | 控制 |
| 年份固定效应 | 控制 | 控制 | 控制 | 控制 | 控制 | 控制 | 控制 | 控制 |

续表

| 变量 | (1) | (2) | (3) | (4) | (5) | (6) | (7) | (8) |
|---|---|---|---|---|---|---|---|---|
| | 发达国家 | | | | | | | 全样本 |
| 收入等级<br>固定效应 | 控制 | 控制 | 控制 | 控制 | 控制 | 控制 | 控制 | 控制 |
| $R^2$ | 0.941 | 0.610 | 0.602 | 0.601 | 0.623 | 0.488 | 0.488 | 0.952 |
| 观测值 | 774 | 774 | 738 | 466 | 308 | 596 | 775 | 1580 |

注：＊、＊＊、＊＊＊分别对应10%、5%、1%的显著水平，括号里为稳健性标准误，（3）列为将被解释变量滞后一期的估计结果，（4）列为1996～2007年的估计结果，（5）列为2008～2015年的估计结果，（6）列为剔除阿根廷、南非、俄罗斯等人均工资接近于发达国家的三个发展中国家以及剔除克罗地亚、斯洛伐克、爱沙尼亚、拉脱维亚、立陶宛、波兰、匈牙利、智利、巴林等人均工资接近于发展中国家的九个发达国家的估计结果，（7）列为按2011年不变价购买力平价法计价人均工资、剩余价值国际转移量与贸易额的估计结果，为避免严重的多重共线性对回归系数大小的影响，（2）～（7）列未对国家固定效应进行控制，本节未报告控制变量及常数项的估计结果。

根据伊曼纽尔的不平等交换理论，工资国际差异会引起剩余价值国际转移（伊曼纽尔，1988），这意味着工资与剩余价值国际转移量可能存在内生性问题。[①] 为了处理内生性问题，同时进行稳健性检验，我们采取以下五种方法。第一，将人均工资变量的滞后一期作为解释变量进行估计，结果如表2-3的（3）列所示。第二，自20世纪末至2008年金融危机爆发，经济全球化快速发展，受2008年金融危机影响，世界经济增长乏力，贸易保护主义抬头，逆全球化浪潮兴起。这对国际贸易产生不同的影响，贸易对剩余价值国际转移量以及工资的影响也会有所不同。因此，我们将2008年作为分界点进行分段估计。估计结果如表2-3的（4）列与（5）列所示。第三，剔除阿根廷、南非、俄罗斯等人均工资接近于发达国家的三个发展中国家，剔除克罗地亚、斯洛伐克、爱沙尼亚、拉脱维亚、立陶宛、波兰、匈牙利、智利、巴林等人均工资接近于发展中国家的九个发达国家，这样处理使国家发展程度差异更为明显，估计结果如表2-3的（6）列所示。第四，以2011不变价购买力平价法计算人均工资、剩余价值国际转移量与贸易额，估计结果如表2-3的（7）列所示。第五，在全样本下，将发达国家与发展中国家混合在一起进行估计，结果如表2-3的（8）列所示。

---

① 本书附录三扼要地介绍了伊曼纽尔的剩余价值国际转移思想。伊曼纽尔的观点在学术界存在争议，李翀（2007），丁晓扬和丁堡骏（2013），钱书法、王卓然（2016）认为剩余价值国际转移的原因是资本有机构成国际差异而非工资国际差异，我们姑且认为工资与剩余价值国际转移量可能存在互为因果的内生性问题。

从表2-3不难看出：第一，滞后一期的估计结果基本没有变化；第二，将2008年作为分界点进行分段估计，发达国家的估计结果有所变化但依然显著；第三，人均工资与剩余价值国际转移量按不变价购买力平价计算后，回归系数仍高度显著；第四，无论按国家发展程度分类与否，无论剔除部分国家与否，剩余价值国际转移量与工资均显著正相关。这表明剩余价值国际转移量与工资的内生性问题并不严重，剩余价值国际转移量对工资具有稳健的正效应。计量结果验证了前文分析的 $\partial w^A/\partial \phi^A > 0$、$\partial w^B/\partial \phi^B > 0$。

2. 贸易额对剩余价值国际转移量的影响

从表2-4可以看出，基准估计结果与采用将被解释变量滞后一期、以2008年为界点分段、剔除部分国家、替换关键变量的度量单位等五种方法进行估计得到的结果显示，发展中国家的贸易额与剩余价值国际转移量的回归系数为负，发达国家的回归系数为正，并且两者均在1%的水平上显著。这表明，随着贸易额的增加，发展中国家的剩余价值国际转移量减少，即发展中国家创造的被转移到发达国家的剩余价值增加；发达国家的剩余价值国际转移量增加，即发达国家从发展中国家转移的剩余价值增加。计量结果验证了前文分析的 $\partial \phi^A/\partial \tau^A < 0$、$\partial \phi^B/\partial \tau^B > 0$。

表2-4　　　　　　贸易额影响剩余价值国际转移量的估计结果

| 变量 | (1) | (2) | (3) | (4) | (5) | (6) | (7) |
|---|---|---|---|---|---|---|---|
| | 发展中国家 | | | | | | |
| $\tau$ | -0.475*** (0.080) | -0.968*** (0.135) | -0.934*** (0.134) | -1.196*** (0.126) | -0.758*** (0.230) | -1.159*** (0.137) | -1.139*** (0.119) |
| 控制变量 | 控制 | 控制 | 控制 | 控制 | 控制 | 控制 | 控制 |
| 国家固定效应 | 控制 | 未控制 | 未控制 | 未控制 | 未控制 | 未控制 | 未控制 |
| 年份固定效应 | 控制 | 控制 | 控制 | 控制 | 控制 | 控制 | 控制 |
| 收入等级固定效应 | 控制 | 控制 | 控制 | 控制 | 控制 | 控制 | 控制 |
| $R^2$ | 0.948 | 0.394 | 0.403 | 0.510 | 0.333 | 0.468 | 0.398 |
| 观测值 | 719 | 719 | 689 | 423 | 296 | 668 | 711 |

续表

| 变量 | (1) | (2) | (3) | (4) | (5) | (6) | (7) |
|------|-----|-----|-----|-----|-----|-----|-----|
| | 发达国家 | | | | | | |
| $\tau$ | 0.250 *** (0.029) | 0.474 *** (0.043) | 0.494 *** (0.045) | 0.684 *** (0.065) | 0.317 *** (0.022) | 0.478 *** (0.043) | 0.519 *** (0.048) |
| 控制变量 | 控制 | 控制 | 控制 | 控制 | 控制 | 控制 | 控制 |
| 国家固定效应 | 控制 | 未控制 | 未控制 | 未控制 | 未控制 | 未控制 | 未控制 |
| 年份固定效应 | 控制 | 控制 | 控制 | 控制 | 控制 | 控制 | 控制 |
| 收入等级固定效应 | 控制 | 控制 | 控制 | 控制 | 控制 | 控制 | 控制 |
| $R^2$ | 0.985 | 0.680 | 0.692 | 0.780 | 0.715 | 0.668 | 0.674 |
| 观测值 | 650 | 650 | 646 | 341 | 309 | 506 | 651 |

注：（1）列中发展中国家与发达国家的最大方差膨胀因子分别为 6.88、15.83，（2）列中分别为 1.72、2.16。

3. 贸易额对国家间工资差距的影响

通过对比表 2-3、表 2-4、表 2-5 的（2）~（7）列不难看出，对于发展中国家，控制剩余价值国际转移量前的贸易额与工资的回归系数小于控制剩余价值国际转移量后的回归系数，这也说明了贸易通过剩余价值国际转移量对工资具有负效应。发达国家的情况正好相反，由于还存在如垄断、汇率等其他因素引起的剩余价值国际转移，因而控制剩余价值国际转移量 $\psi$ 后发达国家的贸易额与工资未呈现稳健的负向关系。[1] 从表 2-5 可以看出，基准估计结果与采用将被解释变量滞后一期、以 2008 年为界点分段、剔除部分国家、替换贸易额与人均工资的度量单位等五种方法进行估计得到的结果显示：对于发达国家，贸易额与工资的回归系数为正且在 1% 的水平上显著；对于发展中国家，贸易额与工资的回归系数虽然为正，但并不稳健，剔除部分国家、替换关键变量的度量单位、选取 1996~2007 年的数据进行估计得到的回归系数不显著。这表明：对于发达国家，贸易通过剩余价值国际转移量对工资的正效应大于通过劳动力需求对工资的负效应，工资随着贸易额的增加而增加；对于发展中国家，贸易通过剩余价值国际转

---

[1] 由表 2-3、表 2-4、表 2-5 的（2）~（7）列可知，剩余价值国际转移量的中介效应加上贸易额对工资的直接效应与贸易额对工资的总效应略存在差异，这可能是因为表 2-4 与表 2-3、表 2-5 的控制变量和样本观测值不同。

移量对工资的负效应，可能小于也可能等于通过劳动力需求对工资的正效应，随着贸易额的增加，工资可能增加也可能不变。从表 2-5 还可以看出，发达国家的贸易额与工资的回归系数大于发展中国家的，即 $dw^B/d\tau^B - dw^A/d\tau^A > 0$。依据 (2-6) 式，贸易通过剩余价值国际转移量对工资差距产生的正效应大于通过劳动力需求产生的负效应，在贸易额增量相同的情况下，两种国家的工资差距随着贸易额的增加而扩大。

表 2-5　　　　　　　　　　　贸易额影响工资的估计结果

| 变量 | (1) | (2) | (3) | (4) | (5) | (6) | (7) |
|---|---|---|---|---|---|---|---|
| | 发展中国家 | | | | | | |
| $\tau$ | 0.025 *** (0.008) | 0.014 ** (0.006) | 0.014 ** (0.006) | 0.008 (0.006) | 0.024 *** (0.009) | 0.006 (0.005) | -0.001 (0.003) |
| 控制变量 | 控制 | 控制 | 控制 | 控制 | 控制 | 控制 | 控制 |
| 国家固定效应 | 控制 | 未控制 | 未控制 | 未控制 | 未控制 | 未控制 | 未控制 |
| 年份固定效应 | 控制 | 控制 | 控制 | 控制 | 控制 | 控制 | 控制 |
| 收入等级固定效应 | 控制 | 控制 | 控制 | 控制 | 控制 | 控制 | 控制 |
| $R^2$ | 0.878 | 0.650 | 0.664 | 0.623 | 0.652 | 0.655 | 0.682 |
| 观测值 | 807 | 807 | 763 | 490 | 317 | 760 | 805 |
| | 发达国家 | | | | | | |
| $\tau$ | 0.038 *** (0.009) | 0.056 *** (0.008) | 0.053 *** (0.008) | 0.069 *** (0.011) | 0.032 *** (0.012) | 0.048 *** (0.008) | 0.040 *** (0.006) |
| 控制变量 | 控制 | 控制 | 控制 | 控制 | 控制 | 控制 | 控制 |
| 国家固定效应 | 控制 | 未控制 | 未控制 | 未控制 | 未控制 | 未控制 | 未控制 |
| 年份固定效应 | 控制 | 控制 | 控制 | 控制 | 控制 | 控制 | 控制 |
| 收入等级固定效应 | 控制 | 控制 | 控制 | 控制 | 控制 | 控制 | 控制 |
| $R^2$ | 0.938 | 0.610 | 0.602 | 0.602 | 0.616 | 0.486 | 0.487 |
| 观测值 | 776 | 776 | 740 | 467 | 309 | 598 | 776 |

注：(1) 列中发展中国家与发达国家的最大方差膨胀因子分别为 50.45、28.42，(2) 列中分别为 1.50、2.00。

## 五、结论与启示

要素价格均等化理论以具有内在缺陷的成本函数与新古典生产函数为基础，因而未能从反映人与人之间关系的价值层面说明贸易中存在的剩余价值国际转移。按照国际生产价格进行交换，剩余价值从资本有机构成低的发展中国家向资本有机构成高的发达国家转移。随着贸易程度的提高，发达国家转入的剩余价值增加，这对工资上涨有正效应，发展中国家则相反，基于 94 个国家或地区 1996～2015 年面板数据的经验分析证实了这一点。在发展中国家与发达国家贸易增量相同的情况下，如果贸易通过剩余价值国际转移量对工资差距产生的正效应大于通过劳动力需求产生的负效应，那么两种国家的工资差距扩大，反之则缩小。经验分析表明，在贸易增量相同的情况下，两种国家的工资差距扩大。

生产决定交换与分配。发达国家之所以能够在国际贸易中转移发展中国家的剩余价值，即在全球总剩余价值的分配中占据优势地位，是因为发达国家的生产力比发展中国家的先进，发达国家用以交换的多为中高端产品，发展中国家用以交换的多为低端产品。发达国家的生产力发达，技术水平高，商品生产以知识密集型与技术密集型为主，这决定了出口商品的国际交换价值——国际价值、国际生产价格以及国际垄断价格高于国别价值。在国际贸易中，发达国家换回的劳动量往往高于耗费的劳动量，这部分额外劳动（剩余价值实体）是从发展中国家转移而来。发展中国家的情况则恰好相反。以我国为例，改革开放以来，我国的商品贸易量快速增长，然而我国的劳动生产率与资本有机构成整体偏低，出口商品以资源密集型与劳动密集型为主，国际交换价值低于国别价值，在国际贸易中，我国换回的劳动量普遍低于耗费的劳动量，国内创造的部分剩余价值被转移到发达国家。

由于剩余价值国际转移的存在，发达国家的贸易附加值远高于发展中国家的，其结果是两种国家的工资差距与利润差距同时扩大，这又通过消费与资本积累对两种国家的经济发展产生截然相反的影响。因此，剩余价值国际转移必然加剧世界经济发展的不平衡。全球发展失衡是当今世界面临的最大挑战（习近平，2017），也是世界经济危机周期性爆发的重要原因。面对挑战，中国提出了可供世界借鉴的方案。

第一，坚持推动经济高质量发展。在生产、交换、分配、消费中，生产起决定性作用，从生产端入手，提高供给体系质量，推动经济高质量发展，是提高对外贸易质量、抑制剩余价值国际转移的关键。推动经济高质量发展，要以供给侧结构性改革为主线，实施创新驱动战略，培育经济增长新动力，实现经济发展方式从规模速度型向质量效率型转变，促进产业向全球价值链中高端迈进。在经济高质量发展阶段，社会生产力水平将实现整体跃升，知识技术密集型产业将成为驱动经济增长的主导产业，这将带来贸易结构优化，高质量产品在贸易总额中的比重增加，产业在贸易中实现的附加值提升。

第二，坚持推动构建人类命运共同体。在资本主义世界体系，发达国家推行霸权主义和强权政治，奉行我赢你输、赢者通吃的逻辑，采取以阻碍他国经济发展来促进本国经济发展的模式。在短期内，发达国家经济的确能够得以发展，但从长期看，这些发展成果终将因世界经济发展不平衡加剧、世界经济危机周期性爆发而遭到破坏。与这种带有重商主义色彩的思维不同的是人类命运共同体理念。2013 年，习近平总书记首次提出构建人类命运共同体的倡议，党的十九大明确提出坚持推动构建人类命运共同体。人类命运共同体倡导开放、包容、共享、普惠、共赢的战略理念，体现的是一种新型国际关系。在人类命运共同体理念引领下，中国将与其他国家特别是发展中国家分工合作，共同研发新技术，共享技术创新成果，最终实现技术共同进步。这有利于缩小国家之间的技术差距，抑制一国在国际贸易中利用技术优势转移他国剩余价值，对于推动世界经济平衡发展具有重要意义。

# 第三章

## 商品垄断与剩余价值国际转移

垄断仍然是当今资本主义的最深厚的经济基础。在经济自由化与经济全球化的浪潮中垄断资本主义得到了进一步发展,[①] 垄断资本的规模越来越庞大,在研发、设计、贸易、投资、金融、信息、科技等领域占据支配地位,国际垄断程度不断提高。全球范围内风起云涌的资本并购加强了生产集中,从农业到工业、再到服务业,从食品加工到机器制造、再到高新技术研发,几乎总能找到占据主要世界市场份额的巨型跨国公司,这些巨型跨国公司是国际垄断资本的载体。它们以串谋、协议、相互持股等方式结成国际垄断联盟,不仅在中间产品与最终消费品销售方面具有卖方垄断势力[②],而且在全球寻找代工企业、购买原材料时具有买方垄断势力,通过卖方垄断高价与买方垄断低价将部分全球财富转变为自己的垄断利润。

---

① 20世纪七八十年代的经济危机令凯恩斯主义失去了昔日的辉煌,货币主义学派、供给学派、理性预期学派、新制度经济学派等新自由主义经济思潮迅速崛起并占据主流地位。受新自由主义经济思潮的影响,1989年前后,东欧剧变,苏联解体,经济全球化蓬勃发展。

② 马克思在研究社会总资本的运动时将社会的总产品划分为两大类:生产资料和生活资料。生产资料是用于生产消费的商品,生活资料是用于工人和资本家个人消费的商品。在本书,最终产品指的是退出流通领域后进入个人消费环节的生活资料,中间产品指的是退出流通领域后进入生产消费环节的生产资料。本章关注的中间产品是一些战略性资源,当然,中间产品也包括芯片、种子、轮胎、牛奶包装等。

# 第一节 最终产品卖方垄断与剩余价值国际转移：以全球高档汽车市场为例

## 一、生产集中：汽车巨头占据全球高档汽车市场

资本主义生产的内在规律作为外在的竞争的强制规律发生作用，为了占有更多的市场份额、获取更多的剩余价值，资本家彼此间进行着激烈的竞争。"竞争迫使资本家不断扩大自己的资本来维持自己的资本"①，竞争迫使资本家不断改进生产方式。起初，资本家靠资本积累来扩大资本。随着资本积累从而资本规模不断扩大以及信用制度的发展，一些资本家有能力研发并率先采用新技术，新技术的使用进一步增强了他们的实力，使得他们能够在竞争中挤垮或者吞并其他资本家。资本之间的兼并与收购日益成为资本家扩大资本的主要方式，通过并购资本越来越集中到为数不多的大资本家手中。正如马克思所指出："是资本家剥夺资本家，是许多小资本变成少数大资本。……资本所以能在这里，在一个人手中大量增长，是因为它在那里在许多人手中丧失了。这是不同于积累和集聚的本来意义的集中。"②

作为国民经济的重要支柱并与其他许多部门密切相关的汽车行业，自20世纪以来，不断上演着汽车厂商为争夺世界市场份额与经济垄断地位的大并购。1926年，德国汽车公司戴姆勒和奔驰合并成立戴姆勒奔驰汽车公司，并于1998年与美国克莱斯勒汽车公司合并成立戴姆勒克莱斯勒集团公司。1964年，德国大众集团完成对奥迪汽车公司的收购；1998年，大众集团和宝马集团竞相收购劳斯莱斯（1931年，宾利被劳斯莱斯收购），最终两家巨头达成协议，大众集团获得宾利品牌，宝马集团获得劳斯莱斯品牌；2012年，大众集团完成对保时捷公司的收购。1999年，法国雷诺汽车集团斥资7000亿日元，收购日产汽车36.8%的股权，成为日产的最大股东。2002年，美国福特公司将先后收购过来的原属于英国的捷豹与路虎品牌合并在一起（1989年，福特收购捷豹；2000年，

---

① 马克思恩格斯全集（第23卷）[M]. 北京：人民出版社，1972：650.
② 马克思恩格斯全集（第23卷）[M]. 北京：人民出版社，1972：686.

福特从宝马手中购得路虎品牌),2008 年,合并后的捷豹/路虎又被印度塔塔汽车集团收购。2014 年,意大利菲亚特集团收购了与戴姆勒分拆的克莱斯勒公司,组成菲亚特克莱斯勒集团公司……通过兼并与收购,全球汽车尤其是高档汽车的生产逐渐集中到为数不多的几家国际汽车巨头手中。竞争产生的生产集中,使资本规模变得异常庞大,这些巨头甚至富可敌国,2013 年全球前十大汽车厂商的营业额约为 13726 亿美元,比西班牙整个国家的 GDP 还多①。

需要说明的是,虽然全球汽车市场份额主要被少数几家汽车巨头拥有,但是,随着汽车行业的迅速发展,中低端汽车生产的进入壁垒已经降到较低水平,国际汽车巨头在中低端市场面临着来自其他国家汽车生产厂商的激烈竞争。然而,高档汽车市场依然存在着很高的壁垒,其他国家的汽车生产厂商难以涉足,因此,全球高档汽车的生产仍被国际汽车巨头牢牢地把持。表 3 - 1 列举了目前全球主要的高档汽车品牌以及它们隶属的集团公司,其中,大众集团、宝马集团和戴姆勒集团拥有高档汽车市场的主要份额。

表 3 - 1 全球主要高档汽车品牌及所属集团

| 集团 | 大众 | | | | 宝马 | | 戴姆勒 | | 菲亚特克莱斯勒 | | 塔塔 | | 通用 | 吉利 | 日产 | 丰田 |
|---|---|---|---|---|---|---|---|---|---|---|---|---|---|---|---|---|
| 品牌 | 奥迪 | 兰博基尼 | 保时捷 | 宾利 | 宝马 | 劳斯莱斯 | 奔驰 | 迈巴赫 | 玛莎拉蒂 | 法拉利 | 捷豹 | 路虎 | 凯迪拉克 | 沃尔沃 | 英菲尼迪 | 雷克萨斯 |

资料来源:由笔者整理得到。

从表 3 - 2 可以看出,奥迪、宝马、奔驰这三家品牌约占 70% 的高档汽车市场份额。当然,这三家品牌中存在一些相对不算高档的系列,如奥迪 A1、A3,宝马 1 系和 X1 系及奔驰 A 级和 B 级,即便不包括这些不算高档的系列,这三家品牌依然占据主要的高档汽车市场。在我国,与国际市场大致相同,高档汽车市场被世界几家国际汽车巨头占据,并且,德国三大汽车巨头旗下的奥迪、宝马、奔驰品牌占有我国将近 3/4 的高档汽车市场份额,稍有不同的是奥迪的市场份额

---

① 根据货币基金组织公布的数据,2013 年,排名第 12 位的澳大利亚 GDP 为 15052 亿美元,紧随其后是西班牙,为 13586 亿美元。

略高于宝马。[1]

表 3 - 2　　　　　　　2010～2014 年主要高档汽车全球销量　　　　　　单位：千辆

| 年份 | 宝马 | 奥迪 | 奔驰 | 捷豹路虎 | 雷克萨斯 | 沃尔沃 | 凯迪拉克 | 保时捷 |
|------|------|------|------|----------|----------|--------|----------|--------|
| 2010 | 1461 | 1092 | 1277 | 244 | N/A | 374 | 181 | 97 |
| 2011 | 1669 | 1303 | 1381 | 306 | 415 | 449 | N/A | 119 |
| 2012 | 1845 | 1455 | 1452 | 375 | 500 | 422 | 196 | 141 |
| 2013 | 1964 | 1575 | 1566 | 434 | 523 | 428 | 251 | 162 |
| 2014 | 2118 | 1741 | 1723 | 463 | N/A | 466 | 264 | 187 |

注：日产集团年报未公布英菲尼迪的全球销量，不过从其主要销售国家或地区的数据来看，应该和保时捷接近。超级豪华汽车全球销量极少，我们不予考虑。

资料来源：2010～2014 年各集团公司年报及官方网站公布的数据。

## 二、生产集中走向垄断：汽车巨头垄断性定价

在竞争产生的巨型资本之间，竞争与联合并存。尽管每一个巨型资本已经拥有了很高的市场份额，但是它们还在为进一步提高各自的市场占有率，或明或暗地进行竞争。然而，这些巨型资本清楚，竞争对手的实力与自己旗鼓相当，想要削弱对手的力量甚至将其消灭，自己要付出很大的代价，最终的结局可能是彼此的市场份额没有变化，利润却因竞争所引起的价格下降而减少。另外，竞争也会引起一般利润率的下降。竞争迫使资本家竞相采用新技术的结果是劳动生产率的提高，而劳动生产率的提高在资本主义则表现为资本有机构成的不断增加，资本有机构成的增加导致一般利润率趋向下降。这些都是资本家不愿看到的。为了尽可能多地获取利润，占据了主要市场份额的资本家们有明显且强烈的垄断倾向，[2]客观条件使得资本家们的这种倾向成为现实。一方面，生产的集中、资本家数量的减少，大大降低了他们之间缔结协定形成垄断的谈判成本。另一方面，企业数量少、规模大不利于竞争，联合的大企业能够设置壁垒阻止其他企业进入，避免

---

① 2010～2014 年，奥迪品牌在华销量分别为 18.3 万辆、31.3 万辆、40.6 万辆、49.2 万辆、57.9 万辆；宝马（包括 mini、劳斯莱斯在内）分别为 18.3 万辆、23.4 万辆、32.7 万辆、39.2 万辆、45.7 万辆；奔驰略低，分别为 16.0 万辆、22.3 万辆、20.8 万辆、23.9 万辆、28.2 万辆。

② "尽可能地囊括所有企业、旨在通过尽可能完全地排除竞争来提高价格从而提高利润的利益共同体，就是卡特尔。因此，卡特尔是一种垄断的利益共同体。通过同样的手段来达到同样目的的兼并，就是托拉斯。因此，托拉斯是一种垄断的兼并。"（希法亭. 金融资本［M］. 北京：商务印书馆，2009：220.）

潜在的竞争。因此，正如列宁所说："集中发展到一定阶段，可以说就自然而然地走到垄断。"①

占据世界主要市场份额的巨型资本，以串谋、协议、相互持股等方式结成国际垄断联盟，控制产量，操纵价格，是集中走向垄断的主要表现。据德国媒体报道，从20世纪90年代以来，大众、宝马、戴姆勒以不同工作组的形式秘密举行60余次秘密会议，就技术、成本、供应商目录达成一致，以消除竞争，涉嫌反垄断合谋20年。② 在我国，宝马、奥迪、奔驰等高档汽车生产厂商利用其垄断地位，对下游售后市场的零部件价格以及维护保养价格进行控制，以致"零整比"远高于正常水平，例如，奔驰C级"零整比"高达1273%。③

经济学原理告诉我们，一旦厂商获取垄断地位，便会采取歧视性定价。为了实现利润最大化，垄断厂商会根据市场的垄断程度以及商品的需求价格弹性制定价格。如果市场的垄断程度高并且需求价格弹性小，那么以较高的垄断价格销售能够获得更多利润。相反，如果市场的垄断程度低并且需求价格弹性大，那么以较低的垄断价格销售能够获得更多利润。就我国而言，居民收入水平的提高、人们"炫富、攀比"的消费心理以及国内自主高档汽车空白等因素，造成了我国高档汽车市场的垄断程度较高、高档汽车的需求价格弹性相对于欧美等发达国家较为缺乏。为了获取最大的利润，垄断高档汽车市场的国际汽车巨头采取歧视性定价，以高于欧美等发达国家的价格在我国销售高档汽车。表3－3列举了部分高档汽车的中美售价，从中可以看出，中国售价远高于美国，即使剔除掉进口关税和其他相关费用，中国售价仍然要比美国高出许多。

表3－3 2015年部分高档汽车中美销售价格比较

| 品牌 | 系列 | 美国售价 | | 国内售价（元） |
| --- | --- | --- | --- | --- |
| | | 美元 | 折合成人民币 | |
| 奥迪 | S8 | 114900 | 712380 | 1988000 |
| | S6 | 75500 | 468100 | 1058000 |
| | Q7 premium | 48300 | 299460 | 828000 |

---

① 列宁选集第2卷［M］. 北京：人民出版社，2012：585.

② 德系汽车三巨头涉嫌价格垄断或面临天价罚单，人民网，http：//auto. people. com. cn/n1/2017/0730/c1005－29437436. html，2017年7月30日.

③ 杨汛. 奔驰被认定纵向价格垄断［M］. 北京日报，2014－08－18（011版）.

| 品牌 | 系列 | 美国售价 | | 国内售价（元） |
|------|------|---------|---------|---------------|
| | | 美元 | 折合成人民币 | |
| 宝马 | 740LiXdrive | 81000 | 502200 | 1333500 |
| | 535iXdrive | 62550 | 387810 | 809000 |
| | X3（xdrive35i） | 45500 | 282100 | 750000 |
| 奔驰 | G63AMG | 137150 | 850330 | 2298000 |
| | E400 | 53350 | 330770 | 738000 |
| | CLA45AMG | 48500 | 300700 | 598000 |
| 路虎 | 揽胜 | 83495 | 517669 | 1498000 |
| | LR4 | 50400 | 312480 | 828000 |
| | 揽胜极光 | 41100 | 254820 | 578000 |

注：当日美元人民币兑换汇率约为6.2∶1。
资料来源：2015年1月5日各公司中美官方网站公布的市场指导价格。

以表3-3中排量为3升的奥迪Q7 premium为例，美国的市场指导销售价格为48300美元，折合成人民币约为29.9万元。奥迪在北美自贸区设有分工厂，因而其在美国的销售价格中不包含关税；另外，在美国购买汽车需缴纳不低于6%的消费税，这里我们取下限6%[①]，扣除这6%的消费税，便可以近似得到其出厂价格28.3万元。排量为3升的Q7 premium从国外进口到中国，需要缴纳25%的关税、17%的增值税和25%的消费税。另外，还需缴纳约2万元的报关手续费，支付约1.5万元的国际运费以及约1万元的国内运输费和仓储费等，我们将这些费用统一取作5万元。这样，我们可以大致计算出一辆进口奥迪Q7 premium在我国的销售价格应该在52万元左右，然而，其实际市场指导价格是82.8万元，高出近30万元。按照同样的计算方法，路虎揽胜在我国的销售价格应该在86.2万元左右，而实际市场指导价格则高达149.8万元，高出63.6万元，近1倍。如果路虎揽胜在美国或者在全球的利润率为15%，那么在我国的利润率则高达近50%。这说明高档汽车垄断厂商凭借垄断高价在我国获取了相当可观的垄断利润。

---

[①] 其实，在美国购买汽车需缴纳销售税（sales tax）和消费税（excise tax）。不过，销售税很少，在有些州为0。这里假定美国所有州都不缴纳销售税，并且，取最低的消费税；在计算我国进口汽车的费用时，尽量取最大值。这是一种保守估计，否则，价格差额会更大。

国际汽车巨头按照歧视价格在全球销售高档汽车，导致它们在不同国家或地区的销售量与销售收入不成比例。从图 3-1 可以看出，在英国以及欧洲其他国家，捷豹/路虎的销售收入占全球总收入的比例低于销售量占全球总销量的比例，在中国情况则正好相反。这说明，捷豹/路虎以低于平均水平的价格在欧洲出售，而以高于平均水平的价格在中国出售。在不同的国家或地区按照不同的价格出售，结果是汽车巨头在不同的国家或地区获取不同的利润率。

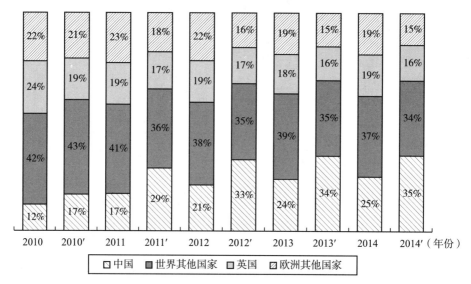

**图 3-1 2010～2014 年捷豹/路虎全球销售情况**

注：不带上角标的年份表示捷豹/路虎在部分国家或地区的销量占全球销量的比例；带上角标的年份表示捷豹/路虎在部分国家或地区的销售额占全球销售额的比例。

资料来源：根据 2010～2014 年捷豹/路虎公司年报公布的数据整理得到。

## 三、汽车巨头凭借垄断价格转移剩余价值

高档汽车作为最终消费品，主要被奥迪、宝马、奔驰等三家跨国公司所垄断，高档汽车的购买者为全球的消费者。根据第一章的分析，高档汽车市场所发生的剩余价值国际转移，是剩余价值以垄断利润的形式通过垄断高价从全球消费者向高档汽车垄断厂商的转移。

### （一）汽车巨头从全球转移的剩余价值

在垄断资本主义阶段，垄断价格由成本价格、平均利润和垄断利润构成，平

均利润率依然等于剩余价值（利润）总额同预付资本总额的比值。在计算国际汽车寡头在全球获取的平均利润进而计算垄断利润时，平均利润率应该是全球范围内的平均利润率，即全球利润总额同全球预付资本总额的比值，确定出这个平均利润率显然是十分困难甚至是不可能的。我们用中低端汽车市场的平均利润率作为近似值，这样处理是合理的。只要某个市场的进出壁垒不高，市场中的企业数目比较多，企业之间竞争激烈，那么，该市场的平均利润率就接近于社会的平均利润率。这是因为：利润率较低，"资本会……抽走，投入利润率较高的其他部门"①，利润率较高，资本会从利润率较低的其他部门流入该部门，资本的流入与流出使得市场的平均利润率与社会一般利润率大致相同。如前文所述，国际中低端汽车市场进出壁垒较低，从全球范围来看，许多国家都拥有自主汽车生产厂商，它们能够在中低端汽车市场与国际汽车巨头进行激烈竞争，中低端汽车市场接近于自由竞争状态。因此，中低端汽车市场的平均利润率可近似地作为平均利润率。用高档汽车生产厂商的会计利润率减去近似的平均利润率，再乘上高档汽车生产厂商的销售收入，便可得到它们所获取的垄断利润。笔者用表 3 - 4 列举的占据全球绝大部分市场的汽车生产厂商的平均利润率作为全球中低端汽车市场的平均利润率，② 这样处理可能与实际值存在一定的误差，但是误差不会太大。首先，在表 3 - 4 列举的汽车生产厂商之外，存在一些厂商的利润率会偏离平均利润率，但是，无论就销售量而言，还是就销售额而言，这些厂商所占的比重极少，即使考虑进来也不会引起明显的变化。其次，在表 3 - 4 列举的汽车生产厂商中，有一些厂商旗下含有高档汽车品牌，相应地，利润总额中包含有垄断利润，不过，垄断利润占全部厂商总利润的比例很小。

**表 3 - 4　　　　　　　　全球主要汽车厂商的（税前）利润率**　　　　　　单位：%

| 洗车/厂商 | 2010 年 | 2011 年 | 2012 年 | 2013 年 | 2014 年 |
|---|---|---|---|---|---|
| 通用 | 5.29 | 6.96 | - 1.02 | 5.15 | 2.80 |
| 福特 | 3.48 | 4.88 | 4.75 | 3.82 | 1.88 |
| 日产 | 5.47 | 5.63 | 5.37 | 5.05 | 5.18 |
| 丰田 | 0.5 | 0.13 | 4.63 | 8.15 | 9.33 |

①　马克思恩格斯全集（第 25 卷）［M］. 北京：人民出版社，1974：218.
②　该部分的利润率指的是税前利润率，是税前利润同营业收入的比值，这与马克思所定义的计算方法稍有不同。这样处理是考虑到：跨国汽车公司进行多元化经营，他们会按不同业务、不同品牌将税前利润和营业收入进行分类，而对于总资产，有些公司未如此进行分类。

续表

| 洗车/厂商 | 2010 年 | 2011 年 | 2012 年 | 2013 年 | 2014 年 |
|---|---|---|---|---|---|
| 本田 | 0.32 | 3.89 | -1.33 | 3.7 | 5.05 |
| 菲亚特克莱斯勒 | 1.97 | 3.67 | 1.81 | 1.16 | 1.22 |
| 大众 | 3.60 | 4.50 | 3.99 | 4.90 | 4.62 |
| 戴姆勒 | 5.47 | 6.78 | 4.56 | 5.32 | 5.92 |
| 标志雪铁龙 | 1.42 | 0.06 | -10.22 | -4.51 | 10.83 |
| 雷诺 | 9.1 | 6.21 | 5.53 | 2.76 | -1.24 |
| 现代起亚 | 6.9 | 7.5 | 6.77 | 6.36 | 5.20 |
| 上海汽车 | 8.52 | 9.67 | 8.35 | 7.33 | 6.78 |
| 平均利润率 | 4.02 | 4.95 | 3.69 | 5.30 | 5.09 |

注：平均利润率是这几家汽车厂商的利润额加总同营业收入加总的比值，是加权平均数；通过汇率换算统一货币单位；这几家汽车厂商主要以生产中低端品牌为主，未包含宝马集团，另外，大众集团不包含奥迪品牌，戴姆勒集团也不包括奔驰品牌；还有几家厂商未单独公布其旗下的高档汽车品牌的财务信息，因此无法予以剔除；法国雷诺集团、上汽集团以及现代起亚集团的利润率为包含金融服务业务在内的利润率。

资料来源：根据 2010~2014 年各集团公司年报公布的营业收入和税前利润（营业利润）计算得到。

  表 3-4 和表 3-5 分别为全球主要汽车厂商的平均利润率和部分高档汽车生产厂商的利润率，通过比较可以看出后者明显要高于前者。这足以说明，高档汽车制造商凭借垄断地位，通过垄断价格，从全球消费者手中获取了超出正常利润的垄断利润。现在，我们来估算这三家厂商在全球获取的垄断利润。根据前面介绍的计算方法：用高档汽车厂商的会计利润率减去平均利润率的近似值，再乘上该厂商的销售额，结合表 3-4 和表 3-5 提供的数据，我们可以估算出，在 2010 年至 2014 年，宝马、奥迪、捷豹/路虎分别从全球获取了约 200 亿欧元、160 亿欧元、56 亿英镑的垄断利润；平均每年获取的垄断利润分别为 40 亿欧元、32 亿欧元、11.2 亿英镑。

表 3-5  2010~2014 年部分高档汽车厂商的营业收入及（税前）利润率

| 品牌 | 项目 | 2010 年 | 2011 年 | 2012 年 | 2013 年 | 2014 年 |
|---|---|---|---|---|---|---|
| 奥迪 | 营业收入（百万欧元） | 35441 | 44096 | 48771 | 49880 | 53787 |
| | 利润率（%） | 10.25 | 13.7 | 12.21 | 10.67 | 11.14 |

续表

| 品牌 | 项目 | 2010 年 | 2011 年 | 2012 年 | 2013 年 | 2014 年 |
|------|------|---------|---------|---------|---------|---------|
| 宝马 | 营业收入（百万欧元） | 60477 | 68821 | 76848 | 76058 | 80401 |
|      | 利润率（%） | 8.02 | 10.73 | 10.15 | 10.4 | 10.83 |
| 捷豹/路虎 | 营业收入（百万英镑） | 9871 | 13512 | 15784 | 19386 | 21866 |
|      | 利润率（%） | 11.3 | 10.95 | 10.61 | 12.9 | 11.95 |

资料来源：根据 2010～2014 年这三家公司年报公布的营业收入与税前利润计算得到。

### （二）汽车巨头从我国转移的剩余价值

前文已经说明，与国际市场相同，我国高档汽车市场被国外汽车巨头，尤其是德国汽车三巨头占据。这些汽车巨头凭借在我国的垄断地位，按照高于海外的市场价格出售高档汽车，从我国获取了大量垄断利润。现在，我们根据搜集到的数据，来估算部分高档汽车厂商从我国消费者手中获取的垄断利润。

首先确定平均利润率。表 3-6 为我国上市的以生产乘用车为主的 13 家汽车厂商的平均利润率、汽车行业以及工业企业的利润率，可以看出，前两组数据十分接近，工业企业利润率稍微低些。这些数据在一定程度上说明，前文用全球主要汽车厂商的利润率近似地作为平均利润率是合理的。为了和前文估算全球垄断利润的口径保持一致，我们选用我国主要汽车厂商的平均利润率近似地作为平均利润率，如果选用工业企业利润率，那么垄断利润会稍微高些。另外，通过比较表 3-4 和表 3-6 可以看到，我国汽车行业的平均利润率高于全球平均利润率，这是因为：一方面，我国的生产成本相对较低；另一方面，全球汽车生产主要集中在发达国家（2013 年我国主要汽车生产厂商的主营业务收入总额不及美国一家通用汽车厂商的主营业务收入），因而全球汽车行业的利润率与发达国家的比较接近，然而发达国家的资本有机构成比较高，相应地，利润率较低。

表 3-6　　我国主要汽车厂商、汽车行业及工业企业的税前利润率　　单位：%

| 汽车厂商 | 2010 年 | 2011 年 | 2012 年 | 2013 年 |
|---------|---------|---------|---------|---------|
| 上汽 | 8.52 | 9.67 | 8.35 | 7.33 |
| 东风 | 3.18 | 2.90 | 1.05 | 1.90 |

续表

| 汽车厂商 | 2010 年 | 2011 年 | 2012 年 | 2013 年 |
|---|---|---|---|---|
| 一汽 | 5.99 | 0.60 | -4.10 | 2.89 |
| 长安 | 5.96 | 3.57 | 4.51 | 8.62 |
| 北汽 | N/A | N/A | 9.83 | 7.67 |
| 广汽 | 10.85 | 36.95 | 7.77 | 18.16 |
| 华晨 | 16.37 | 30.26 | 38.79 | 54.47 |
| 长城 | 13.70 | 13.73 | 15.85 | 17.47 |
| 吉利 | 9.45 | 10.41 | 10.27 | 11.51 |
| 比亚迪 | 6.73 | 3.54 | 0.62 | 1.57 |
| 江淮 | 4.59 | 2.32 | 1.89 | 3.08 |
| 海马 | 5.40 | 5.29 | 5.54 | 6.23 |
| 天津一汽夏利 | 3.43 | 1.26 | 0.68 | -8.32 |
| 13 家汽车企业平均利润率 | 8.15 | 8.66 | 7.68 | 7.84 |
| 汽车行业利润率 | 8.42 | 8.35 | 7.90 | 8.3 |
| 工业企业平均利润率 | 7.60 | 7.30 | 6.70 | 6.10 |

注：平均利润率是13家汽车企业的利润额加总同营业收入加总的比值，是加权平均；华晨的利润率之所以高，原因在于合并利润表中其他收入项中的股权收益（主要来自合资企业华晨宝马）所占比例较高，以致最后的利润总额有较大幅度的增加，但是合资企业的销售收入却没有计入合并利润表中的营业收入里，这样，按照会计准则计算出来的利润率相应地就高（不包含股权收益的利润率分别是：5.49%、1.66%、1%、-2%）。

资料来源：2010~2013 年各家汽车公司年报；于元渤主编：《中国汽车市场统计年鉴》，中国商业出版社2011~2013年版；国家统计局。

接下来，利用能够获取的财务信息来估算部分高档汽车的在华利润率，计算结果如表3-7所示。需要说明的是，奥迪和宝马在华有合资企业，根据持股比例每年会从合资企业得到相应的股权收益，这些股权收益在财务报表中计入其他收入。因此，奥迪、宝马其他收入中来自中国合资企业的股权收益不用乘上在华销量占全球销量比，直接计入在华总收入。奥迪公司没有公布在华销售收入，只公布了奥迪（包括一汽奥迪在内）的在华销量，所以，只能求出奥迪在华销量占全球销量的比例。我们假定：奥迪在华营业收入占全球营业收入的比例同其在华销量占全球总销量的比例的差值与宝马集团相同。笔者认为这样的假定是合理的，原因在于，宝马和奥迪产品相似，无论是全球的数据还是在中国的数据都比较接近，并且他们在中国都有合资企业，稍有不同的是奥迪品牌在华销量中合资企业生产的比例高于宝马品牌。根据这个假定，将奥迪在华销量占全球销量的比例加上宝马在华营业收入占全球收入的比例同销量占比的差值，便可得到奥迪在华营业收入占全球收入的比例。用这个比例再乘上奥迪的全球总营业收入，就可以得到奥迪在华营业收入。由于没有足够的财务信息，所以，无法估算奔驰的在华利润率。

表 3 - 7　　　　　　2010～2013 年部分高档汽车品牌在华（税前）利润率

| 品牌 | 项目 | 2010 年 | 2011 年 | 2012 年 | 2013 年 |
|---|---|---|---|---|---|
| 捷豹/路虎 | 在华销售收入（百万英镑） | 1643 | 3889 | 5161 | 6687 |
| | 在华销量占总销量比（%） | 9.48 | 13.6 | 17.74 | 23.73 |
| | 在华销售收入占总收入比（%） | 16.64 | 28.78 | 32.70 | 34.49 |
| | 在华利润率（%） | 48.81 | 58.01 | 51.50 | 40.07 |
| 宝马 | 在华销售收入（百万欧元） | 8444 | 11591 | 14448 | 15348 |
| | 在华销量占总销量比（%） | 12.53 | 14.02 | 17.72 | 19.96 |
| | 在华销售收入占总收入比（%） | 13.96 | 16.84 | 18.80 | 20.18 |
| | 在华利润率（%） | 18.12 | 26.12 | 16.84 | 13.46 |
| 奥迪 | 在华销售收入（百万欧元） | 7909 | 11837 | 14134 | 15691 |
| | 在华销量占总销量比（%） | 20.88 | 24.02 | 27.90 | 31.24 |
| | 在华销售收入占总收入比（%） | 22.32 | 26.84 | 28.98 | 31.46 |
| | 在华利润率（%） | 18.23 | 24.50 | 16.33 | 12.84 |

注：在华利润率 = 在华税前利润/在华销售收入；在华税前利润 = 在华总收入 - 在华总成本；在华总收入 = 在华营业收入 + 公司其他收入中应算作在华收入部分（用在华销量占全球总销量比乘以公司其他收入得到）；在华总成本 = 公司总成本 × 在华销量占全球总销量的比例。2014 年，我国加大了对包括高档汽车在内的汽车行业的反垄断力度，这三家汽车厂商的在华利润率均有所下降，宝马的在华利润率更是低于全球利润率。

资料来源：笔者根据 2010～2013 年三家公司年报公布的财务信息计算得到。

从表 3 - 7 可以看到，捷豹/路虎在华利润率远高于奥迪和宝马，然而，它的市场份额却小于这两家品牌。笔者认为原因有以下几点：首先，奥迪和宝马的销量中含有一些不算高档汽车的系列，这些车系的利润率相对较低。其次，我国销售的捷豹/路虎全部是进口，而奥迪和宝马则有相当一部分来自国内的合资企业①，合资企业生产的汽车价格低于进口汽车价格，单车的利润率也低于进口车。如果只考虑进口车，那么，奥迪和宝马在华利润率与捷豹/路虎接近。最后，路虎品牌占有捷豹/路虎在华销量的绝大部分，而路虎品牌为 SUV 型。在我国，SUV 型汽车利润率普遍较高，从表 3－6 可以看出以生产 SUV 为主的长城汽车厂商利润率明显高于其他厂商（华晨除外）。另外，从表 3－3 可以看出，进口的 SUV 车型，国内价格（剔除关税和其他费用）相对于海外价格增幅较大：奥迪 Q7 增幅约为 60%，宝马 X5 增幅近 100%，路虎揽胜增幅约 75%。这可能与 SUV 车型在我国的需求价格弹性大小有关，这一点需要进一步研究。

从表 3－7 还可以看出，这几家高档汽车品牌尤其是捷豹/路虎，在华营业收入占全球营业收入比高于在华销量占总销量比，在华利润率高于全球利润率，也高于我国汽车行业的平均利润率。这足以说明，它们以高于全球的平均价格在我国销售产品，从而获取了一定的垄断利润。

根据表 3－6 和表 3－7 提供的数据，我们可以估算出奥迪、宝马及捷豹/路虎从我国获取的垄断利润。在 2010～2013 年，宝马从我国消费者手中获取的垄断利润为 50 亿欧元，约占从全球获取的垄断利润总额的 1/3；奥迪为 47 亿欧元，约占 36%；捷豹/路虎为 61 亿英镑，约占 150%。对比数据可以发现，若不考虑在中国获取的垄断利润，捷豹/路虎获取的垄断利润为负，即从其他国家获取的利润低于平均利润，从我国获取的垄断利润不仅弥补了这部分差额，还有一部分剩余。② 按照相应年份的人民币兑换汇率计算，在 2010～2013 年，这三家厂商从我国获取的垄断利润总额约为 1530 亿人民币，而表 3－6 列举的我国主要汽车厂商的利润总额为 2425 亿人民币。这意味着奥迪、宝马、捷豹/路虎三家厂商从我国获取的垄断利润相当于我国主要汽车生产厂商利润总额的 2/3。

---

① 由奥迪公布的年报可知，奥迪在华销量中，相当一部分来自一汽奥迪，2013 年为 39.9 万辆，2012 年为 32.3 万辆，2011 年 25.2 万辆，2010 年为 19.5 万辆。

② 这里采用了和前面估算全球垄断利润一致的方法，如果以我国工业企业平均利润率近似作为平均利润率，那么垄断利润分别为：56 亿欧元、53 亿欧元、72 亿英镑。

## 第二节　中间产品卖方垄断与剩余价值国际转移：
## 以全球铁矿石行业为例

### 一、生产集中：铁矿石三巨头占据全球主要铁矿石市场

铁矿石是制造社会生产和公众生活所必需的基本材料——钢铁的唯一战略性自然资源，然而，这一重要资源在全球分布并不均匀。美国地质调查局（USGS）的报告显示，截至 2013 年底，全球铁矿石储量为 1700 亿吨，铁元素（Iron content）810 亿吨，平均铁品位 47.6%。铁矿石资源主要分布在澳大利亚、巴西和俄罗斯三个国家，这三个国家铁矿石储量分别为 350 亿吨、310 亿吨和 250 亿吨，铁元素含量分别为 170 吨、160 吨、140 吨，铁元素含量之和占世界总量的近60%。澳大利亚、巴西也是铁矿石产量最多的国家，按照世界平均铁品位衡量，2013 年，澳大利亚铁矿石产量达 6.09 亿吨，紧随其后的是巴西，产量达 3.64 亿吨，这两个国家铁矿石产量占世界总产量的半壁江山。澳大利亚和巴西的铁矿石产量虽然丰富，但国内钢铁企业较少，对铁矿石的需求少，因此，绝大部分用于出口。从表 3-8 可以看出，澳大利亚和巴西铁矿石的出口量约占世界出口总量的 70%。俄罗斯的铁矿石储量虽多，但产量和出口量相对较少，印度铁矿石的产量与出口量呈递减趋势。

表 3-8　　　　　　　　　2009~2013 年国际铁矿石生产与出口

| 项目 | 国家 | 2009 年 | 2010 年 | 2011 年 | 2012 年 | 2013 年 |
|---|---|---|---|---|---|---|
| 产量（亿吨） | 澳大利亚 | 3.94 | 4.33 | 4.77 | 5.2 | 6.09 |
| | 巴西 | 3.05 | 3.72 | 3.97 | 3.8 | 3.64 |
| | 中国 | 2.31 | 3.44 | 3.22 | 2.81 | 2.69 |
| | 印度 | 2.24 | 2.09 | 1.92 | 1.53 | 1.36 |
| | 俄罗斯 | 0.92 | 0.99 | 1.04 | 1.03 | 1.02 |
| 世界总产量（亿吨） | | 16.0 | 18.5 | 19.2 | 18.7 | 19.3 |

续表

| 项目 | 国家 | 2009 年 | 2010 年 | 2011 年 | 2012 年 | 2013 年 |
|---|---|---|---|---|---|---|
| 出口量所占比重（%） | 澳大利亚 | 39.42 | 38.04 | 40.55 | 43.22 | 45.80 |
| | 巴西 | 27.56 | 27.67 | 28.81 | 26.93 | 24.62 |
| | 俄罗斯 | 2.10 | 1.78 | 2.32 | 2.10 | 1.91 |
| | 印度 | 9.40 | 8.54 | 3.41 | 2.34 | 1.08 |
| 世界总出口量（亿吨） | | 9.7 | 11.2 | 11.5 | 12.1 | 13.4 |

资料来源：国际钢铁协会（http://www.worldsteel.org/）发布的《钢铁统计年鉴》。

从企业层面上分析，为了占有更多的市场份额、获取更多的利润，铁矿石企业之间进行着激烈的竞争，在竞争中必然伴随着一些企业被另一些企业收购或兼并，于是，生产会逐渐地集中到少数几家铁矿石巨头手中。在巴西，铁矿石生产集中于淡水河谷（Vale），澳大利亚的铁矿石生产主要集中在必和必拓（BHP Billiton）与力拓（Rio Tinto）两家跨国公司。原为巴西重要国有企业的淡水河谷公司，于 1997 年开始实行私有化，铁矿石企业被其大举吞并：2000 年初，该公司收购了萨米特里矿业与 SOCOIMEX 公司的全部股份；2001 年，淡水河谷公司连续收购了亚马逊铁矿石海外集团等 9 家矿石企业；2003 年、2004 年、2005 年陆续收购了日本、挪威、巴西等国的物流公司和铁矿公司；2007 年，为进一步扩充铁矿业务，增加了对巴西联合矿业公司的持股比例。同样的情况也在澳大利亚发生：2001 年，两大矿业公司 BHP 和 Billiton 完成合并，成立必和必拓公司；另外一家铁矿石公司——力拓，于 2000 年成功收购了澳大利亚北方矿业公司，在此之前已兼并了数家在全球有一定实力的矿业企业。通过收购与兼并，这三家公司成为世界上最大的铁矿石生产厂商。对比表 3－8 和表 3－9 不难发现：巴西整个国家的铁矿石，可以说完全由淡水河谷生产，巴西铁矿石的出口几乎全部来自淡水河谷；必和必拓、力拓占据了澳大利亚整个国家近 70% 的铁矿石生产与出口。这三家跨国巨头的铁矿石产量占世界铁矿石总产量的逾 1/3，出口量超过世界总出口量的 50%（2012 年达 55.6%）。

表 3－9　　　　　　　　2009～2013 年三巨头的铁矿石业务相关信息

| 公司 | 项目 | 2009 年 | 2010 年 | 2011 年 | 2012 年 | 2013 年 |
|---|---|---|---|---|---|---|
| 淡水河谷 | 产量（百万吨） | 262.2 | 357.1 | 374.9 | 375.6 | 360.3 |
| | 出口量（百万吨） | 235.5 | 308.2 | 324.7 | 331.7 | 317.8 |

续表

| 公司 | 项目 | 2009 年 | 2010 年 | 2011 年 | 2012 年 | 2013 年 |
|---|---|---|---|---|---|---|
| 淡水河谷 | 在华销量/全球销量 | 56.8% | 42.9% | 44.1% | 49.0% | 47.7% |
| | 在华销售收入（亿美元） | 90.03 | 153.79 | 214.2 | 176.36 | 189.2 |
| 必和必拓 | 产量（百万吨） | 114.4 | 125.0 | 124.4 | 159.5 | 169.9 |
| | 出口量（百万吨） | 103.9 | 114.3 | 114.9 | 147.5 | 158.0 |
| | 在华销量/全球销量 | 56.0% | 59.0% | 61.0% | N/A | 58.8% |
| | 在华销售收入（亿美元） | 98.73 | 132.36 | 202.61 | 216.17 | 193.65 |
| 力拓 | 产量（百万吨） | 171.5 | 184.6 | 191.8 | 198.9 | 209.0 |
| | 出口量（百万吨） | 166.7 | 180.9 | 187.0 | 193.7 | 204.8 |
| | 在华销售收入（亿美元） | 105.69 | 165.68 | 201.49 | 179.48 | 193.31 |

注：必和必拓、力拓公司的财年，从每年的 7 月 1 日开始，截止到下一年的 6 月 30 日。必和必拓、力拓的铁矿石出口量用来自（除澳大利亚外）其他国家的收入占公司总收入的比例同铁矿石总产量的乘积近似地表示。

资料来源：2009～2013 年三家公司年报。

## 二、生产集中走向垄断：铁矿石三巨头获取垄断势力

### （一）国际铁矿石市场供求双方力量的变化

2000～2013 年，国际铁矿石市场的需求方发生了与供给方截然相反的变化。欧盟、日本和韩国是世界上生产钢铁的主要国家和地区，然而，受到资源禀赋的制约，欧盟、日本和韩国的铁矿石产量极少，绝大部分需要进口，因此，欧盟、日本和韩国一直是世界上铁矿石进口绝对量比较多的国家和地区。我国也是一个钢铁生产大国，拥有众多钢铁企业，与欧盟、日本和韩国不同，我国铁矿石储量和产量都比较丰富，早期国内铁矿石的需求缺口不大。随着我国钢铁产量的不断增加，国内铁矿石产量越来越不能满足钢铁企业的需求，于是我国开始大量进口铁矿石。从图 3-2 可以看出，2000 年以来，中国每年铁矿石的进口量占世界进口总量的比值在不断攀升，2009 年高达 64.21%。随着中国铁矿石进口量的迅速增加，尽管世界铁矿石的需求主体仍旧是欧盟、日本、韩国与中国，但是，需求主体的位次却发生了根本性的变化。在 2004 年之前，世界铁矿石的进口主要集中于欧盟、日本和韩国，2005～2008 年，中国的铁矿石进口量占世界进口总量的比重与欧盟、日本和韩国大致持平，2008 年之后，中国取代欧盟、日本和韩国

成为世界上主要进口铁矿石的国家。

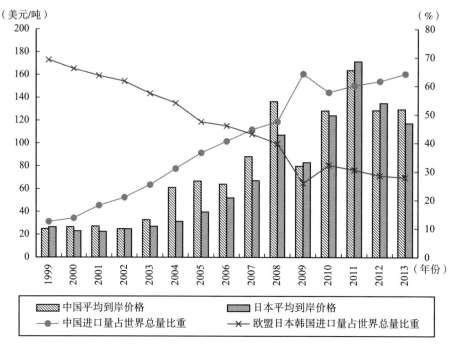

图3-2　1999～2013年中国、日本进口铁矿石平均到岸价格和中国、
欧盟日本韩国铁矿石进口量占世界进口总量的比重

注：《日本统计年鉴》中铁砂矿及精矿的进口金额计价单位是日元，这里按每年最后一个工作日的汇率折算成美元，这样处理是中、日平均到岸价格存在偏差的部分原因；中国平均到岸价格与日本平均到岸价格均未剔除国际大宗商品价格指数，如果对国际大宗商品价格指数予以剔除，并取2010年的大宗商品价格指数为1，那么，1999～2003年中国平均到岸价格维持在60美元/吨的水平，2004年增加到106美元/吨，最高年份2011年达134美元/吨；日本平均到岸价格则从2003年的54美元/吨，增加到2013年的110美元/吨，2011年高达140美元/吨。

资料来源：中国和日本进口铁矿石的平均到岸价格分别根据《中国统计年鉴》《日本统计年鉴》中铁砂矿及精矿的进口金额与进口吨数计算得到；欧盟、韩国铁矿石进口量以及世界进口总量来自国际钢铁协会发布的《钢铁统计年鉴》。

需求主体位次的变化打破了国际铁矿石市场供求双方力量的平衡。欧盟、日本和韩国的钢铁生产比较集中，由少数几家钢铁企业完成，我国钢铁企业数量众多，仅在国际钢铁协会公布的世界前50强钢铁制造企业中，就有29家来自中国。在铁矿石进口主要集中于欧盟、日本和韩国之时，国际铁矿石市场的需求方——钢铁企业阵营主要由日本的新日铁和卢森堡的安塞勒（米塔尔）以及韩国浦项和德国蒂森克虏伯组成；铁矿石的供给方则是三巨头。此时，国际铁矿石市场供求双方的力量相对平衡。随着中国铁矿石进口量的不断攀升，中国钢铁企业逐渐加入并成为国际铁矿石需求方——钢铁企业阵营的主角，钢铁寡头对铁矿石寡头的平衡局面也随之被打破，国际铁矿石市场演变为如下格局：一方仍然是全球铁矿石的供给主要由三巨头把持；另一方却变为，来自中国的众多钢铁企业与欧盟、日本、韩国等国家的少数几家钢铁企业，在铁矿石的需求上进行着激烈的竞争。

## （二）铁矿石三巨头垄断性定价

为了获取更多的利润，三大铁矿石巨头必定希望取得垄断地位，客观条件使得他们的这种希望成为可能。一方面，世界铁矿石的生产高度集中于这三大巨头手中，其他企业不断遭到排挤和吞并。另一方面，由于企业数目少，谈判成本低，这三大巨头之间很容易达成协议形成垄断。然而，在国际铁矿石市场供求双方力量相对平衡时，面对和自己力量几乎相同的钢铁巨头，三大铁矿石巨头无法行使卖方垄断势力。此时，铁矿石的国际价格主要由欧盟、日本和韩国的几家钢铁巨头同三大铁矿石巨头谈判决定。在长期谈判中，形成了"首发定价，市场跟随"的模式，以及"长协价、离岸价、同品种同涨幅"的定价原则，[①] 在这种情况下铁矿石的国际价格比较稳定。从图 3 – 2 可以看出，在 2004 年之前，中、日进口铁矿石的平均到岸价格维持在 20 ~ 25 美元/吨的水平。

随着国际铁矿石市场供求双方平衡的局面被打破，三大铁矿石巨头开始行使卖方垄断势力。首先，在长期谈判中形成的铁矿石定价模式和原则，遭到三巨头的违背和修改：同品种价格涨幅不再相同；离岸价格被改为包含超额运费的到岸价格；铁矿石价格指数取代了"长协定价"机制。相对于"长协定价"，价格指数定价模式在供给方高度集中的情况下，更容易使铁矿石价格受到操纵。其次，针对不同国家或地区，采取歧视性定价。由于中国钢铁企业相对分散，对铁矿石的依附性高于欧盟、日本等国家和地区，三巨头针对中国钢铁企业的涨价幅度要高于欧盟。例如，2008 年 6 月 23 日，宝钢与力拓就 2008 年度粉矿块矿基准价格达成一致，将在 2007 年基础上分别上涨 79.88% 和 96.5%，然而，同年 7 月中旬，必和必拓、力拓却与欧洲钢铁企业达成铁矿石上涨 71% 的协议。[②] 除此之外，三巨头还不时地散发有助于推高铁矿石国际价格的"舆论"：三大铁矿石巨头时常会传出由于矿山或码头事故影响铁矿石产量和海外供应量的信息；必和必

---

①②　黑色金属：国际铁矿石谈判的前世今生及 2009 年谈判展望，转引自国务院发展研究中心信息网，2008 – 10 – 17。

拓公司曾一度扬言要收购力拓公司。三大铁矿石巨头行使卖方垄断势力，导致铁矿石的国际价格大幅度上涨。从图 3-2 可以看出，中、日进口铁矿石的平均到岸价格，从 2004 年开始呈现出 J 型增长，从原来的 20～25 美元/吨涨到 2008 年的 110～140 美元/吨的水平，2011 年竟高达 160～170 美元/吨。三巨头通过推高铁矿石国际价格，从全球钢铁企业尤其是我国钢铁企业获取了大量利润。

## 三、铁矿石三巨头凭借垄断价格转移剩余价值

铁矿石作为中间产品，主要被力拓、必和必拓、淡水河谷等三家跨国公司所垄断，铁矿石的购买者为全球钢铁企业。铁矿石行业所发生的剩余价值转移，实质是剩余价值以垄断利润的形式，通过垄断价格，从钢铁企业向铁矿石垄断所有者转移。

### （一）铁矿石三巨头垄断利润的来源

面对众多分散的钢铁企业，三大铁矿石巨头俨然是一个垄断组织，占据了主要的国际铁矿石市场，从而能够以挤占钢铁企业利润的方式获取垄断利润，在钢铁企业每年创造的剩余价值中，有相当一部分被转移到三大铁矿石巨头手中。剩余价值在钢铁企业和铁矿石巨头之间的转移，导致铁矿石巨头的利润率奇高而钢铁企业的利润率偏低。从表 3-10 可以看出，三大铁矿石巨头的税前利润率高得惊人，2009～2013 年，力拓的利润率维持在 40%左右；必和必拓的利润率几乎都在 50%以上，2011 年竟高达 64.27%。

表 3-10　　　　　　　　2009～2013 年铁矿石三巨头税前利润率

| 公司 | 项目 | 2009 年 | 2010 年 | 2011 年 | 2012 年 | 2013 年 |
|---|---|---|---|---|---|---|
| 淡水河谷 | 营业收入（百万美元） | 12831 | 28120 | 36910 | 27202 | 28137 |
| | 税前利润（百万美元） | 6953 | 16512 | 22005 | 9159 | 11048 |
| | 利润率（%） | 54.19 | 58.72 | 59.62 | 33.67 | 39.27 |
| 力拓 | 营业收入（百万美元） | 12598 | 24024 | 29909 | 24279 | 25994 |
| | 税前利润（百万美元） | 4126 | 10189 | 12853 | 9247 | 9858 |
| | 利润率（%） | 32.75 | 42.41 | 42.97 | 38.09 | 37.92 |

续表

| 公司 | 项目 | 2009 年 | 2010 年 | 2011 年 | 2012 年 | 2013 年 |
|------|------|---------|---------|---------|---------|---------|
| 必和必拓 | 营业收入（百万美元） | 10048 | 11139 | 20412 | 22601 | 20215 |
| | 税前利润（百万美元） | 4909 | 5969 | 13118 | 12629 | 10124 |
| | 利润率（%） | 48.86 | 53.59 | 64.27 | 55.88 | 50.08 |

注：这里的税前利润率指的是铁矿石业务（iron ore segment）的税前利润率，铁矿石业务的税前利润等于该业务的营业利润加上营业外净收入中归铁矿石业务的部分。力拓公司铁矿石业务的税前利润用的是基本收益（underlying earnings）。

资料来源：2009～2013 年三家公司年报。

对比表 3－10、表 3－11 不难发现，这两家铁矿石巨头的利润率远远高于澳大利亚的工业企业利润率。反观钢铁企业，除了印度的塔塔钢铁企业之外，其他企业的利润率普遍偏低：欧盟两大钢铁企业的利润率超不过 3%；日本两大钢铁企业的利润率比原本就很低的日本工业企业利润率还低（新日铁 2009 年和 2011 年利润率略高些）；同样，美国两家钢铁企业的利润率也是明显低于本国的工业企业利润率；我国的 7 家大型钢铁企业，除宝钢之外，大多数利润率连 1% 都不到（见表 3－12）。塔塔钢铁企业的利润率之所以较高，是因为塔塔钢铁拥有自己的矿山，生产钢铁不需要高价进口铁矿石，企业创造的剩余价值未被转移出去，这也间接地说明了，三大铁矿石巨头通过垄断高价，将财富以垄断利润的形式从钢铁企业转移到自己手中。

表 3－11　　　　　　2006～2013 年部分国家工业企业销售（税前）利润率　　　　单位：%

| 国家 | 2006 年 | 2007 年 | 2008 年 | 2009 年 | 2010 年 | 2011 年 | 2012 年 | 2013 年 |
|------|---------|---------|---------|---------|---------|---------|---------|---------|
| 澳大利亚 | 13.63 | 14.76 | 15.83 | 15.59 | 14.41 | 19.28 | 16.94 | 11.97 |
| 中国 | 6.22 | 6.79 | 6.11 | 6.37 | 7.60 | 7.29 | 6.66 | 6.11 |
| 美国 | 6.27 | 7.31 | 7.67 | 6.99 | 8.30 | 8.00 | 7.95 | 8.02 |
| 日本 | 4.8 | 4.71 | 1.73 | 1.70 | 3.34 | 2.99 | 3.16 | N/A |

注：澳大利亚与中国的销售利润率为税前利润同营业收入的比值，美国和日本的为营业利润同营业收入的比值，并且日本的是法人企业（incorporated company）的销售利润率。美国是按季度发布财务报告，年营业利润与营业收入由四个季度数据相加得到。

资料来源：澳大利亚统计局，http：//www.abs.gov.au/；中国国家统计局；美国普查局，http：//www.census.gov/；2008～2015 年《日本统计年鑑（Japan statistical yearbook）》，表 6－12（B）。

表 3-12　　　　　　　2009～2013 年全球大型钢铁公司税前利润率　　　单位: %

| 公司 | 2009 年 | 2010 年 | 2011 年 | 2012 年 | 2013 年 |
|---|---|---|---|---|---|
| 安塞勒米塔尔 | -6.81 | 2.38 | 2.85 | -6.85 | -2.97 |
| 蒂森克虏伯 | -5.83 | 2.66 | -1.73 | 0.79 | -4.27 |
| 新日铁 | 5.89 | 0.32 | 4.51 | 2.93 | -3.12 |
| JFE | 0.80 | 1.10 | 0.83 | 0.77 | 1.08 |
| 浦项 | 10.15 | 11.00 | 6.94 | 5.30 | 3.15 |
| 河北钢铁 | 1.27 | 1.67 | 1.33 | 0.21 | 0.21 |
| 宝山钢铁 | 4.91 | 8.44 | 4.16 | 6.86 | 4.22 |
| 武汉钢铁 | 3.64 | 2.82 | 1.41 | 0.12 | 0.68 |
| 江苏沙钢 | 2.11 | 5.43 | 5.72 | 0.24 | 0.57 |
| 鞍山钢铁 | 1.20 | 2.55 | -3.63 | -6.80 | 0.97 |
| 首都钢铁 | 1.98 | 1.15 | -1.33 | -5.30 | -3.66 |
| 山东钢铁 | 0.58 | 0.41 | 0.26 | -5.16 | 0.31 |
| 纽柯钢铁 | -3.70 | 1.69 | 6.25 | 4.39 | 4.15 |
| 美国钢铁 | -18.08 | -2.22 | 0.14 | 0.03 | -12.81 |
| 塔塔钢铁 | 28.83 | 33.26 | 29.05 | 20.51 | 23.29 |

注: 这些企业为多元化经营, 除钢铁生产业务之外, 还经营其他业务, 对于利润率明显高于钢铁生产业务并且销售额占总销售额比重超过 5% 的业务予以剔除。2000～2004 年, 这些钢铁公司的销售利润率普遍较高, 例如, 韩国浦项公司的销售利润率分别为: 16.9%、9.0%、10.5%、11.3%、22.3%; 宝钢公司分别为: 14.2%、12.7%、17.5%、22.3%、23.2%; 首钢公司分别为: 7.5%、6.8%、6.5%、7.8%、7.6%。

资料来源: 2009～2013 年各钢铁公司年报。

## (二) 铁矿石三巨头转移的剩余价值量

在垄断资本主义阶段, 垄断价格由成本价格、平均利润和垄断利润构成, "平均利润率……是资本家阶级 (每年) 生产的剩余价值同社会范围内预付资本的比率"[①]。虽然三大铁矿石巨头为跨国公司, 但是, 受铁矿石资源分布的制约, 这三家巨头主要还是在本国开采铁矿石, 因此, 在计算它们获取的垄断利润时, 平均利润率可以采用本国的平均利润率。在研究一般利润率变动趋势时, 国内外学术界关注的焦点在非金融类企业部门 (Nonfinancial corporate business) 即实体

---

① 马克思恩格斯《资本论》书信集 [M]. 北京: 人民出版社, 1976: 267.

经济部门的平均利润率，他们普遍认为非金融类企业部门的利润率能够很好地表示马克思所定义的非完成形态的平均利润率（Weisskopf，1979；Dumenil & Levy，2004；谢富胜，2010；鲁保林，2013）。2009 年至 2013 年澳大利亚非金融部类企业的利润率[①]分别为：12.22%、13.23%、12.86%、11.2%、11.52%。[②]

1. 铁矿石三巨头从全球转移的剩余价值

利用能够获取的数据估算必和必拓、力拓两家公司在全球获取的剩余价值。计算方法如下：

$$垄断利润 = 铁矿石销售收入 \times （企业税前利润率 - 非金融部类企业销售利润率）$$
$$(3-1)$$

利用（3-1）式，结合表 3-10 的数据以及 2009~2013 年澳大利亚非金融部类企业的利润率，可以得出，2009~2013 年，力拓从全球获取约 320 亿美元的垄断利润，铁矿石国际价格最高的 2011 年，垄断利润高达约 85 亿美元；必和必拓从全球获取的垄断利润总额约 366 亿美元，2011 年约为 102 亿美元。

2. 铁矿石三巨头从我国转移的剩余价值

从表 3-9 可以看出，中国是三大铁矿石巨头的最大客户，三巨头每年生产的铁矿石约一半出口至中国。[③] 利用搜集到的数据估算必和必拓、力拓从我国获取的垄断利润。假定这两家公司按照相同的离岸价格在全球销售铁矿石，即不存在价格歧视，那么，它们在中国的垄断利润率与全球的相同；并且，用铁矿石的在华销量占全球销量比乘上铁矿石的总销售收入便可得到它们在我国销售铁矿石所获取的收入。进一步，由铁矿石的在华销量占全球销量比乘以全球垄断利润便可得到必和必拓、力拓从我国获取的垄断利润。结合表 3-9、表 3-10 中的数据以及 2009~2013 年澳大利亚非金融部类企业的利润率，我们可以估算出，2009~2013 年力拓公司从我国获取的垄断利润总额为 139 亿美元，占从全球获取的垄断

---

① 本部分的利润率指的是税前利润率。这样处理，是将跨国公司以及维护这些跨国公司利益的国家看作一个整体，无论是公司净利润，还是上缴给国家的所得税，都包含了从其他国家获取的垄断利润。另外，本部分的利润率为销售利润率即税前利润同营业收入的比值，这与马克思所定义的计算方法不同。这样处理是因为：三巨头不仅生产铁矿石，还生产铝、铜等矿石，它们会按不同业务将税前利润和销售收入进行分类，而对于总资产却未如此进行分类。

② 澳大利亚统计局，https：//www.abs.gov.au/statistics。

③ 必和必拓未公布 2012 年铁矿石在华销量占全球销量的比例，但是，通过 2012 年、2013 年公司铁矿石的产量、在华销售收入以及这两年的铁矿石价格，可以判定 2012 年的值要高于 2013 年的 58.8%，保守起见我们取 58.8%。另外，虽然力拓未公布铁矿石在华销量占全球销量的比例，但是我们可以根据必和必拓的铁矿石在华销量的比例以及双方的产量、在华销售收入，估算出 2009~2013 年力拓铁矿石在华销量的比例分别为 40%、50%、39.4%、39.2%、47.7%。

利润总额的 44%；必和必拓为 216 亿美元，占 59%。这意味着，在 2009～2013 年必和必拓、力拓从全球获取的垄断利润中，超过一半来自中国。如果这些垄断利润没有被转移，而是留在表 3－12 中我国的 7 家钢铁企业，那么这 7 家企业的加权平均的利润率将与塔塔钢铁的大致持平。

## 第三节　劳动力商品买方垄断与剩余价值国际转移：以代工 iPhone 为例

为了追求更多的垄断利润，垄断资本必然会借助国家力量，突破疆土界限，垄断资本流向国外以提高利润率是垄断资本主义的典型特征。正如列宁所指出，"过剩的资本……会输出国外，输出到落后的国家去，以提高利润"，"对垄断占统治地位的最新资本主义来说，典型的则是资本输出"。[1] 垄断资本打开国际市场缓解国内资本过剩，靠的不再是大炮和战舰，而是新自由主义。在新自由主义思潮的作用下，原先实行闭关锁国和计划经济的国家，纷纷进行了市场经济体制改革，走上了对外开放的道路，越来越多的国家融入世界经济中，各国、各地区的经济紧密联系，形成了全球统一市场。全球统一市场的形成，为国际垄断资本的流动打开了方便之门。跨国公司这一国际垄断资本的主要载体，将产品的生产在全球范围内配置，充分利用世界各国在生产上的优势尽可能多地获取利润。跨国公司把技术研发、产品设计、品牌管理等核心环节留在国内，而把加工、组装这些劳动密集型的生产环节转移到劳动力丰富的发展中国家。跨国公司凭借发展中国家劳动力市场普遍具有的买方垄断优势，从发展中国家工人身上获取相当可观的利润[2]。

需要指出，发达国家的跨国公司转移劳动密集型生产环节采用两种形式：一种是直接在发展中国家开设分工厂，另一种为"外包"。前者是跨国公司直接剥削工人，后者是通过代工这一中间环节剥削工人，这两种形式的本质是相同的，不过后者更具有隐蔽性。跨国公司仅以支付微薄"代工报酬"（这只是从工人身上获取的垄断利润的很少一部分）的代价，将劳资矛盾转移给代工企业，让代工

---

[1]　列宁专题文集（论资本主义）[M]. 北京：人民出版社，2009：150－151.

[2]　对此，学术界更多的是从表象进行说明：全球价值链的不同"链条"具有不同的附加值，发达国家处在高附加值的"链条"上，而发展中国家则相反。他们未能看到不同"链条"具有不同附加值的根本原因在于垄断引起的剩余价值在不同"链条"之间的转移。

企业直接承担剥削工人的恶名。也正因为如此，外包成为跨国转移加工组装环节的普遍、重要形式。因此，本部分说明外包形式下劳动力市场买方垄断引起的剩余价值国际转移。

# 一、劳动力价格的国际差异与跨国企业的垄断利润

## （一）劳动力价格的国际差异

马克思指出，"劳动力的价值，是由生产、发展、维持和延续劳动力所必需的生活必需品的价值决定的。"[①] 生产劳动力所必需的生活资料的总和包括工人子女的生活资料，并且，教育费包括在生产劳动力所耗费的价值总和中。[②] 在世界市场上，商品按照基本统一的世界价值出售，发达国家与发展中国家工人生活必需品的价格差异逐渐缩小。工人生活必需品的范围的差异成为劳动力价值国际差异的首要原因。"由于一个国家的气候和其他自然特点不同，食物、衣服、取暖、居住等等自然需要也就不同。另一方面，所谓必不可少的需要的范围，和满足这些需要的方式一样，本身是历史的产物，……因此，和其他商品不同，劳动力的价值规定包含着一个历史的和道德的因素。"[③] 在不同的国家、不同的历史时期，由于经济社会文化发展水平不同、社会道德和生活习惯等不同，维持工人所必需的生活资料的范围不一样，因而劳动力价值也有差别。与发展中国家相比，发达国家的经济社会文化发展水平高，维持劳动力所必需的生活资料范围广，并且数量多、品质高。此外，发达国家工人的受教育程度与教育支出也高于发展中国家。因此，发达国家工人的劳动力价值要高于发展中国家。

与发展中国家相比，发达国家用于除"衣、食、住、行"之外的其他商品和服务的支出占消费总支出的比例较高。以经合组织部分成员以及中国、印度的统计数据为例（见表 3 - 13），2013 年，美国、英国、日本、澳大利亚用于食品、服装、居住、家居用品以及交通通信等方面的支出比例，低于包括中国在内的其他几个国家，其中，美国最低为 47.6%，中国最高为 77.2%。用于文教娱乐、旅游以及包括个人护理（personal care）、保险、社会保障等在内的其他商品和服务（Miscellaneous goods and services）的支出比例，前者要高于后者，其中，澳

---

①　马克思恩格斯文集第 3 卷［M］. 北京：人民出版社，2009：56.
②　资本论第 1 卷［M］. 北京：人民出版社，2004：198 - 200.
③　资本论第 1 卷［M］. 北京：人民出版社，2004：199.

大利亚最高为 36.1%，中国仅为 16.6%。

表 3-13　　　　　　　　　　2013 年部分国家居民消费支出结构　　　　　　单位：%

| 国家 | 食品 | 服装鞋类 | 居住 | 家居用品 | 交通通信 | 医疗保健 | 文教娱乐 | 其他 |
|---|---|---|---|---|---|---|---|---|
| 美国 | 8.7 | 3.4 | 18.7 | 4.2 | 12.6 | 21.0 | 11.4 | 20.0 |
| 日本 | 16.8 | 3.7 | 24.9 | 4.2 | 14.7 | 4.6 | 11.3 | 19.9 |
| 英国 | 13.1 | 5.6 | 24.7 | 4.7 | 16.1 | 1.6 | 12.1 | 22.2 |
| 澳大利亚 | 13.5 | 3.2 | 23.9 | 4.1 | 12.8 | 6.2 | 14.2 | 21.9 |
| 墨西哥 | 26.0 | 3.1 | 19.9 | 5.4 | 22.7 | 4.0 | 6.2 | 12.8 |
| 爱沙尼亚* | 29.0 | 6.3 | 20.0 | 4.0 | 16.5 | 2.6 | 7.0 | 14.7 |
| 波兰 | 25.6 | 4.4 | 21.4 | 4.5 | 14.5 | 4.6 | 8.6 | 16.3 |
| 土耳其 | 24.9 | 4.9 | 18.3 | 7.4 | 20.2 | 3.0 | 5.3 | 16.5 |
| 印度** | 33.7 | 6.5 | 14.8 | 4.1 | 17.0 | 4.1 | 3.0 | 16.9 |
| 中国 | 35.0 | 10.6 | 9.7 | 6.7 | 15.2 | 6.2 | 12.7 | 3.9 |

注：＊为 2011 年数据，来自《国际统计年鉴 2013》，＊＊为 2009 年数据；"居住"包括住房、水电、天然气和其他燃料；"家居用品"包括家具、家用设备及住房日常维护；"其他"包括饭店、旅馆以及其他商品和服务（Miscellaneous goods and services）。

资料来源：经合组织 OECD（Detailed National Accounts SNA2008；Final consumption Expenditure of households）；中国的数据来自《中国统计年鉴 2014》。

　　在发展中国家，劳动力市场普遍具有两个特点：一个是劳动力供给长期过剩，另一个是劳动力市场力量不对称（白暴力、傅辉煌，2011）。这两个特点使得劳动力买方具备了垄断优势。跨国公司在发展中国家开设分厂，可直接获取买方垄断优势；跨国公司采取外包形式，是以支付代工企业低廉的"代工报酬"为代价，间接地获取这一优势。凭借买方垄断优势，跨国公司支付仅维持在劳动力价值水平的工资，就可以购买到劳动力商品，即便是工人在跨国公司进行生产，劳动生产率、劳动的外延量和内含量大幅度增加。[1] 然而，在发达国家，劳动力

---

　　① 在《资本论》第 1 卷第 20 章分析工资的国民差异时，马克思指出，在比较国民工资时，必须考虑到"自然的和历史地发展起来的首要的生活必需品的价格和范围，工人的教育费，……劳动生产率，劳动的外延量和内含量"等因素。这也就意味着，在劳动力价值不变，劳动生产率、劳动的外延量和内含量增加时，工人的工资水平应该提高，比如，发展中国家的工人，平均每小时生产 5 件商品，工资为每小时 10 美元；在跨国公司，每小时生产 10 件商品，工资应高于每小时 10 美元。

市场双方力量比较平衡，①跨国公司在支付工人工资时，需要考虑劳动生产率、劳动的外延量和内含量等因素，按照劳动力价值和劳动生产率等因素支付工人工资，这要高于维持在劳动力价值水平的工资。再加之，发达国家劳动力的价值又高于发展中国家，因此，尽管发展中国家与发达国家的工人在同一家跨国公司利用同样的技术设备进行生产，劳动生产率、劳动的外延量和内含量等因素都相同，并且生产出来的商品按相同的国际价格出售，然而，由于劳动力价值具有国际差异、发展中国家劳动力市场具有买方垄断特征，在跨国公司设在发展中国家的工厂工作的发展中国家工人得到的工资低于在跨国公司从事同种工作的发达国家工人的工资水平。

## （二）跨国企业的垄断利润

在发达国家，按照劳动生产率支付工人工资，跨国公司仅能获取正常利润。同一劳动过程转移到发展中国家，并未引起劳动生产率等因素的变化，跨国公司却能够凭借发展中国家的买方垄断优势，按照劳动力价值支付工资，即按照低于劳动生产率的水平支付工资，于是，跨国公司获得了超额利润。这种超额利润来自两种国家的工资差异，而这种工资差异由两方面原因造成：第一，发达国家和发展中国家的劳动力价值国际差异；第二，发达国家和发展中国家的劳动生产率、劳动的外延量和内含量等因素的差异。显然，由后者产生的工资国际差异而形成的超额利润为跨国公司所获取的垄断利润。获取这部分垄断利润并不是因为雇佣发展中国家工人带来劳动生产率的提高，而是因为支付发展中国家的工人垄断性低工资带来劳动力成本的下降②。如果发展中国家的劳动力市场双方力量同样比较平衡，从而跨国公司按照劳动生产率和劳动力价值支付工资，那么，这部分垄断利润应归发展中国家的工人所有。因此，跨国公司从发展中国家工人身上转移利润的实质是，跨国公司依靠在发展中国家劳动力市场上的买方垄断优势，通过支付给发展中国家工人低于同劳动生产率成比例的工资，将本应归这些国家工人所有的收入转变为自身的剩余价值。

---

① 1935年，美国国会通过了《瓦格纳法案》，这部里程碑式的法律保证了劳动力的一对权利：（1）不受企业干涉的自我组织的权利；（2）与雇主讨价还价的权利。在《瓦格纳法案》的保护下工会会员人数和谈判力量迅速增长。参见：布鲁、格兰特.经济思想史［M］.北京：北京大学出版社，2014：358.

② 跨国公司支付给发展中国家工人的工资与工人的劳动生产率不成比例，虽然跨国公司支付给发展中国家工人的工资比国内的平均水平略高些，但与母国的工资水平相比，高出的部分就微不足道了。

令

$$w = w(\overline{v_L},\ f) \qquad\qquad (3-2)$$

工资 w 是关于劳动力价值$\overline{v_L}$与劳动生产率等因素 f 的函数。由于买方垄断势力的存在，发展中国家的工资—劳动生产率弹性 $e_{w-f}$ 要小于发达国家。跨国公司在发展中国家进行生产获取的超额利润为

$$e\pi = w^{ed} - w^{ing} = w(\overline{v_L}^{ed},\ f^{ed}) - w(\overline{v_L}^{ing},\ f^{ing}) \qquad (3-3)$$

其中，上角标 ed、ing 分别代表发达国家与发展中国家。跨国公司获取的垄断利润为

$$m\pi = w(\overline{v_L}^{ing},\ f^{ed}) - w(\overline{v_L}^{ing},\ f^{ing}) \qquad (3-4)$$

其中，$w(\overline{v_L}^{ing},\ f^{ed})$ 表示发展中国家工人应得工资，$w(\overline{v_L}^{ing},\ f^{ing})$ 表示发展中国家工人实得工资。

以上分析可以用图 3-3 加以说明。$L_S^{ed}$、$L_S^{ing}$ 分别表示发达国家与发展中国家的劳动力供给曲线，由于发达国家工人工资高于发展中国家，并且，相对于发达国家而言，发展中国家劳动力供给富有弹性，因此，$L_S^{ed}$ 位于 $L_S^{ing}$ 之上并且比 $L_S^{ing}$ 陡峭些。$w^{ed}$、$w^{ing}$ 分别表示跨国公司支付给发达国家和发展中国家工人的工资。为了分析方便，我们假定跨国公司的产品供给不因生产地域的变化而变化，从而对劳动力的需求不变，且为 $L^*$。图中阴影部分面积 $(w^{ed} - w^{ing})L^*$ 便是跨国公司获取的超额利润。

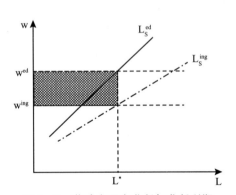

图 3-3　劳动力买方垄断与垄断利润

需要指出，这里的工资是单纯地由劳动生产率、劳动的外延量和内含量等因素决定的工资，而不是两种国家相关部门所公布的工资。这是因为：两种国家相关部门所公布的工资是由劳动力价值、劳动生产率、劳动的外延量和内含量等因素共同决定的工资水平，该种工资的国际差异所形成的超额利润包括由劳动力价

值国际差异所形成的超额利润；然而，跨国公司所获取的垄断利润仅为由劳动生产率、劳动的外延量和内含量等因素的国际差异所形成的超额利润，不包括由劳动力价值国际差异所形成的超额利润。

西方经济学以边际生产力理论和均衡价格理论为基础，运用数学分析方法，对生产要素买方垄断产生的垄断利润进行了分析。在买方垄断的生产要素市场，生产要素的垄断购买者面临向右上方倾斜的生产要素供给曲线，根据利润最大化原则（边际要素成本 MCI 等于边际收益产品 MRP），生产要素购买者支付给生产要素所有者的报酬低于生产要素的边际收益产品（$w^* < $ MRP），将生产要素所有者的一部分剩余转变为自己的垄断利润（图 3 - 4 阴影部分）。西方经济学承认，支付给生产要素的报酬小于其在生产过程中的贡献是一种剥削，然而，由于边际生产力理论和均衡价格理论是对表面现象的描述，缺乏科学的价值价格理论基础，因此，西方经济学无法说明生产要素垄断买者所剥削的垄断利润的本质和来源，从而也就无法说明垄断转移剩余价值的机制。

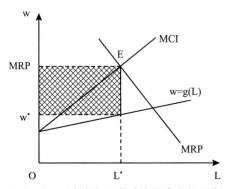

**图 3 - 4  买方垄断下劳动力要素市场均衡**

注：假定产品市场为完全竞争市场，因此边际产品价值（VMP）等于边际收益产品（MRP），MCI = $w'L + w$，MRP = MR · $MP_L$。

## 二、代工行业的劳动力买方垄断

跨国公司将加工和组装环节外包给发展中国家的代工企业，代工企业利用本国廉价的劳动力完成产品的加工组装，再以低价出售给跨国公司。对于代工企业，跨国公司具有买方垄断优势；对于工人，代工企业具有买方垄断优势，凭借各自的垄断优势，跨国公司压榨代工企业，代工企业剥削工人。最终，跨国公司通过外包的形式间接地从工人身上获取垄断利润，代工企业仅赚取微薄的"代工报酬",工人仅得到生产、维持、发展和延续自身劳动力所必需的生活资料的工资。我国是一个劳动力丰富的发展中国家,拥有大量代工企业,在这方面具有较强的代表性,因此,该部分以我国的代工行业与劳动力市场为例进行分析。

在国际垄断资本主义阶段,通过兼并而形成的、主要集中在发达资本主义国家的巨型跨国公司成为全球某些行业的寡头。这些跨国公司凭借在资金、技术、经营管理等方面的优势,控制着产品设计、技术研发、品牌管理以及销售服务等全球价值链的核心环节和高附加值环节,这些核心环节的进入壁垒比较高,中小资本难以涉足。核心环节又是商品生产与商品流通最为关键的环节,跨国公司控制了产品生产的核心环节,也就意味着控制了整个产品的生产和供给。然而,我们国家的企业,没有核心技术和自主品牌,在经营管理上又相对滞后,相当一部分选择从事全球价值链中的加工组装等环节。加工组装行业属于劳动密集型,技术含量低,所需要的资金投入量也不高,并且还能得到跨国公司在技术上提供的规范和支持,因此,从事加工组装环节的代工行业进入壁垒较低,并呈现出企业数量多、规模小、彼此间竞争激烈等特点。

于是,便形成了这样的格局:一极是发达国家少数的跨国公司,另一极是我们国家数量众多的代工企业。跨国公司,一方面,在终端产品的销售上占据主要市场份额,是产品的主要供给者;另一方面,在中间产品(这里指的是代工企业加工组装完成的但未"贴牌"的产品)的采购上又是代工企业最大的客户。为数众多的代工企业为争取少数几家大客户的订单彼此间进行着激烈的竞争。跨国公司与代工企业双方力量的严重不对等,必然导致在代工行业形成跨国公司占主导的买方垄断。为了进一步巩固垄断地位,跨国公司会同时选择几家代工企业,并利用独特的技术规范与标准,增加代工企业的资金专用性以及对自己的依附性。凭借牢固的垄断地位,跨国公司可以利用强大的买方垄断势力对代工企业进行压榨[1]。国际豪华皮包寡头古驰(Gucii)的一款手袋售价高达约1000欧元,然而,支付给代工企业的包括工人工资在内的费用仅24欧元;[2] 国际零售商巨头沃尔玛销售的一件价格为30美元的成衣,采购价只有3美元,原料价格每米在11~12元;[3] 国际IT巨头苹果公司生产的iPhone智能手机,每部售价大致在600~650美元(见表3-14),而代工企业富士康只赚到约4美元利润,[4] 占比不

① 张晔. 论买方垄断势力下跨国公司对当地配套企业的纵向压榨 [J]. 中国工业经济, 2006 (12): 29.
② 乌梦达. 被爆"虐待员工",古驰令员工"封口" [N]. 新华社每日电讯, 2011-10-11 (008版).
③ 李明伟. 沃尔玛中国暴利揭秘 [N].21世纪经济报道, 2003-12-29.
④ 林曦. 苹果暴赚85亿美元? [N]. 羊城晚报, 2014-10-24 (A17版).

到1%，苹果公司的销售利润率维持在30%的水平（见表3-16），而富士康公司的销售利润率却不足5%（见表3-17）。

表3-14　　　　　　　　　　**2011～2014 年 iPhone 平均销售价格**

| 项目 | 2011 年 | 2012 年 | 2013 年 | 2014 年 |
| --- | --- | --- | --- | --- |
| 全球销量（千台） | 72293 | 125046 | 150257 | 169219 |
| 销售收入（百万美元） | 47057 | 78692 | 91279 | 101991 |
| 平均价格（美元） | 651 | 629 | 607.5 | 603 |

资料来源：2011~2014 年苹果公司年报。

加工组装环节涉及的劳动大多为简单劳动，对工人的要求非常低，可以说，只要劳动者具有正常的劳动力就能胜任。不过，代工企业的工作虽然简单，但劳动强度大且单调乏味，工资福利待遇也比较低，具有城镇户口的"新生代"一般不会选择到代工企业工作，他们或者通过接受良好的教育，或者借助城镇对就业的地方保护主义，到一些相对轻松且待遇较好的单位工作。一方面，进城务工的"新生代"农民工，受到户籍限制和就业歧视，难以找到好的工作岗位，他们大多只能选择到和代工企业一样的单位（工作环境差、劳动强度大、工资福利待遇低）工作。因此，"新生代农民工"就成为代工企业主要的劳动力供给源泉。另一方面，对于劳动力的需求方代工企业而言，"新生代农民工"也是它们所青睐的对象。这是因为，在我国，"农民工"劳动力市场是典型的需求垄断型市场（白暴力、傅辉煌，2011），代工企业只有利用买方垄断优势支付工人低廉的工资，才能赚取微薄的利润。代工企业在我国雇佣"新生代农民工"，是由跨国公司压榨代工企业与"农民工"买方垄断型的劳动力市场双重因素决定的。

我国"农民工"劳动力市场具有买方垄断特征有两方面原因。首先，我国"农民工"供给长期过剩。随着农业劳动生产率的提高，大量剩余劳动力从农村转移出来进入乡镇或城市，造成了"农民工"人数众多的局面，并且数量在不断增加，图3-5反映了我国外出"农民工"人数增长的情况，2013 年达到16610万人。外出"农民工"的数量远超过了城镇的吸纳能力。其次，"农民工"和雇主双方的地位不平等。在我国，"农民工"比较分散，缺少一个维护"农民工"自身权益的工会，另外，政府有关部门对"农民工"劳动力市场及用工单位的监管不力，保护"农民工"权益的相关法律法规得不到有效的执行，因此，相对于雇主，"农民工"处于弱势地位。

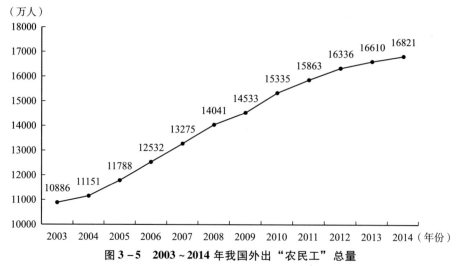

图 3 - 5　2003 ～ 2014 年我国外出 "农民工" 总量

资料来源：2003 ～ 2007 年的数据来自蔡昉主编的《中国人口与劳动问题报告 NO. 11》，社会科学文献出版社 2011 年版；2008 ～ 2014 年的数据来自国家统计局发布的 2013 年、2014 年《全国农民工监测调查报告》，http：// www. stats. gov. cn/tjsj/zxfb/。

　　跨国公司对代工企业的压榨以及我国劳动力市场的买方垄断，致使代工企业严重剥削工人的现象屡见不鲜：强制工人加班、劳动时间严重超时；工人工作、生活的条件恶劣；不按规定支付工人加班工资。BBC 卧底苹果代工厂（和硕联合科技）发现：员工被要求签自愿加班同意书，每天工作 12 个小时，并持续 18 天；员工的住宿条件也十分糟糕，8000 名工人每 12 个人挤在一个狭小的宿舍，宿舍过道过于狭窄以致需要侧身行走。古驰（Gucci）被曝其在中国的代工厂存在过分使用工人的现象，古驰深圳旗舰店通过 100 多项行为规定限制员工：喝水要申请，上厕所要报告，甚至怀孕 7 个月员工仍要上夜班。[①] 据中国劳工观察调查，在郭氏宏高（美国美泰公司在中国的一家代工企业），不论是否在周末，正式工的工作日加班工资只有 10 元/小时，派遣工只有 7.5 元/小时，但依据深圳市最低工资标准，最低加班工资应为工作日 12.8 元/小时、周末 17 元/小时。[②] 在代工企业工作的工人，身心健康受到了严重的伤害，职业病患者比例相对较高，累死致残、跳楼自杀事件时有发生。

　　需要说明的是，跨国公司凭借买方垄断优势，以垄断低价采购代工企业加工组装出来的产品，将代工企业利用劳动力买方垄断优势获取的垄断利润转移到自

---

① 乌梦达. 被爆 "虐待员工"，古驰令员工 "封口" [N]. 新华社每日电讯，2011 - 10 - 11（008 版）.

② 史燕君. 外企何时走出 "血汗工厂" [N]. 国际金融报，2012 - 12 - 03（06 版）.

己手中，这只是表面现象，其本质仍然是跨国公司利用买方垄断优势剥削发展中国家的工人。跨国公司支付给代工企业的采购价格，除去不变资本之后，所剩无几，代工企业不得不以劳动力买方垄断市场决定的价格支付工人工资，只有这样才能够勉强赚取微薄利润并得以维持生存，否则，代工企业很可能亏损、甚至破产。这也就意味着，跨国公司支付给代工企业的采购价格，是充分考虑了劳动力市场买方垄断所决定的工资后制定的。因此，不难看出，跨国公司支付给代工企业微薄的"代工报酬"（这只是从工人身上获取的垄断利润的很少一部分），让代工企业直接承担剥削工人的恶名。这种发达国家的跨国公司压榨代工企业、代工企业剥削工人的表象，掩盖着跨国公司剥削发展中国家工人的本质。跨国公司仅以支付微薄"代工报酬"的代价，便将劳资矛盾转移给代工企业，也正因为如此，"外包"成为跨国公司转移加工组装环节的普遍的、重要的形式。

## 三、苹果公司凭借买方垄断势力转移剩余价值

在我国的代工企业为跨国公司代工产品的案例中，富士康公司为苹果公司代工 iPhone 最为典型。接下来，以此为例进行说明。

国际巨头苹果公司凭借在 2011 年推出的一款高档智能手机 iPhone 4s 一举成名，从此登上了高档智能手机的霸主地位，垄断着全球高档智能手机市场。一方面，在最终产品高档智能手机的销售上，苹果公司为卖方垄断者。另一方面，苹果公司控制着 iPhone 生产的核心环节，把加工组装环节"外包"给代工企业。由于代工高档智能手机的利润比较丰厚，因此，为争夺苹果公司这个最大客户，众多代工企业彼此间进行着激烈的竞争。胜出的代工企业不仅仍要面临大量的潜在竞争对手，而且对苹果公司产生很强的依附性。双方势力的不对等导致苹果公司占据买方垄断地位，在中间产品采购上成为买方垄断者。通过垄断高价和垄断低价，苹果公司从全球消费者以及从我国工人身上获取了大量垄断利润。[①]

### （一）苹果公司从全球转移的剩余价值

苹果公司从全球获取的垄断利润，既包括从全球 iPhone 购买者手中获取的垄断利润，也包括从我国代工企业工人身上转移的垄断利润，前者是通过提高最终产品销售价格的方式实现，后者则是通过降低生产成本的方式实现。但无论哪种

---

① 如何分析苹果公司通过垄断高价从全球消费者手中转移剩余价值，可参见本章关于高档汽车垄断引起的剩余价值转移的分析。

方式都使得苹果公司的利润率高于平均利润率，两者统一表现为超出平均利润的垄断利润，因此，苹果公司获取的总的垄断利润可以按照本章前两节所阐述的垄断利润估算方法来计算。

1. 平均利润率

尽管平均利润率依然存在，但是苹果公司并不会区分出平均利润和垄断利润，而是统一将其看作利润总额，因此，在计算垄断利润时，需要首先确定出平均利润，而确定平均利润的关键在于确定平均利润率。前文已多次指出，"平均利润率……是资本家阶级（每年）生产的剩余价值同社会范围内预付资本的比率"。本节我们将非金融类企业部门的利润率作为平均利润率，不过在计算上与学术界的略有不同。非金融类企业部门税前利润率等于包含 IVA 和 CCAdj 的企业税前利润总额与企业利息总额之和，同企业总资产总额的比值，即

$$非金融类企业部门平均利润率 = \frac{\left(\begin{array}{l}包含\ IVA\ 和\ CCAdj\ 的企业\\ 税前利润总额\end{array} + 企业利息总额\right)}{企业总资产总额}$$

$$(3-5)$$

这样处理有两方面原因。第一，预付总资本应该是包含金融资产在内的总资产，金融资产也是资本家进行商品生产所必不可少的资本投入。第二，现代企业的税前利润中包含了金融资产的投资收益。表 3-15 为根据（3-5）式计算得到的 2005~2014 年美国非金融类企业部门平均利润率。

表 3-15　　　2005~2014 年美国非金融类企业部门的（税前）利润率（%）

| 年份 | 2005 | 2006 | 2007 | 2008 | 2009 | 2010 | 2011 | 2012 | 2013 | 2014 |
|------|------|------|------|------|------|------|------|------|------|------|
| 利润率 | 4.23 | 4.47 | 4.06 | 4.20 | 3.93 | 4.38 | 4.35 | 4.59 | 4.34 | 4.16 |

资料来源：其中非金融类部门（NFCB）的包含 IVA 和 CCAdj 的企业税前利润总额（Corporate profits with inventory valuation and capital consumption adjustments）与企业利息总额来自美国经济分析局编的《国民收入与产出账户》表 1.14；NFCB 的企业总资产总额来自美联储编的《资金流量账户》表 B.102。

2. 苹果公司从全球获取的垄断利润

平均利润率确定之后，用苹果公司的利润率减去平均利润率，再乘上该公司的预付资本总额即总资产，便可以估算出苹果公司从全球获取的垄断利润，即：

垄断利润 =（苹果公司资产利润率 - 美国非金融类企业平均利润率）

× 苹果公司总资产　　　　　　　　　　　（3-6）

需要说明的是，与平均利润率计算口径相一致的企业利润率应该等于企业税前利润与利息之和，同总资产的比值，然而，苹果公司有些财年的年报中未列出

利息支出这一项，不过，利息支出相对于税前利润非常小，[①] 因此可直接用苹果公司的税前利润除以总资产来表示资产利润率。

表 3 - 16 为 2010～2014 年苹果公司的利润率，其中，销售利润率约为 30%。而同行业其他手机厂商的销售利润率，除三星能达到 15% 的水平外，其他厂商为个位数，甚至有的出现负值。另外，苹果公司的总资产利润率也远高于表 3 - 15 中美国非金融类企业部门的平均利润率。由此我们可以断定，苹果公司在全球获取了大量垄断利润。结合表 3 - 15、表 3 - 16 的相关数据，利用（3 - 6）式可以计算出，2010～2014 年苹果公司获取了总计约 1771 亿美元的垄断利润，2012 年高达 477 亿美元。

表 3 - 16 　　　　　　　2010～2014 年苹果公司的（税前）利润率

| 项目 | 2010 年 | 2011 年 | 2012 年 | 2013 年 | 2014 年 |
|---|---|---|---|---|---|
| 税前利润（百万美元） | 18540 | 34205 | 55763 | 50155 | 53483 |
| 销售收入（百万美元） | 65225 | 108249 | 156508 | 170910 | 182795 |
| 总资产（百万美元） | 75183 | 116371 | 176064 | 207000 | 231839 |
| 销售利润率（%） | 28.42 | 31.60 | 35.63 | 29.35 | 29.26 |
| 总资产利润率（%） | 24.66 | 29.39 | 31.67 | 24.23 | 23.07 |

资料来源：2010～2014 年苹果公司年报。

### （二）苹果公司从中国工人身上转移的剩余价值

本章的理论部分已经阐述，跨国公司从发展中国家工人身上转移剩余价值的实质是，跨国公司依靠在发展中国家劳动力市场上的买方垄断优势，通过支付给工人低于同劳动生产率成比例的工资，将本应归发展中国家工人所有的收入转变为自己的垄断利润。下面，我们来计算苹果公司从我国工人身上获取的垄断利润。

苹果公司获取的超额利润可以由下式来确定：

$$e\pi_{Apple} = Sale_{iPhone} \times Hour_{iPhone} \times (w_{USA} - w_{CHN}) \qquad (3-7)$$

其中，$e\pi_{Apple}$ 代表苹果公司从我国工人身上获取的超额利润，$Sale_{iPhone}$ 代表 iPhone 的年销量，$Hour_{iPhone}$ 代表组装一部 iPhone 耗费的劳动时间，$w_{USA}$、$w_{CHN}$ 分别代表

---

[①] 2012～2014 年苹果公司利息支出，分别为 0、136 百万美元、384 百万美元，分别是相应年份税前利润的 0、0.27%、0.7%。

美国与中国工人代工 iPhone 的平均小时工资。

从（3-7）式来看，估算超额利润的关键在于确定组装一部 iPhone 耗费的劳动时间，为此，需要知道组装一部 iPhone 的劳动力成本以及工人的平均小时工资。代工一部 iPhone，富士康公司只赚取 25 元的"代工报酬"，[①] 这意味着，每组装一部 iPhone 富士康公司得到约 25 元的剩余价值。另外，根据富士康公司的营业利润、职工人数以及职工平均工资，可以估算出剩余价值与可变成本的比例即剩余价值率。以 2013 年为例，富士康公司的营业利润为 1093 亿台币，约合 220 亿元，劳工成本为 2782 亿台币，[②] 职工人数为 109.7 万人（见表 3-17）且绝大部分来自内地；《中国统计年鉴》数据显示，2013 年港澳台企业职工平均工资为 49961 元。由这些数据可计算出富士康公司的剩余价值率约为 40%，从而每组装一部 iPhone 的可变成本为 62.5 元。[③] 代工企业工人每天工作一般在 12 个小时，并且每个月只能休息 2 ~ 3 天，我们假定富士康公司职工每年工作时间为 3840 个小时，于是可计算出富士康公司职工的平均小时工资约为 13 元。用可变成本 62.5 元除以职工的平均工资 13 元，可得到组装一部 iPhone 要耗费约 4.8 个小时的劳动。

| 表 3-17 | | 2010 ~ 2014 年富士康员工人数及财务信息 | | | 单位：十亿台币 |
| --- | --- | --- | --- | --- | --- |
| 项目 | 2010 年 | 2011 年 | 2012 年 | 2013 年 | 2014 年 |
| 员工人数（万） | 93.3 | 100.1 | 130.0 | 109.7 | 106.1 |
| 总资产 | 1380.5 | 1730.3 | 2044.4 | 2312.5 | 2462.7 |
| 销售收入 | 2997.2 | 3452.7 | 3905.4 | 3952.3 | 4213.2 |
| 营业利润 | 86.1 | 82.8 | 107.9 | 109.3 | 143.2 |
| 税前利润 | 91.5 | 102.5 | 118.2 | 136.3 | 1741.2 |
| 总资产利润率 | 6.63% | 5.93% | 5.78% | 5.89% | 7.07% |
| 销售利润率 | 3.05% | 2.97% | 3.03% | 3.45% | 4.13% |

资料来源：员工人数来自集团社会责任（CSER）年报；财务信息来自集团年报。

我们无法确定美国工人代工一部 iPhone 的平均小时工资，为了统一口径，我

---

① 林曦. 苹果暴赚 85 亿美元？[N]. 羊城晚报，2014-10-24（A17 版）.

② 资料来源：2013 年富士康年报.

③ 这意味着，每组装一部 iPhone，我国工人只能得到 62.5 元（约合 10.1 美元）的工资，在一部售价 600 ~ 650 美元的 iPhone 中所占比例不到 2%。

们用中美制造业实际平均小时工资差额作为代工 iPhone 的中美平均小时工资差额。2013 年，中美实际平均小时工资差额为 115 元（见表 3-18），苹果公司 iPhone 的销量为 15025.7 万部（见表 3-14），前文已经确定组装一部 iPhone 耗费的劳动时间为 4.8 个小时。利用（3-7）式，可计算出苹果公司获取的超额利润约为 830 亿人民币，约合 137 亿美元。需要注意的是，这个值包含了由中美劳动力价值差异所形成的超额利润，按照本章相关理论的分析，这部分超额利润不属于跨国公司凭借垄断势力所获取的垄断利润，因此应予以剔除。我们可以用最低工资的国际差异来衡量劳动力价值国际差异。① 2013 年美国劳动部公布的美国最低工资为 7.25 美元/小时，剔除通胀因素后为 7.15 美元/小时，折合成人民币约 43 元/小时；深圳（富士康大陆总部所在地）的最低工资为 15 元/小时，剔除通胀因素后约为 15 元/小时。由此可以计算出由中美劳动力价值差异所形成的超额利润部分为 202 亿人民币，约合 33 亿美元。于是，我们可以得出，苹果公司凭借垄断势力获取的垄断利润为 628 亿元，约合 104 亿美元。当然，还应扣除苹果公司支付给代工企业的"代工报酬"。我们假定组装一部 iPhone 代工企业获取的利润相同，为 25 元（约合 4 美元），那么，2013 年苹果公司支付给富士康等代工企业的"代工报酬"约为 6 亿美元。于是，2013 年苹果公司通过外包 iPhone 的加工组装环节从我国工人身上获取了 98 亿美元的垄断利润。

表 3-18　　　　　　　　2004~2013 年中美制造业平均小时工资

| 年份 | 美国 | | | 汇率 | 折合成人民币（元） | 中国 | | | 差值（元） |
|---|---|---|---|---|---|---|---|---|---|
| | 平均工资（美元） | 通货膨胀率（%） | 实际平均工资（美元） | | | 平均工资（元） | 通货膨胀率（%） | 实际平均工资（元） | |
| 2004 | 18.75 | 2.66 | 18.26 | 8.27 | 151.04 | 6.75 | -0.71 | 6.79 | 144.18 |
| 2005 | 18.87 | 3.39 | 18.25 | 8.07 | 147.25 | 7.58 | 5.90 | 7.15 | 140.07 |
| 2006 | 19.38 | 3.23 | 18.78 | 7.81 | 146.66 | 8.64 | 4.80 | 8.24 | 138.35 |
| 2007 | 20.09 | 2.85 | 19.53 | 7.29 | 142.41 | 10.04 | 1.51 | 9.89 | 132.60 |
| 2008 | 20.80 | 3.84 | 20.03 | 6.81 | 136.43 | 11.63 | 1.80 | 11.43 | 125.07 |

---

① 最低工资标准通常包含以下三个部分：第一，维持劳动者本人最低生活的费用，即对劳动者从事一般劳动时消耗体力和脑力给予补偿的生活资料的费用；第二，劳动者平均赡养人口的最低生活费；第三，劳动者为满足一般社会劳动要求而不断提高劳动标准和专业知识水平所支出的必要费用。

续表

| 年份 | 美国 | | | 汇率 | 折合成人民币（元） | 中国 | | | 差值（元） |
|---|---|---|---|---|---|---|---|---|---|
| | 平均工资（美元） | 通货膨胀率（%） | 实际平均工资（美元） | | | 平均工资（元） | 通货膨胀率（%） | 实际平均工资（元） | |
| 2009 | 21.42 | -0.36 | 21.50 | 6.83 | 146.84 | 12.89 | 3.90 | 12.41 | 134.45 |
| 2010 | 21.96 | 1.64 | 21.61 | 6.61 | 142.82 | 14.86 | 1.20 | 14.69 | 128.19 |
| 2011 | 22.41 | 3.16 | 21.73 | 6.31 | 137.10 | 17.63 | -0.80 | 17.77 | 119.31 |
| 2012 | 22.71 | 2.07 | 22.25 | 6.23 | 138.62 | 20.02 | 0.69 | 19.89 | 118.84 |
| 2013 | 23.00 | 1.46 | 22.66 | 6.06 | 137.34 | 22.32 | 0.42 | 22.23 | 115.07 |

注：中国制造业平均小时工资由平均年工资除以工人每年工作小时数得到。工人每年工作小时数按2080个小时计算，即工人每年工作260天、每天工作8小时。

资料来源：《中国统计年鉴》；美国劳工部劳动统计局，http：//stats. bls. gov/cpi/data. htm，http：//stats. bls. gov/oes/current/oessrci. htm。

按照同样的方法，还可以估算苹果公司其他年份从我国工人身上转移的垄断利润，以及英特尔、耐克等大型跨国公司从发展中国家工人身上转移的垄断利润。发达国家的跨国公司利用发展中国家的廉价劳动力获取垄断利润，外在地表现为发达国家在发展中国家的直接投资具有较高的收益率。从表3-19、表3-20可以看出，美国的直接投资（制造业）收益率在中国、亚太、拉丁美洲以及欧洲地区之间存在着较大差异，因为包括中国在内的东南亚国家以及拉丁美洲地区的工人的工资低于欧美发达国家的工资，所以美国在这些国家或地区获取的直接投资（制造业）收益率，要高于欧洲地区，也高于美国本国的投资收益率。

表3-19    2005~2014年美国对外直接投资（制造业）收益率    单位：%

| 地区 | 2005年 | 2006年 | 2007年 | 2008年 | 2009年 | 2010年 | 2011年 | 2012年 | 2013年 | 2014年 |
|---|---|---|---|---|---|---|---|---|---|---|
| 中国 | 19.79 | 20.83 | 20.19 | 18.51 | 14.05 | 15.52 | 14.39 | 10.21 | 14.32 | 17.59 |
| 亚太 | 15.76 | 18.10 | 17.53 | 15.73 | 11.62 | 18.01 | 15.16 | 12.39 | 13.46 | 14.46 |
| 拉美 | 14.36 | 16.35 | 18.54 | 18.40 | 15.64 | 13.75 | 14.31 | 12.18 | 12.84 | 11.44 |
| 欧洲 | 9.26 | 11.06 | 12.58 | 11.3 | 7.3 | 9.45 | 10.05 | 7.92 | 8.33 | 8.62 |
| 全球 | 10.89 | 13.06 | 13.70 | 12.67 | 8.03 | 11.82 | 12.42 | 10.45 | 10.20 | 10.30 |

注：由美国对外直接投资与直接投资收益相除得到，直接投资收益未作现价调整（Direct Investment Income Without Current - Cost Adjustment）。

资料来源：美国对外直接投资与直接投资收益来自 Bureau of Economic Analysis, international, Direct Investment and Multinational companies, Statistics：Direct Investment and MNEs, Being using the data。

表 3－20　　1995～2014 年美国对华与对非华地区投资收益率的平均值差值 t 检验

| 项目 | 亚太地区 | 拉丁美洲 | 欧洲 | 所有国家 |
|---|---|---|---|---|
| 平均值差值 | 2.73*** | 4.06*** | 6.99*** | 5.69*** |
| P(z＜对华投资收益率) | 99.83% | 99.94% | 100% | 100% |
| t 值 | 3.34 | 3.81 | 7.29 | 5.95 |

注：*、**、***分别表示在10%、5%、1%的水平上显著。平均值差值为美国对华投资收益率与对非华地区投资收益率的序时平均值之差；z 代表美国对非华地区的投资收益率。

如果发达国家的跨国公司能够略微减少自己的利润，稍稍地增加代工企业的利润、提高工人工资，工人的工作条件和生活条件就能得到改善，并且这种调整也不会影响跨国公司的竞争力。还以苹果公司为例，苹果公司如果能让渡出 15 亿美元用来提高工人工资，此时，每组装一部 iPhone，工人的工资就能增加约 10%。这 15 亿美元相对于年收入近 2000 亿美元的苹果公司微不足道，而对于收入低微的工人来说，工资提高 10% 就能够较大程度地改善他们的生活水平。但是，对于追求利润最大化的国际垄断资本家来说，这种改进显然是不可能的。

# 第四节　中间产品买方垄断与剩余价值国际转移：以农产品、石油、稀土为例

商品在世界范围内的自由流动为跨国公司获取廉价资源提供了便利。雀巢、ABCD 四大粮商、埃克森－美孚、洛克希德－马丁等大型跨国公司，在农产品、石油、稀土等战略性资源的国际市场上占据支配地位，是战略性资源的垄断购买者。凭借买方垄断优势，发达国家的跨国公司能够在自然资源禀赋丰富的国家按照低于国际生产价格的国别生产价格进行购买，从而将本应属于这些国家的级差地租转变为自己的垄断利润。

## 一、理论阐释

自然资源在全球的分配并不均衡，某些自然资源在一些国家十分丰富，而在另一些国家却比较稀少。某种自然资源禀赋丰富的国家，能够在特别有利的条件下将密集使用该种自然资源的商品生产出来，这也就意味着，这些国家生产等量

商品所耗费的不变资本和可变资本从而生产成本要比其他国家少，由成本价格和平均利润率决定的国别生产价格低于国际生产价格。如果按照统一的国际生产价格进行交换，那么这些国家便能获取超额利润。对此，马克思指出，"这种超额利润……等于这个处于有利地位的生产者的个别生产价格和这整个生产部门的一般的、社会的、调节市场的生产价格之间的差额。这个差额，等于商品的一般生产价格超过它的个别生产价格的余额。"[①]

假定绝对地租为 0，密集使用某种自然资源的商品的国际生产价格为 120，其中成本价格为 100，平均利润为 20。该种自然资源禀赋丰富的国家所生产的商品的成本价格为 90，如果按照国际生产价格出售，能够获得 30 单位的利润，超出平均利润的部分为 12。显然，这部分超额利润应作为地租归该种自然资源禀赋丰富的国家所有，正如马克思所指出，"超额利润，不是产生于资本，而是产生于资本对一种能够被人垄断并且已经被人垄断的自然力的利用。在这种情况下，超额利润就转化为地租。"[②] 然而，国际垄断资本家凭借在国际市场上的买方垄断优势，实行买方垄断价格歧视，按照低于国际生产价格的国别生产价格购买商品，从而将原本归自然资源禀赋丰富的国家所有的超额利润（级差地租）占为己有。

在上述例子中，国际垄断资本家不是按照 120 的国际生产价格向某种自然资源禀赋丰富的国家购买密集使用该种自然资源的商品，而是以 108 的国别生产价格购买，在这种情况下，自然资源禀赋丰富的国家只能获取 18 单位的正常利润，超额利润部分 12 则被国际垄断资本家占有。如果按国际生产价格购买，国际垄断资本家用 120 单位的货币只能交换到 1 单位的商品，然而，凭借垄断力量，国际垄断资本家却能交换到 120/108 单位的商品，即多得到 12/108 单位商品的物质财富。对于自然资源禀赋丰富的国家而言，1 单位商品本应交换到 120 单位的货币，而实际却得到 108 单位的货币，相当于损失 12 单位的货币。因此，从本质内容上看，买方垄断转移剩余价值是，国际垄断资本家凭借买方垄断势力，按低于国际生产价格的国别生产价格向自然资源禀赋丰富的国家购买商品，从而将本应归自然资源禀赋丰富的国家所有的级差地租转变为自己的垄断利润。

一般地，令 $pp^c = (1 + \overline{r^c})k^c$ 表示自然资源丰富的国家提供某种商品的国别生产价格，其中，$\overline{r^c}$ 为世界平均利润率，$k$ 表示生产该商品的预付总资本。该商品的国际生产价格 $pp^g = (1 + \overline{r^c})k^g$，原本属于自然资源禀赋丰富国家的级差地租转

① 资本论第 3 卷 [M]. 北京：人民出版社，2004：723.
② 资本论第 3 卷 [M]. 北京：人民出版社，2004：727.

变为国际垄断资本家的垄断利润，

$$m\pi = pp^g - pp^c = (1 + \overline{r^c})(k^g - k^c)$$

以上分析可用图 3−6 加以说明。在图 3−6 中，$Q^{gs}$、$Q^{cs}$ 分别表示商品的国际供给曲线和自然资源禀赋丰富国家的供给曲线。由于自然资源禀赋丰富的国家生产成本低，并且，相对于国际水平而言，这些国家具有较高的供给价格弹性，因此，$Q^{cs}$ 位于 $Q^{gs}$ 之下并较之平缓。$pp^g$、$pp^c$ 分别表示商品的国际生产价格和自然资源禀赋丰富国家的国别生产价格。为了分析方便，我们假定跨国公司对商品的需求为定值 $Q^*$。于是，图中阴影部分面积即（$pp^g - pp^c$）$Q^*$ 就是本应属于自然资源禀赋丰富的国家所有的却被跨国公司占有的级差地租。

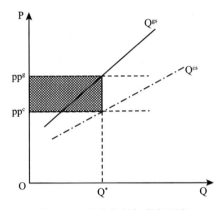

图 3−6　买方垄断与垄断利润

## 二、农产品买方垄断与剩余价值国际转移

农产品的生产由广大农民或者是由企业雇佣农民来完成，种子的研发（品种的改良）以及农产品的收购、加工、销售则被一些巨型跨国公司所垄断。四大粮商 ABCD 控制全球 80% 的粮食交易量，[①] 并且控制着一些重要农产品产业链的关键环节。瑞士的雀巢是世界上最大的食品加工企业，拥有举足轻重的国际市场份额。全球主要的特别是高端的乳制品市场被以雀巢、恒天然为首的几家跨国巨头

[①]　四大粮商 ABCD 分别指美国的 ADM（Archer Daniels Midland）（2014 年营业收入 898 亿美元，在《财富》世界 500 强中排第 87 位），邦吉（Bungee）（2014 年营业收入 626 亿美元，在《财富》世界 500 强中排第 153 位），嘉吉（Cargill）（2014 年营业收入 1349 亿美元，如果上市，则能排进前 50 强）以及法国的路易达孚（Louis Dreyfus）（2014 年营业收入 636 亿美元，在《财富》世界 500 强中排第 150 位）。

占有。这些跨国公司，凭借在农产品市场上的买方垄断优势，以垄断低价收购农产品，从生产农产品的国家转移数量可观的级差地租。

在新自由主义思潮的渗透与侵蚀下，拉丁美洲国家纷纷采取了新自由主义的经济政策，如大规模私有化、开放市场、实行自由贸易等，国际垄断资本趁机进入这些国家的关键市场。全球两大乳制品加工巨头——瑞士雀巢公司和新西兰恒天然公司相继打入拉美奶业市场并占据主导地位。雀巢和恒天然在智利的分公司有着很高的原料奶收购市场份额，[①] 雀巢在墨西哥拥有拉丁美洲最大的包括乳制品在内的食品加工厂，雀巢与恒天然各持 50% 股份的美洲乳业合作伙伴公司（Dairy Partners Americas Brasil Limitada）为美洲最大的乳制品生产企业。

在原料奶生产方面，独特的自然条件给拉美一些国家带来明显优势，我们以智利国家为例进行说明。首先，与其他主要产奶国家相比，智利的土地成本比较低，智利南部的土地每公顷价格在 5000～8000 美元，而美国的价格在 11000～13000 美元，恒天然公司的母国新西兰更是高达 30000－50000 美元。[②] 其次，智利拥有广袤的草原，2012 年牧场面积为 21.47 万平方千米，约占国土面积的 28.4%，在这些广袤草原上生长着优质的牧草，有助于提升奶牛鲜奶的产量。得天独厚的自然条件使智利生产原料奶的成本远低于国际平均水平，"100 公斤牛奶的国际平均成本为 45 美元，……智利生产 100 公斤牛奶的成本甚至低于 30 美元"[③]。然而，垄断了智利原料奶收购市场的雀巢和恒天然公司，凭借垄断力量，按照智利原料奶的生产成本决定的价格进行收购，于是，智利在生产原料奶具有的比较优势所产生的级差地租，自然而然地转变为这两家巨头的垄断利润。

据智利《战略报》2013 年 12 月 23 日报道，近期，智利奶牛养殖企业与加工企业矛盾加剧，消费市场奶制品价格每升上涨 80～100 比索（1 美元约合 530 比索），国际市场奶粉价格每吨达到 5000 美元，但目前加工企业收购价格最低仅为每升 40 比索，雀巢、SULAT、WATT'S 平均每升收购价格为 200 比索（相当于每千克 0.37 美元），奶牛养殖企业认为收购价格应在每升 250～260 比索。同年，原料奶平均国际收购价格为每千克 0.49 美元，[④] 美国的收购价格为每千克 0.45

---

① 2013 年，COLUN、SOPROLE（恒天然在智利的全子公司）和雀巢三家乳制品企业在智利鲜奶收购量达 14.83 亿升，占全国乳制品企业鲜奶收购总量的 69%（中国奶业协会，https：//www.dac.org.cn/read/newgjbd－14021317172263716066.jhtm）。

② 中华人民共和国商务部——中国商品网，智利奶业简况。

③ 关雪凌，张猛. 发达国家跨国公司是如何为国家利益服务的［J］. 政治经济评论，2014（2）：44－45.

④ 中国奶业协会，https：//www.dac.org.cn/read/newjghq－14012222502362815348.jhtm。

美元，新西兰的收购价格为每千克 0.47 美元。① 通过比较可以看出，智利的原料奶收购价格比国际水平低近 25%。既然乳制品巨头按照垄断低价在拉美国家收购原料奶，那么它们在拉美国家得到的利润率必然要高于其他国家或地区的水平。从表 3 - 21 可以看到，恒天然公司在拉丁美洲获取的利润率要明显高于在新西兰的利润率。

表 3 - 21    2010 ~ 2014 年恒天然在不同国家或地区的销售（税前）利润率    单位:%

| 国家/地区 | 2010 年 | 2011 年 | 2012 年 | 2013 年 | 2014 年 |
|---|---|---|---|---|---|
| 新西兰 | 4.7 | 2.8 | 3.1 | 3.4 | 1.5 |
| 澳大利亚 | 8.8 | 6.3 | 5.1 | 2.5 | 0.9 |
| 亚洲、非洲 | 10.2 | 11 | 10.5 | 10.1 | 4.2 |
| 拉丁美洲 | 14.5 | 14.6 | 16 | 12.1 | 9.6 |

资料来源：2010 ~ 2014 年恒天然公司年报。

雀巢公司还是非洲赤贫国家埃塞俄比亚咖啡豆的主要收购商，该公司（包括其未完全收购的星巴克）与其他咖啡巨头联合垄断了埃塞俄比亚的咖啡豆收购市场。这些公司不断压低咖啡豆的价格，获取了丰厚的利润，然而却扼杀了埃塞俄比亚许多咖啡农的未来。"星巴克大概可以从一公斤咖啡豆中收入 232 美元，而一个生产咖啡的埃塞俄比亚农民卖一公斤咖啡豆只能收入 0.3 美元。"② 据统计，在 2002 年，埃塞俄比亚咖啡豆的价格只有 1960 年的 1/4；2007 年咖啡豆的价格由每公斤 3 美金被压低至 0.86 美分，以致埃塞俄比亚这个原本就赤贫的国家损失近 8.2 亿美金。这笔资金，可以在当地兴建 2000 所小学开展扫盲政策。在非洲的另一端——科特迪瓦，一个供应全球 40% 可可豆的国家，同样遭受着雀巢等跨国公司的压榨。

在印度、巴西、阿根廷等盛产棉花、大豆和玉米的国度，广大农民辛苦劳作填满的不是自己的钱袋子，而是孟山都和四大粮商的腰包。孟山都和四大粮商凭借雄厚的资本优势，垄断控制了棉花、大豆、玉米等农作物产供销链条的几乎所有环节：种子、农药、化肥、收购、加工、销售。农民因此受到双向压榨，他们一方面不得不以高价向孟山都购买种子、农药、化肥，另一方面不得不以低价向

---

①　陈兵等.2013 年国际奶业形势分析与展望［J］.中国奶牛，2014（7）.

②　逯兆乾.新帝国主义——金融国际垄断阶段资本主义的特征与本质［J］.红旗文稿，2012（22）：34.

四大粮商出售农产品。由此，农民创造的剩余价值转变为这几家跨国公司的垄断利润。

## 三、欧美石油寡头转移中东产油国的社会财富

20 世纪 50 ~ 70 年代，石油产量丰富的阿拉伯国家纷纷爆发了石油国有化运动，将石油的所有相关权利收归国家所有。在此之前，中东石油市场基本上是西方发达国家的石油公司一统天下，这些公司几乎控制了石油的勘探、开采、提炼加工、运输与销售等环节。1901 年，伊朗迫于财政压力与英国人威廉·诺克斯·达西（William Knox Darcy）签订丧权辱国的租让协议，达西获得除北部 5 省以外伊朗全境的石油开采和经营权，期限为 60 年；1913 ~ 1951 年爆发石油国有化运动之前，伊朗石油业一直由英国政府操控的英伊石油公司控制。1953 年，历时两年的石油国有化运动宣告失败，伊朗西南部的石油开采被欧美的国际石油银行团掌控：五家美国最大的石油垄断组织持有银行团 40% 的股份，英伊石油公司也得到了 40% 的股票，法国石油公司得 6%，英荷壳牌石油公司得 14%；[①]直到 1979 年伊朗石油公司才控制了所有的石油作业权。在其他盛产石油的阿拉伯国家也有着相似的历史。1933 年，美国的美孚石油公司从沙特阿拉伯获得面积 93.2 万平方千米、为期 66 年的石油开采权，同年开办加利福尼亚 - 阿拉伯美孚石油公司；1939 年，该公司取得的租让面积占到沙特阿拉伯国土面积的 2/3；1944 年，更名为阿拉伯美国石油公司；1976 年，独揽沙特石油资源 40 年之久的阿美公司被沙特阿拉伯政府全部接管。

中东石油具备的众多优势是引得西方发达国家石油寡头"竞折腰"的主要原因。中东石油具有储量大、油质好、成本低和产量高等优点。截至 2013 年底，全球已探明石油储量为 16873 亿桶，其中，47.9%（1993 年为 63.6%）蕴藏在中东国家，石油储量居世界前五位的国家中有三位来自中东国家：沙特阿拉伯、伊朗和伊拉克。[②]中东石油开发条件优越，石油埋藏浅、油层厚、油井自喷率和单井产量高，并且油田大且集中分布在波斯湾沿岸，靠近地中海和苏伊士运河，运输极为便利。

发达国家的石油寡头，借助国家军事、政治力量，控制中东石油资源，从中获取了巨额财富。1914 ~ 1950 年，英伊石油公司（现为英国石油公司，简称

---

① 伊凡诺夫. 伊朗现代史概要［M］. 上海：上海三联书店，1959：78.
② 英国石油公司发布的《2014 年 BP 世界能源统计年鉴》。

BP）从伊朗抽取了 3.25 亿吨石油，获得了约 50 亿美元的利润；[1] 1945～1950 年，英伊石油公司账面利润 2.5 亿英镑，而上缴给伊朗的只有 9000 万英镑；1942 年，公司净利润为 780 万英镑，英国政府获得的税收为 660 万英镑，而伊朗只获得 400 万英镑；石油国有化前夕的 1950 年，公司净利润达到 3300 万英镑，向英国政府纳税 3600 万英镑，伊朗只获得 1600 万英镑。[2] 英国付给伊朗的石油税均不足其全部利润的 30%。[3]

除了赤裸裸的掠夺，西方石油寡头还会利用垄断价格这种稍带隐蔽性质的方式掠夺中东国家的财富。中东石油，油质好，生产成本世界最低。由马克思的地租理论我们知道，石油的价格和农产品价格一样，是由最劣等的生产条件决定的，于是，中东石油生产成本低，成本价格低，从而国别生产价格低于国际生产价格，在国际市场上若按国际生产价格出售，便存在着超额利润，这部分超额利润应作为级差地租归中东国家所有，然而，西方石油寡头却凭借买方垄断优势将其据为己有。1972 年，中东每桶原油的成本为 0.2 美元，而在消费市场上的售价为 12.5 美元，中东国家的收入每桶为 1.60 美元，只占售价的 12%，其余则为石油跨国公司，其中包括石油运输和加工的垄断企业的利润。[4]

中东石油国有化之后，以美英为首的西方发达国家对中东国家依然虎视眈眈，千方百计地为他们的石油寡头谋取石油租让权。挑起、激化中东地区的内部矛盾，让这些矛盾发展成为战争，再以维护中东地区和平、援助某些国家为由出兵，最后强化与这些国家的政治、经济、军事"合作"，这是西方发达国家惯用的伎俩。美国与沙特的石油美元协议、两伊战争、海湾战争以及伊拉克战争足以说明这一点。通过这种方式，西方石油寡头便能以很大的优势在这些国家获取石油开采权，[5] 继而获取较高的利润率。在西方发达国家对外直接投资中，中东地区的采矿业投资收益率往往是最高的。如表 3-22 所示，美国在中东地区的对外直接投资（采矿业）收益率是最高的，远高于欧洲和除美国之外的所有国家的水平，其次是非洲和亚洲等富含石油矿藏的国家或地区。在本质上，这依然是一种财富掠夺，是美英石油寡头借助国家力量将原本归中东国家的级差地租转变为自己的垄断利润。

① 刘竞. 中东手册 [M]. 银川：宁夏人民出版社，1989：217.
② 蒲实. 石油：疑惧、耻辱与独立之路——伊朗人眼中的石油史 [J]. 三联生活周刊，2012 (19).
③ 巴列维. 对历史的回答 [M]. 北京：中国对外翻译出版公司，1986：92.
④ 陈其人. 帝国主义经济与政治概论 [M]. 上海：复旦大学出版社，1986：179.
⑤ 伊拉克新政府将会以非招标方式，授予壳牌、埃克森美孚、道达尔和英国石油公司等合约，中俄等国的石油公司都无机会入标竞投。参见《美英瓜分伊拉克石油资源 中俄等国公司无缘竞投》，http://www.chinanews.com.cn/gj/ywdd/news/2008/06-20/1287457.shtml。

表 3 - 22　　　　2005 ~ 2014 年美国对外直接投资（采矿业）收益率　　　单位：%

| 年份 | 2005 | 2006 | 2007 | 2008 | 2009 | 2010 | 2011 | 2012 | 2013 | 2014 |
|---|---|---|---|---|---|---|---|---|---|---|
| 中东地区 | 32.37 | 31.00 | 32.04 | 40.00 | 22.04 | 28.30 | 45.66 | 33.07 | 25.67 | 23.47 |
| 非洲国家 | 32.34 | 30.89 | 26.25 | 22.67 | 10.28 | 11.72 | 16.95 | 14.32 | 12.06 | 6.85 |
| 亚太地区 | 25.59 | 26.51 | 19.77 | 23.97 | 16.08 | 24.97 | 27.73 | 16.87 | 15.32 | 12.62 |
| 拉美国家 | 22.50 | 26.90 | 32.72 | 30.00 | 14.83 | 16.81 | 16.31 | 13.86 | 11.45 | 8.67 |
| 欧洲 | 21.69 | 24.17 | 25.66 | 29.14 | 19.10 | 22.63 | 22.84 | 19.21 | 14.63 | 11.69 |
| 所有国家 | 22.47 | 24.67 | 22.87 | 27.00 | 14.30 | 16.86 | 19.43 | 14.36 | 12.05 | 12.34 |

注：直接投资收益未作现价调整（Direct Investment Income Without Current - Cost Adjustment）。

资料来源：由美国对外直接投资额与直接投资收益相除得到。美国对外直接投资额与直接投资收益来自 Bureau of Economic Analysis，international，Direct Investment and Multinational companies，Statistics：Direct Investment and MNEs，Being using the data。

## 四、稀土买方垄断与中国的社会财富流失

稀土元素是元素周期表 ⅢB 族中镧系 15 种元素及钪、钇两种元素的总称。之所以被称为"稀土"，是因为：第一，这些金属元素在工业、农业中用途广泛，特别是在高新科技领域以及军事领域里有着重要的应用，被称为"现代工业维生素""万能之土""战争金属"；第二，这些金属元素在全球的储量很少，并且分离提取的难度很高。这种宝贵资源在我国却相对丰富，我国的稀土储量和产量均居世界第一。美国地质调查局（USGS）公布的数据显示，2014 年我国稀土储量为 5500 万吨，占全球稀土储量的 42.3%；稀土产量为 95000 吨，占全球稀土产量的 86.4%。另外，我国还是全球唯一能够提供全部 17 种稀土金属的国家。然而，丰富的稀土资源并未给我们国家带来多么可观的财富，原因在于稀土出口的买方垄断市场结构导致的稀土定价权的缺失（宋文飞等，2011）。

### （一）稀土出口价格被发达国家垄断企业控制

20 世纪七八十年代，我国分离稀土的技术取得重大突破，达到了世界先进水平，分离提取稀土的效率因此提高。同时，我国开始了市场经济体制改革。在市场经济体制下，对利润的追逐，使大量民营企业（包括中小国有企业改制而成的）纷纷涌入稀土行业，疯狂地采掘稀土矿产，"超采""偷采""挑肥拣瘦式开采"的现象屡见不鲜。于是，我国稀土产量大幅度上升。1980 年我国稀土产量仅为 2500 多吨，到了 1986 年，我国稀土产量猛增到 11000 多吨，超过美国跃居

世界第一，2006年产量更是增加到8万吨。① 另外，我国高新技术产业不发达，在一定程度上限制了对稀土资源的利用，以致生产出来的稀土有很大一部分用于出口。从表3-23我们可以看到，1997~2006年我国稀土出口量为65.58万吨，而美国地质调查局的数据显示这十年我国稀土产量为84.73万吨，这也就意味着生产出来的稀土有近80%用于出口。我国稀土的出口方主要是美、日等发达国家大型的高新技术企业与军火企业如洛克希德·马丁、波音等，这些企业依靠核心技术、雄厚资本以及先进的管理等优势，占据着重要的最终消费品市场份额，因而也是稀土的最大需求方。

表3-23　　　　　　　　1997~2014年我国稀土出口量及出口价格

| 年份 | 出口量（万吨） | 出口价格（美元/吨） | 合理出口价格（美元/吨） |
|---|---|---|---|
| 1997 | 5.33 | 4928 | 17770 |
| 1998 | 7.03 | 3822 | 14244 |
| 1999 | 6.94 | 3560 | 14905 |
| 2000 | 6.90 | 4519 | 18858 |
| 2001 | 6.01 | 4556 | 17453 |
| 2002 | 5.89 | 3461 | 17396 |
| 2003 | 7.35 | 3272 | 19433 |
| 2004 | 6.97 | 4020 | 24020 |
| 2005 | 6.52 | 4803 | 29906 |
| 2006 | 6.64 | 7193 | 36114 |
| 2007 | 5.44 | 14040 | 40352 |
| 2008 | 5.50 | 12506 | 51548 |
| 2009 | 4.39 | 7063 | 36102 |
| 2010 | 3.98 | 23611 | 45549 |
| 2011 | 1.69 | 158140 | 57541 |
| 2012 | 1.63 | 55702 | 55702 |

---

① 柳润墨. 资源阴谋［M］. 北京：科学出版社，2011：230.

续表

| 年份 | 出口量（万吨） | 出口价格（美元/吨） | 合理出口价格（美元/吨） |
|------|------------|------------------|----------------------|
| 2013 | 2.25 | 25469 | 54829 |
| 2014 | 2.78 | 13493 | 51390 |

注：稀土的合理出口价格根据（3-8）式计算得到。

资料来源：1997~2009年的出口量、出口价格数据来自：裴文琳、孔锐，《我国稀土出口量与价格关联度分析》，《资源开发与市场》，2011年第7期，第613页。2010~2014年的数据来自国家海关总署《出口主要商品量值表》。

我国稀土出口价格主要是通过供给方稀土生产企业与需求方发达国家的垄断企业相互谈判签订的协议价格。我国稀土企业的数量多且较为分散，企业之间存在恶性竞争、竞相压价的情况，在谈判中，面对西方发达国家的垄断企业，我国稀土企业处于弱势地位。因此，我国虽然拥有全球近一半的稀土储量，供应着世界约90%的市场需求，但却没有稀土的定价权，稀土价格的涨跌被美、日等西方发达国家掌控[1]。这导致我国稀土的出口价格长期被控制在很低的水平。从表3-23可以看出，1997~2005年，我国稀土的出口价格在3000~5000美元/吨的范围波动（与2006年之后年份的价格相差甚远），而国际大宗商品的价格指数已经从1997年的54.45上涨到了2005年的105.97。[2]

### （二）发达国家的垄断企业从我国转移的剩余价值量

为了彻底治理稀土行业存在的一系列问题，避免我国稀土资源的进一步流失，国家采取了强有力的措施：取缔、关闭非法采矿点，将稀土生产计划由"指导性"改为"指令性"，进一步收紧出口配额，整合稀土企业、组建几家大型稀土集团等。这些措施产生了良好的效果，从2006年开始，我国稀土出口价格明显上涨，并在高位剧烈波动，这反映出我国稀土企业的谈判力量有所增强，并在一定程度上能够与西方垄断企业展开较量。尽管稀土出口价格有较大幅度提高，但是我国稀土行业的利润率依然不容乐观。据工业和信息化部公布的资料，2012年我国稀土采矿业的销售利润率约为15.1%（2012年稀土出口价格为55702美元/吨），2013年约为10%。国家统计局公布的工业数据显示，2012年我国采矿

---

[1] 自1998年起，我国开始实施稀土出口配额政策，但是出口配额高于国际市场需求，再加上许多稀土企业通过走私途径将过剩产能输往国外，因此，出口配额政策并未对提高稀土出口价格产生实质性的效果。

[2] 国际货币基金组织，大宗商品价格指数，http://www.imf.org/external/np/res/commod/index.aspx。

行业的销售利润率为 15.4%，2013 年为 12.1%。从表 3 - 24 可以看出，我国有代表性的稀土企业的销售利润率普遍低于采矿业利润率。

表 3 - 24　　　　2005 ~ 2012 年部分稀土企业与全国采矿业销售利润率　　　单位：%

| 项目 | 2005 年 | 2006 年 | 2007 年 | 2008 年 | 2009 年 | 2010 年 | 2011 年 | 2012 年 |
|---|---|---|---|---|---|---|---|---|
| 包钢稀土 | 2.2 | 20.6 | 12.1 | 8.3 | 6.7 | 34.9 | 63.1 | 22.7 |
| 南方稀土 | 1.4 | 3.8 | 7.1 | 7.5 | 3.8 | 11.3 | 35.0 | 0.3 |
| 采矿业 | 26.3 | 25.6 | 23.0 | 23.8 | 14.9 | 17.4 | 18.4 | 15.4 |

注：南方稀土为南方五省 5 家离子型稀土矿山企业。
资料来源：2005 ~ 2012 年包钢稀土年报；国家统计局工业数据；赖丹. 稀土行业的盈余波动、影响因素及政策调整 [J]. 资源与产业，2014（6）：38.

由于受到数据方面的限制，笔者无法确定能够保证我国稀土行业利润率与采矿业利润率大致持平的合理出口价格，[1] 但是，可以肯定的是，除了 2011 年的 158140 美元/吨以外，其他各年份的出口价格都或多或少低于合理的出口价格，这是稀土买方垄断市场的必然结果。发达国家的垄断企业，按照垄断低价购买我国稀土资源，将本应属于我国的财富（级差地租）变为它们的垄断利润。

在这里，我们不妨采用一种虽然粗略但不失有效的方法来估算西方发达国家垄断企业从我国获取的财富。我们假定：第一，各年份我国采矿业的利润率均为 15%（实际值略微有些偏差），并且各年份稀土行业的合理利润率也为 15%；第二，成本价格、实际出口价格（实际出口价格为出口价格同国际大宗商品价格指数的比值）与稀土行业利润率同比例变动。在这些假定条件下，各年份实际出口价格都相同且等于 2012 年的实际出口价格，各年份的实际出口价格再乘上相应年份的国际大宗商品价格指数便得到各年份合理的出口价格。于是有：

$$各年份稀土的合理出口价格 = \frac{2012 年的出口价格}{2012 年国际大宗商品的价格指数}$$
$$\times 各年份国际大宗商品价格指数 \qquad (3-8)$$

计算结果见表 3 - 23。从中不难看出，除 2011 年、2012 年之外，其余各年份出口价格均低于合理价格。这表明，我国每出口一吨稀土就会流失掉一部分财富。用出口量乘以合理价格与出口价格的差值可以估算财富的"流失量"。1997 ~

---

　　[1]　由于中国的稀土企业为世界稀土市场的主要供给者，因此合理的稀土国际价格（合理的稀土出口价格）是能够保证我国稀土企业获取平均利润的价格，然而中国的稀土出口价格往往低于此价格，这也就是说中国的稀土企业连正常利润都无法获取。

2014 年（除 2011、2012 年），发达国家的垄断企业从我国转移的财富总量约 184 亿美元，平均每年达 13 亿美元。

## 第五节　全球价值链视角下跨国企业垄断利润探析

### 一、问题提出与文献回顾

跨国企业占支配地位的全球价值链，是发达资本主义国家主导的经济全球化的产物。占据全球价值链高端环节的跨国企业获取超额利润，而位于低端环节的企业仅获取微薄利润，工人仅得到略高于维持自身劳动力价值的工资。发达国家跨国企业获取的超额利润，为其研发新技术、设计新产品、维护国际品牌提供充裕资金，这有利于巩固它们在全球价值链中的统治地位；然而，发展中国家的代工企业，由于获取的利润微薄，难以承担高额的转型升级成本，因而长期被全球价值链"俘获"（Gereffi et al.，2005），忍受跨国企业的剥削。发达国家跨国企业将从全球价值链中获取的超额利润输往国内，提高了发达国家的收入与福利水平；而发展中国家则可能因为低端锁定而走上通向贫困和依附型经济的道路（贾根良，2010）。

那么，为何低端环节的代工企业仅能获取微薄利润，而占据全球价值链高端环节的跨国企业能够获取超额利润呢？按照迈克尔·波特（Porter，1985）的分析，商品生产的各个环节对商品整体价值的贡献不同，位于中间的加工组装环节贡献小，附加值低，利润低；位于两端的研发设计、品牌营销环节贡献大，附加值高，利润高。这种观点被形象地描述为"微笑曲线"理论。事实上，在使用价值创造过程中，每一个环节都是至关重要、必不可少的，难以区分各个环节的贡献大小。附加值这一提法模糊了不同环节的价值创造与价值实现的区别，容易让人们将附加值同贡献混为一谈。国外有学者从垄断与竞争角度分析了利润在高端环节与低端环节的不平等分配。他们认为，低端环节的企业面临高度的竞争压力，因此获取的利润低；而高端环节的企业能够通过利用技术、品牌等优势设置的进入壁垒获取垄断租金（monopoly rent）（Kaplinsky，2000；Heintz，2006）。将高端环节的超额利润视作垄断租金是合理的，然而，由于缺乏劳动价值理论，他们未能说明垄断租金的本质与来源。国内一些研究者从剩余价值国际转移角度对这个问题进行了说明，他们认为，高端环节的跨国企业获取超额利润并非因为其付出了更多的劳动、创造了更多的价值，而是因为部分剩余价值从低端环节转移到高端环节，实现了更多的价值（张雨微、赵景峰，2015；尹振宇、任洲鸿，2016）。这与发展中国家创造的部分剩余价值通过国际价值或国际生产价格转移到发达国家在本质上是相同的（杨圣明，2011；崔向阳、崇燕，2014）。这些学者从国际价值或国际生产价格引起的剩余价值转移角度指出了跨国企业所获取的超额利润的本质和来源，但没有系统地阐明剩余价值从低端环节向高端环节转移的机制，同时也忽视了跨国企业实现超额利润的垄断因素。

通过梳理相关文献不难发现，垄断和剩余价值国际转移是占据全球价值链高端环节的跨国企业获取超额利润的重要原因，换言之，占据全球价值链高端环节的跨国企业能够获取超额利润是因为，它能凭借垄断力量从其他国家转移剩余价值。这就提出了第二个问题：垄断是如何引起剩余价值国际转移的呢？这正是本节要着重考察的问题，也是阐明跨国企业超额利润（确切地，应为垄断利润）的实现机制所要解决的关键问题。

本节余下部分的主要内容和结构安排如下：第二部分说明跨国企业因控制全球价值链的核心环节而拥有买方和卖方垄断地位；第三部分在马克思的价值价格理论和工资理论的基础上，分析跨国企业通过买方垄断价格与卖方垄断价格转移剩余价值的机制；第四部分结合我国的实际情况提出政策建议，以应对跨国企业通过垄断价格转移剩余价值给我国经济带来的负效应。①

## 二、跨国企业在全球价值链中拥有垄断地位

在发达资本主义国家，大型跨国企业几乎都是通过兼并这一资本经营手段发展起来的。这些跨国企业在资金、技术、管理等方面具有无可比拟的优势，凭借这些优势，他们在全球价值链中控制了研发设计、国际品牌等核心环节与高附加值环节。这些环节进入壁垒非常高，众多中小企业难以涉足。产品设计、技术研发、品牌管理是产品价值链关键的环节，跨国企业控制了这些环节，也就意味着控制了产品的生产与供给。在国际垄断资本主义阶段，通过兼并形成的大型跨国企业往往又是各自所属行业的寡头，这也就意味着，产品的市场份额主要为控制

---

① 一些观点在前面的章节中已做了阐述，为保证逻辑的连贯性，本节对这些观点进行了简要概述。

产品生产与供给的跨国企业所占据，它们是产品的垄断供给者。①

　　大多数发展中国家的企业，由于缺乏核心技术和自主品牌，在经营管理上又相对落后，因而相当一部分选择从事全球价值链中的加工组装等低端环节。加工组装环节属于劳动密集型，技术含量低，从事加工组装环节，企业需要投入的资金比较少，并且，还能得到跨国企业在技术和工艺上提供的支持（胡大立、刘丹平，2014）。因此，加工组装环节的进入壁垒较低，从事加工组装的代工行业具有企业数量多、规模小的特征。这些代工企业的主要客户是控制着产品生产与供给的少数几家跨国企业，它们为获取跨国企业的大额订单彼此间进行着激烈的竞争。显然，在代工行业，代工企业与跨国企业的力量严重不对等——众多的供给者与少数的采购者，这种不对等必然导致在组装完成品（代工企业加工组装完成但未贴标签的产品）市场形成跨国企业占主导的买方垄断。为了进一步巩固垄断地位，跨国企业会同时选择数家企业代工，并利用独特的技术规范与标准，增加代工企业的资本专用性以及对自己的依附性。凭借牢固的垄断地位，跨国企业可以利用强大的买方垄断势力对代工企业进行压榨（张晔，2006）。

　　面对跨国企业的压榨，代工企业为了获取利润维持生存，不得不以低廉的工资雇佣工人（这同样也是他们能在竞争中胜出的重要手段）。在发展中国家，劳动力市场普遍具有买方垄断特征，为代工企业廉价雇佣工人提供了条件。发展中国家劳动力市场之所以具有买方垄断特征，原因有如下两点。第一，劳动力特别是受教育程度低的劳动力供给相对过剩。发展中国家的城镇化率普遍偏低，农村人口占据较高的比例，受经济因素的制约，农村人口的受教育程度相对较低。随着农业劳动生产率的提高，大量剩余劳动力从农村转移出来进入城镇，造成了劳动力供给过多的局面，并且，由于缺乏教育，从农村释放出来的过剩劳动力只能从事诸如加工组装之类的简单劳动。第二，工人特别是从农村释放出来的工人与雇主的地位不平等。在发展中国家，一方面，工人比较分散，缺少维护自身合法权益的工会；另一方面，政府有关部门对劳动力市场以及用工单位的监管不力，保护工人权益的相关法律法规未得到有效执行。这两方面因素导致工人相对于雇主处于弱势地位。

　　跨国企业向代工企业支付的组装完成品的价格，充分考虑了发展中国家劳动力市场买方垄断的工资水平，除去不变资本之后所剩无几，代工企业不得不以这种工资水平雇佣工人，只有这样才能赚取微薄利润维持生存，否则，代工企业很

---

① 克莱兰指出，正是创新、设计以及品牌等因素成就了苹果公司（智能手机寡头）在全球价值链中的垄断地位。（D. Clelland, The Core of the Apple: Dark Value and Degrees of Monopoly in Global Commodity Chains [J]. Journal of World-Systems Research, 2014, 20 (1): 82–111.）

可能亏损、甚至破产。因此，在全球价值链中，跨国企业依靠组装完成品市场买方垄断压榨代工企业，代工企业依靠劳动力市场买方垄断剥削工人，只是加工组装环节"外包"所呈现的表象，这种表象所掩盖的实质是：跨国企业迫使代工企业为其剥削工人，从获取的垄断利润中拿出很少一部分作为"酬劳"支付给代工企业；代工企业为获取"酬劳"替跨国企业背负剥削工人的恶名。这与跨国企业在发展中国家开设分厂直接利用劳动力市场买方垄断剥削工人的本质相同。

## 三、剩余价值国际转移与跨国企业垄断利润的实现机制

发达国家的跨国企业因控制全球价值链的核心环节而拥有垄断地位。通过买方垄断价格从发展中国家工人身上转移剩余价值，通过卖方垄断价格从全球商品购买者手中转移剩余价值。这些转移来的剩余价值是跨国企业在全球价值链中获取的超额利润的来源。

### （一）买方垄断低价与剩余价值国际转移

由于社会经济发展水平不同，发达国家在生产技术、工人受教育程度、劳动强度和熟练程度等方面比发展中国家有更大的优势，这种优势导致发达国家的劳动生产率普遍高于发展中国家的劳动生产率（白暴力、王智强，2016）。在发达国家，劳动力市场供求双方的力量相对平衡，企业需要充分考虑劳动生产率因素，支付给工人高于维持劳动力价值水平的工资[①]。在发展中国家，由于劳动力市场普遍具有买方垄断势力，企业支付给工人的工资只能反映劳动生产率的部分变化，这实质是企业以买方垄断低价购买劳动力商品。从图 3 – 7 可以看到，发达国家年工资占美国的百分比（wru）与劳动生产率占美国的百分比（lru）的斜率接近于 1，而发展中国家的要小于 1，[②] 这表明，包括美国在内的发达国家的工资对劳动生产率变化的反映程度大于发展中国家。

---

[①] 马克思在《资本论》第 1 卷指出，工资受劳动力价值、劳动生产率等因素的影响，因此，在比较国民工资时，必须考虑到"自然的和历史地发展起来的首要的生活必需品的价格和范围，工人的教育费，……劳动生产率，劳动的外延量和内含量"等因素。

[②] 利用 1999～2014 年 50 个发展中国家与 44 个发达国家的数据进行 Swamy – Arora 估计，得到的回归结果为：对于发展中国家，wru = – 0.002 + 0.528lru，N = 629；$R^2$ = 0.863，回归系数稳健性标准误为 0.017；对于发达国家，wru = – 0.048 + 0.900lru，N = 629；$R^2$ = 0.898，回归系数稳健性标准误为 0.012。

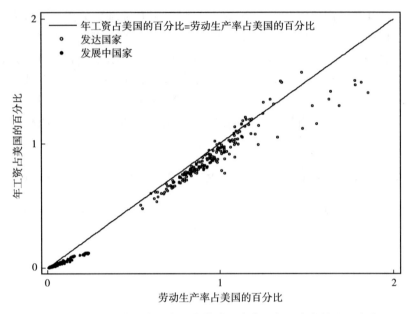

**图 3 - 7　发达国家与发展中国家劳动生产率、年工资占美国百分比**

注：全社会劳动生产率用国际劳工组织公布的就业人口平均 GDP 表示，各国年工资等于本币计价的劳动报酬总额除以官方汇率（月平均值计算的年平均值，本币单位相对于美元的价值）再除以就业人数。

资料来源：劳动报酬总额来自联合国数据库，官方汇率来自世界银行，就业人数来自国际劳工组织。

　　一方面，为了便于分析，用 $w = w(\overline{v_L}, f)$ 表示工资关于劳动力价值与劳动生产率的函数，并假定为一次齐次函数。由上文分析可知，$\partial w^{ed}/\partial f^{ed} > \partial w^{ing}/\partial f^{ing}$，上标 ed、ing 分别代表发达国家与发展中国家。另一方面，无论是发展中国家还是发达国家，当劳动生产率既定时，劳动力价值增加引起工资以相同幅度增加，即，$\partial w^{ed}/\partial \overline{v_L}^{ed} = \partial w^{ing}/\partial \overline{v_L}^{ing} = \partial w/\partial \overline{v_L} = 1$。这是因为：第一，为了尽可能多地追逐剩余价值，资本家不会以高于劳动力价值的增幅增加工资；第二，如果工资增幅小于劳动力价值增幅，"劳动力就只能在萎缩的状态下维持和发挥"[1]。此外，受生活必需品范围、种类、品质以及工人教育支出等因素的影响，发展中国家劳动力的价值低于发达国家（白暴力、王智强，2015），即$\overline{v_L}^{ed} > \overline{v_L}^{ing}$。在这种情况下，尽管在同一家跨国企业，发展中国家与发达国家的工人利用同样的设备与技术，在相同的时间内生产出相同数量的产品，即劳动生产率相同，但是，发展中国家工人得到的工资却要低于发达国家的。两者关系可表示如下：

---

　　① 资本论第 1 卷 [M]. 北京：人民出版社，2004：201.

$$w^{ing} = \frac{\partial w^{ing}}{\partial \overline{v_L}^{ing}} \overline{v_L}^{ing} + \frac{\partial w^{ing}}{\partial f^{ing}} f^{ed} < w^{ed} = \frac{\partial w^{ed}}{\partial \overline{v_L}^{ed}} \overline{v_L}^{ed} + \frac{\partial w^{ed}}{\partial f^{ed}} f^{ed} \qquad (3-9)$$

因此，跨国企业在发展中国家能够获取超额利润，可表示为：

$$e\pi = L\left[ w^{ed}(\overline{v_L}^{ed}, \ f^{ed}) - w^{ing}(\overline{v_L}^{ing}, \ f^{ed}) \right] = L\left[ \frac{\partial w}{\partial \overline{v_L}}(\overline{v_L}^{ed} - \overline{v_L}^{ing}) + f^{ed}\left( \frac{\partial w^{ed}}{\partial f^{ed}} - \frac{\partial w^{ing}}{\partial f^{ing}} \right) \right]$$

$$(3-10)$$

其中，$e\pi$ 表示跨国企业获取的超额利润，L 表示工人人数。由（3-10）式可知，跨国企业获取的超额利润来自发达国家和发展中国家的工资差异，而这种工资差异由两方面原因造成：第一，发达国家和发展中国家的劳动力价值国际差异；第二，发达国家和发展中国家的工资对劳动生产率变化的反应程度差异。由前文分析可知，由第二种差异引起的工资国际差异所形成的超额利润为跨国企业所获取的垄断利润，可表示为：

$$m\pi = L\left[ w^{ed}(\overline{v_L}, \ f^{ed}) - w^{ing}(\overline{v_L}, \ f^{ed}) \right] = Lf^{ed}\left( \frac{\partial w^{ed}}{\partial f^{ed}} - \frac{\partial w^{ing}}{\partial f^{ing}} \right) \qquad (3-11)$$

其中，$m\pi$ 表示跨国企业获取的垄断利润，$w^{ed}(\overline{v_L}, \ f^{ed})$ 表示，如果不考虑劳动力市场买方垄断，发展中国家工人应得的剔除劳动力价值国际差异的工资，$w^{ing}(\overline{v_L}, \ f^{ed})$ 表示发展中国家工人实得的剔除劳动力价值国际差异的工资。由（3-11）式可知，发展中国家劳动力市场买方垄断势力越强，$\partial w^{ed}/\partial f^{ed}$ 与 $\partial w^{ing}/\partial f^{ing}$ 的差距越大，跨国企业获取的垄断利润越多。

跨国企业获取垄断利润并不是因为雇佣发展中国家工人能够带来更高的劳动生产率，而是因为支付给发展中国家工人歧视性工资能够带来劳动力成本的下降。如果发展中国家劳动力市场的双方力量比较平衡，从而跨国企业在支付工人工资时不得不尽可能地考虑劳动生产率因素，那么，这部分垄断利润就应归发展中国家工人所有。因此，跨国企业从发展中国家工人身上转移剩余价值的机制是，跨国企业依靠在发展中国家劳动力市场上的买方垄断优势，通过支付给发展中国家工人低于同劳动生产率成比例的工资，将本应归发展中国家工人所有的剩余价值部分转变为自己的垄断利润。

以上分析的既定前提是跨国企业在发展中国家设立分厂从事加工组装环节。随着全球价值链的形成，这些环节被外包给发展中国家的代工企业，但这并没有改变跨国企业凭借劳动市场买方垄断优势从工人身上转移剩余价值的实质，不同的是，跨国企业不再直接转移，而是通过组装完成品买方垄断价格迫使代工企业为其转移，为此，跨国企业需付出一定的代价，即支付给代工企业一定数额的代工报酬。在这种情况下，跨国企业获取的垄断利润变为：

$$m\pi = Lf^{ed}\left(\frac{\partial w^{ed}}{\partial f^{ed}} - \frac{\partial w^{ing}}{\partial f^{ing}}\right) - R^{oem} \qquad (3-12)$$

其中，$R^{oem}$ 表示代工企业获取的代工报酬。

### （二）卖方垄断高价与剩余价值国际转移

跨国企业必然要凭借在销售环节的卖方垄断势力，从剩余价值总量中，分到和它们的垄断力量成比例的一份，这是通过按照垄断价格在全球销售商品实现的。垄断价格是生产价格的转化形式，由成本价格、平均利润和垄断利润构成，用公式可表示为：

$$mp = k + \bar{\pi} + m\pi \qquad (3-13)$$

其中，$mp$ 表示垄断价格，$k$ 表示成本价格，$\bar{\pi}$ 表示平均利润。我们用 $\varsigma_i$ 表示第 i 家跨国企业具有的垄断力量，用 $\nu = \sum m\pi_i / \sum \varsigma_i$ 表示单位垄断力量所获取的垄断利润，那么，第 i 家跨国企业获取的垄断利润 $m\pi_i = \varsigma_i \nu$。此时，（3－13）式变为：

$$mp_i = k_i + \bar{\pi}_i + \varsigma_i \nu \qquad (3-14)$$

由（3－14）式可知，跨国企业按照垄断价格销售商品，能够实现超出生产价格的垄断利润，也就是说，在市场上所换回的劳动量大于按资本量进行加权平均所决定的劳动量，并且，跨国企业拥有的垄断力量越大，获取的垄断利润就越多。

与跨国企业进行交换的自由竞争性企业不具备垄断力量，它们只能按照低于生产价格的垄断低价出售商品，获取负的垄断利润，即损失一部分利润。自由竞争性企业的商品的垄断低价可表述为：

$$mp_j = k_j + \bar{\pi}_j + (\overline{\pi'_j} - \overline{\pi_j}) \qquad (3-15)$$

其中，$\overline{\pi'_j} < \overline{\pi_j}$。由于垄断本身不会增加整个社会的价值总量与剩余价值总量，因此，平均利润总量等于剩余价值总量，垄断资本获取的垄断利润等于非垄断资本损失的利润，即 $\sum \bar{\pi} = \sum m$，$\sum \varsigma_i \nu = \sum -(\overline{\pi'_j} - \overline{\pi_j})$，跨国企业得到的垄断利润正好是自由竞争性企业所损失的部分利润，两者在数量上相等。这也就意味着，在生产价格转化为垄断价格的过程中，部分剩余价值以垄断利润的形式，从自由竞争性企业转移向具有垄断力量的跨国企业。剩余价值以垄断利润的形式在跨国企业和竞争性企业之间转移，会导致跨国企业的利润率高于母国的平均利润率，而竞争性企业的利润率低于所属国的平均利润率。

以上所分析的是，跨国企业销售的商品为生产资料，购买者为其他企业，跨国企业获取的垄断利润来自这些企业的部分利润。如果跨国企业销售的商品为生活资料即消费品,购买者为全球的广大劳动者,那么跨国企业获取的垄断利润就来自劳动者的部分收入。正如马克思所说:"某些商品的垄断价格,不过是把其他商品生产者的一部分利润,转移到具有垄断价格的商品上。……如果这种具有垄断价格的商品进入工人的必要的消费,那末,在工人照旧得到他的劳动力的价值的情况下,这种商品就会提高工资,并从而减少剩余价值。它也可能把工资压低到劳动力的价值以下,但只是工资要高于身体最低限度。这时,垄断价格就要通过对实际工资……的扣除和对其他资本家的利润的扣除来支付。"①

## 四、主要结论与政策建议

控制研发设计、国际品牌等核心环节的跨国企业,在全球价值链中拥有垄断地位。在商品生产方面,跨国企业以买方垄断价格向发展中国家的代工企业购买组装完成品,代工企业为了获取微薄的利润,不得不利用国内的买方垄断劳动力市场,支付给本国工人低于同劳动生产率成比例的工资,通过倒逼机制,跨国企业将本应归发展中国家工人所有的剩余价值部分转变为自己的垄断利润。在商品销售方面,跨国企业通过卖方垄断价格,将全球商品购买者的部分工资或利润变为自己的垄断利润。从全球转移来的剩余价值是跨国企业超额利润的本质来源。

跨国企业凭借在全球价值链中的垄断地位通过垄断价格转移剩余价值,对发展中国家的经济产生不利影响,发展中国家应采取措施积极应对。下面,结合我国的实际情况提出几点对策建议。

### (一)培育实力雄厚的跨国企业

由前文分析可知,市场力量不对等是跨国企业获取垄断地位,进而通过垄断价格转移剩余价值的直接原因。要扭转这种局面,我国需要拥有一定数量的实力雄厚的跨国企业。纵观发达国家的大型跨国企业,无一不是历经数次并购重组,通过不断创新科学技术、提高经营管理水平、塑造国际品牌形成的。因此,我国也应从这四个方面着手培育自己的跨国企业。

1. 推进并购重组,扩大企业规模

并购重组是资本扩大自身规模的最主要方式,在大型跨国企业的形成过程中

---

① 马克思恩格斯全集第 25 卷 [M]. 北京:人民出版社,1974:973–974.

起到了极为重要的作用。并购重组能够减少企业数量，便于企业联合调节生产，可有效避免由无序竞争引起的产能过剩。并购重组能够实现企业间的优势互补，提高企业的生产效率，增强企业的综合竞争力与抗风险能力。推进企业并购重组，要尊重企业的市场主体地位，让企业自主决策；要遵循市场经济规则，充分发挥市场竞争机制的作用推动企业自主参与；要完善相关的法律法规，清除制度障碍，加强政策扶持力度，引导、鼓励企业积极参与。此外，要抓住重点，有所为有所不为，稳妥推进钢铁、电力、有色金属、装备制造等领域企业跨地区并购重组。

2. 坚持自主创新道路，培养自主创新能力

高新技术能够提升企业的核心竞争力，让企业由大变强，但在现阶段高新技术普遍被发达国家垄断。因此，我们要坚定不移地走自主创新道路，培养自主创新能力，自主研发高新技术，冲破发达国家的技术封锁。实现这一点的关键是贯彻党的十八大精神，"着力构建以企业为主体、市场为导向、产学研相结合的技术创新体系"[①]。

对于企业：首先，应结合市场需求研发新技术，这样可以降低研发风险，提高资金利用效率；其次，应注重与高校和科研机构的合作，以国家重点科技项目、重大工程为依托，联合政府力量，积极开展关键技术攻关；最后，应不断地将与高校和科研机构合作研发的创新成果转化为自身的核心竞争力。对于政府：首先，要注重发挥市场机制的作用，利用竞争的强制规律迫使企业增加核心技术研发投入；其次，应在防范企业道德风险的前提下，采取税收激励、金融支持等政策，支持和帮助企业突破制约产业结构转型升级的关键技术；最后，应营造有利于自主创新的社会环境，培养企业、高校、科研机构等社会各界的创新精神，调动社会各界的创新积极性，推动万众创新。

3. 建立现代产权制度，提高经营管理水平

拥有先进的经营管理水平是成为大型跨国企业的必要条件。与发达国家的跨国企业相比，我国企业的管理水平还有待进一步提高。笔者认为，建立现代企业产权制度[②]可以大幅度提高企业的经营管理水平，原因在于：现代产权制度，能够有效解决委托代理问题，使所有者、管理者与职工的目标相一致；能够充分调动利益相关者的积极性，增强企业的团队合作精神。向现代企业产权制度过渡，

---

① 十八大报告辅导读本［M］. 北京：人民出版社，2012：22.

② 现代的企业产权制度是，生产资料的其他经济权利和所有权相分离，经济过程的决策不再由生产资料所有权单一地决定，而由一系列经济权利共同决定的产权制度（白暴力，杨波. 产权理论与产权制度改革的若干思考［J］. 福建论坛·人文社会科学版，2005（7））。

首先，必须坚持"社会主义公有制为主体，多种所有制共同发展"的基本经济制度；其次，推行民主化管理，积极调动职工参与企业的经济决策，充分发挥职工在企业运营中的作用；最后，完善企业治理结构与外部监督体系，建立有效的激励约束机制。

4. 增强综合实力，塑造国际品牌

品牌是企业资产规模、核心技术与管理能力等综合实力的体现，品牌知名度越高，企业的社会信誉就越好，产品也越受消费者青睐。知名品牌，有利于企业在巩固与强化市场地位的基础上进一步开辟新的市场；有利于降低产品的需求价格弹性，提高企业的利润率。近几十年，我国企业发展迅速，出现了许多国内知名品牌，但有相当一部分品牌被外资收购或控股，最终发展成为国际知名品牌的很少。有鉴于此，一方面，我国企业仍需不断增强自身的综合实力；另一方面，政府应在政策上支持企业创立国际品牌，利用外交、媒体宣传等方式扩大我国企业的国际知名度。

## （二）培养高端产业，构建国家价值链

根据前文的分析，全球价值链对我国企业的低端锁定是跨国企业能够间接地从我国转移剩余价值的重要原因，因此，要避免利润进一步流失，必须摆脱全球价值链的束缚，构建国家价值链。所谓国家价值链，就是指基于本土市场与自主创新，由本土企业掌握价值链的研发、设计、加工、品牌、销售等环节，并获取高端竞争优势的价值链分工体系（刘志彪、张杰，2007）。构建国家价值链意味着本土企业控制商品尤其是高端商品的生产与供给。

培养高端产业是构建国家价值链的难点与关键点，为此需要注重以下几个方面。第一，构建稳定的国内高端市场需求。高端市场需求是企业挤入价值链高端环节的重要动力，是否存在稳定的高端市场需求关系到高端产业能否持续发展。因此，要创新和转变消费模式，构建稳定的国内高端市场需求。第二，推动更多的企业进军高端产业。企业是产业的载体，高端产业的形成离不开掌握核心技术、拥有品牌优势的企业，因此，应采取政策措施，支持和鼓励做大、做优、做强的企业特别是国有企业，向与所在产业相关的高端产业进军，并力争成为主导企业；应充分发挥市场机制的作用，借助成功企业的示范效应，带动更多的企业朝着这个方向发展。第三，凝聚社会智慧，突破技术障碍。核心技术是发展高端产业的最大障碍，突破这个障碍单靠企业自身力量还不够，需要将整个社会的智慧凝聚起来。政府、企业、高校、科研机构应积极开展国际交流合作，强化引进消化吸收再创新的能力，利用一切可以利用的创新资源，实现核心技术突破。第

四，在高端产业发展初期，政府应给予适度的扶植和保护。

# 第六节　补充说明

　　经济自由化、经济全球化为发达国家的垄断资本在世界范围内的再次流动打开了方便之门，交通运输业与信息通信技术的迅猛发展加快了垄断资本在全球的扩张。垄断资本在世界范围内展开竞争，一方面是发达国家的垄断资本之间为争夺国际市场进行的竞争，另一方面是发达国家的垄断资本为抢占发展中国家的市场与发展中国家的资本展开的竞争。在竞争中，发展中国家相对弱小的资本，往往不是被挤垮，就是被收购，而发达国家垄断资本之间更多的是兼并与收购。联合国贸易与发展会议（UNCTAD）的统计数据显示，1990 年全球并购数量为3248 件，2000 年增加到 9882 件，增加了两倍多；经历了短暂下降之后，企业并购数量于 2003 年重新开始增加，从 6428 件增加到 2007 年的 10135 件。[①]

　　全球范围内的资本并购导致世界市场份额越来越集聚到国际垄断资本家手中。德国的三家汽车巨头：宝马集团、大众集团、戴姆勒—奔驰集团，拥有全球豪华汽车市场近四分之三的市场份额。铁矿石三巨头其铁矿石产量约占当年世界海运贸易量的 70%。四大跨国粮商 ABCD 控制着世界 80% 的粮食交易量，参股控股我国 97 家大型油脂企业的 64 家。饮料行业两大巨头可口可乐与百事可乐，在全球饮料市场尤其是碳酸饮料市场占据重要地位。西门子、飞利浦以及通用电气，在全球高端医疗器械市场占有重要的市场份额，在我国拥有的市场份额超过了 70%。[②] IT 业巨头微软占有全球 90% 以上的计算机操作系统市场份额，并与甲骨文、IBM 占据着全球主要的应用软件市场，除此之外还有沃尔玛、苹果公司、宝洁、联合利华、波音、空客、高通、英特尔等。这些跨国公司的规模异常庞大，实力十分雄厚。2013 年《财富》"世界 500 强"的数据显示，按营业收入排名，前30 家企业的总收入达 6.89 万亿美元，相当于 2013 年全球国民生产总值的 9.3%，比排在第三位的日本的国民生产总值还多，和拉丁美洲及非洲所有国家的全部国民生产总值旗鼓相当；排名第一的荷兰皇家壳牌石油公司的营业收入高达 4817 亿美元，如果将营业收入看作 GDP 进行排名，那么该公司可排入世界前 30。

---

① 魏磊. 全球跨国并购形势分析及中国对策［J］. 中国产业竞争力评论，2009（2）：241.
② 朱萍. 工商总局否认西门子因商业贿赂被查［J］. 21 世纪经济报道，2015 – 05 – 05（002 版）。

　　国际垄断资本——占据主要世界市场份额的巨型跨国公司，以串谋、协议、相互持股等方式结成国际垄断联盟，操纵国际价格，将全球财富转变为自己的垄断利润。一些行业如汽车、智能手机、生物制药、日化、计算机操作系统与应用软件的巨型跨国公司，凭借在最终产品国际市场上的卖方垄断优势，以垄断高价转移其他国家劳动者创造的剩余价值。一些巨型跨国公司，如淡水河谷、孟山都、英特尔、高通、米其林、利乐等，凭借在中间产品国际市场上的卖方垄断优势，从其他国家获取相当可观的剩余价值。还有一些巨型跨国公司如苹果公司、英特尔公司、雀巢公司、恒天然集团、ABCD 四大粮商、壳牌、埃克森美孚等寡头，不仅在中间产品与最终消费品销售方面具有卖方垄断势力，而且在全球寻找代工企业、购买初级原材料特别是战略性原材料时，又具有买方垄断势力。这些跨国公司控制着全球价值链的核心环节，把低技术含量的加工组装环节转移或者外包给劳动力丰富的发展中国家，利用发展中国家劳动力市场具有的买方垄断特点，通过支付给发展中国家工人低于同劳动生产率成比例的垄断性低工资，将本应归发展中国家的收入变为自己的垄断利润。这些跨国公司凭借在国际市场上的买方垄断势力，按低于国际生产价格的国别生产价格向自然资源禀赋丰富的国家购买密集使用自然资源的商品，从而将本应归自然资源禀赋丰富的国家所有的级差地租转变为自己的垄断利润。[①]

　　跨国公司将转移来的剩余价值用于研发新技术、设计新产品，维护国际品牌，进一步巩固了自身的国际垄断地位，非垄断性企业却被锁定在低端价值链上，依靠雇佣廉价劳动力为跨国公司"打工"维持生存。跨国公司高额利润的背后往往是非垄断性企业薄如刀锋的利润，甚至负利润，跨国公司的利润率高得惊人，但代工企业仅赚取微薄的"代工报酬"，工人仅得到生产、维持、发展和延续自身劳动力所必需的生活资料的工资。

　　国际垄断及其引起的剩余价值转移，限制了发展中国家企业的发展，降低了

---

　　①　本章提及的跨国公司不过是众多大型跨国公司的代表，它们从全球尤其是与我国一样发展较快的新兴经济体转移走大量财富，从以下数据可见一斑。《世界投资报告》公布的数据显示，2012 年全球前100 强跨国公司，拥有海外资产 76980 亿美元，海外销售额 56620 亿美元，占全球销售总额的 41.5%。2014 年，埃克森－美孚公司的净利润高达 325.2 亿美元，其中 77.8% 来自海外；通用电气公司的营业收入为 1486 亿美元，来自海外的部分占 52%；宝洁公司的销售额为 830.6 亿美元，其中 61% 来自除北美之外的其他国家（资料来源：2014 年各公司年报）。在 2014 年《财富》世界 500 强中，美国有 128 家，其销售总额为 85589 亿美元，利润总额为 7987.1 亿美元，平均销售利润率为 9.3%，高于世界 500 强公司的6.3%。假如这 128 家公司的销售总额和利润总额都有一半来自海外，那么来自海外的销售额相当于美国当年 GDP（17.4 万亿美元）的 25%；来自海外的利润额相当于美国当年财政收入（3.02 万亿美元）的15%。

发展中国家劳动者的获得感，扩大了发展中国家与发达国家之间的经济差距。不仅如此，发达国家的跨国公司在许多国家的主要产业拥有决定性的控制权，甚至控制了某些国家的经济命脉，这些国家沦为经济上的殖民地。以华尔街投资银行为首的国际金融资本，不仅依靠投机国际金融商品在短期内攫取巨额财富，而且极有可能使一个企业在顷刻间破产、倒闭，使一个国家的经济陷入长期衰退之中。

国际垄断对许多国家的国家安全也构成了严重威胁。事关国家信息网络安全的系统设备，如操作系统、数据库、服务器、核心路由器等，被美国 IT 跨国巨头所垄断，这潜在危及到许多国家的网络信息安全和民众的基本权益。依然是美国，依靠众多的跨国公司以及美元从其他国家转移来的财富，大力研发高科技武器，不断地巩固和发展其原本已经非常强大的军事力量，对许多国家的主权形成了威胁与挑战。为了维护国家的利益与安全，一些国家纷纷采取措施来应对国际垄断，对外资并购进行严格监管以及加大对国际垄断行为的处罚力度是被普遍采用的方式。①

学术界对国际垄断引起的剩余价值转移关注得并不够。受国家立场、阶级立场的影响，西方资产阶级经济学者关注的焦点在国内垄断造成的经济效率与社会福利损失上，国内学者更多关注的是他们所谓的行政垄断或国企垄断对经济产生的影响。② 一些马克思主义经济学者对国际垄断阶段的特征及其发展进行了研究，并概括性地提及了国际垄断引起的剩余价值转移，但缺少深入具体的分析。有鉴于此，第三章、第四章以第一章的理论为基础，通过搜集详实可靠的数据资料，对国际垄断资本主义下的剩余价值转移进行研究。这些研究具有重要的理论意义和现实意义。

马克思主义经济学者从剩余价值在国家之间转移的角度分析国际剥削，实际上是从价值层面上分析剩余价值从发展中国家向发达国家的转移。他们认为国际价值与国际生产价格的形成是剩余价值国际转移的实现手段，其中，以马克思主

---

① 2008 年，欧盟驳回必和必拓、力拓合并申请；同年，中国商务部驳回可口可乐并购汇源申请；中央处理器巨头英特尔通过长期向全球个人电脑生产厂商支付回扣的方式，企图独占全球处理器市场，在 2009 年被欧盟处以 10.6 亿欧元罚款；2014 年，宝洁、欧莱雅等多家化妆品巨头因涉嫌于 2003 年到 2006 年期间在超市进行价格垄断，被法国政府处罚 9.51 亿欧元。在过去的一年多里，我国也展开了密集的反垄断行动，对恒天然、利乐（Tetra Pak）、大众、奔驰、微软、高通（Qualcomm）等知名跨国公司纷纷进行反垄断调查，并对高通公司开出 9.75 亿美元罚单，创下我国反垄断罚款的历史最高。

② 岳希明，李实等. 垄断行业高收入问题探讨 [J]. 中国社会科学，2010（3）；武鹏. 行业垄断对中国行业收入差距的影响 [J]. 中国工业经济，2011（10）；陈爱贞，刘志彪. 中国行政垄断的收入与财富分配效应估算 [J]. 数量经济技术经济研究，2013（10）.

义经济学家阿格里·伊曼纽尔和萨米尔·阿明的研究最为深入，也最具有影响力。① 资本主义发展到垄断资本主义阶段，国际垄断引起的剩余价值转移亦成为剩余价值从发展中国家向发达国家转移的一种重要形式，成为国际剥削的一种重要手段。第三章、第四章的研究在一定程度上弥补了马克思主义经济学者在国际垄断转移剩余价值方面研究的不足。当然，笔者更希望自己的研究工作，能够起到抛砖引玉的作用，引起更多马克思主义经济学者的重视。

第三章、第四章的研究，有利于认清新形势下国际金融资本的食利性，有利于认清新形势下发达国家攫取发展中国家财富的本质和手段。这有助于包括我国在内的发展中国家更加重视并能更好地应对国际金融资本。为避免国内财富的进一步流失，保护本国经济利益免受发达国家国际金融资本的侵害，从而实现经济可持续发展，发展中国家应加强对国际金融资本的监管，完善反垄断法律体系；应大力培育自己的国际知名企业，构建国家价值链；应加强互助、合作与交流，共同致力于打破以不合理分工、不平等贸易、金融地位悬殊为特征的国际经济旧秩序，建立开放、包容、合作、平衡、共赢的国际经济新秩序。

---

① 参见：伊曼纽尔. 不平等交换——对帝国主义贸易的研究 [M]. 北京：中国对外贸易经济出版社，1988；阿明. 不平等的发展——论外围资本主义的形态 [M]. 北京：商务印书馆，1990；阿明. 世界规模的积累——不平等发展理论的批判 [M]. 北京：社会科学文献出版社，2008.

# 第四章

## 金融垄断与剩余价值国际转移

金融垄断发展至今出现了一些新变化。金汇兑本位制演变为美元本位制、新自由主义取代凯恩斯主义、信息与通信技术的广泛应用，使得金融业高度膨胀，金融工具层出不穷，金融资产所占比例不断增加。随着金融业的蓬勃发展，工商业垄断资本与银行垄断资本的关系变得更加紧密，金融资本与政府的相互渗透达到了空前高度，金融资本对世界的统治进一步加强。金融垄断转移剩余价值的方式也有了新变化：银行垄断资本家与工商业垄断资本家联手，集中雄厚资本，利用具有迷惑性的金融工具，发动金融战争掠夺全球货币财富；金融资本的集中营——美国，依靠美元在国际货币体系的垄断地位攫取他国货币财富。

### 第一节　金融业垄断转移货币财富的理论阐释

虽然金融业不创造价值，但是它的经营需要资本投入，追逐利润是资本的本性。在自由竞争阶段，金融业的资本参与社会总剩余价值的分配中，获取平均利润；在垄断阶段，与工商业垄断资本一样，金融业的垄断资本也要凭借垄断力量获取垄断利润。在金融衍生工具种类和数量较少、投资银行业务尚处于幼稚期时，金融业的垄断利润主要来自传统存贷业务的利息差以及发行有价证券的佣金，随着金融衍生品的大量涌现，操纵性的对赌成为金融业攫取交易对手巨额货币财富的重要方式。金融业垄断引起的货币财富转移本质上仍然是剩余价值转移，商品的垄断价格是工商业垄断资本转移剩余价值的手段，操纵金融产品以及与之相关联的普通商品的价格则是金融业垄断资本转移剩余价值的重要手段。

## 一、利息率与商业银行的垄断利润

商品流通是信用的起点。马克思在《资本论》第 1 卷指出，商品流通形成了商品生产者和商品经营者之间的债权债务关系，货币因此充当支付手段的职能。在第三次社会大分工中出现了商业（这与产品交换发展成为商品流通有着必然的联系），商业内部的特殊分工导致商品经营业与货币经营业分离（谢长安，程恩富，2016），信用相应地演变成为金融的重要基础——商业信用和银行信用。随着商品经营业的发展，商业信用的这一自然基础逐渐扩大，在商品经营业与商业信用发展的同时货币经营业与银行信用也在发展。社会分工造成收付货币、保管货币、平衡债务差额、货币兑换等纯粹的技术性业务成为货币经营资本的独立业务，同货币经营业务的发展相联系，作为货币经营资本特有职能的生息资本发展起来。银行成为具有货币积蓄或闲置货币的所有者即存款人与货币资本借入者即借款人的中介，银行信用表现为货币资本贷出者与银行的债权债务关系、银行与货币资本借入者的债权债务关系。

货币除了具有商品流通中介这一使用价值外，在资本主义生产方式的基础上转化为资本后，具有能够自行增殖、生产剩余价值的能力。货币转化为资本所具备的特殊使用价值使它成为一种特殊商品，"资本作为资本，变成了商品。"① 为了在一定时期内获取生息资本商品的使用权，需要向其所有者支付一定数量的货币即利息，利息的本质是资本所有权的果实——产业工人创造的剩余价值。银行为了将一切阶级的货币积蓄集中起来需要支付存款利息，为了借入货币资本，产业资本家或商品经营资本家需要向银行支付贷款利息，存款利息低于贷款利息的差额形成了银行的利润。顺便指出，资本所有权的果实又进一步分割为生息资本所有者的果实——存款利息和生息资本支配者的果实——银行利润。

与普通商品（后文称之为实物商品）不同，生息资本的价值直接以货币形式存在，生息资本的使用价值不是由具体劳动生产出来的，而是特定的人的社会关

---

① 资本论第 3 卷［M］. 北京：人民出版社，2004：378.

系赋予的，在使用过程中不仅不会被消耗掉而且会增加。因此，单位生息资本获取的利息即利息率的决定相对复杂。与普通商品的市场价格相类似，当供给小于需求时，市场利息率高于均衡利息率，反之则相反。然而，当供求平衡时，均衡利息率与生息资本商品的价值不一致，也不像普通商品那样由生产使用价值所耗费的社会必要劳动时间决定。马克思认为，均衡利息率"不能由任何一般的规律来确定"，"当竞争本身在这里起决定作用时，这种决定本身是偶然的，纯粹经验的"，利润在借贷资本家和职能资本家之间的分割"纯粹是经验的"。在这里，马克思似乎忽视了剩余价值转化为平均利润在更广的范围展开。在自由竞争资本主义商品经济阶段，"商人资本会按照它在总资本中所占的比例，作为一个决定的因素参加一般利润率的形成"①，而商人资本在部门内部分工中进一步分为商品经营资本和货币经营资本两个亚种。撇开商业经营资本，货币经营资本获取平均利润决定了利润在产业资本家和银行资本家之间的分割，因此，贷款利息率和存款利息率应满足如下关系：

（经营收入－经营费用）／银行自有资本＝（剩余价值总额－经营费用）／社会总资本

　　银行经营收入为贷款利息总额，银行经营费用包括存款利息总额、员工工资、经营生息资本引起的其他费用如租金、折旧、原材料耗费等，社会总资本包括银行自有资本和工业自有资本。如果利息率过高从而货币经营资本的利润率高于平均利润率，那么一部分产业资本就会转化为货币经营资本，生息资本的需求减少，供给增加，利息率下降。反之则发生相反的过程。通过资本根据利润率的升降在工业与银行业之间进行的分配，保证银行获取平均利润的平均利息率得以形成。

　　竞争导致生产集中，生产集中自然而然走向垄断，商业银行"由中介人的普通角色发展成为势力极大的垄断者，它们支配着所有资本家和小业主的几乎全部的货币资本"②。成为生息资本垄断管理者的商业银行必然要求获取垄断利润，制定垄断利息率是实现这一目的的手段。利息的最高界限是剩余价值，如果生息资本生产的全部剩余价值作为生息资本的报酬支付给商业银行，那么工业资本家不会向商业银行借入资本。假设产业资本家用归自己所有的产业资本进行生产创造的剩余价值为 $m_1$，向商业银行借入生息资本后进行生产创造的剩余价值为 $m_2$，如果利息率过高使得 $m_2$ 扣除利息后的剩余小于 $m_1$，那么产业资本家便不会向商

---

① 资本论第 3 卷 [M]. 北京：人民出版社，2004：318.
② 列宁选集第 2 卷 [M]. 北京：人民出版社，2012：597.

业银行借入资本。① 因此，垄断利息率小于剩余价值总额与产业资本总额（自有资本与借入资本之和）的比值，大于货币经营资本获取平均利润所决定的利息率。垄断性工业资本家的利润率高于剩余价值总额与产业资本总额的比值，非垄断性工业资本家的利润率则相反，对于垄断性工业资本家，垄断利息率的上限高，垄断性商业银行偏好于向垄断性工业资本家贷出资本，从而垄断性工业资本家比非垄断性工业资本家更容易借入资本。那些风险高、个别利润率低的非垄断性工业资本家可能无法向垄断性商业银行借入资本。

在现代资本主义生产的总过程中，商业银行的经营活动必不可少，它虽然不创造价值，但可以将闲置的不能增殖的货币集中起来交由产业资本使用以创造价值，因此，商业银行应该从剩余价值总额中分得与其资本量成比例的一份。成为"极大的垄断者"的商业银行不仅要获取平均利润，还要凭借垄断利息率将工商业的部分平均利润转变为自己的垄断利润，工商业的利润率因而低于一般利润率。需要指出，商业银行为劳动者提供信用消费已成为资本主义社会的一个显著特征，为了缓解生产相对过剩，资产阶级宣扬的社会意识令工人形成了超前消费的习惯，工人在向商业银行借入货币的同时不得不按垄断利息率向商业银行支付到期的利息，于是工人的一部分货币工资转变为商业银行的垄断利润。

## 二、股票价格与证券经营商的垄断利润

股份公司的出现是资本主义生产方式在其自身范围内的扬弃，是资本集中进而产生垄断的基础，是通向一种新的生产方式的过渡点。股份公司委托证券经营商发行股票取得了绝对支配社会资本的权利。股票代表投入股份公司中作为资本使用的货币，"是对这个资本所实现的剩余价值的一个相应部分的所有权证书"②，能够给持有者带来预期收益（其本质是剩余价值）。因此，虽然股票是虚拟资本，本身没有价值，但是要想获取它必须支付一定量的货币。股票价格是资本化的预期收益，是预期收益按既有利息率计算得到的虚拟资本的资本价值，是投资者为获取索取证书约定的剩余价值的权利需要支付的货币量，由利息率、股

---

① 假定利润率不因借入资本与否而发生变动，产业资本家自有的资本为 $k_1$，借入的资本为 $k_2$，支付的利息为 $i$。在产业资本家依靠自有资本进行生产的情况下，利润率为 $m_1/k_1$，产业资本家借贷进行生产情况下的利润率为 $m_2/(k_1+k_2)$。当 $m_2-i<m_1$ 时，$(m_2-i)/k_1<m_1/k_1=m_2/(k_1+k_2)$，进而有 $m_2/(k_1+k_2)<i/k_2$。根据马克思在《资本论》第 3 卷第二十二章的分析，若 $m_2/(k_1+k_2)<i/k_2$，产业资本家则不会进行负债生产。

② 资本论第 3 卷 [M]. 北京：人民出版社，2004：529.

票面额即代表的投资额或现实资本额、股份公司提供的预期收益率决定。假定一张股票的面额为 100 美元，利息率为 5%，股份公司提供 10% 的预期收益率，并且投资者认为这个预期可靠，那么这张股票的市场价格为 200 美元。如果单位资本生产的剩余价值大于 5% 比如为 10%，那么，20 美元的剩余价值一半归股票购买者，一半归资本支配者。① 如果单位资本生产的剩余价值小于 5%，那么，为了确保股份公司发行股票有利可图，股票的预期收益率将小于 10%，每股派发的股息将低于 10 美元甚至可能全部消失，此时，股票价格下跌。

以上未考虑证券经营商在股票发行中的作用，股份公司发行股票必须借助证券经营商，在股票发行中，证券经营商要收取佣金。在自由竞争资本主义阶段，证券经营商的佣金率由证券经营资本获取平均利润决定。在垄断资本主义阶段，证券经营商"在发行有价证券方面享有的不是相对的垄断权，而是'绝对的垄断权'"②，这些垄断性证券经营商必然要在股票发行方面尽可能多地获取垄断利润。在上面的例子中，个别利润率为 10%，假如股份公司的信用高，并且承诺 10% 的收益率绝对可靠。在这种情况下，垄断性证券经营商的佣金率的上限为 50%，下限为证券经营资本获取平均利润决定的比率。若佣金率为 30%，那么，投入到资本主义生产过程中的货币额为 140 美元，生产的剩余价值为 14 美元，归资本支配者的剩余价值减为 4 美元。然而，股票证书规定的收益率只是投资者的一厢情愿，对股份公司没有实质性约束。追逐剩余价值是拥有资本绝对支配权的大股东的本性，他们会通过降低提供的收益率把支付佣金造成的剩余价值损失转嫁给股票购买者。因此，归资本支配者的剩余价值仍为 10 美元，归股票购买者的剩余价值减少了 6 美元。其中，3 美元剩余价值的资本化可视为垄断性证券经营商的佣金，3 美元是证券经营商收取佣金造成的剩余价值纯损失。

股份公司与垄断性证券经营商结合形成的金融贵族有从事投机甚至欺诈活动的强烈倾向，他们通过操纵股份公司的信用等级与股票的预期收益率，使股票价

---

① 现实资本的支配者是股份公司的大股东，即拥有能够实际控制股份公司的股票份额的资本家。大股东预付的货币是自有资本，在股票市场上购买股票的投资者的货币要成为虚拟资本需要支付货币，大股东投入到股份公司的货币资本所产生的剩余价值（资本所有权的果实和资本执行职能的果实）全部归他们所有，投资者仅能够获取所投资本所产生的部分剩余价值（资本所有权的果实）。正是因为如此，股票购买者实际支付的货币额大于股票面额所代表的货币额。股票购买者预期的收益率是否可靠取决于股份公司的预期利润率，以及股份公司的大股东主导的剩余价值在他们和普通的股票购买者之间的分割。股份公司的大股东卖出原始股，投资者按照高于股票面额的股票价格买入，其实是大股东将未来不确定的各年份的剩余价值转变为实实在在的货币，这个现实的货币额取决于令股票购买者相信的预期收益率以及既有的利息率或贴现率。

② 列宁选集第 2 卷［M］. 北京：人民出版社，2012：619.

格严重偏离合理水平。相对于普通商品，股票价格更容易受供求影响发生波动，且波动幅度更大。在上面的例子中，如果金融贵族使人们相信股票的预期收益率为 20%，那么股票价格将上涨一倍，假设佣金率不变，垄断性证券经营商则获取 120 美元的垄断收入。在股份公司成功圈得 280 美元的货币资本之后，市场发现股票的剩余价值索取权并不能完全得到保证，股份公司其实仅能提供 10% 的收益率，此时，股票价格回到合理水平，下降到 200 美元。这意味着，普通的股票购买者通过劳动换取的 200 美元货币财富转变为金融贵族的垄断利润。正如马克思所指出的，"因为财产在这里是以股票的形式存在的，所以它的运动和转移就纯粹变成了交易所赌博的结果；在这种赌博中，小鱼为鲨鱼所吞掉，羊为交易所的狼所吞掉。"①

　　我们可以用图 4 - 1 加以说明。股份公司 A 公开发行股票，股票的资本价值为 200 美元，垄断性证券经营商 B 按 280 美元承购股票，然后按照 400 美元的市场价格出售给股票交易市场的大庄家 C，股票庄家联合起来，利用各种手段增强股票价格上涨的预期，股票价格被"追涨"形成的需求推高至 500 美元，由小资本家、小业主、工人阶级等众多分散的普通的股票购买者构成的群体以 500 美元的价格买入，之后，股票价格在带有欺骗性的波动甚至暂时的上涨中降到 200 美元。在股票的发行与流通过程中，广大散户损失 300 美元的货币财富，其中 120 美元成为垄断性证券经营商的营业收入。

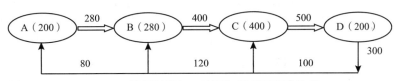

**图 4 - 1　股票的发行、流通与货币财富的转移**

　　最后不妨做进一步的探讨。我们把社会群体划分为股份公司的大股东、垄断性证券经营商、大资本家构成的大庄家以及广大散户。假定股票从募集到公开发行，51% 的股份始终留在大股东手中，49% 的股份在散户之间流通，不再流回到大股东手中，大股东承诺每年支付 10 美元的股息，但不明确兑现时间。在这种情况下，如果把散户看作一个整体，那么这个整体付出了 500 美元的货币，换回的却是一张远低于 25% 的预期收益率的"空头支票"，之后，股票价格涨跌的结果无非是货币财富在散户这个整体内部的不同个体之间的相互转移。当然，如果

---

①　资本论第 3 卷 [M]. 北京：人民出版社，2004：498.

股票价格低到一定程度，散户购买意愿不强烈、出售意愿强烈时，大庄家甚至大股东会买入，然后，他们利用同样的手法再次将散户手中的货币财富占为己有。正如马克思所指出的，"这正是货币资本家大量购进这种贬值的证券的时机，而这种证券的价格，在以后的阶段，很快又恢复并超过它的正常水平。那时，它又被卖掉，因此公众的一部分货币资本就被他们占有了。"①

### 三、金融衍生品的资本价值与投资银行的垄断利润

随着金融业的迅速发展，期货、期权以及在这些金融工具上衍生的更为复杂的衍生品相继被设计出来，投资银行业务日益成熟。金融衍生品的设计缘于规避风险和套期保值的需求，然而，在金融业垄断资本手中金融衍生品却成为掠夺货币财富的重要工具。金融衍生品具有双重且对立的使用价值即套期保值和投机对赌。人们普遍看重金融衍生品的盈亏，往往忽视原生资产的损益。在货币充当交易媒介的商品经济，对货币无止境追求的欲望使得人们在盈利时企望得到更多的货币，在亏损时设法捞回损失的货币。因此，人们很容易忘记为了获取套期保值的使用价值而购买金融衍生品的最初目的。这时，人们无意中开始走向投机对赌这一对立面，② 被无限追求货币的欲望所左右，不能做出正确的判断和合理的选择，结果是手中的货币财富变成了交易对手——金融业垄断资本家的垄断利润。

金融衍生品是以实物商品、股票、利率、货币等基础资产为标的物的合约，它规定了在合约到期日多头方和空头方按照合约价格交割标的物的权利或义务。对于风险规避者而言，金融衍生品具有套期保值的使用价值，投资银行通过设计满足特定人群需求的金融衍生品而获取报酬。金融衍生品的资本价值（内在价值）取决于标的物的合约价格与到期日的实际交割价格的大小。以石油期权为例，石油购买者在三个月后购进石油，为了规避价格上涨带来的风险，石油购买者买入一份三个月期的石油看涨期权，执行价格为每桶 x 美元，期权费用为 y 美元。③

---

① 马克思恩格斯文集第 7 卷 [M]. 北京：人民出版社，2009：569.

② "有时一些被指定只能对冲或套利的交易员会在有意或无意之中变成市场投机者，而投机的后果有时是灾难性的。"（赫尔. 期权、期货及其他衍生产品 [M]. 王勇，索吾林，译，北京：机械工业出版社，2014：14.）

③ 在这里，我们仅从套期保值和规避风险角度考察金融衍生品，不考虑投资银行凭借垄断势力进行的欺诈行为。石油购买者确定执行价格和期权费用的依据是，三个月后，无论石油价格上涨与否都能获取平均利润率。投资银行确定执行价格和期权费用的依据是能够获取期望平均利润率。投资银行的交易对手不止一家，他们对石油价格走势的判断不一样，有的是买入看涨期权，有的是买入看跌期权，总体而言，投资银行的期望平均利润应保证它能获取平均利润率。

如果三个月后每桶石油的市场价格为 z 美元且 z 小于等于 x，那么石油购买者在现货市场购进石油，此时期权的资本价值为零。反之，如果 z 大于 x，那么石油购买者行使期权赋予的权利，此时期权的资本价值为（z−x）美元。

操纵标的物的预期价格甚至即期价格，让众多交易对手无法正确判断价格走势，成为金融业垄断资本家掠夺货币财富的重要手段。既然金融业垄断资本家能够支配几乎所有的货币资本，控制或联合工商业资本家，并且安插亲信在政府担任要职，那么他们就能够相当准确地预测甚至操纵标的物的价格走势。仅仅具备这些还不够，金融业垄断资本家需要愿意和他们进行金融衍生品交易的对手，为了能够"钓"到交易对手，他们会精心准备"诱饵"。在现货市场大量买入或卖出标的物，在金融市场大量买入或卖出衍生品，利用舆论制造羊群效应，通过这些方式使标的物的价格在非常短的时期内朝着对金融业垄断资本家不利的反方向发展。交易对手被假象蒙蔽，与金融业垄断资本家签订衍生品合约，并且因暂时获利而不断增加交易量，当交易对手忘记规避风险的初心转而走向纯粹投机之后，金融业垄断资本家操纵标的物价格朝着对自己有利的方向发展，进而使手中持有的金融衍生品的资本价值剧增。以石油期货为例，金融业垄断资本家预测未来三个月石油价格将会下跌，却在近期制造出上涨的假象，石油购买者受假象迷惑做出石油价格上涨的判断，于是与金融业垄断资本家签订期货合约，合约规定三个月后石油购买者以每桶 x 美元的价格向金融业垄断资本家买入 y 桶石油。到交割期，石油价格跌到每桶 z 美元且 z<x，那么金融业垄断资本家赚取 y(x−z) 美元，而石油购买者则亏损 y(x−z) 美元。对于金融资本家期货合约的资本价值为 y(x−z) 美元，对于石油购买者则恰好相反。

在外汇市场，一个国家的货币价格，即该货币与他国货币的交换比例，也可以成为转移货币财富的方式，在外汇市场操纵某个国家的货币价格是金融业垄断资本转移货币财富的重要途径。在纸币本位制下，国家货币与黄金脱钩，两个国家的货币的交换比例受诸多因素影响，如两国的经济走势、两国货币的实际购买力、两国货币的供求等。金融业垄断资本可以通过唱衰某个国家、并在外汇市场上大肆抛售该国货币的方式，使该国货币的价格迅速下跌，以支付低额利息的微小成本牟取高额利润。我们可以结合一个例子进行说明。起初，A、B 两个国家货币的兑换比例为 x∶y，A 国表面繁荣的经济掩盖着生产过剩不断积累的实质，因而存在爆发危机的风险，A 国货币在未来可能会贬值，即相对于 B 国货币，A 国货币的价格会下降。国际金融业垄断资本用 z·x/y 单位 A 国货币买入 z 单位 B 国货币，然后，借助舆论唱衰 A 国，大肆做空该国货币，利用羊群效应动用数以亿计的资金使 A 国货币在非常短的时间内实现贬值,<sup>①</sup> 假定 A 国货币与 B 国货币的兑换比例变为 2x∶y,此时,国际金融业垄断资本在外汇市场用 z/2 单位 B 国货币即可换取 z·x/y 单位 A 国货币,实现平仓。金融业垄断资本获取 z/2 单位 B 国货币的利润,这部分利润是 A 国的货币所有者或货币发行者损失的货币财富,即无差异的人类劳动。

金融业垄断资本转移货币财富的金融工具种类繁多,金融工具的数量和复杂程度仍在不断增加。然而,无论金融工具多么纷繁复杂、多么具有迷惑性,金融业垄断资本转移货币财富的实质是相同的。金融业垄断资本家凭借在金融领域的垄断地位,利用所支配的巨额货币资本,借助政府和一些重要组织机构的力量,直接或者间接地操纵金融商品自身的价格或者金融商品的标的物的价格,将许多国家的中小资本家、小业主以及广大劳动者的货币财富转变为自己的垄断利润。

## 第二节　金融业垄断与货币财富国际转移：以华尔街大型跨国银行为例

华尔街位于美国纽约,这里曾集中着摩根、花旗、杜邦、洛克菲勒等美国大财团以及高盛等大型金融机构,美国也是全球最主要的交易所——纳斯达克、美国证券交易所、纽约证券交易所、纽约期货交易所。如今的"华尔街"已不是地理意义上的一条大街,而是国际金融中心的代名词,是国际金融资本发动金融战争的总指挥部。本节以华尔街的大型跨国银行为例,分析国际银行垄断资本联合国际工商业垄断资本,凭借在全球的垄断地位,依靠国家力量从全球攫取货币财富。我们所选取的华尔街跨国银行不是以经营存贷业务为主的商业银行,而是主要从事于投资银行业务的投资性银行或者综合性银行。之所以选择跨国银行作为代表来分析金融资本垄断引起的货币财富转移,原因在于:虽然金融资本是银行垄断资本与工商业垄断资本的融合,但是,银行垄断资本相对独立,它们可以"在虚拟经济领域自弹自唱、自我膨胀、攫取暴利"<sup>②</sup>,而工商业资本在融资、兼并重组以及资产管理等方面不得不依赖银行垄断资本,银行垄断资本对工商业资本有控制力。

---

① 否则,若 A 国采取有效的货币政策与财政政策实现经济软着陆,货币在相对较长的时期内持续平缓地贬值,那么金融资本将失去获取高额利润的机会。

② 张丰兰,刘鸿杰. 对垄断和金融危机的再认识 [J]. 马克思主义研究,2010 (4):57.

# 一、银行业的资本集中

为了支配更多的货币资本、获取更多的利息，银行资本家之间存在着激烈的竞争，在竞争中，银行资本家只有不断提升管理能力和服务水平、不断扩大自己的资本才能维持自身。那些管理能力强、服务水平高的银行为自己赢得了良好的信誉，各阶级倾向于将闲置货币或储蓄货币存入其中，这些银行因汇集相对较多的货币资本而更容易满足集中所产生的大型工商业资本的高额借款需求。存贷额从而利息额的增加显然有利于这些银行扩大自己的资本，而自有资本的扩大能够进一步提高它们的信用度。在这种良性循环中，逐渐发展壮大起来的银行资本家，一方面挤垮或者收购因经营管理不善而陷入发展困境的竞争对手，另一方面通过合并形成更大规模的银行资本家。因此，银行业作为一个国家经济中的重要组成部分也在竞争中不断地进行着资本集中。

在资本主义从自由竞争阶段发展到垄断阶段的一二百年里，银行业浪潮式的并购时有发生，特别是 20 世纪 70 年代以来，随着金融自由化影响的日益广泛，以及经济全球化进程的加快，无论是国内并购还是跨国并购，都达到了前所未有的程度。在美国，1960～1979 年被并购的银行数目为 2784 家，[①] 而 1990～2014 年则达到 8837 家。[②] 1990～2001 年，全球主要工业国家银行并购数目总计 5814件，并购资产金额达 16120 亿美元。[③] 在美国，1995 年大通银行与化学银行合并，五年后又与摩根银行"联姻"，成立现在的摩根大通集团；1998 年，美国花旗银行（Citi bank）和旅行者集团（Travelers Group）完成"世纪合并"；同年，美国银行与国民银行合并成立当时全美最大银行。欧洲也不甘落后：20 世纪 90年代初，德意志银行收购摩根格林菲尔银行，并于 1998 年以 101 亿美元的高价收购美国信孚银行；1997 年，瑞士三大银行中的两大银行瑞士银行与瑞士联合银行合并，组建瑞银集团（UBS）；2000 年，英国汇丰控股公司斥资 110 亿欧元收购法国商业银行。在日本银行并购也是风起云涌：1996 年，三菱银行与东京银行合并成立日本最大的商业银行；2001 年，樱花银行与住友银行合并成立三井住友银行。联合国贸发会议《世界投资报告》公布的数据显示，1988 年，全

---

① 胡峰. 银行跨国并购——理论、实证与政策协调 [M]. 北京：中国财政经济出版社，2005：43.

② 美国联邦存款保险公司，https：//www. fdic. gov。

③ Dean Amel, Colleen Barnes, Fabio Panetta, Carmelo Salleo, "Consolidation and Efficiency in the Financial Sector: A Review of International Evidence", 2003, CEIS Tor Vergata – Research Paper Series.

球金融行业跨国收购金额为 132 亿美元, 占所有行业跨国收购金额的 11.4%, 而 2013 年增加到 1560 亿美元, 所占比例达到 44.7%, 2007 年高达 5624 亿美元, 占比 53.8%。

银行并购导致银行的数量不断下降。1969 年世界上最大的 100 家跨国银行, 到 1999 年保留下来的仅有 58 家。① 美国联邦存款保险公司 (FDIC) 的数据显示, 1985~2013 年, 美国商业银行数量从 14417 家下降到 5876 家, 下降了近 60%。1999 年 1 月, 欧盟货币金融机构 (MFI) 数量为 10852 家, 2014 年 12 月降至 6472 家。② 银行并购也导致资本越来越集中到少数银行家手中, 银行规模日益庞大。1980~1998 年, 美国前 10 家最大的商业银行拥有的总资产占全部银行业总资产的比例, 从 18.6% 上升到 36.7%, 几乎增长了 1 倍。③ 欧洲中央银行发布的《银行结构报告》显示, 欧盟 15 国的银行集中度 (HHI) 从 1997 年的 373 家增加到 2009 年的 663 家。在英国《银行家》杂志公布的全球按一级资本排名的前 1000 家银行中, 排名前 25 的大银行总资产, 从 1991 年的 6.9 万亿美元增加到 2013 年的 47.5 万亿美元, 占 1000 家银行资产总额的比例, 从 1991 年的 28.2% 增加到 2013 年的 42.1%, 增加了近 50%。④ 在该杂志 2014 年 7 月刊公布的前 1000 家银行中, 美国有 4 家银行位居前十, 摩根大通在 2008 年金融危机时完成了对贝尔斯登的收购, 资本规模增加, 以 1656.63 亿美元的一级资本名列前三, 美国银行 (Bank of America) 收购美林公司, 以 1614.56 亿美元位居第四。这些大银行的触角也几乎遍布全球各个角落: 摩根大通在全球拥有 6000 多家分行、26 万名员工; 花旗集团在 150 多个国家和地区设有分支机构; 高盛集团在全球 23 个重要国家设立 41 个办事处从事投资银行业务。

## 二、华尔街跨国银行垄断全球投资银行业务

银行业的集中发展到一定程度, 自然而然会走向垄断。现如今, 一个国家国内的传统银行业务普遍为本国的大型商业银行所拥有, 然而, 全球日益膨胀的投资银行业务却主要被美国华尔街为数不多的巨型跨国银行所控制。投资银行业务具有风险性高、专业性和技术性强等特点, 在经济金融日益全球化的条件下, 从

---

① 曹军. 银行并购问题研究 [M]. 北京: 中国金融出版社, 2005: 79.
② 资料来源: 欧洲中央银行 (ECB), http://www.ecb.europa.eu/stats/money/mfi/html/index.en.html。
③ 吴庆. 1980 年以来美国银行业结构的变迁 [R]. 国务院发展研究中心调查研究报告, 2002-08-09.
④ 根据英国《银行家》杂志 1992 年 7 月刊与 2014 年 7 月刊公布的全球 1000 家银行数据计算得到。

事并经营好投资银行业务，除了自身拥有丰富的经验和雄厚的资本之外，还需要联合其他垄断资本甚至是国家的力量。华尔街银行很早便开始从事投资银行业务，经过长期的发展，依靠丰富的经验和先进的科学信息技术，它们在这方面已经相当成熟并处于绝对领先地位。另外，美国是综合实力头号强国，拥有最主要、最通用的世界货币——美元，同时拥有众多实力雄厚的实体跨国公司，这些公司在相应行业占据支配地位。得天独厚的条件决定了华尔街的跨国银行成为全球投资银行业务的控制者。

从图4-2我们可以看到，北美占据了全球期货、期权交易市场约一半的份额，并且有递增的趋势；北美和欧洲则几乎占据了全球所有的市场份额。欧美的金融衍生品交易又被少数几家跨国银行把持，市场集中度非常高。从表4-1可以看出，美国的四大银行几乎占据了国内整个金融衍生品的交易市场。同时，美国的跨国银行在欧洲投资银行业务方面也逐渐占有重要的市场份额。2014年，在股票资本市场、债券资本市场、并购咨询和贷款业务的总佣金收入方面，名列前五的银行中有四家是美国的银行，它们分别是JP摩根、高盛集团、摩根士丹

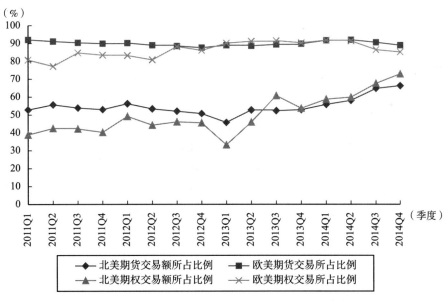

图4-2　2011~2014年欧美期货、期权交易额占全球市场比例

注：期货、期权交易额是指发生在交易所内（organized exchanges）的交易额。
资料来源：国际清算所（BIS），http：//www. bis. org/statistics/extderiv. htm。

利、花旗集团。① 由于全球投资银行业务的主要市场份额被华尔街几家大型跨国银行控制，所以，它们在这方面有着惊人的规模，从表4－2可以看到，仅高盛集团一家几乎可抵得上中国120家证券商。

表4－1　　　　　2011～2014年美国金融衍生品交易市场集中程度　　单位：十亿美元

| 项目 | 2011年 | | 2012年 | | 2013年 | | 2014年 | |
|---|---|---|---|---|---|---|---|---|
| 金融机构 | 交易额 | 占比（%） | 交易额 | 占比（%） | 交易额 | 占比（%） | 交易额 | 占比（%） |
| 摩根大通银行 | 70152 | 30.40 | 69004 | 30.92 | 70089 | 29.57 | 63683 | 28.90 |
| 花旗银行 | 52102 | 22.58 | 55402 | 24.83 | 62248 | 26.26 | 56296 | 25.55 |
| 高盛银行 | 50136 | 21.72 | 42479 | 19.04 | 48612 | 20.51 | 46779 | 21.23 |
| 美国银行 | 44192 | 19.15 | 41197 | 18.46 | 38851 | 16.39 | 36726 | 16.67 |
| 四家银行合计 | 216582 | 93.84 | 208083 | 93.25 | 219799 | 92.73 | 203484 | 92.34 |
| 全部金融机构 | 230794 | 100 | 223154 | 100 | 237023 | 100 | 220360 | 100 |

注：金融衍生品包括远期合约、期货、掉期、期权以及信用衍生品。
资料来源：美国货币监理署（OCC）按季度发布的关于银行交易和衍生品活动的报告，表1，http://occ.gov/。

表4－2　　　　　2014年高盛集团与中国120家证券公司的财务指标

| 项目 | 总资产 | 净资产 | 营业收入 | 净利润 | 受托管理资产 |
|---|---|---|---|---|---|
| 高盛集团（亿美元） | 8562.4 | 827.97 | 345.28 | 84.77 | 11780 |
| 中国120家证券公司（亿元） | 40900 | 9205.19 | 2602.84 | 965.54 | 79700 |

注：根据世界银行公开数据，2014年，1美元＝6.14343元。
资料来源：高盛集团年报；中国证券业协会。

在利润的驱动下，一方面，美国的跨国银行同欧洲的跨国银行（这些银行在

① 查尔斯·华莱士. 美国银行业欧洲市场反客为主，http://finance.sina.com.cn/money/bank/bank_hydt/20150413/154421943804.shtml，2015－04－13.

华尔街有重要的办事处）联合起来进行垄断。据《纽约时报》报道，高盛、摩根大通、摩根士丹利、德意志银行、瑞银、瑞信、美国银行、花旗、巴克莱9家银行，组成了一个非常有权势的委员会，来监管衍生品交易，并阻止竞争与价格透明化。另一方面，相互串谋的大型跨国银行往往会推选出"盟主"进行统一指挥，集中资金形成压倒性优势，操纵国际金融市场，瓜分攫取的垄断利润。2015年5月20日，花旗银行、摩根大通、美国银行、巴克莱等6家跨国银行，因共谋操纵每日交易量高达5.3万亿美元的全球外汇交易市场，被美国和英国的监管部门处以58亿美元的罚款。[①] 华尔街跨国银行垄断的外在表现是短期内从全球获取高额交易收入，表4-3列举了全球净交易收入排名前十的大银行，欧美包揽全部，美国占了5家，这十大银行的净交易收入总额高达861.54亿美元，高盛以147.78亿美元荣登榜首，高出排在第10位的苏格兰皇家银行100多亿美元。

表4-3　　　　　2013年净交易收入前十家银行排名　　　　单位：百万美元

| 排名 | 公司名称 | 国籍 | 净交易收入 | 一级资本 | 总资产 |
|---|---|---|---|---|---|
| 1 | 高盛（Goldman Sachs） | 美国 | 14778 | 72471 | 911595 |
| 2 | 摩根大通（J. P. Morgan chase） | 美国 | 12424 | 165663 | 2415689 |
| 3 | 巴克莱（Barclays） | 英国 | 10796 | 91960 | 2161890 |
| 4 | 摩根士丹利（Morgan Stanley） | 美国 | 9080 | 61008 | 832702 |
| 5 | 汇丰控股（HSBC Holdings） | 英国 | 8690 | 158155 | 2671318 |
| 6 | 瑞银集团（UBS） | 瑞士 | 7945 | 47891 | 1132130 |
| 7 | 花旗（Citigroup） | 美国 | 7534 | 149804 | 1880617 |
| 8 | 法国兴业银行（Societe Generale） | 法国 | 5821 | 56394 | 1703810 |
| 9 | 美国银行（Bank of America） | 美国 | 4720 | 161456 | 2104995 |
| 10 | 苏格兰皇家银行（RBS） | 英国 | 4366 | 83180 | 1693374 |

资料来源：《银行家》杂志2014年7月刊，全球前1000家银行。

## 三、华尔街跨国银行凭借垄断势力转移货币财富

依靠在全球投资银行业务方面的垄断地位，华尔街的跨国银行，一方面，凭

① 王婧. 六大跨国银行操纵汇率被罚58亿美元［N］. 经济参考报，2015-05-22（第004版）.

借支配的雄厚资本，在国际金融市场上操纵外汇以及债券、股票等有价证券的价格，从全球攫取大量货币财富；另一方面，与工商业垄断巨头相互勾结，借助强大的国家力量，操纵粮食、石油等战略物资的国际价格，利用与战略物资国际价格相关联的金融衍生品，获取丰厚的交易收入。

## （一）操纵金融商品价格转移货币财富

华尔街的大型跨国银行，在有价证券发行特别是海外发行方面，享有不是相对的垄断权，而是"绝对的垄断权"。在证券发行时，凭借着垄断优势，它们能以较低的价格取得相当数量的股票，并且能以较高的价格在交易市场上出售，进而赚取高额的利润。高盛持股西部矿业 1.923 亿股的全部投资成本只有 9610 万元，以减持市值和持股成本计算，单单西部矿业 5% 股权减持就已全部回收投资，且取得了投资回报高达 974.3% 的惊人暴利，而此时中国股市的投资者却是伤痕累累、哀鸿遍野。[①] 2013 年 5 月 20 日，高盛售出其在中国工商银行所剩持股，共套现 11 亿美元。从 2006 年投入 26 亿美元到清空所持有的全部工行股份，在不计算汇率变化和分红影响的情况下，高盛累计获利高达 72.6 亿美元[②]，其本质是中国工商银行未来股息的贴现。

在国际金融市场上操纵并买卖其他国家的外汇，也是华尔街的银行垄断资本攫取货币财富的重要手段之一。苏联解体后不久，俄罗斯政府听信了美国"金融专家"的建议，进行了汇率改革，同时，开始了无序的金融开放。华尔街的银行垄断资本纷纷涌入，利用国内的"羊群效应"，操控卢布汇率，致使卢布对美元大幅度贬值：从 1 卢布兑换 2 美元贬到 1400 卢布兑换 1 美元。借卢布贬值，华尔街的银行垄断资本，疯狂洗劫了苏联解体之后国家的资产和财富，"仅仅用几亿美元就把苏联人民积攒 70 年的财富——价值 28 万亿美元的财富赚到了手。"[③]在泰国、马来西亚、菲律宾和新加坡等东南亚国家，华尔街的银行垄断资本重施故技。一方面，鼓动这些国家推行金融自由化，放松对金融的监管；另一方面，狙击这些国家的货币，它们先是大量借入这些国家的货币，然后在外汇市场疯狂抛售，等这些货币大幅贬值之时，立刻平仓。银行垄断资本从货币汇率的中间差

---

① 朱益民. 高盛中国二十年"魅影"追踪［N］. 21 世纪经济报道，2010 – 05 – 04（009 版）.

② 杨子岩. 高盛唱衰中国，为中国还是为自己？［N］. 人民日报海外版，2014 – 12 – 13（003 版）.

③ 刘福垣. 金融殖民［M］. 北京：中信出版社，2011：10.

价中，获取了巨额收益，然而，东南亚这些国家的经济却因此陷入长期的衰退。[①]除此之外，华尔街的银行垄断资本还将资金以热钱的形式，投入到其他国家尤其是新兴市场国家，炒作当地的股市、楼市，吹起泡沫，然后再伺机刺破泡沫，从巨大的差价中获取丰厚的利润，而这些利润正是其他国家损失的财富。

### （二）联合工商业垄断资本转移货币财富

当银行垄断资本与工商业垄断资本的活动发展到一定程度，它们会在垄断的基础上，彼此渗透、相互融合，形成金融资本。正如列宁所指出的，"生产的集中；从集中生长起来的垄断；银行和工业日益融合或者说长合在一起，——这就是金融资本产生的历史和这一概念的内容"。[②] 金融资本的形成，是垄断资本进一步扩大统治地盘、追逐更多利润的必然结果。随着科技的进步，生产力的发展，进入某个行业所需要的资本不断增加，进一步取得垄断地位，对资本的要求则更高，即使是资本雄厚的垄断资本家也可能无法满足。因此，它们需要借助银行垄断资本的力量。对于银行垄断资本而言，与产业垄断资本合作也是它们的意愿，因为这样可以分享到高额的垄断利润。

粮食是重要的战略物资，美国前国务卿基辛格有句名言："谁控制了粮食，谁就控制了所有人"。如今，全球一些重要粮食作物的产业链已经落到金融资本家的手里。大豆是与全人类日常生活密切相关的粮食作物，家家户户做饭必不可少的食用油的重要原料，却成为金融资本家的"摇钱树"。在大型跨国银行的资金支持下，四大粮商 ABCD 与研发粮食种子的巨头孟山都合作，培养出高产量、高出油率的优良大豆品种；另外，四大粮商在美国、巴西和阿根廷等美洲国家以及部分非洲国家，拥有重要的大豆种植基地，大规模的种植降低了生产成本。凭借质量和成本优势，四大粮商逐渐占有了全球主要的大豆市场份额，其他国家的大豆种植与供给则受到抑制，这又进一步增加了大豆压榨企业对四大粮商的依赖。在这种情况下，包括高盛在内的大型跨国银行与四大粮商串谋，借助金融衍

---

①　读者可能存在如下疑问，国际金融资本怎么能借入如此多的卢布、泰铢等信用货币呢？答案是商业银行。当苏联和泰国的货币当局意识到即将或已经发生的货币狙击战对本国经济造成的巨大损害时，他们下令阻止商业银行向国际金融资本贷款，但收效甚微，苏联和泰国的各阶层把大量货币存入大型跨国商业银行在这两个国家（联盟）控股的商业银行或开设的分行，货币当局很难对这些商业银行进行监管，不仅如此，苏联和泰国本土的商业银行在高额利息的诱惑下，与大型跨国商业银行一道将大量的货币贷给参与货币狙击战的国际金融资本。由此，我们可以看到，一个国家的商业银行的控制权从而借贷货币资本的支配权牢牢掌握在自己手中对于防范系统性金融风险的重大意义。

②　列宁专题文集：论资本主义［M］. 北京：人民出版社，2012：136.

生工具即在美国芝加哥期货交易所（CBOT）交易的大豆期货，操纵大豆国际价格剧烈波动。往往是：大豆压榨企业以很高的价格大量购入大豆，还未来得及加工成食用油，大豆的价格便开始迅速下降。在价值规律的支配下，大豆压榨企业只能以高成本生产、按统一的市场价格出售食用油。结果是许多大豆压榨企业大幅度亏损、濒临倒闭，四大粮商趁机将其收购。于是，大豆压榨这一环节也被四大粮商收归囊中。华尔街大型跨国银行与四大粮商、孟山都等工商业巨头联合，凭借雄厚的资金和金融衍生工具，控制了大豆这一重要粮食作物的整条产业链：种子、种植、加工、销售。它们以低价向农民收购大豆，以高价将豆油卖给消费者，通过这种方式赚取了丰厚的利润。对于玉米、水稻、小麦等重要粮食作物，相类似的情况也在悄然发生。

### （三）依靠国家力量转移货币财富

银行垄断资本与产业资本融合形成的金融资本，操纵国家力量为自己的利益服务，是国际垄断资本主义的一个重要特征。金融资本在历届政府以及一些重要的国际组织安插自己的代理人，"当年，摩根、洛克菲勒、花旗银行等几大财团曾紧密操控美国政府，但是，今天这种相互渗透和勾结又获得了令人惊讶的发展。"① 通过操控政府，金融资本掌握了国家政权和重要的内幕信息，能够在第一时间知晓甚至能在一定程度上控制国际价格（无论是实物商品还是金融商品）的走势。② 与此同时，金融资本在全球范围内诱捕与之进行价格走势对赌的交易对手，在对赌中金融资本往往赢得盆满钵满。

自20世纪80年代后期，美孚、壳牌、BP等石油垄断资本与高盛、摩根士丹利、花旗、摩根大通和巴克莱等银行垄断资本，联手开设纽约、伦敦两大国际石油期货交易所，并借助国家的力量，从欧佩克（OPEC）手中夺得了国际石油价格的定价权。掌握石油价格的定价权，不仅可以制裁其他国家的经济，还可以从世界获取大量财富。2001年，代表石油家族利益的小布什当选美国总统。不久，美元开始贬值，美国对伊拉克发动战争，国际原油价格开始不断攀升。石油垄断资本家获取了巨额收益，华尔街银行垄断资本家也通过石油衍生品的交易获

---

① 程恩富，杨斌. 当前美国金融垄断资本主义的若干新变化 [J]. 当代世界与社会主义，2014（1）：109.

② 实物商品是用于交换的劳动产品，是使用价值和价值的二重物，使用价值由具体劳动创造，价值是抽象劳动的凝结。金融商品是用于交换的虚拟资本商品，它的使用价值不是满足物质生产或物质生活的需要，而是价值增殖，金融商品没有凝结无差异的人类劳动，因而没有价值，但具有价格，获得金融商品的所有权需要支付货币，它的价格不是价值的货币表现而是预期收益的资本化。

取了丰厚的利润。在高盛集团的引诱和欺骗下，2003 年下半年，中航油从风险规避转向投机谋利。中航油在没有掌握足够内幕信息的情况下做出国际原油价格下跌的判断，开始向与美国政府密切联系的高盛集团大量出售石油看涨期权，在出现亏损时没有及时平仓止损，而是心存侥幸，试图通过不断补仓、挪盘的方式扭转局势。中航油不仅未能转亏为盈，而且在亏损的沼泽里越陷越深，最终被迫于 2004 年底在当时原油的历史最高价位斩仓，蒙受高达约 5.5 亿美元的损失。然而，高盛却获取了远远高于期权费用的交易收入。时隔五年，高盛以几乎同样的伎俩"猎获"了深南电，不过，由于深南电提前终止了与高盛签订的石油期权协议，因而避免了每月几百万美元的损失。[1]

## 四、华尔街五大跨国银行转移的货币财富量

华尔街大型跨国银行，凭借在全球投资银行业务方面的垄断地位，联合产业垄断资本，并借助国家力量，以垄断利润的形式，从全球获取了大量财富。[2] 下面，我们利用搜集到的相关数据，来估算华尔街的五家大型跨国银行所获取的垄断利润。[3]

考虑到金融业与工商业的差异性，我们选取金融行业的利润率作为参考系即平均利润率。参考谢富胜等（2010）的研究，在计算金融行业的利润率时，我们将金融部门限定为商业银行、储蓄机构、信贷机构（信用社）、人寿和财产保险公司、证券化产品发行机构、金融公司和证券经纪机构这七个部门。根据马克思关于平均利润率的论述，利润率应该是利润总额同总资产总额的比值，然而，在金融部门的总资产中，负债（例如银行存款）所占比例非常高，用总资产总额作分母不能很好地反映银行垄断资本通过低成本、高杠杆赚取利润的能力。此外，美国实行超额累进的企业所得税制，分子采用税后净利润在某种程度上弱化了资本实际盈利能力的差异。因此，我们采用所有者权益收益率作为金融行业的税前利润率，计算公式如下：

$$金融行业利润率 = 税前利润 \div（固定资产 + 金融资产 - 负债）\quad (4-1)$$

---

① 参见李德林. 高盛阴谋 [M]. 沈阳：万卷出版公司，2010，第五、六章。

② 按照马克思的理论分析，金融部门不创造价值，其获取的全部利润均是从其他部门转移来的，本书把金融部门的平均利润看作是资本应得的报酬，将转移的剩余价值仅限定在金融部门的垄断利润。

③ 摩根士丹利与前文提及的四大行同为挤入世界 500 强的美国的银行，并且，在美国货币监理署公布的前 25 家控股公司的衍生品交易数据中，摩根士丹利仅次于美国银行排第五位，因此我们也将其考虑进来。

由于（4-1）式确定的利润率为整个金融行业的股东权益收益率，因此，华尔街五大投资银行获取的垄断利润应该为：

$$垄断利润 = 华尔街五大投行股东权益 \times (华尔街五大投行利润率$$
$$- 金融行业利润率) \qquad (4-2)$$

其中，华尔街五大投资银行的利润率指的是股东权益收益率。从表4-4、表4-5中我们可以看出，华尔街五大投资银行的利润率普遍高于美国金融行业的利润率。受2008年金融危机的冲击，五大投资银行的利润率明显下降，但高盛集团的利润率依然高于金融行业的利润率，2009年，高盛集团的利润率维持在28%的水平，高出金融行业的利润率近20%。根据（4-2）式，并结合华尔街五大投资银行的财务数据，可以求得：1998～2007年，花旗集团平均每年从全球获取的垄断利润为123.7亿美元；美国银行为103.64亿美元；高盛集团为47.5亿美元；摩根大通（1999～2007年）为41.6亿美元；摩根士丹利为39.7亿美元；五大银行从全球获取的垄断利润总额为3519亿美元。

表4-4　　1998～2013年美国金融部门与华尔街五大行的ROE（税前）　　单位：%

| 年份 | 股东权益收益率 | | | | | |
| --- | --- | --- | --- | --- | --- | --- |
| | 金融部门 | 高盛集团 | 摩根士丹利 | 花旗集团 | 美国银行 | 摩根大通 |
| 1998 | 6.52 | 38.16 | 1.33 | 21.77 | 17.52 | N/A |
| 1999 | 6.14 | 17.52 | 42.92 | 32.10 | 27.49 | 32.27 |
| 2000 | 4.48 | 30.37 | 43.19 | 31.94 | 24.75 | 20.36 |
| 2001 | 5.96 | 18.17 | 25.85 | 26.95 | 20.85 | 6.16 |
| 2002 | 9.29 | 13.30 | 20.38 | 23.68 | 25.82 | 5.95 |
| 2003 | 10.39 | 20.55 | 20.79 | 26.87 | 33.06 | 21.73 |
| 2004 | 12.13 | 26.62 | 23.65 | 22.13 | 21.30 | 5.86 |
| 2005 | 11.27 | 29.54 | 25.17 | 26.15 | 24.11 | 11.39 |
| 2006 | 10.24 | 40.69 | 31.05 | 24.95 | 23.81 | 17.17 |
| 2007 | 5.65 | 41.13 | 11.00 | 1.50 | 14.25 | 18.51 |
| 2008 | -3.04 | 3.63 | 4.50 | -37.46 | 2.50 | 1.66 |
| 2009 | 8.49 | 28.04 | 1.62 | -5.03 | 1.88 | 9.72 |
| 2010 | 7.84 | 16.67 | 9.48 | 7.95 | -0.58 | 14.12 |
| 2011 | 7.40 | 8.77 | 8.72 | 8.14 | -0.10 | 14.57 |

| 年份 | 股东权益收益率 | | | | | |
|---|---|---|---|---|---|---|
| | 金融部门 | 高盛集团 | 摩根士丹利 | 花旗集团 | 美国银行 | 摩根大通 |
| 2012 | 12.96 | 14.80 | 0.74 | 4.16 | 1.30 | 14.17 |
| 2013 | 9.67 | 14.96 | 6.49 | 9.46 | 6.95 | 12.27 |
| 均值 | 7.84 | 22.68 | 17.31 | 14.00 | 14.08 | 13.73 |

资料来源：金融部门的股权收益率由（4-1）式计算得到；固定资产与公司税前利润的数据分别来自美国商务部经济分析局表 3.1ESI 与表 6.17；金融资产总额和负债总额的数据分别来自美国联邦储备委员会编《资金流量表》表 L.110、L.113、L.114、L.115、L.116、L.126、L.127、L.129；高盛、摩根大通、摩根士丹利、花旗、美国银行的数据分别来自 1998~2013 年五家银行的年报。

表 4-5　　1998~2013 年华尔街五大行与美国金融部门 ROE 的平均值差值 t 检验

| 项目 | 高盛集团 | 摩根士丹利 | 花旗集团 | 美国银行 | 摩根大通 |
|---|---|---|---|---|---|
| 平均值差值 | 14.85*** | 9.47*** | 6.24* | 7.47*** | 5.80*** |
| P（z＞金融部门 ROE） | 100% | 99.04% | 92.75% | 99.03% | 99.19% |
| t 值 | 5.40 | 2.62 | 1.54 | 2.62 | 2.74 |

注：*、**、*** 分别表示在 10%、5%、1% 水平上显著。平均值差值为各大银行与美国金融部门 ROE 的序时平均值之差；z 代表五大行的 ROE。

按照类似的方法，我们还可以估算出欧洲几家大型投资银行如德意志银行、瑞银集团、巴克莱银行等所获取的垄断利润。这些垄断利润是华尔街投资银行攫取全球财富的有力证据，转移财富的积累是华尔街五大银行能够在 2008 年爆发严重金融危机的情况下屹立不倒的重要保证。这里要特别提及高盛集团，它是垄断着全球投资银行业务的大型跨国银行中的佼佼者，它与美国政府的渗透程度是其他竞争对手无法比拟的，它是大型跨国银行所组成的垄断联盟的盟主。因此，即使在严重的金融危机时期，高盛集团依然能够存活下来，而且能够获取相对较高的利润率。

从全球获取的巨额财富是华尔街投资银行的高管们享有超高薪水待遇的保证，许多工人因金融危机纷纷失业，而这些高管们却在海边度假狂欢。利用转移来的财富，华尔街的投资银行可以高薪聘请金融精英，不断设计出复杂的、具有迷惑性的金融产品，以便能够从世界圈取更多的财富。也许会有人认为，华尔街五大银行转移财富的规模并没有想象的那么大，但是，这些财富的获取具有突然性和集中性，华尔街的投资银行时时刻刻都在密切关注全球各个国家的经济运行，在不断地放出"诱饵"捕猎企业，一旦发现机会，诱捕成功，它们就会疯狂地赚上一笔，然而，一家企业可能会因此破产。对一个国家来说，几家企业破产可能算不上什么，但是，由此产生的"多米诺骨牌"效应，却能够让一个国家的矛盾集中爆发进而陷入经济危机。

# 第三节　美元垄断与货币财富国际转移

前面章节以一些比较典型的行业为例，分析了工商业垄断资本和银行垄断资本通过操纵实物商品和金融商品的国际价格转移其他国家财富的情况。当然，我们不能忽视当今垄断资本主义条件下财富跨国转移的另一个重要方面——美元垄断所引起的世界财富转移。美国是当今世界上经济最发达的经济体，同时也是拥有财富最多的国家，尽管受到周期性经济危机的困扰，但依然是世界上头号资本主义强国。美元可谓功不可没。以美国强大的综合实力做后盾，美元取得并长期保持着世界货币的霸主地位，凭借对世界货币符号——美元发行权的垄断，美国从全球攫取大量货币财富。

## 一、美元占据世界货币体系的垄断地位

美元作为世界货币代表垄断资本主义商品经济占统治地位的社会关系，美元的世界货币垄断地位，建立在头号帝国主义国家强大的综合实力基础之上，"是一种自然垄断"①。随着商品交换日益突破国界限制，货币形式转移到天然适于在世界范围内执行货币职能的贵金属黄金身上。货币形式与黄金的自然形式相结合也是历史的，国际交换的扩大和加深使黄金在世界市场执行货币职能的缺陷显现出来，流通造成贵金属的大量磨损，黄金的供给量不能满足全球商品流通的需求。在商品流通中，货币只是交易媒介，交换的最终目的是获取人们各自不生产但需要的商品，因此，货币可以不足值甚至与价值完全无关，执行货币职能的自

---

① 程恩富，夏晖. 美元霸权：美国掠夺他国财富的重要手段［J］. 马克思主义研究，2007（12）：29.

然物可以不由劳动生产出来。① 因此，纸币可能也必然取代黄金在世界范围内执行货币职能。然而，并不是每个国家的纸币都可以获得这种特殊的社会职能。正如以一个国家的信用为后盾的纸币在这个国家内成为货币符号一样，以一个综合国力最强的国家的信用为后盾的纸币可以在世界市场作为代表无差异人类劳动和世界社会劳动的世界货币符号。在历史发展过程中，美元夺得了这种社会特权。

得天独厚的自然地理环境为美国经济的崛起提供了坚实基础。独立战争的胜利，第一个总统制、共和制国家——美利坚合众国的建立，以及废除奴隶制度、维护国家统一的南北战争，扫除了美国资本主义发展的障碍，为美国经济的起飞铺平了道路。美国在第二次工业革命中处于领跑的位置，打破了英国在工业上的垄断。在资本主义世界的竞争中，美国迅速赶上并超越德国、法国和英国，成为世界第一经济强国。此时，美元的国际地位有了很大提高，不过美国在金融领域还不是很成熟，就世界金融市场整体而言，美元还不足以同英镑相抗衡。两次世界大战令欧洲老牌的经济金融强国遭受了巨大损失，而美国却在战争中大发横财，"二战结束后，美国的黄金储备已远远超过了英国，约占世界黄金储备的3/5"②。与此同时，美国在这两次大战中积攒了雄厚的政治、军事实力。美国从此成为世界上的头号资本主义强国。老牌资本主义国家实力的削弱，极大地动摇了这些国家的货币在国际中的地位，降低了这些国家所建立的国际货币体系的稳定性，然而，美元却凭借美国强大的实力，成为国际主导货币。战后世界经济复苏呼唤着一种新型国际货币体系的诞生，美元成为国际货币的垄断者也是大势所趋。1944 年，在美国的主导下，布雷顿森林体系建立，该体系确立了美元与黄金挂钩、各国货币与美元挂钩的双挂钩制度。美元成为国际货币的中心，并垄断了国际外汇储备，至此，美元名正言顺地成为国际货币的霸主。

布雷顿森林体系建立之后，欧洲、日本等资本主义国家和地区的经济很快从战争中恢复并发展起来，然而，美国却饱受战争和经济危机的困扰。资本主义世

---

① "在这种形态变化中，商品的价值形态与商品对立，只是为了马上又消失。在这里，商品的交换价值的独立表现只是转瞬即逝的要素。它马上又会被别的商品代替。因此，在货币不断转手的过程中，单有货币的象征存在就够了。货币的职能存在可以说吞掉了它的物质存在。货币作为商品价格的转瞬即逝的客观反映，只是当做它自己的符号来执行职能，因此也能够由符号来代替。""同样作为财富的社会形式的信用，排挤货币，并篡夺它的位置。正是由于对生产社会性质的信任，才使得产品的货币形式表现为某种转瞬即逝的和观念的东西，表现为单纯想象的东西。"（资本论第 1 卷 [M]. 北京：人民出版社，2004：151 – 152；资本论第 3 卷 [M]. 北京：人民出版社，2004：650.）

② 韩艳红. 美国发起对中国"贸易战"的动因及本质研究 [J]. 教学与研究，2020（3）：92.

界经济发展的此消彼长，使布雷顿森林体系固有的矛盾日益暴露[①]，最终，以美元停止兑换黄金以及固定汇率制度的垮台为标志，布雷顿森林体系宣告瓦解，取而代之的是牙买加体系。在牙买加体系，由于与黄金脱钩，美元失去了在国际经济中与黄金等同的优势地位。世界货币趋向多元化，美元作为国际储备货币的垄断地位受到来自欧元、英镑、日元等国际货币的挑战。作为外汇储备货币，美元在国际储备中所占的比例，从 20 世纪 70 年代的约 80% 持续下降到 90 年代初的约 50%，2000 年之后有所回升，在 60%～70% 之间波动。需要强调的是，虽然当时欧洲、日本等发达国家经济快速增长，美国经济相对下滑，但是，美国仍然是经济实力最强的国家，拥有全球最多的实力雄厚的大型公司，[②] 在高新技术领域领先于其他国家。同时美国仍然是最有实力的政治大国和军事强国。美国综合实力头号强国的地位没有改变决定了美元作为国际货币的霸主地位并没有改变，美元虽然在国际货币中的地位有所下降，但仍然是全球最主要的流通货币、结算货币和储备货币，与欧元、日元和英镑相比仍然处于强势地位。

## 二、美元垄断转移全球货币财富的机制及表现

凭借对美元发行权的垄断，美国从世界其他国家掠夺了大量财富。美元垄断

---

① 布雷顿森林体系是一种金汇兑本位制，各国货币可以按照固定比例直接或间接地兑换黄金，为保证美元与黄金的自由兑换，美联储的金贮藏必须与其发行的美元数量相匹配。随着战后世界经济的快速复苏，国际贸易额大幅增加，美联储的金贮藏的增速赶不上美元的增速，美元满足了全球商品流通对货币需求，但损害了自身按固定比例兑换黄金的兑换性。为了便于理解，我们可以用简单的模型加以说明。按照布雷顿森林体系的要求，$\gamma M^{\$} \iota = M^{G}$，其中，$\iota$ 为定值（35 美元 = 1 盎司金）。根据马克思的货币流通规律，$M^{\$} N^{\$} = \sum \bar{v}_i q_i / v_M^{\$}$，其中，$v_M^{\$} = g \iota$。字母含义见附录七。撇开 $N^{\$}$、$g$、$\gamma$ 的变化，如果美联储准备金的价值总量不能和全球流通中的商品的国际价值总量同比例增加，那么，商品国际价值总额决定的美元数量和美元按固定比例兑换黄金所要求的美元数量相矛盾。美国贸易顺差在一定程度上可以缓解这个矛盾，然而，在布雷顿森林体系中后期，美国经济的衰退与日、德等国家的繁荣所引起的美国贸易逆差让矛盾变得更加严峻。美元兑换黄金的信用开始动摇，各国纷纷抛售美元抢购黄金（$\gamma$ 大幅增加），结果是美国黄金大量流出。布雷顿森林体系的矛盾在于全球流通中的商品价值总量与美联储准备金的价值总量之间的对立，矛盾发展的结果是，美元彻底丧失兑换性，成为一种代表的价值自由变动的货币符号。商品流通不可能退回到产品直接交换，国际商品交换必须以世界货币为中介，美元虽然不能自由兑换黄金，但依然被普遍视作世界货币符号。在美元纸币本位制，矛盾表现为美元币值与美元发行量之间的对立。

② 在 2014 年《财富》杂志公布的世界 500 强企业中，有 128 家企业来自美国，其中营业收入在 1000 亿美元以上的巨型企业有 22 家。同年在《福布斯》杂志公布的世界 2000 强企业中，美国企业占据 563 席，资产规模在 1000 亿美元以上的巨型企业有 55 家。这些巨型企业如沃尔玛、苹果公司、微软、通用汽车、辉瑞制药、摩根大通、花旗银行等都是所属行业中的国际巨头。

转移世界财富的机制与前文分析的垄断商品和金融业垄断转移财富的机制不同，美国凭借美元在世界货币体系中的垄断地位转移其他国家财富，不外乎采用如下方式：用美元购买其他国家的商品与劳务以及进行境外投资转移其他国家的财富；依靠美元价格降低减免国际债务、增加垄断性商品出口转移其他国家的财富；借助美元价格波动转移其他国家的财富。

## （一）美元外流引起的财富转移

### 1. 美元外流

在纸币体系，货币数量论的基本模型完全可以由马克思的价格总水平模型推出，货币数量论与马克思的价格总水平理论在形式上是相同的，其基本模型是费雪方程式，[①] 可表示如下

$$PY = MN \qquad (4-3)$$

其中，M 表示流通中的货币数量，N 表示货币的流通速度，$P = \dfrac{\sum p_i q_i}{\sum \bar{p}_i q_i}$，表示 GDP 平减指数，$Y = \sum \bar{p}_i q_i$，表示按照基期价格计算的实际 GDP。

通过变换可以得到各个量对时间的变化率之间的关系：

$$\frac{\dfrac{dP}{dt}}{P} = \frac{\dfrac{dM}{dt}}{M} + \frac{\dfrac{dN}{dt}}{N} - \frac{\dfrac{dY}{dt}}{Y} \qquad (4-4)$$

需要强调，基本观点一致的货币数量论和马克思的价格总水平理论有着本质的差异。货币数量论将没有价值的货币符号作为逻辑起点，说明的是商品（物）与货币（物）之间的交换关系或数量关系，没有揭示物的交换关系背后掩盖的人的社会关系。在马克思看来，货币是自然形式与一般等价形式结合在一起的特殊商品，是无差异人类劳动的化身，社会劳动的"蛹化"，商品作为价值物与货币发生交换关系反映的是私人劳动转化为社会劳动从而价值实现的过程，商品与货币的交换比例即价格由无差异人类劳动量决定，而不是单纯地由投入到流通中的商品量与货币量决定。在纸币体系，货币与黄金彻底分离，成为没有价值的特殊自然形式，金的流通量决定于金的价值，变为纸币代表的价值决定于纸币的流通

---

① 具体的推导和说明可参见，白暴力，吴红梅. 马克思的货币流通量与价格总水平模型——兼与货币数量论比较 [J]. 当代经济研究，2003 (5).

量。因此，流通手段量决定于商品价格在纸币体系颠倒地呈现出来。[①]

从（4-4）式可以看出，假定货币流通速度的变化率为零，即货币流通速度保持不变，GDP 平减指数的变化率便等于流通中货币量变化率与真实 GDP 变化率的差值。进一步可知，如果过量发行的美元停留在美国国内，那么，美国的 GDP 平减指数增长率应该等于美元供应量增长率与美国的真实 GDP 增长率的差值。从图 4-3 可以看出，自 1995 年以来，美元供应量呈现出"J"型增长趋势，然而，美国国内物价总水平并未出现较大幅度上涨，美元供应量增长率与真实 GDP 增长率的差值普遍高于 GDP 平减指数增长率。由此可以判定，过量发行的美元有一部分流向了世界。2009 年 3 月，国外持有美元数量达到 5800 亿，[②] 并且呈增长态势，据美联储估计，2008~2013 年国外所持美元现金比例已从 56% 提高到 66%。

---

[①] 在金本位制，商品价格决定于商品的价值和金的价值，金的流通量由金的价值量、商品价值量、商品数量、金的流通速度共同决定，即 $MN \equiv \sum (v_i/g)q_i$（字母含义见附录七）。撇开商品价值量、商品数量、金的流通速度的变化，当单位金的价值量减少（增加）从而商品价格提高（降低）时，金的流通量增加（减少）。当单位金的价值量不变时，金的流通量不变，即便是随金的存量增加而增加，最终也会因金的市场价格（在商品流通中金代表的社会劳动量）低于自身价值、增加的金被融化贮藏起来而回到正常水平。金的流通量并不决定金的价值，相反，金的价值决定金的流通量。为了说明这一点，我们举一个例子。在天平的一端放上 1 升水，平衡要求在天平的另一端放上 1 个规格为 1 千克的砝码。在水的体积不变的情况下，增加一个相同规格的砝码会打破平衡，平衡要求多余的砝码必须被拿走，因为水的密度不会翻倍，砝码的密度也不会减半。在质量已定时，不是砝码的数量决定砝码的密度，而是砝码的密度决定砝码的数量。纸币是一种以国家信用为后盾的单纯符号，它代表的价值量不像货币商品金那样有抽象劳动这一内在硬约束，它的流通量具有自变性和弹性。因此，在纸币体系，撇开商品价值量、商品数量、纸币流通速度的变化，纸币代表的价值量从而商品价格由纸币的流通量决定。在等式 $MN \equiv \sum (v_i/v_M)q_i$（字母含义见附录七）中，M 成为自变量，$v_M$ 成为因变量。当纸币流通量增加一倍时，纸币代表的价值量变为原来的一半，商品价格翻番。休谟将纸币的流通规律和贵金属货币的流通规律混同，在他看来，金和纸币一样都是货币符号，没有价值，只是在交换过程中才产生了价值，因此，商品价格决定于流通中的商品量和金量。李嘉图胜过休谟的地方在于，他认为金具有既定价值。然而，李嘉图并没有真正超越休谟，他抹煞了金除了流通手段职能外的其他职能，认为金的流通量决定于除用于奢侈品外的金的全部数量。这样一来，金的价值便失去了硬约束的意义，金变成一种代表随金的存量变动而变动的市场价格的货币符号。李嘉图因此陷入了混乱，一方面，在金的存量处于最完善状态时，"流通手段的量决定于商品的价格"，另一方面，当金的产量增减或金输入输出时，"商品价格按货币增减的比例而涨跌"（马克思恩格斯全集第 31 卷 [M]. 北京：人民出版社，1998：555-569）。太阳东升西落、铁球比羽毛下落得快是我们看到的自然现象；货币增加商品减少，商品价格上涨，商品增加货币减少，商品价格下降，是我们看到的经济现象。我们不能说这些现象是错误的，但不能据此得出：太阳围绕地球转，重力加速度因物而异，商品价格决定于流通中的商品量和金量。如果表象和本质相一致，那么任何科学都将是多余的，要考察贵金属货币的流通规律，必须排除贵金属货币量的变动以及纸币流通造成的干扰。

[②] Linda S. Goldberg. "Is the International Role of the Dollar Changing?", Current Issues in Economics and Finance, Federal Reserve Bank of New York, 2010, 16 (1): 2.

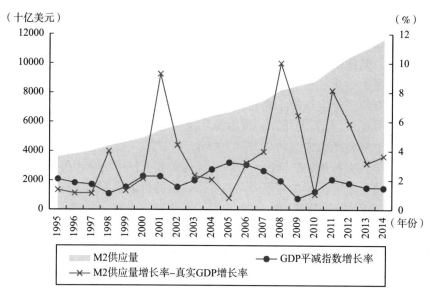

（十亿美元）

（%）

**图 4 - 3　1995 ~ 2014 年 GDP 平减指数增长率、M2 供应量、M2 增长率 - 实际 GDP 增长率**

注：美国 M2 的供应量是每年 12 月份的进行过季度调整（seasonally adjusted）的数值；实际 GDP 以及 GDP 平减指数的基期为 2009 年。

资料来源：M2 供应量来自美国联邦储备委员，H6. 表 1，http：//www. federalreserve. gov/；实际 GDP 来自美国经济分析局，http：//www. bea. gov/；GDP 平减指数来自 EPS 世界宏观经济数据库。

### 2. 购买商品与劳务转移他国财富

美国用美联储印发的美元购买其他国家的商品与劳务是美元流向世界的一种形式。马克思经济理论认为，商品的购买者必须通过劳动（可以是自己的劳动也可以是无偿占有的他人劳动）获取具有一定价值量的商品，才能交换到自己需要的具有相同价值量的商品，即 W - W，或者，把具有一定价值量的商品转化为货币，然后用货币购买自己需要的商品，即 W - G - W。因此，真正意义的购买建立在劳动交换的基础上。然而，美国购买其他国家的商品与劳务，并不必然以具有一定价值量的商品为基础。美元在国际市场上执行货币职能，因而美国政府可以不付出劳动仅凭印发美元就能获取其他国家的商品与劳务，也就是说，美国可以不通过卖（W - G）就可以直接买（G - W）。流到其他国家的一部分美元并未转化成美国的商品与劳务，而是以外汇储备的形式充当流通手段和支付手段，①

————————

① "每一个商品生产者必须握有这个物的神经，这个'社会的抵押品'。"（资本论第 1 卷［M］. 北京：人民出版社，2004：154）其他国家握有美元这个物的神经有两点原因。第一，为了满足国际贸易、国际支付、国际投资等国际经济循环的需要；第二，需要的商品如核心关键技术，美国不卖。

并且这部分美元随着交易额与支付额的增加而增加。

美国的这种购买实际上是美国的国家信用和其他国家的劳动相交换，美国是单方面的买，其他国家则是单方面的卖。其他国家的商品流向美国是一种不对称的流动（白暴力、梁泳梅，2009），在这种不对称的流动中，美国得到了其他国家创造的具有使用价值和价值的财富，其他国家得到的却是索取的价值或劳动不断减少的权利证书。① 需要指出，货币流通量增速大于实际 GDP 增速，从而物价总水平持续上涨是纸币体系的一个重要特征（白暴力、白瑞雪，2012），美元过量发行必然导致它所代表的价值量下降。美元对其他国家的货币升值，并不是美元代表的价值量上升，而是其他国家的货币代表的价值量下降得更快。

3. 境外投资转移他国财富

过量发行的美元还会采取境外投资的形式流向其他国家尤其是发展中国家，这是资本追逐利润最大化的本性使然。发展中国家，资源丰富，土地租金少，工人工资低廉，因而能够提供较高的利润率，美国国内的跨国公司将美元以投资的形式输出到这些国家，往往能够获取丰厚利润。当美国国内经济不景气、国内投资回报率大幅度下降时，更多的美元会流向国际市场，尤其是新兴市场经济体的高利润率行业。

1995～2013 年，美国对外直接投资总额从 6990.15 亿美元增加到 46609.06 亿美元，增长了约 5.7 倍，平均年增长率约为 11.12%。其中，非银行的控股公司（Holding companies（nonbank））行业投资总额从 2003 年的 5989.64 亿美元增加到 2013 年的 21532.81 亿美元，增长约 2.6 倍，平均年增长率约为 13.65%；采矿业、制造业、金融（不包括存款机构）保险业、批发贸易行业分别增加了 1734.95 亿美元、3684.46 亿美元、1446.89 亿美元、5488.68 亿美元。2013 年，在美国对全球的直接投资中，非银行的控股公司行业投资总额约占 46%，而美国在世界其他国家的控股公司行业恰恰是利润率比较高的行业。美国在一些国家某些行业的海外投资回报率也相当可观。从表 4－6 我们可以看出，在 1999～2013 年，美国在中东国家的采矿行业获取的投资收益率远高于世界平均水平，这是因为中东国家有丰富且容易开采的优质石油资源。同样，美国利用我国丰富且廉价的劳动力资源，在我国的制造行业获取了较高的投资收益率。

---

① 马克思指出，"英国对印度的出口之所以超过进口，实际上是由于英国没有对从印度来的进口支付等价物所引起的：东印度公司（现在是东印度政府）的汇票，成了从印度征收的贡赋。"（资本论第 3 卷 [M]. 北京：人民出版社，2004：659）英国东印度公司（后演变为英国东印度政府）发行的汇票其实是一种代表国家信用的凭证，美国的美元与之有异曲同工之妙。

| 年份 | 采矿业利润率 | | 制造业利润率 | |
|:---:|:---:|:---:|:---:|:---:|
| | 所有国家 | 中东国家 | 所有国家 | 中国 |
| 1999 | 11. 65 | 29. 75 | 10. 89 | 12. 67 |
| 2000 | 18. 26 | 50. 02 | 12. 28 | 13. 95 |
| 2001 | 11. 67 | 36. 01 | 8. 42 | 18. 11 |
| 2002 | 10. 9 | 20. 96 | 7. 82 | 13. 94 |
| 2003 | 27. 73 | 35. 8 | 9. 32 | 25. 02 |
| 2004 | 17. 36 | 21. 01 | 11. 16 | 20. 55 |
| 2005 | 22. 47 | 32. 37 | 10. 89 | 19. 79 |
| 2006 | 24. 67 | 31 | 13. 06 | 20. 83 |
| 2007 | 22. 87 | 32. 04 | 13. 7 | 20. 19 |
| 2008 | 27. 0 | 40. 0 | 12. 67 | 18. 51 |
| 2009 | 14. 3 | 22. 04 | 8. 03 | 14. 05 |
| 2010 | 16. 86 | 28. 3 | 11. 82 | 15. 52 |
| 2011 | 19. 43 | 45. 66 | 12. 42 | 14. 39 |
| 2012 | 14. 36 | 33. 07 | 10. 58 | 10. 21 |
| 2013 | 12. 05 | 25. 67 | 10. 49 | 14. 32 |

表 4 - 6　　　　　　　1999 ~ 2013 年美国对外直接投资收益率　　　　　单位：%

注：投资收益率由美国对外直接投资额与直接投资收益相除得到，直接投资收益未作现行成本调整（Direct Investment Income Without Current - Cost Adjustment）。

资料来源：美国对外直接投资额与直接投资收益来自 Bureau of Economic Analysis, international, Direct Investment and Multinational companies, Statistics：Direct Investment and MNEs, Being using the data。

　　美元作为货币资本流向国外所获取的货币财富，实质是东道国的劳动者利用本国的资源要素通过劳动创造的剩余价值。根据第三章的分析，国际垄断资本家以美元形式持有的货币资本，不仅获取平均利润，而且获取垄断利润。如果将平均利润看作是资本理所当然的收入，那么垄断利润纯粹是一种财富转移，是财富从发展中国家向美国的转移。①

---

①　关于美国通过资本输出转移发展中国家剩余价值的其他具体方式的论述可参见：郑志国．世界贫富多级化与资本国际侵蚀 [J]．政治经济学研究，2020（2）．

### （二）美元贬值引起的财富转移

1. 美元大量发行与美元贬值

在纸币体系，单位纸币代表的价值量可表述如下

$$v_M^t = \frac{v_M^0 Y}{MN} \frac{1}{A} \qquad (4-5)$$

其中，上标 0 代表基期，上标 t 代表第 t 期，$\sum p_i^0 q_i^t$ 代表第 t 期的实际 GDP，$A = \sum v_i^0 q_i^t / \sum v_i^t q_i^t$。两边取对数可得，$\ln v_M^t = \ln v_M^0 + \ln Y - \ln N - \ln M - \ln A$，进一步可得单位纸币代表的价值量相对于时间的变化率为

$$\frac{\frac{dv_M^t}{dt}}{v_M^t} = \frac{\frac{dv_M^0}{dt}}{v_M^0} + \frac{\frac{dY}{dt}}{Y} - \frac{\frac{dM}{dt}}{M} - \frac{\frac{dN}{dt}}{N} - \frac{\frac{dA}{dt}}{A} \qquad (4-6)$$

等式等号右边第一项为 0，最后一项大于 0，反映技术进步速度。由（4-5）式可知，单位纸币代表的价值量与流通中的纸币数量成反比关系。由（4-6）式可知，假定货币流通速度不变，当流通中纸币数量的变化率大于实际 GDP 的变化率时，单位纸币代表的价值量下降，纸币贬值，物价总水平上涨（白暴力、白瑞雪，2012）。表 4-7 为（4-6）式的算术数例说明。

表 4-7　　　　　　　　　　　（4-6）式的算术数例说明

| 第 0 期 | | | | | | 第 t 期 | | | | | |
|---|---|---|---|---|---|---|---|---|---|---|---|
| L·l | $v_M$ | q | p | M | N | L·l | $v_M$ | q | p | M | N |
| 10 | 1 | 10 | 1 | 10 | 1 | 12 | 2/3 | 15 | 1.2 | 18 | 1 |

自布雷顿森林体系解体以来，美元实际有效汇率大致经历三次贬值。[①] 从图 4-4 可以看出，1970~1979 年与 2001~2012 年的两次美元贬值均和美元大量发行相关。1970~1979 年，美国 M2 的供应量从 6265 亿美元增加到 14737 亿美元，增加了 1.35 倍，平均年增长率 9.97%，在此期间，美元实际有效汇率也是大幅度贬值，汇率指数从 147.1 点降至 105.49 点，下降了近 30%；2001~2012

---

[①] 1980~2000 年，美元实际有效汇率经历了第二次贬值。1985 年，美国、日本、德国、法国、英国签订"广场协议"，五国政府联合干预外汇市场。美元汇率从 1985 年 2 月的 144.86 点降至 1988 年 4 月的 98.77 点，之后直至 1995 年在低位波动。见图 4-5。

年，M2 的供应量从 54057 亿美元增加到 104097 亿美元，增加了近 1 倍，平均年增长率为 6.14%，低于 1970～1979 年的增长率，相应地，美元实际有效汇率指数的贬值幅度有所收窄。

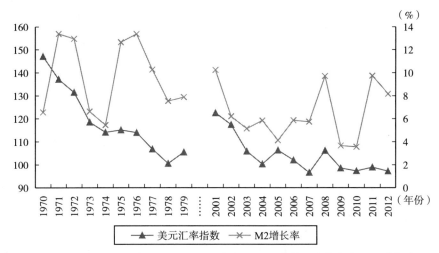

图 4-4 1970～1979 年、2001～2012 年美元实际有效汇率指数与 $M_2$ 增长率

注：美国 $M_2$ 的供应量是每年 12 月份的进行过季度调整（seasonally adjusted）的数值；美元实际有效汇率指数指的是狭义上的美元，基期为 2010 年。

资料来源：美元实际有效汇率指数来自国际清算银行，http：//www. bis. org/statistics/eer/index. htm；$M_2$ 供应量来自美国联邦储备委员，H6. 表 1，http：//www. federalreserve. gov/。

2. 美元资产缩水与财富转移

世界上绝大多数国家将美元作为主要的外汇储备，不少国家拥有相当数量的美元资产，持有大量的美国国债。随着美国贸易赤字的积累，美国的国际债务不断增加，从而其他国家拥有的美元资产也在积累。美元大量发行、美元贬值，导致美元外汇储备代表的价值量（世界无差异人类劳动量）减少，以及美国国债规定的到期执行支付手段职能的美元代表的价值量减少，这意味着，美国所欠的国际债务得到了一定程度的减免，美国无偿占有了他国的劳动。当国内经济不景气甚至出现危机时，美国当局往往会采取这种方式。

进入 21 世纪以来，特别是"9·11"事件之后，美国经济虽然表面繁荣但已危机四伏，最终于 2008 年爆发金融危机，贸易赤字和国际债务不断攀升，截至 2012 年 12 月 31 日，美国未偿还债务达 16.43 万亿美元，[①] 全球持有美国国债

———————————

① http：//www. treasurydirect. gov/govt/reports/pd/pd. htm.

55738 亿美元。① 由于美元贬值，这些巨额的美国外债，得到了与美元贬值幅度相一致的减免。2001～2012 年，美元实际有效汇率指数贬值达 20.6%，美国因此获得约 3788 亿美元的全球债务减免额，平均每年约 315.7 亿美元。② 中国是美国国债的最大持有者，截至 2014 年 12 月，中国持有美国国债 1244.3 亿美元。自人民币汇率改革以来，美元对人民币持续贬值，贬值幅度达 23.5%，由于美元贬值，美国对中国的债务额得到了相当程度的减免。IMF 的报告显示，在 2014 年第 4 季度官方正式的外汇储备中，IMF 所有成员国分配到的美元储备为 38263.14 亿美元，约占配置外汇储备总额的 62.9%，其中，发展中国家分配到 16546.7 亿美元的美元储备。③ 截至 2013 年 12 月，中国的外汇储备已经达到了 38213.15 亿美元，④ 保守估计，中国的外汇储备约 70% 是美元资产（实际值可能还要高些），按该比例以及美元对人民币贬值幅度来估算，2005～2013 年，中国的外汇储备资产缩水高达 3447.6 亿美元，平均每年缩水约 430.9 亿美元。⑤

　　缩水后的美元及美元资产能够转化成的商品的价值量，要低于换取缩水前的等量美元及美元资产所需要的商品的价值量，因此，代表一定价值量的美元及美元资产缩水，实际上是一种货币财富的转移，即货币财富从债权国向债务国——美国的转移，这种财富转移说明了美国以损害其他国家利益为手段来实现促进本国经济增长的目的。

　　3. 出口增加与财富转移

　　美元大量外流形成的全球流动性，投机于国际大宗商品，推高了国际物价总水平。其他国家的货币对美元升值，能够降低国际物价总水平上涨带来的冲击，但效果不明显，因此，其他国家进口原材料的价格普遍上涨。原材料价格上涨必然引起生产成本增加，进而引起最终产品价格上涨。美元贬值、美元汇率下降，提高了其他国家出口的用美元标价的商品价格，然而，在某种程度上降低了美国出口商品的价格（严谨的数学分析可参见附录四）。在这种情况下，其他国家商品的出口竞争力下降，而美国商品的出口竞争力上升，这显然有助于美国商品出口的增加。商品出口增加，在一定程度上能够遏制美国贸易赤字进一步扩大，有利于缓解国内的商品相对过剩，特别是在经济萧条的时候，能够起到促进经济复

---

① http：//www.treasury.gov/resource－center/data－chart－center/tic/Pages/ticsec2.aspx.

② 根据 2001～2012 年（12 月份）全球持有的美国国债与相应月份的美元实际有效汇率指数计算得到。

③ 国际货币基金组织在线图书馆，http：//elibrarydata.imf.org。

④ 国家外汇管理局，http：//www.safe.gov.cn。

⑤ 根据 2005～2013 年中国外汇储备以及相应月份的美元与人民币的兑换汇率计算得到。

苏的重要作用。从某种意义说，美元汇率具有自动稳定器的功能。

在 20 世纪七八十年代，美国经济增长乏力，美国当局采取宽松的货币政策，大量发行美元，与黄金脱钩的美元持续贬值（见图 4 - 5）。美元贬值大幅度地增加了美国商品与劳务的出口（如表 4 - 8 所示），平均年增长率达 13%。同样，为了应对进入 21 世纪以来美国经济所遇到的困难，美联储采取了宽松的货币政策，尤其是在 2008 年金融危机之后，美国推出了四轮量化宽松（Quantitative Easing）货币政策，向全球注入了大量的流动性。美元大量发行，并不断贬值（见图 4 - 5），有力地刺激了美国商品的出口。从表 4 - 8 我们可以看到，自 2002 年以来，美国商品与劳务的出口基本保持两位数的增长。

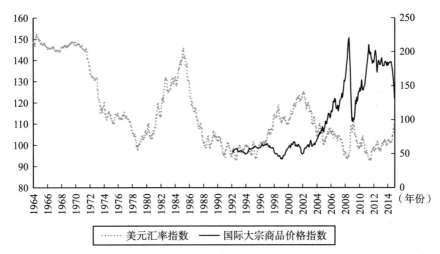

········美元汇率指数　———国际大宗商品价格指数

**图 4 - 5　1964 ~ 2014 年美元实际有效汇率指数、1992 ~ 2014 年国际大宗商品价格指数**

注：美元实际有效汇率指数指的是狭义上的美元，基期为 2010 年。

资料来源：美元实际有效汇率指数数据来自国际清算银行，http：//www.bis.org/statistics/eer/index.htm；IMF 国际大宗商品价格指数来自国际货币基金组织，http：//www.imf.org/external/np/res/commod/index.aspx。

表 4 - 8　　　　　　1964 ~ 1980 年、2002 ~ 2012 年美国商品与劳务的出口情况

| 年份 | 出口总额<br>（百万美元） | 出口增长率<br>（%） | 年份 | 出口总额<br>（百万美元） | 出口增长率<br>（%） |
|---|---|---|---|---|---|
| 1964 | 33341 | 12.56 | 1967 | 41333 | 6.18 |
| 1965 | 35285 | 5.83 | 1968 | 45543 | 10.19 |
| 1966 | 38926 | 10.32 | 1969 | 49220 | 8.07 |

续表

| 年份 | 出口总额<br>（百万美元） | 出口增长率<br>（%） | 年份 | 出口总额<br>（百万美元） | 出口增长率<br>（%） |
|---|---|---|---|---|---|
| 1970 | 56640 | 15.08 | 2002 | 974608 | 6.2 |
| 1971 | 59677 | 5.36 | 2003 | 1017466 | 4.40 |
| 1972 | 67222 | 12.64 | 2004 | 1157960 | 13.81 |
| 1973 | 91242 | 35.73 | 2005 | 1283097 | 10.81 |
| 1974 | 120897 | 32.50 | 2006 | 1452847 | 13.23 |
| 1975 | 132585 | 9.67 | 2007 | 1648236 | 13.45 |
| 1976 | 142716 | 7.64 | 2008 | 1834529 | 11.30 |
| 1977 | 152301 | 6.72 | 2009 | 1574738 | -14.16 |
| 1978 | 178428 | 17.15 | 2010 | 1848926 | 17.41 |
| 1979 | 224131 | 25.61 | 2011 | 2121434 | 14.74 |
| 1980 | 271834 | 21.28 | 2012 | 2210995 | 4.22 |

资料来源：美国经济分析局国际经济账户，http://www.bea.gov/international/index.htm。

美国商品出口的增加意味着其他国家行使美元的要求权增加，在国际市场交换中，有更多的美国企业所创造的产品的价值得以实现。根据第一章的阐述，商品出口增加并不一定意味着财富转移，如果商品实现的价值与自身凝结的价值相等，那么商品出口的增加不过是财富由商品形式转化为货币形式，财富量不会增加。然而，第三章已经指出，美国出口的商品以资本、技术、知识密集型为主，这些商品在国际市场上往往按照垄断价格出售，因此，美国商品出口的增加，意味着美国国内的垄断厂商能够在国际贸易中获取更多的垄断利润，即有更多的其他国家创造的货币财富被转移到美国。

### （三）美元汇率波动与财富转移

尽管美元贬值能够为美国带来利益，但美国当局不会任凭美元持续贬值，因为美元持续贬值势必影响美元作为国际货币的信用，动摇美元在国际货币体系中的垄断地位。因此，长期来看，美元汇率在波动中趋向下降。从图4-5我们可以看到，自1971年以来，美元实际有效汇率指数在经历一段时间贬值后，便会在一段时间内升值。当美国国内经济不景气时，美元会贬值，这有助于美国经济复苏；一旦美国经济有所好转，美元就会升值。

美元汇率波动成为国际金融资本掠夺世界财富的重要手段。国际金融资本家大多集中在美国，他们或者他们控制的代理人往往在美国政府身居要职，掌握着重要的内幕信息，能够在第一时间知晓甚至能在一定程度上左右美元汇率的走势。因此，国际金融资本将大量美元用于投机赚取财富，这一点与金融衍生工具垄断转移财富的机制相同。在美元汇率即将贬值时，国际金融资本会大量买入以粮食、石油等重要战略物资为标的的期货合约。美元贬值引起战略物资的国际价格不断攀升，到交割期，国际金融资本以低于市场价格的合约交割价格购买战略物资，然后在国际市场上出售，从而获取丰厚的交易收入。同样，在美元汇率进入升值通道时，国际金融资本会卖出重要战略物资期货。美元升值引起战略物资的国际价格不断下跌，到交割期，国际金融资本在国际市场上购买战略物资，然后以高于市场价格的合约交割价格出售，从而获取丰厚的交易收入。此外，货币互换协议也是国际金融资本利用美元汇率波动获取巨额利润所采用的一种方式。实际操作要比理论分析复杂得多、隐蔽得多，无论如何，国际金融资本获取的巨额利润始终是其他国家的财富。

# 第四节　关于金融垄断与剩余价值转移的进一步思考

自 20 世纪 70 年代以来，受新自由主义的影响，许多国家特别是以美国为首的西方发达国家推行金融自由化政策，放松对金融行业的监管，全球金融行业迅速发展并日益膨胀。金融业的高度膨胀主要表现在两个方面。第一，金融工具层出不穷，金融工具交易量不断增加。20 世纪 70 年代，期货、期权、货币和利率互换等一系列金融工具如雨后春笋般出现，80 年代之后，以这些金融工具为基础，更多的金融衍生品被设计出来，并且复杂程度也是越来越高。国际清算银行公布的数据显示，1993 年 12 月，世界金融衍生工具场内交易量为 77750 亿美元（期货为 51050 亿美元，期权为 26700 亿美元），2013 年 12 月增加到 640980 亿美元（期货为 257880 亿美元，期权为 383100 亿美元），20 年增加了 7 倍之多。第二，"金融企业中从业人数的绝对和相对增长"[1]，金融资产不断增加。在这方面美国具有代表性。在 1980～2007 年的 27 年间，美国金融业就业人数增加了近 1

---

① 约翰·福斯特. 垄断资本的新发展：垄断金融资本 [J]. 国外理论动态，2007（3）：9.

倍，从 599 万人上升到 1048 万人；而制造业则从 2195 万人下降到 1632 万人。[①]
"据国际货币基金组织最近的报告，目前全球的金融衍生产品总值已达 596 万亿美元，其中美国的金融衍生品总值占全球的 50% 以上，是美国号称 13 万亿美元GDP 的 25 倍。"[②] 美国联邦储备委员会发布的《资金流量表》显示，1960 年，美国国内金融部门金融总资产为 567 亿美元，1980 年增加至 5636 亿美元，2007年增至 53739 亿美元。

金融业的迅速发展与高度膨胀，令工商业垄断资本与银行垄断资本的关系更加紧密，它们通过更大规模的交叉持股，互派高层领导，形成一损俱损、一荣俱荣的国际大财团。金融资本的统治日益增强，越来越多的企业成为国际大财团的"子公司""孙公司"，或者受资金的制约而不得不依附于这些大财团。[③] 金融资本与政府的相互渗透达到了令人惊讶的程度，金融资本家或者其亲信，在历届政府中担任要职，并任职世界银行、国际货币基金组织等世界金融机构的高管。[④]除了垄断货币经营业务、享有有价证券垄断发行权外，金融资本垄断有了新表现。银行垄断资本联手工商业垄断资本，依靠雄厚的资本和带有欺诈性的舆论手段和金融手段，控制甚至兼并中小资本；利用金融衍生品、国家力量、美元霸权，以货币财富的形式向全球征收贡赋。

银行垄断资本在金融资本中占据支配地位，起着主导作用。华尔街的大型跨国银行是银行垄断资本的代表，垄断了全球日益膨胀的投资银行业务，一方面，凭借所支配的雄厚资金，在国际金融市场上操纵外汇以及债券、股票等有价证券的价格，获取丰厚的利润；另一方面，与工商业垄断巨头相互勾结，借助国家力量与美元的霸权地位，操纵粮食、石油等战略资源的国际价格以及以战略资源为标的的金融衍生工具的价格，将大量的货币财富转变为自己的垄断利润。垄断引起的财富跨国转移，极大地巩固和发展了华尔街跨国银行的统治地位，但却给其

① 陈宝森. 危机是否动摇了美国经济的领先地位？[J]. 世界知识，2009（16）：30.
② 何秉孟. 美国金融危机与国际金融垄断资本主义 [J]. 中国社会科学，2010（2）：35.
③ 瑞士三位学者斯特凡·维塔利（Stefania Vitali）、詹姆斯·B. 格拉特菲尔德（James B. Glattfelder）和斯蒂芬娜·巴蒂斯顿（Stefano Battiston）的研究证实：为数不多的跨国银行几乎支配了全球经济。他们在分析了全球 43060 家跨国公司和它们之间相互交织的股份关系之后发现：顶端的 737 家跨国公司控制了全球 80% 的产值。当进一步拆解这张复杂关系网，他们得出了一个更加惊人的结论：最核心的 147 家跨国公司控制了近 40% 的经济价值，而这 147 家公司中的 3/4 都是金融中介机构（程恩富等. 论新帝国主义的五大特征和特性 [J]. 马克思主义研究，2019（5））。
④ 布热津斯基指出，"国际货币基金组织和世界银行，可以说代表着'全球'利益，……但实际上它们在很大程度上受美国的左右。"（布热津斯基. 大棋局：美国的首要地位及其地缘战略 [M]. 上海：上海人民出版社，1998：37.）

他国家特别是发展中国家的经济带来了巨大损害。

建立在强大的美国综合国力基础上的美元本位制是一种自然垄断，凭借对美元发行权的垄断，美国从全球攫取了大量货币财富。美国用美元购买其他国家的商品，是一种不平等的交换，其他国家实实在在付出了劳动，得到的却是随时都可能贬值的钞票。美国将过量印发的美元进行境外投资所获取的垄断利润，实质是东道国的劳动者利用本国的资源通过劳动创造的剩余价值。长期来看，美元价格在波动中趋向下降。美元贬值减免了与贬值幅度相一致的国际债务，财富从债权国流向债务国——美国。美元贬值增加了美国商品的出口，美国国内垄断资本能够实现更多的垄断利润，这意味着有更多的其他国家的货币财富被转移到美国。"华盛顿所拥有的操纵美元价格和利用华尔街国际金融支配权的能力"①，给美国带来了丰厚的交易收入，给其他国家带来了风险和损失。

实物商品的垄断价格是生产价格的转化形式，是对价值的偏离，金融商品没有劳动的凝结，不包含价值，也就无所谓价值的转化形式，金融商品的垄断价格只是对自身资本价值的偏离。实物商品垄断与金融商品垄断引起的剩余价值转移，都是无差异的人类劳动通过垄断价格以垄断利润的形式从劳动者与非垄断者向垄断者的转移，都表现为使用价值或能够和一切使用价值相交换的货币的转移，都未引起世界总价值量的变化。然而，与实物商品垄断相比，金融商品垄断转移剩余价值的方式具有赤裸裸的掠夺性，因为金融资本仅利用不包含任何劳动仅承诺提供预期收益的金融商品，便获取了凝结人类劳动的物质财富。

金融资本转移货币财富是寄生性和食利性的表现，金融资本膨胀从而吸吮的剩余价值增加会加剧实体经济的内在矛盾，矛盾爆发产生的危机反过来也会对金融资本造成巨大伤害。社会化大生产与生产资料资本主义私有制之间的矛盾表现为生产能力的无限扩大与实际工资决定的有效需求相对不足之间的矛盾，即生活资料生产相对过剩，"主要消费品生产过剩转化为普遍生产过剩"②。生产过剩一方面因金融资本而被强化，另一方面因金融资本而不断向后积累。金融资本把依靠信用集中起来的社会资本交给执行生产职能的资本管理者使用，劳动者共同使用社会化的生产资料创造出巨大的供给，相对于这些被少数人占有的巨大供给，那些由于金融资本获取垄断利润而打了折扣的工人的实际工资和中小资本的剩余价值所形成的有效需求更加不足。金融资本不会通过降低垄断价格、增加实际工资、将资本转移到科技创新领域来化解生产相对过剩，而是通过诱导消费者信用

① Peter Gowan, The Global Gamble: Washington's Faustian Bid for World Dominance, London: Verso, 1999: pp. 123.

② 马克思恩格斯全集第26卷（Ⅱ）[M]. 北京：人民出版社，1973：591.

消费、向工商业资本提供贷款这种加杠杆的方式不断把生产过剩向后积累，结果是再生产能力大幅突破消费限制。当生产与消费的矛盾积累到一定程度，广大消费者与工商业资本家无力偿付积累的债务和高额利息，债务锁链遭到破坏，大规模的信用违约出现，金融资本不仅不能获取垄断利润，而且面临大量贷款无法收回甚至破产的风险。

生产过剩的本质被信用消费和商业投机制造的虚假繁荣掩盖进而爆发金融危机的一个重要原因是金融资本固有的道德风险，为了攫取更多的利润，金融资本将所支配的但不归自身所有的货币资本用于高风险的投机活动，如向信用资质不高的劳动者和资本家发放贷款。在《资本论》第 1 卷马克思援引他人的论述以及在《资本论》第 3 卷马克思本人的论述能够很好地说明这一点。"资本害怕没有利润或利润太少，就像自然界害怕真空一样。一旦有适当的利润，资本就胆大起来。如果有 10% 的利润，它就保证到处被使用，有 20% 的利润，它就活跃起来，有 50% 的利润，它就铤而走险；为了 100% 的利润，它就敢践踏一切人间法律，有 300% 的利润，它就敢犯任何罪行，甚至冒绞首的危险。"① "很大一部分社会资本为社会资本的非所有者所使用，这种人办起事来和那种亲自执行职能、小心谨慎地权衡其私人资本的界限的所有者完全不同。"②

中国——经济高速发展的经济体是国际金融资本寄生和吸吮的宿体，除了第三章说明的跨国企业以垄断高价向我国消费者出售高端消费品、以垄断低价向我国工人和资本家购买生产要素转移剩余价值外，炒作我国楼市、股市、衍生品市场也是国际金融资本转移剩余价值的重要途径。特别需要说明，在信息与通信技术催生的平台经济和数字经济的蓬勃发展中，在国际金融资本的扶持下国内一些民营资本已悄然转变为垄断资本，这些垄断资本正在加速融合形成互联网金融资本，他们在获取垄断利润的同时也替国际金融资本征收贡赋。国内国际双垄断对我国的金融稳定和经济良性循环造成了极为不利的影响，严重干扰了社会主义市场经济的健康持续发展。有鉴于此，我们国家应做到内外兼修，既要做强做优做大国有企业，也要加强对金融资本的监管，不断健全和完善我国的反垄断体系。

第一，做强做优做大国有企业。社会主义制度是我国的根本制度，社会主义性质与初级阶段国情决定了以公有制为主体、多种所有制共同发展是中国特色社会主义基本经济制度的重要内容，国有经济控制国民经济，国有企业占据主导地位是这一基本经济制度的反映。如果垄断资本控制国民经济，垄断性的外资企业

---

① 资本论第 1 卷 [M]. 北京：人民出版社，2004：871.
② 资本论第 3 卷 [M]. 北京：人民出版社，2004：500.

和民营企业取代国有企业占据主导地位，那么，根据马克思的历史唯物主义，"随着经济基础的变更，全部庞大的上层建筑也或慢或快地发生变革"①，我国会从社会主义变为垄断资本主义，中国人民通过辛勤劳动积累的财富极有可能像苏联解体那样被西方金融资本洗劫一空。因此，必须理直气壮做强做优做大国有企业。这不仅是坚持和发展中国特色社会主义、不断巩固中国共产党执政基础的必然要求，而且是与国际金融资本相竞争、保障人民共同利益的必然选择。

第二，加强对国际金融资本的监管。首先，坚持中国共产党的领导，坚持以马克思主义为指导，抵制新自由主义经济思想的意识形态。西方发达国家的大型跨国公司如同狼，我国的民族企业一类如同羊，一类由羊变为狼，新自由主义的目的就是要让狼重新变回羊，把"牧羊人"骗走，把"篱笆"拔掉，以便于狼对羊发动攻击。抵制新自由主义，并不意味着对外开放程度的降低，相反，我国会有更多领域对世界开放，外资进入我国的门槛也会进一步降低。在这种情况下，我们不能对国际金融资本自由放任，应该加强对它们的监管。其次，组建专业化的行政机构，严格审查国际金融资本的跨国并购行为，防止某些领域尤其是金融领域因并购过度而形成垄断。再次，特别警惕并防止国际金融资本通过支配人民币的使用权——控制借贷货币资本的支配权，狙击人民币，决定我国工商业的命运，在股市、楼市兴风作浪，损害国家利益、人民利益，破坏我国经济持续稳定发展。② 最后，遏制国际金融资本的寻租行为。跨国公司为了逃避并购审查，获取垄断地位，会进行寻租活动。跨国公司的寻租行为令本土企业处于极为不利的竞争地位，也会损害国内消费者的利益，扰乱市场经济秩序。因此，我们要完

---

① 马克思恩格斯文集第 2 卷［M］. 北京：人民出版社，2009：592.

② 2018 年《政府工作报告》提出今后要"放宽或取消银行、证券、基金管理、期货、金融资产管理公司等外资股比限制，统一中外资银行市场准入标准"。对此，国内一些知名经济学家建议，为落实习近平总书记再三强调"金融安全是国家安全的重要组成部分，要守住不发生系统性金融风险底线"，"金融要服务实体经济"的重要讲话精神，在今后的文件中表述为"在国家绝对控股的基础上，放宽银行、证券、基金管理、期货、金融资产管理公司等外资股比限制"。这些经济学家意识到国际金融资本的凶猛与贪婪，放宽或取消金融领域外资股比限制，无论是国有资本还是民营资本都将面临巨大的竞争威胁，在竞争中，同国际金融资本的实力存在差距的国有资本和民营资本很可能被国际金融资本吞并，结果是金融血液乃至经济躯体被国际金融资本控制，我们创造的财富被国际金融资本洗劫，留下的却是周期性金融危机，中国共产党的执政基础或将不存。他们的建议需要认真对待。笔者认为，既然要放宽或取消金融领域的外资股比限制，那么，出于金融安全进而国家安全的考虑，我们国家必须实现在同国际金融资本的竞争中牢牢把握对金融领域的控制权，放宽或取消股比限制是让国有资本和民营资本在没有国家保护的情况下与国际金融资本同台竞争，并不是将金融控制权拱手相让。我国的商业银行实力雄厚，但仍然要始终保持忧患意识，不断增强自身竞争力。证券、基金管理、期货、金融资产管理公司等需要推进并购重组，扩大公司规模，增强竞争力和抗风险能力。

善相关法律法规，加大反腐力度，坚决遏制跨国公司在我国的寻租行为。

第三，不断完善我国的反垄断法律体系。在 2007 年 8 月 30 日《中华人民共和国反垄断法》（以下简称《反垄断法》）出台之前，我国的反垄断规则主要散见于《中华人民共和国反不正当竞争法》《中华人民共和国价格法》以及《关于外国投资者并购境内企业的规定》等法律法规中。《反垄断法》的颁布标志着我国反垄断法律体系的基本建立，对规制垄断起到了积极的作用。当然也应看到，我国的反垄断法律体系诞生时间相对较晚，在反对国际垄断方面具有一定的局限性。我国的反垄断法律体系很难对国际卡特尔如铁矿石巨头、芯片巨头、苹果公司针对我国企业或消费者采取的垄断行为加以限制和处罚。《反垄断法》的第二条涉及反垄断法的域外适用，执行起来时常会引起我国与相关国家之间的冲突，在反垄断对我国有利而对相关国家不利的情况下表现得尤为明显。《关于外国投资者并购境内企业的规定》第十二条以及《反垄断法》的第三十一条关于外资并购国家安全审查制度存在一些问题（邵沙平、王小承，2008；慕亚平、肖小月，2009）。

一方面，我国的反垄断法律体系存在不足；另一方面，在利益的驱使下，国际垄断组织的垄断行为变得越来越隐蔽，而且往往能够得到所在国的支持。鉴于此，我们需要在长期的反垄断实践中，不断地健全和完善我国的反垄断体系。首先，要敢于、善于利用已有的法律法规惩处跨国公司的垄断行为，为完善我国的反垄断体系积累经验。其次，要积极探索更为合理、有效的惩罚机制，确保处罚决定被严格执行，这样才能提高对国际垄断行为的威慑力。再次，要结合国际垄断的特点，细化规制国际垄断的法律法规，增强可操作性。最后，要明确《反垄断法》的域外适用效力和适用范围，这样既能有效地规制影响到国家安全的国际垄断行为，又能在很大程度上避免由此引发的国际冲突，有利于开展反垄断的国际合作。

第四，积极参与国际反垄断合作。国际垄断是垄断的最高形式，规制国际垄断要比国内垄断复杂得多。无论一个国家的反垄断法律体系如何完善，反垄断机构如何高效，都不可能有效地遏制国际垄断，由于主权问题和利益对立，《反垄断法》的域外适用容易引发国家之间的冲突。因此，在坚持 WTO 中的竞争政策与规则的前提下，以国内反垄断法和雄厚的国家实力为基础[①]，开展多种形式的

---

[①] 相互制衡是开展反国际垄断合作的一个重要前提。反国际垄断往往会损害当事国的经济利益，可能干涉到当事国的管辖权甚至主权，如果我国没有雄厚的国家实力予以制衡，当事国一般不会选择合作。试想，一个国家没有稀缺资源，没有核心技术，没有世界知名的大型企业，面对威胁国家安全的国际垄断行为，该国的反垄断法的域外适用条款会有法律效力吗？

国际合作既必要又重要。首先，注重与发达国家开展合作。国际金融资本主要来自发达国家，对国际金融资本进行监管离不开与发达国家的合作。其次，加强与发展中国家的反垄断联合。我国与其他发展中国家一样处于弱势地位，加强反垄断联合可以更有效应对国际金融资本在金融与贸易领域的垄断。再次，应当与有较高影响力的区域性经济组织如欧盟、北美自由贸易区、东南亚国家联盟等积极开展合作，以这种方式解决国际垄断问题。最后，同我国主要的贸易伙伴国就规制国际垄断问题进行磋商、谈判、合作，协调好双方的主权问题和经济利益，尽可能避免反垄断法域外适用所引起的冲突。

# 第五章

## 剩余价值国际转移的世界经济
## 发展不平衡效应

在本书导言部分我们已经说明，马克思主义经济学者对不平等交换与剩余价值转移的世界经济发展不平衡效应进行了有益的探索，不过，这些学者侧重于定性分析，缺乏定量分析，所选取的衡量经济发展的指标较为单一，其中一些学者仅给出了论点而没有展开详细论证。本书第二章在辩证地考察要素价格均等化理论时指出，由于存在剩余价值国际转移，国际贸易会扩大发达国家与发展中国家的人均工资差距，这其实是分析了剩余价值国际转移的一种世界经济发展不平衡效应。本章将采用定量分析与定性分析相结合的方法，从单位劳动 GDP、经济增长率、资本积累质量、一般利润率四个方面，研究剩余价值国际转移的世界经济发展不平衡效应。

## 第一节  剩余价值国际转移与"价值总量之谜"

### 一、问题的提出

根据马克思的劳动价值论，一定时期内一国的社会财富总量取决于该国所投

174

入的劳动总量，然而，现实中却存在着似乎与此相悖的两种经济现象。第一，我国每年投入的劳动总量远大于美国，但我国的实际 GDP 却小于美国。GDP 与劳动投入量之比是衡量一个国家经济发展水平的重要指标，一般地，发达国家的GDP 与劳动投入量之比大于发展中国家的。从图 5－1 可以看出，英美（高收入国家）的 GDP 与就业人口之比远高于墨西哥与巴西（中高等收入国家）、印度与印度尼西亚（中低等收入国家）的。[①] 第二，随着劳动生产率的不断提高，在劳动投入量基本不变的情况下，以不变价格计算的国内生产总值（GDP）仍有可观的增长。例如，"按 2010 年美元不变价计算，1991～2015 年，整个世界的劳动力增长只有 42%，但实际 GDP 的增长却达到了 96%"（冯金华，2018）；同一时期，高收入国家的劳动力增长率为 22%，实际 GDP 增长率为 66%；中低收入国家的差异更为明显，劳动力增长率仅为 59%，实际 GDP 增长率高达 223%。[②] 谷书堂先生将财富量与价值量相脱节的经济现象称为"价值总量之谜"（杨义芹，2002），它对马克思的劳动价值论提出了挑战，成为摆在广大马克思主义经济学者面前的难题。

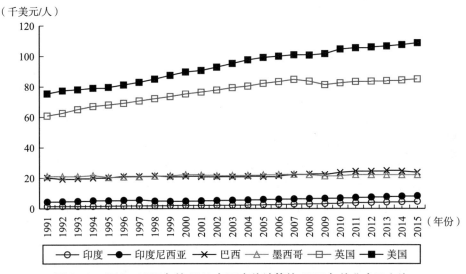

**图 5－1　1991～2015 年按 2010 年不变价计算的 GDP 与就业人口之比**

资料来源：世界银行公开数据，https：//data. worldbank. org. cn/。

---

① 根据世界劳工组织公布的数据，2015 年发展中国家每人每周平均工作时数的均值为 41. 88，高于发达国家的 38. 40，如果考虑这一点，发展中国家 GDP 与劳动投入量之比与发达国家的差距将更加明显。

② 如冯金华（2018）所言，"如果考虑到每周工作日的减少，每日工作时数的减少以及失业等，实际劳动总量的增长与实际 GDP 增长之间的差距将更加明显。"

国内学者就如何破解"价值总量之谜"提出了各自的观点，从中我们发现，"价值总量之谜"实际上是马克思看似矛盾的论述在宏观经济中的表现。在《资本论》第1卷，马克思先后作了三种论述：劳动生产率与商品价值量成反比；无论劳动生产率如何变化，等量劳动提供等量价值；生产率高的劳动在同一时间内创造更多的价值。本节将在理解马克思这些论述的基础上破解"价值总量之谜"，说明剩余价值国际转移的第二种世界经济发展不平衡效应。

## 二、相关试解及评析

"价值总量之谜"在空间层面表现为 GDP 与劳动投入量之比存在国际差异，在时间层面表现为 GDP 增长率与劳动投入量增长率不一致。许多学者就破解时间层面的"谜"提出了不同的见解，但鲜有学者对空间层面的"谜"进行解释，后者恰恰是理解世界经济发展不平衡的关键环节之一。

一些学者将 GDP 看作使用价值总量的指标，以此来解释"价值总量之谜"。他们认为，在劳动总量基本不变的情况下，使用价值量随劳动生产率的提高而增加，因此按不变价格计算的 GDP 增加（卫兴华，2000；谷书堂，2001；何祚庥，2014）。然而，这种解谜观点误解了 GDP 的含义，GDP 衡量的是市场价格总和（许涤新，1980；Samuelson，2010），等于最终产品的价值总量除以单位货币所表示的价值。一些学者通过突破劳动价值一元论来解谜。他们认为，GDP 增长不仅取决于劳动投入量，还取决于技术、资本等非劳动性生产要素，在劳动投入量保持不变的情况下，由于非劳动性生产要素的贡献日益增加，因而 GDP 仍有可观增长（晏智杰，2007）。这种观点承认非劳动性要素也创造价值，背离了马克思的劳动价值论。

也有些学者通过创新理解价值概念来解释"价值总量之谜"。陈永志、杨继国（2003）区分了价值、生产价格、国际价值三种价值范畴，在此基础上对"谜题"进行了试解。然而，作者未区分"价值总量之谜"在时间层面和空间层面的不同表现，将适用于空间层面的解释误用在了时间层面。武建奇（2005）用"名义价值"（其货币表现为 GDP）、"实际价值"（劳动总量）和"虚假价值"（"实际价值"与"名义价值"的差额）三组概念来解谜。事实上，作者提出的"虚假价值"仅存在于劳动生产率高的个别企业，就整个国家而言，"虚假价值"并不存在，作者的解谜方法受到了质疑（刘秀光，2006）。

还有些学者通过扩大创造价值的劳动的范围来解释"价值总量之谜"，他们认为从事科技与管理工作的复杂劳动也创造价值（党建德，2001；谷书堂，

2002）。至于这些劳动是否创造价值，我们不予讨论，即使假定各类活劳动都创造价值，也不能说明GDP增长率高于劳动总量增长率的原因，除非从事复杂劳动的人数占总劳动人数的比例逐年增加，或者整个社会的劳动复杂程度逐年提高，马艳、程恩富（2002）、孟捷（2005）正是从这个角度来解谜的。他们认为，在自然时间衡量的劳动总量不变的情况下，劳动复杂程度随着劳动生产率的提高而增加，因此GDP衡量的折算成简单劳动的总量呈现出增长趋势。[①]。马艳、程恩富、孟捷的解释忠于马克思劳动价值论的精神实质，为解谜提供了一种新的视角，[②] 具有创建性，但他们的理论观点存在有待商榷之处。

我们用 f 表示劳动生产率，用 $l_c$ 表示复杂劳动总量，用 $l_s$ 表示简单劳动总量，用 $\theta(f)$ 表示复杂劳动与简单劳动的换算系数，用 $q(f)$ 表示商品数量，商品数量与劳动生产率成正比，即 $dq/df > 0$，用 $v(f) = l_c/q(f) = l_s\theta(f)/q(f)$ 表示单位商品的个别价值。求 v 关于 f 的导数得：

$$\frac{dv}{df} = v\left(\frac{1}{\theta}\frac{d\theta}{df} - \frac{1}{q}\frac{dq}{df}\right) = v\left(\frac{\theta'}{\theta} - \frac{q'}{q}\right) \qquad (5-1)$$

根据马艳、程恩富、孟捷的观点，$\theta' > 0$。由（5-1）式可知，当 $\theta'/\theta > q'/q$ 时，$v' > 0$，即劳动生产率与单位商品的个别价值成正比；反之则相反。因此，"如果劳动生产率变动是由劳动的主观和客观条件共同变动引起的，劳动生产率与价值量变动方向不确定，也可能是正方向变动也可能是反方向变动。"[③] 然而，这个结论与客观经济实际相矛盾。

对超额剩余价值的追求所引起的竞争使个别价值平均化为市场价值（魏旭，2017），为了抢占市场份额，获取超额剩余价值，资本家要尽可能使其商品的个别价值低于市场价值，资本家竞相采用先进机器提高劳动生产率正是出于这个目的。如果资本家提高劳动生产率，单位商品的个别价值增加，进而高于市场价值，那么，资本家将难以抢占市场份额，无法获取超额剩余价值，试问他们为何还要提高劳动生产率呢？因此，劳动生产率与单位商品价值不可能正方向变动，从而不可能是"劳动生产率与价值量变动方向不确定，也可能是正方向变动也可

---

① 张忠任（2011）的解谜观点与此相似，作者将劳动生产率提高导致的劳动复杂程度增加称为商品价值量的"期差性"，其含义为，劳动生产率提高后的1单位劳动相当于提高前的 n（n>1）单位劳动。

② 马艳、程恩富、孟捷的解谜观点其实是坚持劳动生产率与单位时间创造的价值量成正比。"成正比"观点不仅可以解释时间层面的GDP增长率与劳动投入量增长率不一致，而且可以解释空间层面的GDP与劳动投入量之比存在国际差异（孟捷，2017）。

③ 程恩富，马艳. 马克思"商品价值量与劳动生产率变动规律"新探 [J]. 财经研究，2002（10）：47.

能是反方向变动。"① 事实上，采用机器提高劳动生产率不会增加劳动复杂程度，这是因为，机器使工人的技巧消失，使劳动失去内容。如马克思所言，"由于机器使用同一的、简单的……劳动，去代替有手艺的独立的手工业者和由于分工而发展起来的劳动专业化，它就……把一切劳动都变为简单劳动"②；"［由于使用机器，］从事各种不同形式活动的比较复杂的劳动被消灭了，代替它的是简单的机器劳动"③。

## 三、理解劳动生产率与价值量的关系，破解"价值总量之谜"

通过对前人解谜观点的分析我们发现，要解决"价值总量之谜"，关键要理清以下两个问题：第一，以劳动投入量衡量的价值总量与 GDP 衡量的价值总量中的"价值"是否为同一抽象层次的范畴；第二，如何理解劳动生产率与 GDP 衡量的价值总量正相关。事实上，"价值总量之谜"是马克思看似矛盾的论述在宏观经济中的表现。在《资本论》第 1 卷马克思指出，"商品的价值量……与劳动的生产力成反比地变动"④；"不管生产力发生了什么变化，同一劳动在同样的时间内提供的价值量总是相同的"⑤；"生产力特别高的劳动起了自乘的劳动的作用，或者说，在同样的时间内，它所创造的价值比同种社会平均劳动要多"⑥。

### （一）劳动生产率与价值量关系的理解

学术界对马克思看似矛盾的论述的理解尚存争议，一类理解为"成反比"，另一类理解为"成正比"。持"成反比"的学者认为，劳动生产率越高，生产单

---

① 孟捷（2005）既坚持劳动生产率与单位时间创造的价值量成正比，又坚持企业提高生产率能降低单位价值从而获取超额利润，他认为，"在生产率提高前全部产出的价值为 1 小时，提高后增加为 1.25 小时，这是所谓的'成正比'；另一方面，从单位价值来看生产率变化前为 1/12，生产率变化后减少为 1.25/24，这便是'成反比'。"然而，为什么是 1.25/24，而不是 1.25/15 或 1.25/14 呢？显然，为了避免"成正比"与经济实际相矛盾，作者未加说明地设定劳动复杂程度的增加率（25%）小于商品数量的增长率（100%）。

② 马克思恩格斯全集第 47 卷 ［M］. 北京：人民出版社，1979：560.

③ 马克思恩格斯全集第 47 卷 ［M］. 北京：人民出版社，1979：520.

④ 资本论第 1 卷 ［M］. 北京：人民出版社，2004：53 – 54.

⑤ 资本论第 1 卷 ［M］. 北京：人民出版社，2004：60.

⑥ 资本论第 1 卷 ［M］. 北京：人民出版社，2004：370.

位商品耗费的时间越少，单位商品的价值越小，反之则相反（丁堡骏、张洪平，1994；白暴力，2002；张衔，2011）。持"成正比"的学者认为，劳动生产率提高增加了劳动的强度、复杂程度与有用程度，因此，在同样的时间里，生产率高的劳动能够创造更多的价值（马艳、程恩富，2002；孟捷，2005，2017；何干强，2011）。前者坚持马克思的"不管生产力发生了什么变化，同一劳动在同样的时间内提供的价值量总是相同的"的论断，而后者则认为该论断"不具有普遍意义"。笔者认为，由于没有价值向市场价值转化的理论，一些学者无法正确理解马克思看似矛盾的论述，因而提出了"成正比"的错误观点。

要正确理解马克思看似矛盾的论述，首先必须理清劳动生产率与单位商品价值量之间的本质关系，以及这种本质关系在不同商品经济阶段呈现出的若干表象关系（丁堡骏、张洪平，1994）。为此，需要区分两类不同抽象层次的范畴：（Ⅰ）价值，（Ⅱ）个别价值与市场价值。决定商品价格的价值是一个高度抽象的范畴，在不同的商品经济阶段有不同的形式，在简单商品经济，价值的具体形式是个别价值；在资本主义商品经济，当竞争在部门内部开展时，价值的具体形式是市场价值。"成反比"是马克思在高度抽象的商品经济条件下得出的规律，反映了劳动生产率与商品价值量的本质关系。在简单商品经济表现为劳动生产率与商品的个别价值成反比。在资本主义商品经济，生产同种商品的不同企业的劳动生产率存在差异，企业之间的竞争使个别价值转化为市场价值，此时，"成反比"表现为：个别企业的劳动生产率与商品的个别价值成反比；部门的劳动生产率与商品的市场价值成反比。

按照马艳、程恩富、孟捷的"成正比"观点理解，会得到与经济实际相矛盾的结论，而且他们理解的"成正比"需要满足劳动生产率提高速度在企业之间存在结构性差异的条件（孟捷，2017）。那么，生产率高的劳动在同一时间内创造更多的价值该如何理解呢？笔者认为应结合"成反比"加以理解。无论劳动生产率是高还是低，各企业在同样的时间内提供的价值量相同，然而，劳动生产率高的企业能够生产出更多的商品，其个别价值低于市场价值，按统一的市场价值出售，劳动生产率高的企业实现的价值量大于自身提供的价值量，即获取超额剩余价值，劳动生产率低的企业则相反，即损失部分剩余价值。因此，生产率高的劳动创造更多的价值应理解为，耗费同样的劳动时间，生产率高的劳动能够实现更多的按市场价值计算的价值量，即统一的市场价值与更多的使用价值量的乘积。需要说明的是，由于个别价值总量等于市场价值总量，因而劳动生产率高的企业获取的超额剩余价值恰好是劳动生产率低的企业损失的剩余价值，这也就是说，在个别价值转化为市场价值的过程中，部分剩余价值从劳动生产率低的企业转移到劳动生产率高的企业。

综上所述，马克思在《资本论》第 1 卷中看似矛盾的论述应结合其在《剩余价值理论》中的论述理解。马克思指出，"本来的过程却是除法，乘法只是在除法之后，以除法作为自己的前提才是正确的。"[1] 这里的除法是指商品的个别价值等于个别企业的价值量除以该企业的商品数量，商品的市场价值等于各企业的价值量之和除以商品数量之和；乘法是指个别企业实现的价值量等于商品的市场价值乘以该企业的商品数量。先除法后乘法是理解马克思看似矛盾的论述的逻辑顺序。

### （二）破解"价值总量之谜"

如果我们将分析视角延伸至时间层面或国家层面，将劳动生产率不同的企业看作某个国家的不同时期，或者看作世界上不同的国家，例如，将劳动生产率高的企业看作一国生产率提高后的时期，将劳动生产率低的企业看作一国生产率提高前的时期，或者，将劳动生产率高的企业看作发达国家例如美国，将劳动生产率低的企业看作发展中国家例如中国，那么"价值总量之谜"便能够得到合理地解决。

为了便于分析，我们假定：第一，n 个国家在每一期均只生产 m 种商品，没有新产品出现；第二，n 个国家生产 m 种商品的劳动生产率均逐期提高，商品数量均逐期增加；第三，对于任意一种商品的生产，发达国家的劳动生产率均比发展中国家的高；第四，假定各期的单位国际货币代表的价值量均相同，即不考虑通胀引起的 GDP 增长。用矩阵 $\mathbf{F}^t = (f_{ij}^t)_{n \times m}$ 表示第 t 期 n 个国家生产 m 种商品的劳动生产率，即单位劳动时间生产的商品数量，其中，$f_{ij}^t$ 表示第 t 期 i 国生产 j 商品的劳动生产率。第 t 期 i 国 j 商品的国别价值 $v_{ij}^t = 1/f_{ij}^t$。用矩阵 $\mathbf{L}^t = (l_{ij}^t)_{n \times m}$ 表示第 t 期 n 个国家生产 m 种商品的劳动投入量，其中，$l_{ij}^t$ 表示第 t 期 i 国生产 j 商品的劳动投入量。第 t 期 i 国 j 商品的产量 $q_{ij}^t = f_{ij}^t l_{ij}^t$，第 t 期 j 商品的国际价值为：

$$\overline{v_j^t} = \frac{\sum\limits_{h=1}^{n} v_{hj}^t q_{hj}^t}{\sum\limits_{h=1}^{n} q_{hj}^t} = 1 / \frac{\sum\limits_{h=1}^{n} l_{hj}^t f_{hj}^t}{\sum\limits_{h=1}^{n} l_{hj}^t} = \frac{1}{\overline{f_j^t}} \qquad (5-2)$$

其中，$\overline{f_j^t}$ 表示第 t 期 j 商品的世界劳动生产率。在经济全球化日益深入的条件下，商品按照国际价值决定的国际价格在国际市场进行交换，此时，第 t 期 i 国实现

---

[1] 马克思恩格斯全集第 34 卷 [M]. 北京：人民出版社，2008：294.

的国际价值的货币当量即国内生产总值为：

$$GDP_i^t = \sum_{j=1}^{m} \overline{p_j^t} q_{ij}^t = \frac{1}{v_M^t} \sum_{j=1}^{m} \overline{v_j^t} q_{ij}^t = \frac{1}{v_M^t} \sum_{j=1}^{m} \overline{v_j^t} f_{ij}^t l_{ij}^t \qquad (5-3)$$

其中，$\overline{p_j^t}$ 表示第 t 期 j 商品的国际价格，即国际价值的国际货币表现，$v_M^t$ 表示第 t 期单位国际货币代表的价值量。结合（5-2）式可得，在第 t 期，按照国际价值出售一单位 j 商品，i 国转移的价值量同创造的价值量之比（价值国际转移率）为：

$$\eta_{ij}^t = \frac{(\overline{v_j^t} - v_{ij}^t)}{v_{ij}^t} = \frac{\sum_{h=1}^{n} l_{hj}^t}{\sum_{h=1}^{n} l_{hj}^t f_{hj}^t} f_{ij}^t - 1 = \frac{f_{ij}^t}{\overline{f_j^t}} - 1 \qquad (5-4)$$

由（5-4）式可知，如果 i 国生产 j 商品的劳动生产率高于世界平均劳动生产率，那么，$v_{ij}^t < \overline{v_j^t}$，$\eta_{ij}^t > 0$；反之则相反。由（5-4）式可得 $\overline{v_j^t} = (1 + \eta_{ij}^t) v_{ij}^t$，代入（5-3）式可得：

$$GDP_i^t = \frac{1}{v_M^t} \sum_{j=1}^{m} (1 + \eta_{ij}^t) l_{ij}^t = \frac{1}{v_M^t} \sum_{j=1}^{m} (1 + \eta_{ij}^t) v_{ij}^t q_{ij}^t \qquad (5-5)$$

i 国的 GDP 同用国际货币表现的劳动投入量之比为：

$$\omega_i^t = \frac{GDP_i^t}{\frac{1}{v_M^t} \sum_{j=1}^{m} l_{ij}^t} = \frac{\sum_{j=1}^{m} l_{ij}^t + \sum_{j=1}^{m} \eta_{ij}^t l_{ij}^t}{\sum_{j=1}^{m} l_{ij}^t} = 1 + \frac{\sum_{j=1}^{m} \eta_{ij}^t l_{ij}^t}{\sum_{j=1}^{m} l_{ij}^t} \qquad (5-6)$$

如果将第 t 期设为基期，那么，由（5-3）式、（5-5）式可知，按不变价格计算的 i 国的 GDP 增长率为：

$$g_{iGDP} = \frac{\sum \overline{p_j^t} q_{ij}^{t+1}}{\sum \overline{p_j^t} q_{ij}^t} - 1 = \frac{\sum \overline{v_j^t} q_{ij}^{t+1}}{\sum \overline{v_j^t} q_{ij}^t} - 1 = \frac{\sum (1 + \eta_{ij}^t) v_{ij}^t q_{ij}^{t+1}}{\sum (1 + \eta_{ij}^t) v_{ij}^t q_{ij}^t} - 1 \quad (5-7)$$

i 国的劳动投入量增长率为：

$$g_{il} = \frac{\sum l_{ij}^{t+1}}{\sum l_{ij}^t} - 1 = \frac{\sum v_{ij}^{t+1} q_{ij}^{t+1}}{\sum v_{ij}^t q_{ij}^t} - 1 \qquad (5-8)$$

结合以上各式，我们来求解"价值总量之谜"。首先解答第一个谜题：在劳动投入量基本不变的情况下，按照不变价格计算的 GDP 为什么会有可观的增长。由（5-8）式可知，当劳动总量基本不变时，$g_{il} \approx 0$。随着劳动生产率的提高，任意一种商品的产量增加，即 $q_{ij}^{t+1} > q_{ij}^t$，进而 $\overline{v_j^t} q_{ij}^{t+1} > \overline{v_j^t} q_{ij}^t$，$\overline{p_j^t} q_{ij}^{t+1} > \overline{p_j^t} q_{ij}^t$，由

（5-7）式可得，$g_{iGDP} > 0$，因此 $g_{iGDP} > g_{il}$。[①] 这也就是说，在劳动总量不变的情况下，由于劳动生产率提高，当期的商品数量较于基期增加，如果按照基期的国际价值决定的国际价格计算 GDP，即按照不变价格计算 GDP，GDP 就会有可观的增长。按不变价格计算 GDP，控制了商品价值变动引起的商品价格变动，在这种情况下，GDP 与商品数量严格同向变动，于是形成了一些学者所认为的 GDP 是衡量使用价值总量而不是价值总量的表象。

接下来解答第二个谜题：为什么我国每年投入的劳动总量远大于美国，而我国的 GDP 却小于美国。由（5-3）式与（5-5）式可知，一国的 GDP 不仅取决于该国的劳动投入量，而且取决于该国的劳动生产率从而转入或转出的价值量。美国为发达国家，劳动生产率高于世界平均水平，在国际交换中能够转入部分价值，即 $\eta^t_{USAj} > 0$。中国为发展中国家，劳动生产率低于世界平均水平，在国际交换中会转出部分价值，即 $\eta^t_{CHNj} < 0$。当美国转入的价值量与中国转出的价值量达到一定程度，就会出现虽然 $\sum l^t_{USAj} < \sum l^t_{CHNj}$ 但 $GDP^t_{USA} > GDP^t_{CHN}$ 的情况，此时，中国的 $\omega^t_{CHN} < 1$，而美国的 $\omega^t_{USA} > 1$。这也就是说，按照国际价值交换，由于劳动生产率高，美国能够从其他国家转入部分价值，因而实现的价值量大于投入的劳动量，而我国则恰好相反，价值国际转移是我国劳动投入量大于美国而 GDP 小于美国的重要原因。如果美国和中国的国别价值均等于国际价值，即 $\eta^t_{ij} = 0$，并且各国汇率严格由各国货币所代表的价值量决定，那么，由（5-5）式可知，当中国的劳动投入量大于美国时，中国的 GDP 也要高于美国。

一般地，以美国为代表的发达国家，其劳动生产率普遍高于世界平均水平，按照统一的国际价值出售，这些国家能够转入部分剩余价值，即 $\eta^t_{dj} > 0$（d 代表发达国家），从而实现的价值量大于投入的劳动量，这些国家的按国际价格计算的 GDP 同劳动投入量的货币当量之比 $\omega^t_d > 1$。而以中国为代表的发展中国家则相反，即 $\eta^t_{uj} < 0$（u 代表发展中国家），$\omega^t_u < 1$。正如马克思所指出的，"生产效率较高的国民劳动在世界市场上也被算作强度较大的劳动"[②]；"强度较大的国民劳动比强度较小的国民劳动，会在同一时间内生产出更多的价值，而这又表现为更多的货币"[③]。

---

① 由（5-7）式、（5-8）式可得，当 $g_{il} \neq 0$ 时，$g_{iGDP} > g_{il}$ 仍然成立，证明过程参见附录五。
②③ 资本论第 1 卷 [M]. 北京：人民出版社，2004：645.

## 四、价值国际转移率与单位劳动 GDP 的经验分析

### （一）模型的构建

GDP 增长率高于劳动投入量增长率的原因易于理解，没有进一步考察的必要。GDP 与劳动投入量之比存在国际差异的原因在于劳动生产率国际差异引起的价值国际转移，根据（5-6）式，在不考虑通货膨胀的情况下，一国的 GDP 与劳动投入量之比与该国的价值国际转移率正相关，根据（5-4）式，一国的价值国际转移率与该国的劳动生产率正相关。为了考察 GDP 与劳动投入量之比与价值国际转移率的关系，我们构建如下模型[①]

$$GDP_{it}/l_{it} = \beta_0 + \beta_1 \eta_{it} + \boldsymbol{\varphi} \mathbf{X}_{it} + \mu_i + \lambda_t + \varepsilon_{it} \qquad (5-9)$$

其中，$\beta_0$ 为常数项，$\beta_1$ 为解释变量的回归系数，$\boldsymbol{\varphi}$ 为控制变量的回归系数向量，$\mathbf{X}_{it}$ 为控制变量向量，$\mu_i$ 为国家固定效应，$\lambda_t$ 为时间固定效应，$\varepsilon_{it}$ 为扰动项，i 代表国家，t 代表年份。控制变量为贸易条件指数、官方总储备、城镇人口占总人口比、家庭消费率、外国直接投资净流入、高科技出口占制成品比、失业率、劳动力参与率的男女比率。

### （二）样本选取与变量说明

本节研究样本的数据来自世界银行、联合国、国际劳工组织的数据库以及 WIOD（世界投入产出数据库），匹配后的数据涵盖 38 个世界主要经济体，时间跨度为 2000~2014 年。GDP 按 2011 年不变价——购买力平价计算，这样可以剔除通货膨胀和汇率偏差等因素对 GDP 的影响。劳动投入量用 WIOD 的 SEA 账户公布的劳动总时数度量。如何度量价值国际转移率是本节的关键。限于数据我们无法测算一国的价值国际转移率，不过，该指标与一国在出口贸易中实现的价值占该国附加值总额的比正相关，[②] 如果一国总出口中包含的来自国内的附加值越

---

[①]　关于劳动生产率与价值国际转移率之间关系的实证分析，可参见王智强，李明. 剩余价值国际转移及其经济效应分析 [J]. 当代经济研究，2017（12）.

[②]　发达国家凭借在全球价值链分工中占据高端环节转移他国价值，凭借在国际贸易中按高于国别价值的国际价值出售商品转移他国价值（王智强、李明，2017；王智强，2018），因此，发达国家的价值国际转移率高。另外，由于发达国家在分工与贸易具有优势，因此，在发达国家的单位附加值中通过贸易实现的部分相对较多。发展中国家则正好相反。

多，那么该国通过出口获取的利润也就越多（王岚、盛斌，2014；戴翔，2015），即实现的价值越多。因此，我们用总出口中来自国内的附加值同附加值总额的比度量价值国际转移率①。各解释变量的方差膨胀因子（VIF）远小于 10（最大值为 2.69），这表明各解释变量之间不存在严重的共线性。表 5-1 为所选取变量的描述性统计。

表 5-1 各变量的描述性统计

| 变量 | 含义 | 单位 | 观测值 | 均值 | 标准差 | 最小值 | 最大值 |
|------|------|------|--------|------|--------|--------|--------|
| GDP/l | GDP 与劳动投入量之比 | 美元/时 | 570 | 48.81 | 20.45 | 5.90 | 96.06 |
| η | 价值国际转移率 | % | 585 | 27.83 | 11.39 | 6.97 | 66.57 |
| ctr | 贸易条件指数 | 2000 年 = 100 | 585 | 102.25 | 16.95 | 73.88 | 203.21 |
| trs | 官方总储备（对数化） | 美元 | 585 | 24.00 | 1.88 | 18.40 | 28.99 |
| pct | 城镇人口占总人口比 | % | 585 | 72.31 | 13.85 | 27.67 | 97.82 |
| hor | 家庭消费率 | % | 585 | 56.48 | 8.33 | 34.03 | 72.61 |
| fdi | 外国直接投资净流入 | 百亿美元 | 581 | 3.46 | 6.70 | -2.97 | 73.40 |
| htr | 高科技出口占制成品比 | % | 585 | 15.41 | 10.11 | 1.47 | 71.74 |
| une | 失业率 | % | 585 | 7.86 | 4.03 | 1.81 | 27.47 |
| mvw | 劳动参与率的男女比率 | % | 585 | 73.86 | 12.32 | 33.26 | 89.21 |

注：家庭消费率为 2005 年不变价计算的家庭消费支出同 2005 年不变价计算的 GDP 之比。

## （三）计量结果及分析

固定效应模型（FE）与随机效应模型（RE）的估计结果显示，GDP 同劳动投入量的比与价值国际转移率的回归系数为正且高度显著；控制变量的加入未对估计结果产生实质性影响（见表 5-2 的（1）~（4）列）。这表明，一国的价值国

① 该指标可分解为（总出口中来自国内的附加值/出口总额）×（出口总额/附加值总额），它表示每单位出口中来自国内的附加值与出口贸易依存程度的乘积。笔者利用 WIOD 的 ICIO 表与 OECD 提供的总出口中附加值来源（origin of value added in gross exports）的计算方法，测算出各国总出口中来自国内的附加值，具体可见：http://www.oecd.org/sti/ind/tiva/TIVASaM_2016_Indicator_Definitions.pdf，或 R. Koopman；Zhi Wang and Shang - Jin Wei. Tracing Value - Added and Double Counting in Gross Exports, *American Economic Review*, 2014, 104（2），pp. 459 - 494. 附加值总额（GDP - 产品税 + 产品补贴）来自联合国数据库。

际转移率越高，该国的 GDP 与劳动投入量之比相应地越大；一国的价值国际转移率提高，该国的 GDP 与劳动投入量之比相应地增加。实证结果验证了（5－6）式。

我们尝试采取两种方法解决可能存在的内生性问题。第一，将剩余价值国际转移量的滞后一期作为解释变量进行估计，结果如表 5－2 的（5）列所示。第二，采取工具变量法，将国际贸易程度作为工具变量，这是因为，国际贸易程度通过影响一国在贸易中实现的价值量，进而影响 GDP 从而 GDP 与劳动投入量之比，也就是说，国际贸易程度通过影响 η 进而影响 GDP/l，而不会直接对 GDP/l 产生影响。用商品贸易额占 GDP 比度量国际贸易程度，估计结果如表 5－2 的（6）列所示。不难发现，与 FE、RE 的估计结果相比，滞后一期、IV－2SLS 的估计结果未发生实质性变化，这表明价值国际转移率与 GDP 同劳动投入量之比的内生性问题并不严重，估计结果具有稳健性。

表 5－2　　　　　价值国际转移率与 GDP 同劳动投入量之比的估计结果

| 变量 | FE | FE | FE | RE | FE | IV－2SLS |
|---|---|---|---|---|---|---|
| | （1） | （2） | （3） | （4） | （5） | （6） |
| η | 0.084 *** (3.16) | 0.070 ** (2.44) | 0.073 *** (2.67) | 0.091 *** (3.23) | | 0.152 *** (3.73) |
| L. η | | | | | 0.065 ** (2.27) | |
| ctr | | 0.016 * (1.87) | 0.009 (1.10) | 0.012 (1.36) | 0.010 (1.23) | 0.012 (1.45) |
| trs | | 0.420 ** (2.50) | 0.337 ** (1.99) | 0.290 * (1.67) | 0.335 * (1.94) | 0.367 ** (2.20) |
| pct | | －0.207 *** （－2.89） | －0.272 *** （－3.77） | －0.138 ** （－1.97） | －0.264 *** （－3.36） | －0.226 *** （－3.09） |
| hor | | －0.114 ** （－2.54） | －0.136 *** （－3.13） | －0.135 *** （－3.01） | －0.159 *** （－3.51） | －0.103 ** （－2.31） |
| fdi | | | 0.020 (1.02) | 0.018 (0.89) | 0.023 (1.15) | 0.022 (1.12) |
| htr | | | －0.092 *** （－4.47） | －0.077 *** （－3.64） | －0.080 *** （－3.58） | －0.096 *** （－4.68） |

续表

| 变量 | FE | FE | FE | RE | FE | IV – 2SLS |
|---|---|---|---|---|---|---|
| | （1） | （2） | （3） | （4） | （5） | （6） |
| une | | | 0.030 (0.87) | 0.012 (0.33) | 0.030 (0.88) | 0.026 (0.77) |
| mvw | | | −0.248 *** (−5.75) | −0.217 *** (−4.96) | −0.228 *** (−5.13) | −0.242 *** (−5.67) |
| 常数项 | 41.923 *** (55.55) | 52.112 *** (7.60) | 78.889 *** (10.06) | 67.603 *** (8.19) | 87.619 *** (10.05) | |
| 国家固定效应 | 控制 | 控制 | 控制 | 控制 | 控制 | 控制 |
| 时间固定效应 | 控制 | 控制 | 控制 | 控制 | 控制 | 控制 |
| 观测值 | 570 | 570 | 566 | 566 | 530 | 566 |
| $R^2$ | 0.661 | 0.672 | 0.706 | 0.704 | 0.671 | 0.701 |

注：*、**、*** 分别对应 10%、5%、1% 的显著水平，括号内为 t 值或 z 值。在 IV – 2SLS 第一阶段的估计结果中，贸易额占 GDP 比与价值国际转移率的回归系数为 0.179，t 值为 19.83，为保证工具变量的合理性，笔者做了如下检验：（1）Cragg – Donald F 统计量高度拒绝了模型弱识别的原假设；（2）Anderson – Rubin F 统计量高度拒绝了内生性回归元的系数之和等于零的原假设；（3）Sargan 过度识别检验证明了工具变量的外生性。

## 五、尾论

"成反比"反映了劳动生产率与商品价值量的本质关系，在简单商品经济表现为劳动生产率与商品的个别价值成反比，在资本主义商品经济表现为：个别企业的劳动生产率与商品的个别价值成反比；部门的劳动生产率与商品的市场价值成反比。劳动生产率高的劳动创造更多的价值应理解为，在同一时间内劳动生产率高的劳动能够实现更多的按市场价值计算的价值。在劳动投入量不变的情况下，由于劳动生产率提高，当期的商品数量较于基期增加，用基期国际价值决定的国际价格乘以当期商品数量得到的 GDP 会有可观增长。在国际交换中，一部分价值从劳动生产率低的发展中国家向劳动生产率高的发达国家转移，因此，发达国家的 GDP 同劳动投入量之比大于发展中国家的。基于 38 个国家 2000 ~ 2014

年面板数据的计量分析验证了这一点。①

我们从剩余价值国际转移角度回答了单位劳动投入 GDP 为什么存在国际差异这一问题，由此自然而然引出下一个经济学界普遍关注的问题，即经济增长率为什么存在国际差异。新古典经济增长理论及其衍生的内生经济增长理论认为，人口增长率、技术进步率与人力资本积累率的国际差异是经济增长率存在国际差异的主要原因。这种观点被西方主流经济学普遍接受。然而，西方经济增长理论以要素价值理论和一般均衡理论为基础（吴易风，2007；魏旭、高冠中，2017），具有庸俗性和内在缺陷，因此，虽然其观点具有一定的合理性，但其论证的科学性令人质疑。"价值总量之谜"的破解，给出了这个问题的马克思经济学解答，我们将在下一节详细探讨。

## 第二节　剩余价值国际转移与经济增长

### 一、引言

习近平总书记在十九大报告中指出，新时代我国经济已由高速增长阶段转向高质量发展阶段。推动经济高质量发展，要贯彻落实新发展理念，"实施创新驱动发展战略，加快关键核心技术自主创新"②，"加快培育形成新的增长动力"③。经济高质量增长是经济高质量发展的核心与前提，学术界对经济高质量增长进行了研究，一些学者以新古典经济增长理论和内生经济增长理论为基础。新古典经济增长理论认为，技术进步是比资本与劳动更重要的经济增长决定因素（Solow，1956），内生经济增长理论认为，技术进步来自新知识的研发，知识积累和人力资本积累是经济持续增长的重要动力（Romer，1986，1990；Lucas，1988）。新古典经济增长理论和内生经济增长理论强调技术进步、知识创新和教育培训在经

---

① 本节未考虑劳动复杂程度国际差异，根据一些学者的观点（张忠任，2011；孟捷，2017），劳动复杂程度国际差异也是 $\omega'$ 存在国际差异的原因，劳动复杂程度提高速度的国际差异也是经济增长存在国际差异的原因。不过需要说明的是，劳动复杂程度与劳动者的技能和受教育程度等因素有关，与劳动生产率无关。

② 习近平. 在庆祝改革开放40周年大会上的讲话［N］. 人民日报，2018 – 12 – 19.

③ 习近平谈治国理政第二卷［M］. 北京：外文出版社，2017：240.

济增长中的重要作用，在阐释经济高质量增长方面具有一定的合理性，然而前文已经指出，这两种理论建立在要素价值理论和一般均衡理论之上，具有庸俗性和内在缺陷，因此，虽然其观点具有一定的合理性，但其论证的科学性令人质疑。

其实，经济增长可追溯至马克思，[①] 马克思的社会再生产理论就是经济增长理论（吴易风，2003）。学术界依据马克思的社会再生产理论推出了经济增长的一般表达式：经济增长率＝（资本积累率×剩余价值率）/（1＋资本有机构成）。一些学者将技术进步和教育培训纳入马克思经济增长理论的研究中。石景云提出了考虑劳动生产率的经济增长模型，在模型中，与技术相关的劳动生产率直接影响经济增长（石景云，1988）。事实上，技术进步带来的劳动生产率提高，需要通过影响剩余价值率和资本有机构成间接影响经济增长。肖耀球（2007）认为，技术进步导致剩余价值率提高，进而促进经济增长。杨继国（2010）、唐国华等（2011）认为，技术进步导致资本有机构成增加，进而阻碍经济增长。施生旭等（2014）考察了技术进步通过影响剩余价值率和资本有机构成对经济增长产生的正负效应。马艳等（2017）认为，技术进步、劳动生产率提高通过增加内涵的可变资本推动内生经济增长。孟捷（2017）认为，教育培训带来的劳动复杂程度提高与劳动生产率提高能够产生价值效应和生产率效应，这两种效应是技术进步推动经济增长的两条途径。

以上学者的研究丰富和发展了马克思的经济增长理论，在一定程度上可以用来阐释经济高质量增长。然而，这些研究是在封闭经济条件下展开的，未考虑国家之间的剩余价值转移对经济增长的影响。在资本主义经济全球化模式中，发达国家利用技术优势转移发展中国家的剩余价值（朱燕，2017），剩余价值国际转移会阻碍发展中国家经济增长，导致世界经济不平衡发展。因此，研究马克思经济增长理论有必要考虑剩余价值国际转移。将剩余价值国际转移纳入马克思经济增长理论研究为阐释新时代经济高质量增长提供了新视角。依靠技术创新驱动的中国经济高质量增长，能够缩小中国与发达国家的技术差距，抑制发达国家对中国剩余价值的转移。在人类命运共同体理念引领下，依靠技术创新驱动的中国经济高质量增长，有利于促进发展中国家技术进步，弱化剩余价值国际转移，推动世界经济联动增长。

本节将在劳动生产率国际差异引起剩余价值国际转移的基础上，提出纳入剩余价值国际转移的马克思经济增长模型，考察剩余价值国际转移等因素对经济增长的直接影响以及劳动生产率对经济增长的间接影响，对剩余价值国际转移与经

---

① 多马. 经济增长理论［M］. 郭家麟，译. 北京：商务印书馆，1983：20.

济增长之间的关系进行经验分析。在此基础上，阐述新时代中国经济高质量增长及其对世界经济平衡发展的意义。

## 二、纳入剩余价值国际转移的马克思经济增长模型

研究经济增长的著名学者多马曾指出，"经济增长模型……至少可以追溯到马克思"[1]，马克思创立的社会再生产理论其实就是经济增长理论，以社会再生产理论为基础，苏联经济学家费里德曼构建了经济增长模型（吴易风，2003，2007）。社会简单再生产是经济零增长，社会扩大再生产是经济正增长。不过，马克思研究社会再生产理论的核心在于解决社会总产品的实物补偿与价值补偿问题，基于这一研究目的，马克思将社会划分为两大部类。如果单纯地研究经济增长，我们可以舍去对社会总产品的实物补偿与价值补偿问题的分析，假定社会再生产平衡条件得以满足，在这种情况下，不需要进行两大部类划分。[2]

根据马克思的扩大再生产理论，$\Delta cc_t + \Delta vc_t = \beta_{t-1} s_{t-1} vc_{t-1}$，其中，cc 表示不变资本，vc 表示可变资本，$\Delta$ 表示追加值，$\beta$ 表示资本积累率，下标 t 表示时期。由于工人的技能水平和受教育程度不同，因而劳动力商品的可变资本具有异质性，工人的技能水平与受教育程度越高，他所拥有的劳动力商品在使用过程中提供的劳动越复杂，反之则越简单。考虑到可变资本的异质性，$\Delta cc_t + \Delta \widetilde{vc}_t = \beta_{t-1} s_{t-1} \widetilde{vc}_{t-1}$，其中，$\widetilde{vc}_t$ 表示异质性可变资本，$\widetilde{vc}_t = \theta_t \cdot vc_t$，$\theta_t$ 表示劳动复杂程度，一国的总产出即实现的价值总量为 $y_t = cc_t + \widetilde{vc}_t + s_t \widetilde{vc}_t$，资本有机构成为

$$\tilde{o}_t = \frac{cc_t}{\widetilde{vc}_t} = \frac{\Delta cc_t + cc_{t-1}}{\Delta \widetilde{vc}_t + \widetilde{vc}_{t-1}} \tag{5-10}$$

易知，$\tilde{o}_t$ 等于 $o_t / \theta_t$，$o_t$ 表示不考虑劳动复杂程度的资本有机构成。马克思是在封闭经济条件下考察资本主义的社会再生产，因而用于资本积累的剩余价值不包含一国转入或转出的剩余价值。如果在开放经济条件下，考虑剩余价值国际转移，那么，则有：

$$\Delta cc_t + \Delta \widetilde{vc}_t = \beta_{t-1} (1 + \eta_{t-1}) s_{t-1} \widetilde{vc}_{t-1} \tag{5-11}$$

一国的总产出应为

$$y_t = cc_t + \widetilde{vc}_t + (1 + \eta_t) s_t \widetilde{vc}_t \tag{5-12}$$

---

① 多马. 经济增长理论 [M]. 郭家麟，译. 北京：商务印书馆，1983：20.

② 需要说明的是，当不考虑社会总产品的实物补偿与价值补偿，将一个社会或国家看作一个大部类时，本节提出的纳入剩余价值国际转移的马克思经济增长模型，既适用于国家层面、部类层面，也适用于行业层面。为了保证样本量，下文在行业层面进行经验分析。

根据 (5-10)、(5-11)、(5-12) 式可得总产出增长率

$$g_t = \frac{y_t - y_{t-1}}{y_{t-1}} = \frac{cc_t + \widetilde{vc_t} + (1+\eta_t)s_t\widetilde{vc_t} - [cc_{t-1} + \widetilde{vc}_{t-1} + (1+\eta_{t-1})s_{t-1}\widetilde{vc}_{t-1}]}{cc_{t-1} + \widetilde{vc}_{t-1} + (1+\eta_{t-1})s_{t-1}\widetilde{vc}_{t-1}}$$

$$= \frac{(1+\eta_t)s_t}{1+\tilde{o}_t} - (1-\beta_{t-1})\frac{(1+\eta_{t-1})s_{t-1}}{1+\tilde{o}_t}\frac{1+\tilde{o}_t+(1+\eta_t)s_t}{1+\tilde{o}_{t-1}+(1+\eta_{t-1})s_{t-1}} \quad (5-13)$$

由 (5-13) 式可知，总产出增长率是剩余价值国际转移率 $\eta$、剩余价值率 s、资本有机构成 $\tilde{o}$ 以及资本积累率 $\beta$ 的函数。$\eta$、s、$\tilde{o}$、$\beta$ 又是劳动生产率 f 的函数，$d\eta/df = (1+s)/(s\bar{f}) > 0$。在《资本论》第 1 卷与第 3 卷中马克思指出，劳动生产率的提高降低了劳动力的价值，"促成一般剩余价值率的提高"[1]；"社会劳动生产力的发展，表现为可变资本同总资本相比相对减少"[2]；"随着劳动的社会生产力的发展，为了推动同量的劳动力所需要的总资本量越来越大"[3]。由此可知，剩余价值率和资本有机构成与劳动生产力成正比，即 ds/df > 0，do/df > 0。[4] 在竞争中，资本家只有不断进行资本积累、尽可能多地将剩余价值资本化才能维持自身，随着劳动生产率提高，资本家获取的剩余价值增加，资本家消费占剩余价值的比例越来越小，资本积累率越来越高。因此 d$\beta$/df > 0。为了分析简便，我们假定剩余价值中用于资本家消费的部分非常少，可以忽略不计，即资本积累率 $\beta$ 等于 1。综上所述，总产出增长率变为

$$g_t = g[\eta_t(f), s_t(f), o_t(f), \theta_t] = \frac{(1+\eta_t)s_t}{1+\tilde{o}_t} = \frac{(1+\eta_t)s_t}{1+o_t/\theta_t} \quad (5-14)$$

与学术界推出的马克思经济增长率一般表达式相比，(5-14) 式纳入了剩余价值国际转移率，同时考虑了与技术相关的劳动生产率以及与教育培训相关的劳动复杂程度。根据 (5-14) 式，分别求 g 关于 $\eta$、s、o、e 的偏导数可知，dg/d$\eta$ > 0，dg/ds > 0，dg/d$\theta$ > 0，dg/do < 0，这表明，经济增长率与剩余价值国际转移率、剩余价值率、劳动复杂程度正相关，与资本有机构成负相关。也就是说，一国从他国转移剩余价值的能力越强，剩余价值率越高，工人的技能水平和受教育程度越高，该国的经济增长速度越快；一国的资本有机构成越高，该国的经济增长速度越慢。根据 (5-14) 式，求 g 关于 f 的全导数可得

$$\frac{dg}{df} = \frac{dg}{d\eta}\frac{d\eta}{df} + \frac{dg}{ds}\frac{ds}{df} + \frac{dg}{do}\frac{do}{df} = g\left(\frac{1}{1+\eta}\frac{d\eta}{df} + \frac{1}{s}\frac{ds}{df} - \frac{1}{\theta+o}\frac{do}{df}\right) \quad (5-15)$$

---

① 资本论第 1 卷 [M]. 北京：人民出版社，2004：367.
② 资本论第 3 卷 [M]. 北京：人民出版社，2004：244.
③ 资本论第 3 卷 [M]. 北京：人民出版社，2004：247.
④ 根据马克思的相关论述，生产率高的劳动不会提供更多的价值量，劳动生产率提高也不会增加价值量。进一步可知，劳动生产率的变化不会影响劳动复杂程度，即 d$\theta$/df = 0。因此，d$\tilde{o}$/df = 1/$\theta$ · do/df > 0。

随着技术的进步，劳动生产率的提高，剩余价值国际转移率、剩余价值率、资本有机构成同时增加，剩余价值国际转移率与剩余价值率增加对经济增长有正效应，资本有机构成增加对经济增长有负效应。（5-15）式中，$\dfrac{dg}{d\eta}\dfrac{d\eta}{df}>0$，$\dfrac{dg}{ds}\dfrac{ds}{df}>0$，$\dfrac{dg}{do}\dfrac{do}{df}<0$。如果劳动生产率提高通过增加剩余价值国际转移率和剩余价值率对经济增长产生的正效应，小于通过增加资本有机构成对经济增长产生的负效应，即$\dfrac{1}{1+\eta}\dfrac{d\eta}{df}+\dfrac{1}{s}\dfrac{ds}{df}<\dfrac{1}{\theta+o}\dfrac{do}{df}$，那么随着劳动生产率提高经济增长速度放缓；如果相等，经济增长速度不变；如果大于，经济增长速度加快。

## 三、剩余价值国际转移与经济增长的经验分析

### （一）模型的构建

本部分着重考察剩余价值国际转移对经济增长的影响。根据前文分析，剩余价值率和资本有机构成是影响经济增长的因素，因而也被视作解释变量。我们构建如下模型

$$g_{ijt}=\beta_0+\beta_1\eta_{ijt}+\beta_2 s_{ijt}+\beta_3 o_{ijt}+\chi \mathbf{X}_{ijt}+\mu_i+\lambda_j+\varepsilon_{ijt} \qquad (5-16)$$

其中，$\beta_0$为常数项，$\beta_1$、$\beta_2$、$\beta_3$分别为解释变量的回归系数，$\chi$为控制变量的回归系数向量，$\mathbf{X}_{ijt}$为控制变量向量，$\mu_i$为国家固定效应，$\lambda_j$为行业固定效应，$\varepsilon_{ijt}$为扰动项，$i$代表国家，$j$代表行业，$t$代表年份。控制变量为就业人口增长率、资本利用效率（产出同资本存量比）、居民消费同增加值比、固定资本形成总额同增加值比、存货变动同增加值比、产品税同增加值比。

### （二）变量说明与描述性统计

本节的数据来自 WIOD 公布的 2000～2014 年世界投入产出表与社会经济账户，[①] 其统计对象涵盖 41 个经济体的 55 个行业。经济增长率用产出增长率度量，剩余价值率用（增加值-劳动报酬）/劳动报酬度量；资本有机构成用资本存量/劳动报酬度量。如何度量剩余价值国际转移率是计量分析的关键。剩余价值国际

---

① 社会经济账户中的劳动报酬、资本存量按本币计价，笔者根据 WIOD 公布的汇率将其换算为以美元计价。

转移率与出口中实现的剩余价值同出口额之比正相关,[①] 如果某国某行业出口中包含的来自国内的增加值越多,那么该国该行业通过出口获取的利润相对也就越多(王岚、盛斌,2014;戴翔,2015),即实现的剩余价值相对越多。因此,这里用出口中来自国内的增加值同出口额的比度量剩余价值国际转移率。解释变量与控制变量的方差膨胀因子均小于 10,这表明它们之间不存在严重的多重共线性。我们对关键变量的极端值进行了截尾处理。表5-3为变量的描述性统计。

表5-3 变量的描述性统计

| 变量 | 经济含义 | 观测值 | 均值 | 标准差 | 最小值 | 最大值 |
|---|---|---|---|---|---|---|
| g | 经济增长率 | 22641 | 0.076 | 0.132 | -0.316 | 0.549 |
| η | 剩余价值国际转移率 | 22641 | 0.796 | 0.127 | 0.374 | 1 |
| s | 剩余价值率 | 22641 | 1.062 | 0.937 | -0.803 | 5.469 |
| o | 资本有机构成 | 22641 | 4.330 | 3.798 | 0.177 | 20.881 |
| n | 就业人口增长率 | 22641 | 0.008 | 0.079 | -0.329 | 0.444 |
| yok | 资本利用率 | 22641 | 1.843 | 1.551 | 0.215 | 14.292 |
| roc | 居民消费同增加值比 | 22641 | 0.595 | 0.561 | 0.003 | 2.876 |
| gog | 固定资本形成总额同增加值比 | 22641 | 0.216 | 0.387 | -0.003 | 1.981 |
| iog | 存货变动同增加值比 | 22641 | -0.003 | 0.098 | -1.019 | 0.401 |
| tov | 产品税同增加值比 | 22641 | 0.059 | 0.054 | -0.009 | 0.329 |

### (三)计量结果及分析

从表5-4的(1)列可以看出,剩余价值国际转移率与经济增长率正相关且在1%的水平上显著,这表明,剩余价值国际转移转入有利于经济增长,在其他条件不变的情况下,剩余价值国际转移率高的发达国家经济增长快,剩余价值国际转移率低的发展中国家经济增长慢。

---

① 发达国家的行业凭借在全球价值链分工中占据高端环节转移他国剩余价值,凭借在国际贸易中按高于国别价值的国际价值出售商品转移他国剩余价值,因此,发达国家行业的剩余价值国际转移率高;另一方面,在分工与贸易中具有的优势使得发达国家的行业能在每单位出口中实现较多的剩余价值。发展中国家行业的剩余价值国际转移率低,每单位出口中实现的剩余价值少。

表 5-4　　　　　　剩余价值国际转移率与经济增长率的估计结果

| 变量 | （1）全样本 固定效应 | （2）全样本 固定效应 | （3）全样本 系统 GMM | （4）全样本 工具变量 | （5）第一产业 固定效应 | （6）第二产业 固定效应 | （7）第三产业 固定效应 |
|---|---|---|---|---|---|---|---|
| η | 0.356 *** (0.04) | | 0.628 *** (0.09) | 0.801 *** (0.08) | 0.353 *** (0.13) | 0.388 *** (0.05) | 0.302 *** (0.07) |
| L2. η | | 0.818 *** (0.04) | | | | | |
| s | 0.066 *** (0.01) | 0.088 *** (0.01) | 0.234 *** (0.01) | 0.057 *** (0.00) | 0.049 *** (0.01) | 0.069 *** (0.01) | 0.068 *** (0.01) |
| o | -0.015 *** (0.00) | -0.022 *** (0.00) | -0.044 *** (0.00) | -0.012 *** (0.00) | -0.007 ** (0.00) | -0.018 *** (0.00) | -0.014 *** (0.00) |
| n | 0.319 *** (0.02) | 0.319 *** (0.02) | 0.268 *** (0.02) | 0.324 *** (0.01) | 0.156 ** (0.06) | 0.366 *** (0.02) | 0.294 *** (0.02) |
| yok | 0.020 *** (0.00) | 0.028 *** (0.01) | 0.082 *** (0.01) | 0.025 *** (0.00) | 0.0230 (0.03) | 0.029 *** (0.01) | 0.013 *** (0.00) |
| roc | 0.010 (0.01) | 0.013 (0.01) | 0.076 *** (0.03) | 0.029 *** (0.01) | -0.041 (0.04) | 0.020 (0.01) | 0.002 (0.02) |
| tov | 0.624 *** (0.06) | 0.637 *** (0.07) | 3.368 *** (0.20) | 0.721 *** (0.05) | 0.564 ** (0.23) | 0.533 *** (0.08) | 0.716 *** (0.10) |
| gog | 0.032 * (0.02) | 0.031 (0.02) | 0.038 (0.03) | 0.050 *** (0.01) | 0.384 *** (0.07) | 0.064 *** (0.02) | -0.009 (0.02) |
| iog | 0.314 *** (0.03) | 0.339 *** (0.04) | 0.794 *** (0.06) | 0.328 *** (0.02) | 0.211 ** (0.09) | 0.319 *** (0.03) | 0.382 *** (0.10) |
| 常数项 | -0.300 *** (0.04) | -0.680 *** (0.04) | -0.846 *** (0.08) | | -0.313 ** (0.13) | -0.319 *** (0.04) | -0.258 *** (0.07) |
| 国家固定效应 | 控制 | 控制 | 控制 | 控制 | 控制 | 控制 | 控制 |
| 行业固定效应 | 控制 | 控制 | 控制 | 控制 | 控制 | 控制 | 控制 |

续表

| 变量 | (1) | (2) | (3) | (4) | (5) | (6) | (7) |
|---|---|---|---|---|---|---|---|
| | 全样本 | 全样本 | 全样本 | 全样本 | 第一产业 | 第二产业 | 第三产业 |
| | 固定效应 | 固定效应 | 系统 GMM | 工具变量 | 固定效应 | 固定效应 | 固定效应 |
| 观测值 | 22641 | 18308 | 17843 | 22617 | 946 | 9482 | 12213 |
| $R^2$ | 0.116 | 0.172 | | 0.106 | 0.089 | 0.165 | 0.084 |

注: *、**、*** 分别对应10%、5%、1%的显著水平, 括号内为稳健性标准误。为了保证工具变量的合理性, 笔者做了如下检验: (1) Cragg - Donald F 统计量高度拒绝了模型弱识别的原假设; (2) Anderson - Rubin F 统计量高度拒绝了内生性回归元的系数之和等于零的原假设; (3) Sargan 过度识别检验证明了工具变量的外生性。系统 GMM 的 AR1 (z)、AR2 (z)、Sargan ($\chi^2$) 分别为 - 23.84、1.249、1162.91。

为了处理可能存在的内生性问题, 并说明估计结果的稳健性, 本节采取四种方法。第一, 将剩余价值国际转移率的滞后二期作为解释变量进行估计,[①] 结果如表5-4的 (2) 列所示。第二, 借鉴一些学者的做法, 采用两步法系统 GMM 进行估计, 结果如表5-4的 (3) 列所示。第三, 采用工具变量法。一个行业的单位小时产出越高, 该行业的劳动生产率也越高。根据前文分析, 劳动生产率与剩余价值国际转移率直接相关, 与经济增长率间接相关, 换言之, 劳动生产率通过直接影响剩余价值国际转移率对经济增长产生间接影响。因此, 劳动生产率从而单位小时产出可作为剩余价值国际转移率的工具变量。估计结果如表5-4的 (4) 列所示。第四, 按照三次产业划分进行分类回归,[②] 估计结果如表5-4的 (5) ~ (7) 列所示。滞后二期、系统 GMM、工具变量、分类回归等四种方法的估计结果显示, 剩余价值国际转移率与经济增长率的回归系数均为正且在1%的水平上显著 (见表5-4的 (2) ~ (7) 列)。这说明, 剩余价值国际转移率与经济增长率的内生性并不严重, 剩余价值国际转移率对经济增长率有稳健的正效应。从表5-4还可以看出, 剩余价值率对经济增长率有正效应, 资本有机构成对经济增长率有负效应。计量结果与 (5-14) 式相一致。

---

① 将滞后一期的 η 作为解释变量进行估计, 结果与滞后二期的基本相同, 因而未予报告, 读者若感兴趣可联系笔者。

② 第一产业为农业 (IO 表中的 A01 - A03); 第二产业包括工业和建筑业 (IO 表中的 B、C10 - C33、D35、E36 - E39、F); 第三产业为服务业 (IO 表中的 G45 - T)。

## 四、新时代经济高质量增长与逆剩余价值国际转移

改革开放 40 多年来，依靠要素驱动和投资驱动，我国实现了经济高速增长，成为仅次于美国的世界第二大经济体。然而，我国的技术进步速度相对缓慢，技术水平与发达国家仍存在较大差距，社会劳动生产力普遍低于发达国家。一方面，改革开放初期，我国资源丰富、劳动力成本低，仅靠扩大不变资本与可变资本规模，经济也可以得到较快增长。另一方面，核心技术被西方发达国家控制，我国处在经济起步阶段，没有足够的资金研发新技术。这些是我国经济增长速度快而技术进步慢的原因。发达国家主要依靠技术进步驱动经济增长，因而技术水平保持世界领先。由于技术差距，在我国经济高速增长的同时，国内创造的一部分剩余价值被转移到发达国家。发达国家技术先进，劳动生产率高，生产单位商品所耗费的劳动时间少，国别价值低，按照统一的国际价值与我国进行交换，能够获取来自我国的超额剩余价值。[①]　对于其他经济增速较快的发展中国家而言，情况也基本如此。这些被转移来的剩余价值成为促进发达国家经济增长的源泉。

以习近平总书记为核心的党中央，运用唯物史观分析经济发展规律，准确把握当前国外经济形势和国内经济发展特征，作出我国经济已转向高质量发展阶段的重大判断。经济高质量发展的关键在于打造经济增长新引擎，把要素驱动、投资驱动转变为创新驱动，依靠创新驱动经济高质量增长是我国经济发展的必然趋势。从国内看，自然资源与环境资源无法承载粗放型的高速增长，劳动力价格上涨、资本有机构成增加，令高速增长难以为继。从国际看，2008 年全球金融危机后，世界经济复苏乏力，劳动密集型产品需求不足，以损失一部分剩余价值换取高出口的增长模式很难实现。在经济高质量发展阶段，党中央高度重视技术创新，强调要深化改革，建立健全创新体制机制，加快形成创新型人才队伍。经济高速增长也为我国研发新技术积累了足够多的资金。随着时间的推进，我国的科技水平和社会劳动生产力必将实现大幅跃升，与发达国家的差距必将逐步缩小。依靠技术进步、劳动生产率提高推动经济高质量增长，不仅有利于缓解经济增长带来的资源和环境压力，而且能够弱化发达国家对我国剩余价值的转移。随着我国的劳动生产率与发达国家的差距缩小，生产单位商品所耗费的国别社会必要劳

---

① 发达国家利用技术优势转移我国剩余价值的途径不止于此。按照国际生产价格、国际垄断价格进行交换，发达国家可以转移我国的剩余价值；发达国家因控制核心技术而占据全球价值链的高端环节，通过价格倒逼机制，将本应归我国工人所有的一部分剩余价值转变为自己的超额利润。

动时间即国别价值的差异减小，按照国际价值进行交换，发达国家转移我国的剩余价值量下降。此外，技术进步能够有效化解低端产能过剩，推动我国产业向中高端迈进，随着我国自主生产高端产品能力的提升，发达国家难以再通过按国际垄断价格出售高端产品的方式转移我国的剩余价值。剩余价值转出量减少对我国经济增长具有正效应。

在资本主义世界体系，发达国家为了促进本国经济增长，对发展中国家实行技术封锁，利用技术优势转移发展中国家的剩余价值，剩余价值国际转移对发展中国家经济增长产生不利影响。这种为推动本国经济增长而阻碍其他国家经济增长的模式导致世界经济不平衡发展，加剧了全球经济的不稳定性。面对挑战，中国提出了新方案。2013 年，习近平总书记首次提出构建人类命运共同体的倡议，党的十九大明确提出坚持推动构建人类命运共同体。人类命运共同体倡导开放、包容、共享的战略理念，体现的是一种新型国际关系。在人类命运共同体理念引领下，中国将与其他国家特别是发展中国家共享技术创新成果，实现技术共同进步，这有利于缩小国家之间的技术差距，抑制一国利用技术优势转移他国剩余价值。在以人类命运共同体为指导的新型国际关系中，技术创新不仅能够驱动我国经济高质量增长，而且能够推动国家间经济联动增长，对于世界经济平衡、普惠、共赢发展具有重要意义。

## 五、进一步的讨论与主要结论

人们习惯用 GDP 增长率衡量一个国家的经济增长速度。西方资产阶级经济学提出的 GDP 范畴是基于斯密教条及其进一步庸俗化的萨伊三位一体公式。[1] 按照马克思经济理论理解，不考虑固定资本折旧的 GDP 其实质是总的活劳动凝结形成的价值总量。综合本章前两节的讨论，我们将基于马克思劳动价值论理解的 GDP 重新表示为

$$GDP_t = \theta_t l_t + \varphi_t = \theta_t vc_t + (1 + \eta_t) \theta_t s_t vc_t \qquad (5-17)$$

其中，vc 表示提供简单劳动的劳动力商品的价值。这里假定活劳动创造的价值全部得以实现，并且劳动力价值与活劳动有相同的倍增系数。GDP 的增长率可表

---

[1] "从企业家的观点来看是要素成本的东西在生产要素看来是他们的收入。因此，要素成本加上企业家利润构成被我们称之为该企业家所提供的就业量的总收入。" "总收入等于 A – U。"（凯恩斯. 就业、利息、货币通论［M］. 高鸿业译，北京：商务印书馆，1999：28, 60）凯恩斯的 A 对应的其实是总产品价值，U 对应的其实是固定资本折旧和流动不变资本。凯恩斯关于国民收入分解为工资、利息、地租和企业主收入的说明比较晦涩，高鸿业先生在该书第 59 – 60 页做了简单明了的注解。

示为

$$g_{GDP} = \frac{d\theta/dt}{\theta} + \frac{dvc/dt}{vc} + \left[\frac{d(1+\eta)/dt}{1+\eta} + \frac{ds/dt}{s}\right]\frac{(1+\eta)s}{1+(1+\eta)s} \qquad (5-18)$$

由（5-18）式可知，一国的 GDP 增长率与劳动复杂程度的增长率、劳动力价值的增长率、剩余价值率的增长率、剩余价值国际转移率的增长率成正比。发展中国家由于教育水平与科技研发能力普遍不高，GDP 的增长主要靠扩大劳动力的数量、增加剩余价值率来实现，这种经济增长模式以大量的劳动密集型产业和劳动力的过度剥削为基础。发达国家的 GDP 的增长主要依靠提高劳动复杂程度、增加剩余价值国际转移率来实现，这种经济增长模式以不断发展教育与加大科研投入为保证。长期来看，第一种发展模式有不可逾越的界限，如果不能顺利过渡到第二种发展模型，那么经济增长可能停滞甚至倒退。发展中国家依靠第一种模式难以"跨越中等收入陷阱"成为高收入国家。

在开放经济条件下，劳动生产率国际差异引起剩余价值国际转移，按照国际价值进行交换，剩余价值从劳动生产率低的国家向劳动生产率高的国家转移。将剩余价值国际转移纳入马克思经济增长模型可以发现，随着技术进步、劳动生产率提高，剩余价值国际转移率、剩余价值率、资本有机构成同时增加，剩余价值国际转移率与剩余价值率增加对经济增长有正效应，资本有机构成增加对经济增长有负效应，经济增长速度取决于三种因素的综合效应。利用 2000～2014 年 41 个经济体 55 个行业的数据进行的经验分析表明，剩余价值国际转移率与经济增长率之间存在正向关系，若不考虑其他因素的影响，劳动生产率高从而剩余价值国际转移率高的发达国家的经济增长速度快。发达国家的剩余价值国际转移率对经济增长的贡献率高，发展中国家则是资本有机构成和剩余价值率的贡献率高。技术创新和社会劳动生产力提高是经济高质量增长的关键所在，在新发展理念引领的经济高质量发展阶段，我国的科技水平和社会劳动生产力必将实现大幅跃升，发达国家利用技术优势转移我国剩余价值的现象将得到遏制。在人类命运共同体理念引领下，依靠技术创新驱动的中国经济高质量增长，有利于缩小国家之间的技术差距，弱化剩余价值国际转移，推动世界经济联动增长。

# 第三节 剩余价值国际转移与资本积累质量

## 一、前文阐述的基本观点

在世界市场，企业不仅要面临国内竞争，还要面临国际竞争，为了提高综合竞争力，实现更多的剩余价值，企业必须不断进行资本积累，将剩余价值资本化，而且资本积累更多地体现在不变资本和可变资本质量的提高上，如培养劳动者的综合素质、研发新技术、设计新产品、塑造国际品牌等。一个国家的工人受教育程度和技能水平越高从而劳动复杂程度越高，该国的经济增长速度就越快。研发新技术使得发达国家企业的劳动生产率与资本有机构成进一步提高，设计新产品、塑造国际品牌使得发达国家的垄断力量进一步增强。在这种情况下，在国别价值向国际价值、国际生产价格与国际垄断价格的转化中，发达国家可以不断地从其他国家转移剩余价值。

剩余价值国际转移有利于发达国家进行高质量的资本积累。转入的剩余价值为发达国家的科技创新提供资金，技术进步带来超额利润，这对工资上涨具有正效应；技术进步能够促进社会经济文化持续发展，其结果是工人的受教育程度提高。对于发展中国家情况则截然相反。由劳动、资源密集型向技术密集型转变关键靠技术不断地革新，剩余价值国际转移导致发展中国家实现的利润普遍较低，研发新技术的资金不足，因而发展中国家产业结构转型升级缺乏足够的技术驱动，这也是发展中国家难以突破全球价值链低端锁定的重要原因。此外，发展中国家创造的剩余价值转出在一定程度上削减了上缴给本国政府的所得税，税收相对减少势必影响发展中国家用于研发和教育的经费投入。

根据上述分析可以得出两个结论。第一，剩余价值国际转移对技术研发具有正效应。第二，剩余价值国际转移对受教育程度提高具有正效应。为了更加清晰地说明这两个基本观点，我们不妨进行简单的数理分析。

资本家将占有的剩余价值用于自身消费、追加固定资本、追加流动不变资本、追加可变资本，即 $(1+\eta)m^D = m/x + \Delta\tilde{fc} + \Delta\tilde{lc} + \Delta\tilde{vc}$，其中，资本家的消费 $m/x = (1-\beta)(1+\eta)m^D$，追加固定资本 $\Delta\tilde{fc} = df \cdot \beta(1+\eta)m^D$，追加流动不变资本 $\Delta\tilde{lc} = dl \cdot \beta(1+\eta)m^D$，追加可变资本 $\Delta\tilde{vc} = dv \cdot \beta(1+\eta)m^D$，df、dl、 dv 分别表示资本化的剩余价值用于追加固定资本、流动不变资本、可变资本的比例，追加资本不仅表现为资本数量的增加而且表现为资本质量的提高，因此在变量的上方添加 ~ 。假定资本家的消费为 0，于是，

$$\Delta \widetilde{vc} = dv(1+\eta)m^D \qquad (5-19)$$

$$\Delta \widetilde{cc} = \Delta fc + \Delta lc = (1-dv)(1+\eta)m^D \qquad (5-20)$$

发达国家的 η 大于 0，并且，发达程度越高，η 越大。发展中国家的 η 小于 0，并且，发达程度越低，η 越小。由（5-19）式、（5-20）式可知，发达国家的 $\Delta\widetilde{vc}$ 与 $\Delta\widetilde{cc}$ 相对较大，发展中国家的相对较小。如果发展中国家将利润集中用于研发新技术、更新机器设备，那么，劳动者综合素质的提高必然受到影响，进而，新技术的研发与新机器的发明虽不受资金制约但会受高素质劳动力的制约。反过来，如果发展中国家以牺牲技术研发为代价集中资金提升教育质量，那么，培养出来的高素质劳动力可能因国内无用武之地而流向国外。

## 二、关于剩余价值国际转移度量指标的进一步说明

全部计量分析的困难在于估算剩余价值国际转移量或寻找其代理变量。剩余价值是价值的特殊部分，它的实体是无差异的人类劳动，剩余价值国际转移实质上是在国际市场上商品换取的劳动与生产商品自身所耗费的劳动的差额，即实现的价值与创造的价值的差额。国内生产净值可以衡量一国实现的价值总额，在这个价值总额中，既有通过国内交换实现的价值，也有通过国际交换实现的价值，后者包含剩余价值国际转移量。一国创造的价值量即所耗费的劳动量，可以是该国的工人劳动时间总和，但需要注意的是，由于劳动复杂程度的国际差异，劳动时间总量并不能准确地反映耗费的抽象劳动总量。此外，国内生产净值以美元计价，反映的是实现的价值总额美元化，即实现的价值所决定的一国全部商品能够交换到的美元数量，而工人劳动时间总和以时间单位计量。如果能将工人劳动时间总量转化为用美元表现（以美元形式存在）的创造价值，那么问题便可以迎刃而解，不过我们会面临一个更为复杂的问题，即估算不包含剩余价值国际转移的剩余价值率。[1]

---

① 里奇（Ricci，2019）在测算包括供求失衡导致的剩余价值国际转移在内的所有形式的剩余价值国际转移时提出了一种测算国际市场价值的方法，该方法同样面临一些难题：第一，世界无差异人类劳动总量如何测算；第二，1 单位美元代表多少单位世界无差异人类劳动；第三，世界行业无差异人类劳动总量如何测算；第四，1 单位美元代表多少单位世界行业无差异人类劳动；第五，i 国 j 行业的活劳动总量凝结形成的价值相当于多少单位美元。

关于笔者提出的这些问题，学术界讨论的不多，也没有令人满意的解答，本书所尝试的度量或估算剩余价值国际转移量（率）的方法也存在值得商榷的地方。前文指出，该指标与一国在贸易中实现的剩余价值相关，如果一国出口中包含的来自国内的附加值越多，那么该国通过贸易获取的贸易利益也就越多，即实现的剩余价值越多，因此将出口贸易中来自国内的附加值作为剩余价值国际转移量的度量指标。然而，详细考察不难发现，出口贸易中来自国内的附加值不一定是十分理想的剩余价值国际转移量的代理指标。出口贸易中来自国内的附加值除了与剩余价值国际转移量正相关外，还与出口国生产单位出口商品耗费的劳动量正相关，与生产单位出口商品需要进口的商品价值量负相关，与生产出口商品的资本有机构成负相关。我们无法剔除这些因素对出口贸易中来自国内的附加值的影响。

也有学者尝试利用斯拉法生产价格决定体系测算国际价值转化为国际生产价格过程中发生的剩余价值国际转移，这种测算方法具有局限性，但这些学者并没有说明。首先，本书第一章已经说明斯拉法生产价格决定体系自身存在争议。其次，该测算方法同样不能测算国际垄断引起的剩余价值国际转移。第三，里昂惕夫投入产出系数矩阵是一般利润率和生产价格决定的关键，然而这个系数矩阵不能准确测算。假定在实物量层面生产一单位 A 商品需要 a 单位 B 商品。假定一单位 A 商品的价格为 $p_A$ 元，一单位 B 商品的价格为 $p_B$ 元，那么生产价格为一元的 A 商品需要价格为 $ap_B/p_A$ 元的 B 商品。在单位纸币代表的价值量不变的情况下，假定 A 商品具有垄断势力，价格变为 $p_A'$，B 商品的需求增加，价格变为 $p_B'$ 元，那么生产价格为一元的 A 商品需要价格为 $ap_B'/p_A'$ 元的 B 商品。a 是该测算方法真正需要的系数，不受价格变动的影响，但学术界估算的系数实际上是 $ap_B/p_A$ 或 $ap_B'/p_A'$ 而不是 a，受商品价格的变动影响。只有当 B 商品的价格等于 A 商品的价格时，学术界估算的系数才和真实系数相等，在现实中这个充要条件根本不存在，因为生产 A 商品需要投入许多种类的商品，这些商品的价格不可能同时等于 A 商品的价格。

剩余价值国际转移率与劳动生产率、资本有机构成、垄断力量严格正相关，因此，本节不再估算劳动生产率国际差异、资本有机构成国际差异、垄断力量国际差异引起的剩余价值国际转移率，直接用劳动生产率、资本有机构成、垄断力量作为剩余价值国际转移率的代理变量。劳动生产率可以用单位劳动力创造的按照不变价购买力平价计算的一篮子商品的市场价格度量，资本有机构成可以用其所反映的资本技术构成即人均资本来度量。[①]度量一国的垄断力量比较复杂，第一章第四节用高科技出口度量。为了提高计量分析的稳健性，本节用购买力平价（PPP）转换因子同市场汇率之比度量垄断力量。不同国家在全球价值链中所处的位置不同，一些国家占据进入壁垒高的高端环节，一些国家处在过度竞争的低端环节，这导致市场汇率同 PPP 汇率发生偏离（Somel，2004）。一国的垄断力量越强（弱），PPP 转换因子同市场汇率的比值越大（小）。

在给出劳动生产率国际差异的剩余价值国际转移率，当然也只是一种尝试性的估算。第一，不同国家每名工人每年的劳动时间不尽相同，因此用按照不变价购买力平价计算的就业人口人均 GDP 度量劳动生产率会存在一定的偏差。第二，按照国际元计算的市场价格包含了国际转移的剩余价值，因此用按照不变价购买力平价计算的生产净值或国民收入度量总劳动量会存在一定的偏差。第三，世界平均劳动生产率应该是所有参与国际市场竞争的国家的国别劳动生产率的加权平均，世界银行数据库公布的数据涵盖了众多但不是所有国家，因此估算的世界平均劳动生产率存在一定的偏差。虽然估算的具体值存在偏差，但总体特征基本符合事实，估算的剩余价值国际转移率与国家的综合实力高度相关，国家的发展程度越高，剩余价值国际转移率也越高。

## 三、经验分析

### （一）模型的设定

为进一步考察剩余价值国际转移对资本积累质量的影响，我们构建如下模型：

$$\mathrm{rdp}_{it} = \alpha_0 + \alpha_1 \mathrm{lpr}_{it} + \alpha_2 \mathrm{pcc}_{it} + \alpha_3 \mathrm{per}_{it} + \boldsymbol{\chi}\mathbf{X}_{it} + \varepsilon_{it} \qquad (5-21)$$

$$\mathrm{her}_{it} = \beta_0 + \beta_1 \mathrm{lpr}_{it} + \beta_2 \mathrm{pcc}_{it} + \beta_3 \mathrm{per}_{it} + \boldsymbol{\gamma}\mathbf{Y}_{it} + \varepsilon_{it} \qquad (5-22)$$

模型（5-21）考察剩余价值国际转移率对技术研发的影响，模型（5-22）考察剩余价值国际转移率对劳动者素质的影响。其中，$\alpha_0$、$\beta_0$ 为常数项，$\alpha_1$、

---

[①]　这里之所以不采用资本存量同劳动报酬比度量的资本有机构成，是因为劳动报酬不能真实地反映劳动力价值。受剩余价值国际转移的影响，发达国家的劳动报酬普遍高于劳动力价值，发展中国家的劳动报酬则普遍维持在劳动力价值的水平，此时可能出现发达国家的技术先进、劳动生产率高但资本有机构成低的情况。因此，相对于资本存量同劳动报酬比，人均资本能更准确地度量马克思所定义的资本有机构成。

$\alpha_2$、$\alpha_3$、$\beta_1$、$\beta_2$、$\beta_3$ 为核心解释变量的回归系数，**X**、**Y** 为控制变量向量，$\chi$、$\gamma$ 为控制变量回归系数向量，$\varepsilon$ 为扰动项，下标 i 表示国家，下标 t 表示时间，被解释变量 rdp 为技术研发水平，用每百万人中的技术研发人员数量度量，被解释变量 her 为劳动者素质，用高等院校入学率度量，核心解释变量 lpr、pcc、per 分别为劳动生产率、人均资本、PPP 转换因子同市场汇率比。借鉴郑志国（2020）的研究，我们直接将这三个指标看作不平等交换即剩余价值国际转移的代理变量。

**X** 中的控制变量包括：大学入学率，政府管理效率，城镇化率，二氧化碳排放量，储蓄率，营商便利得分，分别用 her、ges、pct、co2、sav、dtf 表示。**Y** 中的控制变量包括：政府管理效率，城镇化率，15~64 岁的人口占总人口比，农业增加值占 GDP 比，失业率，青春期生育率，分别用 ges、pct、zsp、avp、une、ado 表示。当然，还有一些变量也可能与被解释变量存在相互关系，如教育支出占政府支出比、科研投入占 GDP 比、识字率、贫困人口占总人口比、实际利率等，考虑到这些变量数据缺失严重而且引入控制变量过多会带来比较严重的多重共线性，我们未对这些变量进行控制。

### （二）数据来源与描述性统计

固定资本存量来自格罗宁根大学公布的佩恩表（University of Groningen, Penn World Table version 10.0），营商便利得分（Ease of Doing Business score）来自世界银行集团隶属的营商环境数据库，政府管理效率来自世界银行集团隶属的全球治理指标（Worldwide Governance Indicators project）数据库，其他变量来自世界银行公开数据库。本节使用的数据为面板数据，每个变量均存在不同程度的缺失，表 5-5 报告了核心变量的样本量以及时间跨度。本节对所有变量的极端值进行了截尾或缩尾处理，表 5-6 报告了核心变量的描述性统计。

表 5-5 核心变量的相关信息

| 变量 | 含义 | 单位 | 国家数量 | 时间跨度 |
|---|---|---|---|---|
| rdp | 每百万人研发人员数量 | 百人 | 129 | 1996~2017 年 |
| her | 高校入学率 | % | 174 | 1970~2017 年 |
| lpr | 就业人口人均 GDP | 购买力平价，2011 年不变价，千美元/人 | 167 | 1991~2017 年 |

续表

| 变量 | 含义 | 单位 | 国家数量 | 时间跨度 |
|------|------|------|---------|---------|
| pcc | 人均资本 | 购买力平价，2011 年不变价，千美元/人 | 167 | 1990～2017 年 |
| per | PPP 转换因子同市场汇率比 | / | 174 | 1970～2017 年 |

说明：为避免计量分析中的回归系数显示为"0.000"，我们对变量的单位进行了变换。

表 5 - 6　　　　　　　　　核心变量的描述性统计

| 变量 | 观测值 | 均值 | 中位数 | 方差 | 最小值 | 最大值 |
|------|--------|------|--------|------|--------|--------|
| rdp | 1414 | 18.852 | 13.321 | 17.668 | 0.059 | 71.545 |
| her | 5105 | 22.925 | 16.750 | 21.900 | 0.000 | 89.214 |
| lpr | 4464 | 35.860 | 23.797 | 35.442 | 0.796 | 186.945 |
| pcc | 4440 | 88.013 | 51.175 | 92.852 | 0.746 | 391.363 |
| per | 4683 | 0.526 | 0.454 | 0.275 | 0.104 | 1.423 |

## （三）核心变量之间的相关性

图 5－2 刻画了每百万人研发人员数量、高校入学率分别与就业人口人均 GDP、人均资本、PPP 转换因子同市场汇率比之间的散点图和拟合线，表 5－7 报告了这些变量之间的 Spearman/Pearson 相关系数。从中可以看出，被解释变量与核心解释变量之间存在较高的正向线性关系。另外，由于核心解释变量 lp、k、per 之间存在较强的相关性，Pearson/Spearman 相关系数均大于 0.4，有些接近 1，因此，为避免多重共线性，三者未同时出现在模型中。

表 5 -7　　　　　核心变量之间的 Pearson/Spearman 相关系数矩阵

| 变量 | rdp | her | lpr | pcc | per |
|------|------|------|------|------|------|
| rdp | 1.0000 | 0.7230 | 0.7025 | 0.7321 | 0.6309 |
| her | 0.6574 | 1.0000 | 0.6346 | 0.6627 | 0.5690 |
| lpr | 0.5920 | 0.5670 | 1.0000 | 0.9002 | 0.7549 |
| pcc | 0.7077 | 0.6342 | 0.8170 | 1.0000 | 0.7409 |
| per | 0.7216 | 0.5308 | 0.6931 | 0.7236 | 1.0000 |

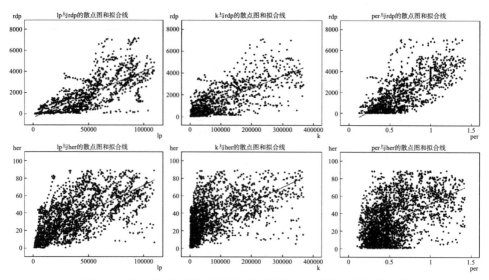

**图 5-2　资本积累质量与剩余价值国际转移率的散点图和拟合线**

## (四) 计量结果及分析

### 1. 剩余价值国际转移对技术研发的影响

表 5-8 报告了劳动生产率、人均资本、PPP 转换因子同市场汇率比与每百万人研发人员数量之间的估计结果。可以看出,三个核心解释变量与被解释变量之间的回归系数均为正,且在 1% 的水平上显著,控制变量的加入未对估计结果产生实质性影响。这表明,劳动生产率、人均资本高、垄断力量强的国家,从而剩余价值国际转移率高的国家,用于技术研发的资金丰裕,研发人员的密度大。反之则相反。发达国家的劳动生产率、资本有机构成、PPP 转换因子同市场汇率比的均值分别为 76.1、232.4、0.964,发展中国家的均值分别为 26.8、60.5、0.433,发达国家的研发人员密度的均值为每百万人中有 3449 名研发人员,发展中国家的均值为每百万人中有 910 名。

**表 5-8　　　　　　　　　被解释变量为 rdp 的估计结果**

| 变量 | (1) | (2) | (3) | (4) | (5) | (6) |
|---|---|---|---|---|---|---|
| lpr | 0.244 *** (0.077) | | | 0.382 *** (0.169) | | |

续表

| 变量 | （1） | （2） | （3） | （4） | （5） | （6） |
|------|------|------|------|------|------|------|
| pcc | | 0.110 ***<br>(0.003) | | | 0.047 ***<br>(0.007) | |
| per | | | 44.428 ***<br>(0.925) | | | 26.420 ***<br>(2.538) |
| her | | | | −0.010<br>(0.054) | 0.238 ***<br>(0.024) | 0.229 ***<br>(0.022) |
| co2 | | | | 5.409<br>(3.673) | 1.077<br>(0.882) | 3.609 ***<br>(0.962) |
| pct | | | | 0.165<br>(0.254) | −0.127 ***<br>(0.023) | −0.124 ***<br>(0.022) |
| sav | | | | −0.013<br>(0.072) | 0.092 *<br>(0.054) | 0.207 ***<br>(0.052) |
| ges | | | | −2.798<br>(1.741) | 7.739 ***<br>(0.949) | 6.258 ***<br>(0.905) |
| dtf | | | | 0.052 ***<br>(0.016) | 0.030<br>(0.024) | 0.124 ***<br>(0.027) |
| 常数项 | 0.705<br>(3.864) | 5.116 ***<br>(1.614) | −14.006 ***<br>(1.970) | −13.900<br>(17.869) | −0.085<br>(2.201) | −13.653 ***<br>(2.574) |
| 国家固定效应 | 控制 | 控制 | 未控制 | 控制 | 未控制 | 未控制 |
| 时间固定效应 | 控制 | 控制 | 控制 | 控制 | 控制 | 控制 |
| $R^2$ | 0.500 | 0.464 | 0.567 | 0.435 | 0.721 | 0.750 |
| N | 1389 | 1258 | 1388 | 655 | 619 | 669 |

注：＊、＊＊、＊＊＊分别表示在10％、5％、1％的水平上显著，括号内为稳健性标准误，由于控制国家固定效应带来的严重多重共线性对回归系数会产生实质性影响，因此（3）、（5）、（6）列未控制国家固定效应。

## 2. 剩余价值国际转移对劳动者素质的影响

表5-9报告了劳动生产率、人均资本、PPP转换因子同市场汇率比与高校入学率之间的估计结果。可以看出，三个核心解释变量与被解释变量之间的回归系数均为正，且在1％的水平上显著，控制变量的加入对估计结果产生的影响较

小。这表明，劳动生产率、人均资本高、垄断力量强的国家，从而剩余价值国际转移率高的国家，高中毕业后到高等学府继续深造的比例高。反之则相反。发达国家的劳动生产率、资本有机构成、PPP 转换因子同市场汇率比的均值分别为 76.1、232.4、0.964，发展中国家的均值分别为 26.8、60.5、0.433，发达国家的高校入学率的均值为 39.9%，发展中国家的均值为 18.0%。

表 5 - 9                          被解释变量为 her 的估计结果

| 变量 | (1) | (2) | (3) | (4) | (5) | (6) |
|---|---|---|---|---|---|---|
| lpr | 0.382 *** (0.110) | | | 0.644 *** (0.164) | | |
| pcc | | 0.088 *** (0.016) | | | 0.036 *** (0.014) | |
| per | | | 13.502 *** (4.719) | | | 10.378 ** (5.084) |
| ges | | | | -0.603 (1.750) | 2.093 (1.742) | 1.503 (1.906) |
| ado | | | | 0.144 ** (0.072) | 0.176 ** (0.069) | 0.226 *** (0.070) |
| une | | | | 0.082 (0.216) | -0.128 (0.176) | 0.098 (0.224) |
| pct | | | | 0.175 (0.202) | -0.003 (0.222) | -0.068 (0.233) |
| zsp | | | | 0.616 ** (0.304) | 0.537 * (0.278) | 0.194 (0.316) |
| avp | | | | 0.234 ** (0.115) | 0.167 (0.114) | 0.228 * (0.134) |
| 常数项 | 4.841 (3.742) | 10.620 *** (1.303) | 10.111 *** (2.809) | -58.787 *** (21.337) | -29.500 (19.702) | -13.340 (21.569) |
| 国家固定效应 | 控制 | 控制 | 控制 | 控制 | 控制 | 控制 |
| 时间固定效应 | 控制 | 控制 | 控制 | 控制 | 控制 | 控制 |
| $R^2$ | 0.427 | 0.546 | 0.567 | 0.630 | 0.597 | 0.592 |
| N | 1389 | 1258 | 1388 | 1967 | 1943 | 2037 |

注：* 、** 、*** 分别表示在10% 、5% 、1% 的水平上显著，括号内为稳健性标准误。

## 四、几点思考

### (一) 资本积累与普遍性生产相对过剩

普遍性生产相对过剩从机器大工业的资本主义生产方式开始它的周期循环，社会化大生产与生产资料资本主义私有制之间的矛盾使普遍性生产过剩具备了现实性。以更多的剩余价值为目的的资本主义生产在竭力发展生产力时必然导致消费相对于生产不足，供给的无限扩大与有支付能力的有效需求相对不足相互联系，两者是同一个原因的两个互为对立的结果。生产与消费之间的矛盾随着资本积累而积累，这只有通过危机才能解决。马尔萨斯、凯恩斯等西方资产阶级经济学家从需求不足说明经济危机，他们的研究是片面的，在分析生产相对过剩危机时，不能忽视生产而只讨论消费。正如恩格斯在批判杜林的危机理论时所指出的，"群众的消费水平低，是一切建立在剥削基础上的社会形式、从而也是资本主义社会形式的一个必然条件；但是，只有资本主义的生产形式才使这种情况达到危机的地步。因此，群众的消费水平低，也是危机的一个先决条件，而且在危机中起着一种早已被承认的作用；但是它既没有向我们说明过去不存在危机的原因，也没有向我们说明现时存在危机的原因。"[1]

由社会必要劳动时间决定价值的规律可知，率先采用新技术的企业因个别价值低于市场价值而获取超额利润，"价值由劳动时间决定这同一规律，……作为竞争的强制规律，迫使他的竞争者也采用新的生产方式。"[2] 为了不断更新机器设备进而获取超额利润，企业必须进行资本积累，并将剩余价值越来越多地用于追加固定资本。资本积累的结果是资本能力的扩张，资本规模的扩大，以及"同它的能力和规模成比例地生产出相对的……因而是过剩的或追加的工人人口。"[3] 在劳动力商品市场，相对人口过剩表现为生产、维持、发展和延续劳动力所必要的"时间 I"与劳动力商品数量的乘积大于"时间 II"，即劳动力价值与供给数量的乘积大于资本增殖需要的劳动力价值总量。由于劳动力商品具有特殊性，劳动力市场价格不能长期低于劳动力价值，否则"劳动力就只能在萎缩的状态下维

① 马克思恩格斯文集第 9 卷 [M]. 北京：人民出版社，2009：302.
② 资本论第 1 卷 [M]. 北京：人民出版社，2004：370 – 371.
③ 资本论第 1 卷 [M]. 北京：人民出版社，2004：726.

持和发挥",①因此，劳动力市场价格维持在劳动力价值这个最低限度。工人获取实际工资（劳动力市场价格的转化形式），资本家获取利润（剩余价值的转化形式），反映的是活劳动在两种阶级之间的分配比例。这种分配比例由生产资料资私有制的生产关系决定，同时也受到资本积累的影响。随着资本的积累，劳动生产率的提高，实际工资相对于利润下降，活劳动的分配朝着有利于资本家的方向发展。

新机器不断排挤工人的资本积累所引起的生产能力提高与实际工资相对减少，是普遍性生产相对过剩产生的直接原因。为了更加清晰地说明这一点，我们在马克思两大部类扩大再生产理论的基础上构建如下模型

$$
\begin{cases}
(a): \text{II}_L(cc + vc + m) = \sum i(vc + \Delta vc) \\
(b): \text{II}_H(cc + vc + m) = \sum i(m/x) \\
(c): \text{I}(cc + vc + m) = \sum i(cc + \Delta cc) \\
i(\Delta cc + \Delta vc + m/x) = i(m)
\end{cases}
\quad (5-23)
$$

其中，$i = \text{I} \text{、} \text{II}_L \text{、} \text{II}_H$，I 表示生产生产资料的部类，$\text{II}_L$ 表示生产低端生活资料的部类，$\text{II}_H$ 表示生产高端生活资料的部类，cc 表示不变资本总额，vc 表示可变资本总额，m 表示剩余价值总额，m/x 表示剩余价值中用于资本家消费的部分，$\Delta$ 表示追加值。根据两大阶级的划分以及活劳动在两大阶级之间的分配，模型（5-23）将生产生活资料的部类进行了高端与低端划分，资本家消费高端生活资料，工人消费低端生活资料。②

（a）、（b）、（c）为扩大再生产持续正常进行需要同时满足的三个平衡条件，在市场经济这些条件往往隐含着生产失衡的必然性，"因为在这种生产的自发形式中，平衡本身就是一种偶然现象。"③一方面，生产能力提高意味着等量活劳动推动的不变资本增加，从而促使生产的产品价值增加；另一方面，等量活劳动中的可变资本部分与等量剩余价值中用于追加可变资本的部分下降。在这种情况下，$\text{II}_L$ 部类生产的总产品价值即"时间 I"与总产量的乘积大于由实际工资决定的有支付能力的社会需求即"时间 II"，$\text{II}_L(cc + vc + m) > \sum i(vc + \Delta vc)$，平

---

① 资本论第 1 卷［M］. 北京：人民出版社，2004：201.

② 根据马克思在《资本论》第二卷第二十章关于第 II 部类内部交换的论述，工人为补偿自身劳动力价值消费普通的必要生活资料，资本家依靠无偿占有工人创造的剩余价值消费奢侈消费资料以及质量和价值高的必要生活资料。我们将生产补偿可变资本的生活资料的部门划为低端生活资料部类，将生产用于资本家消费的生活资料的部门划为高端生活资料部类。

③ 资本论第 2 卷［M］. 北京：人民出版社，2004：557.

衡条件（a）得不到满足。在竞争机制作用下，$II_L$ 部类以低于价值的市场价格出售商品，这导致部分甚至全部剩余价值无法实现。因剩余价值实现率下降以及剩余价值率增速低于资本有机构成增速，高端消费品总产量与"时间 I"的乘积大于由用于资本家消费的剩余价值决定的"时间 II"，$II_H(cc + vc + m) > \sum i(m/x)$，平衡条件（b）得不到满足。在接下来的再生产过程中，$II_L$ 部类与 $II_H$ 部类压缩生产，降低生产能力的使用程度，其结果是不变资本需求减少，$I(cc + vc + m) > \sum i(cc + \Delta cc)$，平衡条件（c）得不到满足，这进一步引起 I 部类的产能过剩。[①] 正如马克思在批判李嘉图的积累理论时所指出的，"主要消费品的生产过剩转化为普遍生产过剩"[②]，"棉布再生产的这种停滞还影响一批别的生产者：纺纱者、棉花种植业者、纱锭和织机的生产者、铁和煤的生产者等等……即使在他们自己的生产领域里没有生产过剩……这种情况也会发生"[③]。随着信用制度的发展，信用货币执行流通手段职能，产能过剩不断向后积累。资本主义社会再生产"只有通过一次大崩溃才能恢复平衡"[④]。

萨伊、李嘉图、詹姆士·穆勒将资本主义商品经济和一般的商品经济合二为一，将商品流通和产品交换合二为一，因而得出结论：供给恒等于需求，资本主义不存在普遍的、必然的、周期的生产过剩。马歇尔利用均衡价格理论进一步证明了萨伊定律，在马歇尔看来，市场价格具有充分的灵活性或弹性，可以自动实现供求平衡。然而，马歇尔将供求在实物数量上的相等作为判断供求平衡的标

---

①　产能过剩（即生产资本过剩）和产品过剩（即商品资本过剩）是生产相对过剩的两种形式，并且生产相对过剩通常以产能过剩的形式存在。马克思指出，"资本主义生产全力扩张的时期，通常就是生产过剩的时期，因为生产能力从来没有能使用到这个程度，以致它不仅能够生产更多的价值，而且还能把它实现。"（资本论第 2 卷［M］. 北京：人民出版社，2004：350）。假如生产能力使用到这个程度，那么生产过剩表现为产品过剩。李嘉图的门徒们一方面接受李嘉图的论点，否认资本主义市场经济存在一种形式的生产过剩——产品过剩；另一方面却抛弃了李嘉图的论点，承认另一种形式的生产过剩——产能过剩。对此，马克思在《资本论》第四卷（《剩余价值理论》）第十七章进行了批判（马克思恩格斯全集第 26 卷第 2 册［M］. 北京：人民出版社，1973：566 – 611）。竞争的强制规律带来的资本有机构成提高使得再生产失衡发生时 I 部类再生产不足，"同一劳动可以靠提高劳动生产率、增加劳动量或增加劳动强度提供更多的产品"（资本论第 2 卷［M］. 北京：人民出版社，2004：525）。这样可以弥补 I 部类的再生产不足。当 $II_L$、$II_H$ 部类的产能过剩积累到一定程度、从而对不变资本需求产生的负效应大于资本有机构成提高产生的正效应时，I 部类出现产品过剩，在这种场合，"第 I 部类必须压缩自己的生产"（资本论第 2 卷［M］. 北京：人民出版社，2004：525）。在论证 $II_L$、$II_H$ 部类的商品过剩时，笔者抽象掉了三大部类的可变资本增长率和剩余价值率的差异以及剩余价值实现率的变化对资本积累的影响。

②　马克思恩格斯全集第 26 卷第 2 册［M］. 北京：人民出版社，1973：591.

③　马克思恩格斯全集第 26 卷第 2 册［M］. 北京：人民出版社，1973：597.

④　资本论第 2 卷［M］. 北京：人民出版社，2004：588.

准，并且认为市场价格没有内在约束，可以任意取值。事实上，判断供求是否平衡的标准是供求是否在价值总量上相等，市场价格有一个内在约束——价值，市场价格和价值本质上都是无差异的人类劳动。市场价格可以不断变动以实现供求在数量上的平衡，但如果它偏离价值，那么这种平衡是不稳定的，不是真正的平衡。例如，商品按照低于价值的市场价格全部卖出，在数量上供求平衡，在价值量上仍然供过于求，价值没有全部实现，商品的供给将会减少。

在李嘉图理论体系如日中天的时期，马尔萨斯对萨伊定律发起了挑战，不幸的是，他巧妙剽窃西斯蒙第的观点被丢弃在阴暗的角落里长达百余年，直到凯恩斯革命才得以重见天日。凯恩斯批判了萨伊定律，区分了总供给（生产的价值）与总需求（实现的价值），根据边际消费倾向递减、资本边际效率递减、流动性偏好心理动机解释了有效需求不足，然而，凯恩斯的有效需求原理并没有真正超越马尔萨斯的"仿制品"，因而未能揭示有效需求相对不足的真正原因。与马尔萨斯一样，受斯密教条影响，凯恩斯抹去了不变资本，没有划分两大部类，这是凯恩斯有效需求原理存在缺陷的重要原因。抹去不变资本的凯恩斯没有分析技术进步型资本积累的结果——剩余价值率提高、资本积累率提高和一般利润率下降同边际消费倾向递减和资本边际效率递减之间的联系，没有考察技术进步引起的供给能力的扩大，没有分析技术进步型资本积累造成的有效需求相对不足。抹去不变资本，不划分两大部类直接导致凯恩斯略去对资本主义商品经济基本矛盾的分析，凯恩斯只看到未被资本家消费的生活资料与用于投资的生产资料作为价值物的同，而忽视了它们作为使用价值物的异，因此，在他的思维逻辑中，未被消费的生活资料不通过交换这个"惊险跳跃"就可以直接变为货币储蓄，这样一来，储蓄因资本边际效率相对递减而未全部转化为投资就成为有效需求不足唯一合理的原因。这个缺陷进一步导致凯恩斯混淆了未被消费且未实现的剩余价值和未被消费且实现的剩余价值没有转化为投资的两种情况，颠倒了投资不足和有效需求不足的因果关系。

### （二）资本积累与一般利润率下降

资本家引进新技术，采用机械化生产，对资本主义社会的剩余价值率以及资本有机构成都产生了影响。一方面，竞争的外在压力和对超额剩余价值的追逐，迫使资本家与其竞争者都会采用新技术。当新技术扩散到生产必需品的部门以及为之提供不变资本物质要素的部门时，构成劳动力价值要素的商品便会降低。这时，劳动力商品的价值也因此降低，从而，整个社会的剩余价值率得以提高。另一方面，新技术、机械化生产几乎都是以庞大的、先进的机械化设备来实现的，而这些机器设备普遍具有一个特征，即在一次生产过程中不能实现自身价值的全部转移，而是部分地转移，通过几次生产过程实现自身价值的完全消耗。劳动力与这些机器设备结合后，劳动生产率大大提高，他们能够花费越来越少的劳动推动越来越多的原材料与部分机器设备的价值。这样，在总资本结构中，不变资本部分不断增加，可变资本部分不断减少。可见，引进新技术提高剩余价值率的同时，也提高了整个社会的资本有机构成。既然剩余价值率和资本有机构成提高了，那么，剩余价值率的提高，为什么不能完全抵消资本有机构成提高对利润率产生的负面效应呢？

第一，马克思认为，"特殊的资本主义的生产方式，与之相适应的劳动生产力的发展以及由此引起的资本有机构成的变化，不只是同积累的增进或社会财富的增长保持一致的步伐。它们的进展要快得多……资本的不变部分和可变部分的比例会发生变化；假定原来是1∶1，后来会变成2∶1、3∶1、4∶1、5∶1、7∶1等等，因而，随着资本的增长，资本总价值转化为劳动力的部分不是1/2，而是递减为1/3、1/4、1/5、1/6、1/8……因为对劳动的需求，同总资本量相比相对地减少，并且随着总资本量的增长以递减的速度减少。"① 因此，不断增长的总资本积累又会成为使资本的可变组成部分和不变组成部分相比再次迅速减少的源泉。既然随着资本主义经济的发展，劳动生产率的提高，可变资本部分同不变资本部分相比，会迅速减少，那么，劳动生产率提高所导致的资本有机构成提高的速度是相对较快的。资本有机构成的这种变化，不仅发生在个别部门，而且发生在一切部门，或者发生在具有决定意义的大多数部门。

第二，在劳动时间因受劳动者生理、心理因素制约和法律限制而难以提高的情况下，剩余价值率的提高主要靠提高劳动生产率从而缩短必要劳动时间来实现。然而，劳动生产率提高所导致的剩余价值率提高的速率是相对缓慢的。一方面，是因为"只有当一定的投资领域的劳动生产率有了发展……必要劳动量才会减少，即使在这些领域，劳动生产率的发展也是不平衡的。并且还会有各种抵消的因素起作用；工人本身虽然不能阻止工资下降（就价值来说），但是他们不会允许工资绝对降到最低限度"②。另一方面，剩余价值率的提高会受到劳动者要求提高工资的制约。要知道，虽然每完成一次新技术的引进，能够生产出大量的后备军，但是资本积累的增长，在没有新一轮技术创新引进的情况下，会重新把劳动力供求矛盾摆在资本家面前。此时，工人在工资谈判中的地位会有所提高，

① 资本论第1卷［M］. 北京：人民出版社，2004：725–726.
② 马克思恩格斯全集第26卷（Ⅲ）［M］. 北京：人民出版社，1974：345.

这在一定程度上会减慢剩余价值率的提高速度。

第三，和大多数马克思主义者观点相同，由于必要劳动时间不可能减少为零，所以一般利润率始终小于总的活劳动量与总的不变资本的比值。并且由于随着劳动生产力的提高，同样多的劳动能够推动越来越多的不变资本量，所以，劳动时间总量相对于不变资本总量不断趋向于减少，并且一般利润率、总的活劳动量与总的不变资本的比值在时间趋于无穷大时会趋向于零。

综上，劳动生产率提高引起的剩余价值率提高对一般利润率提高的影响，远不能抵消同样原因引起的资本有机构成提高对一般利润率提高的影响。资本有机构成的提高，在一般利润率的运动趋势中起着决定性作用，而剩余价值率的提高只是起着减缓或者阻碍的作用。正如马克思所说："两个每天劳动 12 小时的工人，即使可以只靠空气生活，根本不必为自己劳动，他们所创造的剩余价值量也不能和 24 个每天只劳动 2 个小时的工人所提供的剩余价值量相等，就这方面来说，靠提高劳动生产的剥削程度来补偿工人人数的减少，有些不可逾越的界限；因此，这种补偿能够阻碍利润率的下降，但是不能制止它下降。"[1] 最后，还需要说明一点，一般利润率下降是劳动生产率提高表现为资本有机构成提高的结果，与真实工资的变动无关。真实工资提高是阻碍剩余价值率提高的部分原因，而剩余价值率的提高又阻碍了利润率的下降，所以，真实工资的提高只是在一定程度上削弱了阻碍利润率下降的力量，但不能说真实工资提高导致了利润率的下降。

### （三）剩余价值国际转移产生的逆向效应

在市场不断扩大、需求不断增加的刺激下，第一次工业革命率先在世界上第一个资本主义国家——英国发生，机器大工业取代工场手工业成为主要的资本主义生产方式。即使资本家奔走于全球各地，大工业创造的巨大供给也无法被消化，1825 年英国爆发了普遍性生产相对过剩引发的经济危机，从此，"大工业……开始它的现代生活的周期循环"[2]。周期性的经济危机表明资本主义制度具有不可克服的内在矛盾，现代资产阶级所有制必然灭亡。

从资本主义国家第一次爆发经济危机至今已将近 200 年。当前的新冠肺炎疫情对资本主义国家形成了巨大冲击，距离 2008 年金融海啸所造成的巨大破坏不过 10 余年，可谓是一波未平一波又起。我们看到头号资本主义强国——美国曾

---

[1] 资本论第 3 卷 [M]. 北京：人民出版社，2004：276.
[2] 资本论第 1 卷 [M]. 北京：人民出版社，2004：16 – 17.

出现过一定程度的政治危机，但离无产阶级革命似乎还有些遥远。资本主义国家总能转危为安，资本主义体系垂而不死。这难免会让一些人甚至是一些马克思主义者对马克思主义理论的科学性产生怀疑。破解这个难题是时代赋予广大马克思主义者的历史使命。

剩余价值国际转移对生产过剩和一般利润率的影响在发达国家与发展中国家之间具有差异，笔者试图从这个角度阐述一些拙见，希望能起到抛砖引玉的作用。剩余价值国际转移对发达国家与发展中国家的一般利润率产生的不同影响在本章第四节进行阐述。

如果没有经济全球化，发达资本主义国家从而整个资本主义体系或许已经爆发无产阶级革命。在自由竞争资本主义阶段，依靠商品输出发达资本主义国家的普遍性生产过剩得以缓解，进入垄断资本主义阶段，资本输出成为发达资本主义国家缓解资本过剩的主要方式。在国际化竞争日趋激烈的当下，技术进步型资本积累成为各国普遍采用的模式，生产过剩日益具有全球性，然而，对于发展中国家而言生产过剩往往表现为低端产品生产过剩，对于发达国家则更多地表现为高端产品生产过剩。

不断地利用转入的剩余价值研发新技术、提升劳动者综合素质，发达国家能够始终处在世界科技最前沿。与发展中国家相比，发达国家的经济结构合理且优良，发达国家的产业位于全球价值链的中高端，发达国家生产的商品，无论是种子、飞机、芯片还是人工智能相关产品，都具有技术含量高、附加值高的特性。与低端产品生产不同，高端产品进入壁垒高，竞争程度低，生产者具有调节生产的能力，这在某种程度上可以避免生产的无政府状态。剩余价值转出给发展中国家的技术研发和劳动者素质提升带来不利影响，发展中国家生产的高端产品满足不了国内技术进步型资本积累的需求，为了维持社会再生产，发展中国家需要向发达国家进口高端产品，于是，发达国家的高端产品生产过剩得到缓解。由于低端产品需求收入弹性低，因此，虽然剩余价值转入有利于提高发达国家的工资水平，但发达国家对发展中国家低端产品的需求并不会有相同幅度的增加。由此可见，剩余价值国际转移有助于缓解发达国家的高端产品生产过剩，却无益于缓解发展中国家的低端产品过剩。

当然，这并不意味着发达国家不存在生产相对过剩、不会发生经济危机。剩余价值转入能够缓解但不能化解发达国家的生产过剩，而且其他因素变化引起的发达国家的低端产品进口增加以及高端产品出口减少会加剧发达国家的生产过剩，生产过剩积累到一定程度就会爆发经济危机。剩余价值转入与危机转出，以及高技术研发水平和高劳动者素质的基础，能够帮助发达国家顺利地走出危机的泥潭。

周期性经济危机的本质是生产过剩，生产过剩积累的越深从而越难以化解，经济危机造成的破坏力就越大，阶级斗争就越有可能转向阶级革命。如果世界经济发展不平衡不能得到解决，甚至发达国家与发展中国家的差距逐渐扩大，那么，发达国家就可以一直依靠剩余价值国际转移缓解生产过剩，平稳地渡过经济危机难关。列宁指出，世界经济发展不平衡是资本主义体系固有的特征。发达国家不愿意看到发展中国家强大起来，不愿意看到发展中国家通过走资本主义道路与自己齐头并进，发展中国家也意识到资本主义制度很难让他们步入高收入国家的行列。① 因此，越来越多的发展中国家积极地加入到"一带一路"倡议中来，同中国一道推动构建人类命运共同体。在人类命运共同体理念引领下，中国将与其他发展中国家共同研发新技术，共享技术创新成果，实现技术共同进步。社会主义的中国以及广大发展中国家的发展，不但有助于世界经济平衡发展，而且会将国际工人运动推向新的高潮。到那时，帝国主义国家乃至整个资本主义世界体系的革命因素将真正迅速地发展起来。

## 第四节　剩余价值国际转移与一般利润率变动

将剩余价值国际转移纳入马克思的一般利润率决定体系，重新考察一般利润率的变动。本节的研究，有助于理解一般利润率下降规律给资本主义生产方式发展造成的限制所存在的国际差异，对于从世界经济不平衡发展的角度理解资本主义制度的历史局限性具有重要的理论意义。

一般利润率下降规律是马克思演绎资本主义经济危机，进而说明资本主义生产方式的历史局限性的基础。马克思区分了不变资本和可变资本，区分了剩余价值（率）和利润（率），分析了价值向生产价格的转化与一般利润率的形成，在此基础上揭示了这个对资本主义生产极其重要的规律。然而，这一规律却受到许

---

① 美国学者巴兰认为，资本主义不可能解决发展不平衡问题，帝国主义为了维护其统治地位，必然千方百计地维持发展中国家的落后状态。依附学派的代表人物弗兰克（1999）、多斯桑托斯（2017）认为，不发达国家以"资产阶级的民族主义""民族资本主义"或"国家资本主义"来摆脱依附从而成为高收入国家的尝试注定是会失败的。阿明在《世界规模的积累》一书中指出，战后帝国主义主导的世界体系没有建立一种经济政治关系，使新兴的具有竞争力的亚洲和拉丁美洲外围区域的工业化崛起与追求全球增长相协调；没有建立一种不排斥非洲外围的关系，非洲外围没有参与竞争性的工业化。

多经济学者的质疑与批评。在"置盐定理"提出之前，经济学者主要是就马克思所提出的影响一般利润率变动的因素来讨论一般利润率是否具有下降规律；"置盐定理"提出后，一些学者受其影响将注意力从生产过程转向分配和交换过程，他们将不利于剩余价值实现的因素看作一般利润率下降的主要原因。

经济学界围绕一般利润率下降规律展开的讨论，分析了众多因素对一般利润率的影响，但剩余价值国际转移因素却被普遍忽视。在《资本论》第3卷，马克思提及了剩余价值国际转移对一般利润率的影响，不过没有对影响程度展开分析。随着经济全球化的深入，剩余价值国际转移成为剩余价值实现的重要方式，它对一般利润率的影响日益明显。有鉴于此，本节将运用理论与经验分析相结合的方法，着重考察剩余价值国际转移对一般利润率的影响，以及在剩余价值国际转移、剩余价值率与资本有机构成等因素影响下一般利润率的变动。

本节的结构安排如下：第一部分介绍马克思的一般利润率下降理论与经济学界围绕其展开的争论；第二部分阐述剩余价值国际转移对一般利润率的影响，说明一般利润率变动的三种情况；第三、第四部分对剩余价值国际转移与一般利润率的关系以及一般利润率的变动进行经验分析；最后概括本节的核心内容并给出启示性评述。

## 一、一般利润率下降理论及其争论

### （一）马克思的一般利润率下降理论

马克思在阐述价值转形理论时对一般利润率做了说明。一般利润率是"资本家阶级（每年）生产的剩余价值同社会范围内预付资本的比率"①，即

$$r = \frac{m}{cc + vc} \qquad (5-24)$$

其中，r 为一般利润率，m 为剩余价值，cc 为不变资本，vc 为可变资本。在此基础上，马克思揭示了一般利润率下降规律。在资本主义生产方式下可变资本不可能为零，因此

$$r = \frac{m}{cc + vc} < \frac{vc + m}{cc + vc} < \frac{vc + m}{cc} \qquad (5-25)$$

前文已经说明，技术进步型资本积累与劳动生产率提高的结果是，活劳动同

① 马克思恩格斯《资本论》书信集 [M]. 北京：人民出版社，1976：267.

它推动的物化劳动相比不断减少，即（5-25）式中一般利润率的上限不断下降，因此，活劳动中剩余价值部分同总资本价值之比即一般利润率也不断下降。

在揭示一般利润率下降规律之后，马克思指出了起反作用的一些因素：第一，由劳动外延和劳动内涵提高引起剩余价值率提高；第二，与劳动生产率发展相伴而生的相对人口过剩导致工人工资被压低；第三，劳动生产率提高和对外经济使不变资本要素与必要生活资料变得便宜；第四，以相对过剩人口为基础的资本有机构成低的新生产部门出现。马克思明确指出，这些因素在一定程度上能够阻碍但不会制止一般利润率下降，因为它们不会使"人们不能用同一总资本去剥削和以前一样多的劳动"① 的实质发生变化。由（5-25）式可知，由于活劳动量同物化劳动量的比值不断下降，因此，即使一般利润率受反作用因素的影响在短期会上下波动，但从长期来看会趋向下降。

## （二）围绕一般利润率下降理论展开的讨论

自一般利润率下降规律提出以来，经济学界围绕其展开的讨论就未曾停息。尽管马克思明确指出，劳动生产率提高导致资本有机构成提高，是一般利润率下降的决定性原因，其他起反作用的因素只能延缓一般利润率下降，然而，一些学者坚持认为，在这些因素的共同作用下，一般利润率的变动趋势会变得不确定②；也有些学者将其他因素看作是一般利润率下降的主要原因。

1. 资本有机构成和剩余价值率同时提高，一般利润率不一定下降

杜冈·巴拉诺夫斯基是最早提出质疑的学者之一，他强调，技术进步、劳动生产率提高，能够降低不变资本价值，提高剩余价值率，因而利润率上升而不是下降③。杜冈只看到劳动生产率提高对利润率的正效应而忽略了它的负效应，正如鲍特凯维茨所批评的，杜冈分析的前提是资本有机构成与一般利润率不存在联系（鲍特凯维茨，1987）。罗默（2007，中译本）、布劳格（2009，中译本）等认为，即使考虑劳动生产率提高的二重结果：资本有机构成和剩余价值率同时提高，一般利润率也不一定下降，因为前者的负效应总会被后者的正效应所抵消。

上述观点遭到马克思拥护者的批评，他们引用马克思在《资本论》中的相关

---

① 马克思恩格斯文集第7卷［M］. 北京：人民出版社，2009：259.

② 布劳格指出，马克思认为利润率是趋于下降的，但同时又存在着几个因素阻止这一下降趋势，既然如此，这些因素共同作用的结果，利润率到底是下降还是上升，是不一定的。凭什么肯定利润率必然下降呢？（陈学明，张志孚. 当代国外马克思主义名著提要（中卷）［M］. 重庆：重庆出版社，1997：95）

③ M. E. 霍华德，J. C. 金. 马克思主义经济学史：1929～1990［M］. 顾海良，等译. 北京：中央编译出版社，2003：131.

论述作为反驳的有力论据，"如果一个工人被迫完成按理要两个工人才能完成的劳动，……那么，他所提供的剩余劳动就和以前两个工人提供的一样多，这样，剩余价值率就提高了。但是一个工人提供的剩余劳动不会和以前三个工人提供的一样多，因此剩余价值量减少了。"①"两个每天劳动 12 小时的工人，即使可以只靠空气生活，……他们所提供的剩余价值量也不能和 24 个每天只劳动 2 小时的工人所提供的剩余价值量相等。因此，……靠提高劳动剥削程度来补偿工人人数的减少，有某些不可逾越的界限；所以，这种补偿能够阻碍利润率下降，但是不能制止它下降。"②

2. 资本有机构成不一定提高，利润率不一定下降

按照马克思的分析逻辑，劳动生产率提高导致资本有机构成增加，这是一般利润率下降的决定性原因，然而，一些学者认为，既然劳动生产率提高能够降低不变资本要素的价值，那么，资本有机构成就不一定增加，技术进步可以是资本节约型的（罗宾逊，1962，中译本）；另外，劳动生产率提高能够改变劳动的主观条件，增加可变资本的内涵，在劳动倍增系数的作用下，可变资本价值量与不变资本价值量同时增加，因此，技术进步、劳动生产率提高并不一定导致资本有机构成提高，一般利润率不一定下降（马艳，2007）。

劳动生产率究竟是提高还是降低可变资本价值量，实质上与劳动价值论中长期争论的劳动生产率和商品价值量成正比还是成反比是同一个问题，即便劳动生产率能够提高可变资本价值量，考虑到资本技术构成的提高，可变资本价值也不可能同不变资本价值同步增加。事实上，随着资本主义生产方式的不断向前发展，资本的规模和有机构成在不断增加，对生产资料的投资要比对生活资料的投资增长得快，在经验上说明了这一点（哈曼，2008）。

3. 如果实际工资不变，技术进步会提高利润率

一些学者意识到，在马克思提出的一般利润率决定体系下，难以动摇一般利润率下降规律，于是他们提出一种新的一般利润率决定体系，经济学界习惯称之为斯拉法决定体系。在此决定体系下，置盐信雄（2010）用数学方法证明了如下观点：只要实际工资不变，降低成本的技术进步就会提高一般利润率；只有实际工资提高，一般利润率才会下降。这个观点被后人冠名为"置盐定理"。

"置盐定理"成立的基础是它的一般利润率决定体系，然而，该体系犯了李嘉图错误，没有说明一般利润率的本质和形成过程，直接将它当作起点进行分

---

① 马克思恩格斯文集第 7 卷［M］. 北京：人民出版社，2009：261.
② 马克思恩格斯文集第 7 卷［M］. 北京：人民出版社，2009：276.

析，是一种割裂价值和生产价格关系的同期决定体系（Kliman & McGlone，1999）。究其原因，受鲍特凯维茨思想的左右，简单再生产平衡公式被引入转形分析中来（丁堡骏，1999）。这严重干扰了包括置盐在内的西方马克思经济学者对价值转形与一般利润率形成的理解，进一步干扰了他们对技术进步与一般利润率变动关系的判断。

4. 利润率下降的主要原因是实现的剩余价值减少而非资本有机构成提高

"置盐定理"将马克思主义经济学者的注意力从生产过程转向分配和交换过程，他们普遍将减少剩余价值的因素看作一般利润率下降的原因，较少有学者再去论证资本有机构成提高对一般利润率下降的作用。一些学者，当然包括"置盐定理"的拥护者在内，又回到了李嘉图①，他们认为，实际工资增加挤压了利润份额，进而导致一般利润率下降（Weisskopf，1979；Okishio，2000）。以莫斯利为代表的观点认为，非生产性支出的日益增长、非生产工人比重上升导致剩余价值减少，是一般利润率下降的主要原因（Moseley，1997；谢富胜等，2010）。Lebowitz（1976），孟捷、冯金华（2016）主张从资本积累基本矛盾导致剩余价值实现困难的角度来解释一般利润率下降。

## 二、剩余价值国际转移对一般利润率变动的影响

经济学界围绕一般利润率下降规律展开的讨论，分析了众多因素对一般利润率变动的影响，然而，剩余价值国际转移因素却被普遍忽视。按照从剩余价值实现角度解释一般利润率变动的观点，剩余价值国际转移能够影响一国所实现的剩余价值，进而影响该国的一般利润率。随着经济全球化的深入发展，剩余价值国际转移对一般利润率的影响愈来愈重要，因此，有必要将剩余价值国际转移纳入马克思的利润率决定体系，对一般利润率变动进行再考察。

### （一）剩余价值国际转移的数学表述

本书第一章详细阐述了剩余价值国际转移的机制，根据下文测算需要，我们对劳动生产率差异引起的剩余价值国际转移进行数学表述。用矩阵 $\mathbf{F} = (f_{ij})_{n \times m}$ 表示 n 个国家 m 个部门的劳动生产率，即单位劳动生产的产品数量，其中，$f_{ij}$ 表示

---

① 李嘉图在《政治经济学及赋税原理》一书中指出，"在本书中，我始终力图证明的是：工资不跌落，利润率就绝不会提高"；"无论在什么时候，工资跌落，利润就会上涨；工资上涨，利润就会跌落"（大卫·李嘉图全集第1卷［M］. 北京：商务印书馆，2013：109，282）。

第 i 国第 j 部门的劳动生产率。第 i 国第 j 部门产品的国别价值 $v_{ij} = 1/f_{ij}$。用矩阵 $\mathbf{L} = (l_{ij})_{n \times m}$ 表示 n 个国家 m 个部门的劳动总量，其中，$l_{ij}$ 表示第 i 国第 j 部门的劳动总量。第 i 国第 j 部门的产品数量 $q_{ij} = l_{ij} f_{ij}$，第 j 部门产品的国际价值为

$$\overline{v_j} = \frac{\sum\limits_{h=1}^{n} v_{hj} q_{hj}}{\sum\limits_{h=1}^{n} q_{hj}} = \frac{\sum\limits_{h=1}^{n} l_{hj}}{\sum\limits_{h=1}^{n} l_{hj} f_{hj}} = \frac{\mathbf{IL}_j}{\mathbf{F}_j^{\mathrm{T}} \mathbf{L}_j}$$

其中，$\mathbf{L}_j = (l_{1j}, \ l_{2j}, \ \cdots, \ l_{nj})^{\mathrm{T}}$，$\mathbf{F}_j = (f_{1j}, \ f_{2j}, \ \cdots, \ f_{nj})^{\mathrm{T}}$，$\mathbf{I}$ 为单位行向量。

在国际市场上，商品按照统一的国际价值出售，第 i 国第 j 部门发生的价值转移量为

$$VT_{ij} = (\overline{v_j} - v_{ij}) q_{ij} = \left( \frac{\sum\limits_{h=1}^{n} l_{hj}}{l_{ij} + \sum\limits_{h \neq i} (l_{hj} \cdot f_{hj}/f_{ij})} - 1 \right) l_{ij} = \left( \frac{\mathbf{IL}_j}{\mathbf{G}_{ij}^{\mathrm{T}} \mathbf{L}_j} - 1 \right) l_{ij}$$

其中，$\mathbf{G}_{ij} = 1/f_{ij} \cdot \mathbf{F}_j$。第 i 国转移的价值总量为

$$VT_i = \sum_{j=1}^{m} VT_{ij} = \sum_{j=1}^{m} \left( \frac{\mathbf{IL}_j}{\mathbf{G}_{ij}^{\mathrm{T}} \mathbf{L}_j} - 1 \right) l_{ij}$$

第 i 国转移的价值总量同该国创造的价值总量之比为

$$VTR_i = \frac{VT_i}{\sum\limits_{j=1}^{m} v_{ij} q_{ij}} = \frac{\sum\limits_{j=1}^{m} \left( \dfrac{\mathbf{IL}_j}{\mathbf{G}_{ij}^{\mathrm{T}} \mathbf{L}_j} - 1 \right) l_{ij}}{\sum\limits_{j=1}^{m} l_{ij}} \qquad (5-26)$$

当活劳动和劳动生产率在国家层面度量时，（5 - 26）式可简化为

$$VTR_i = \frac{\mathbf{IL}}{\mathbf{F}^{\mathrm{T}} \mathbf{L}} f_i - 1 \qquad (5-27)$$

其中，向量 $\mathbf{L} = (l_1, \ l_2, \ \cdots, \ l_n)^{\mathrm{T}}$，$l_i = L_i t_i$ 表示第 i 国的劳动总量，$L_i$ 表示工人人数，$t_i$ 表示单位工人的劳动量；向量 $\mathbf{F} = (f_1, \ f_2, \ \cdots, \ f_i \cdots, \ f_n)^{\mathrm{T}}$，$f_i$ 表示第 i 国的劳动生产率。如果第 i 国的劳动生产率高于世界平均劳动生产率，那么，第 i 国的国别价值小于国际价值，因而从其他国家转入价值，即 $v_i < \overline{v}$，$VTR_i > 0$；反之，第 i 国的国别价值大于国际价值，因而向其他国家转出价值，即 $v_i > \overline{v}$，$VTR_i < 0$。

## （二）剩余价值国际转移等因素影响下的一般利润率变动

马克思着重考察的一般利润率，是一个国家创造的剩余价值总额同预付资本

的比例，不包括转出或转入的剩余价值，因此（5-24）式中的 M 为一国创造的剩余价值，这里用 $M^D$ 表示，r 为不包括剩余价值转移的一般利润率。如果考虑剩余价值国际转移，那么一般利润率应为

$$r' = \frac{m^T}{cc + vc} \qquad\qquad (5-28)$$

其中，r′为包含国际转移剩余价值的一般利润率，$m^T = m^D + m^F$，表示一国在世界市场实现的剩余价值，$m^F$ 表示该国的剩余价值转出或转入量。

我们将某国转移的剩余价值量同该国创造的剩余价值量之比定义为剩余价值国际转移率（用 η 表示），以此来反映一国的剩余价值国际转移程度。根据定义，$\eta = m^F/m^D$，η < 0 意味着一国创造的剩余价值被转出到其他国家，η > 0 意味着一国从其他国家转入剩余价值；η 增加意味着转入的剩余价值增加或转出的剩余价值减少，反之则相反。（5-28）式可变为

$$r' = \frac{(1+\eta)\,m^D}{cc + vc} = (1+\eta)\,\frac{m^D/vc}{cc/vc + 1} = (1+\eta)\,\frac{s}{o+1} \qquad (5-29)$$

其中，o 为资本有机构成，s 为不包括剩余价值国际转移的剩余价值率。（5-29）式为纳入剩余价值国际转移因素的一般利润率决定体系，从中可以看出，剩余价值国际转移率对一般利润率有正影响。

从空间层面来看，劳动生产率低的发展中国家为剩余价值转出国，即 η < 0，因而 r′ < r；劳动生产率高的发达国家为剩余价值转入国，即 η > 0，因而 r′ > r。在《资本论》第 3 卷马克思指出，"投在对外贸易上的资本能提供较高的利润率，首先因为这里是和生产条件较为不利的其他国家所生产的商品进行竞争，……比较发达的国家高于商品的价值出售自己的商品。"[①] 在这种情况下，劳动生产率高的国家的一般利润率 r′可能会高于劳动生产率低的国家[②]。从时间层面来看，由模型（5-27）可知，第 i 国的剩余价值国际转移率与该国的劳动生产率成正比，与其他国家的劳动生产率成反比。当第 i 国的劳动生产率提高时，该国从其他国家转移的剩余价值增加，或者转出到其他国家的剩余价值减少，即剩余价值国际转移率提高；当其他国家的劳动生产率提高时，第 i 国的剩余价值国际转移率下降。这意味着，一国劳动生产率的提高能够增加该国的剩余

---

① 资本论第 3 卷 [M]. 北京：人民出版社：264.

② 根据马克思的分析，资本有机构成高的国家，利润率 r 低；资本有机构成低的国家，利润率 r 高。马克思在《资本论》第 3 卷指出，由于亚洲国家的资本有机构成比欧洲国家的低，因此，虽然亚洲国家的剩余价值率比欧洲国家的低，但是亚洲国家的利润率 r 却比欧洲国家的高（资本论第 3 卷 [M]. 北京：人民出版社，2004：168-169）。

价值国际转移率，一国剩余价值国际转移率的最终变动由该国和其他国家的劳动生产率的提高幅度共同决定。

综上所述，一国劳动生产率提高能够产生三重结果，即该国的剩余价值国际转移率、剩余价值率以及资本有机构成同时提高。在这种情况下，一般利润率将如何变动呢？对（5－29）式两边关于劳动生产率 f 求全导数可得：

$$\frac{dr'}{df} = \frac{dr'}{d\eta}\frac{d\eta}{df} + \frac{dr'}{ds}\frac{ds}{df} + \frac{dr'}{do}\frac{do}{df} = r'\left(\frac{1}{1+\eta}\frac{d\eta}{df} + \frac{1}{s}\frac{ds}{df} - \frac{1}{1+o}\frac{do}{df}\right) \quad (5-30)$$

其中，$d\eta/df > 0$，$ds/df > 0$，$do/df > 0$。

按照马克思的分析，受历史、道德、劳动时间以及劳动者生理等因素的影响，剩余价值率提高对一般利润率的作用存在上限，只能部分抵消资本有机构成提高的负效应，即 $\frac{1}{s}\frac{ds}{df} - \frac{1}{1+o}\frac{do}{df} < 0$，因此，如果不考虑剩余价值国际转移，一般利润率随着资本有机的提高而趋向下降。然而，与资本有机构成相似，剩余价值国际转移率随劳动生产率的提高不断增加，不受制约剩余价值率提高的因素的制约。因此，如果考虑剩余价值国际转移，一般利润率便有可能突破（5－22）式右边的限制，也就是说，即使一个国家的活劳动相对于总资本不断减少，一般利润率也不必然趋向下降。在剩余价值国际转移率、剩余价值率与资本有机构成的综合作用下，一般利润率的变动可能存在如下三种情况：

（i）当剩余价值国际转移率与剩余价值率的综合效应小于资本有机构成的负效应，即 $\frac{1}{1+\eta}\frac{d\eta}{df} + \frac{1}{s}\frac{ds}{df} < \frac{1}{1+o}\frac{do}{df}$，$\frac{dr'}{df} < 0$ 时，一般利润率随着劳动生产率的提高而下降；

（ii）当剩余价值国际转移率与剩余价值率的综合效应等于资本有机构成的负效应，即 $\frac{1}{1+\eta}\frac{d\eta}{df} + \frac{1}{s}\frac{ds}{df} = \frac{1}{1+o}\frac{do}{df}$，$\frac{dr'}{df} = 0$ 时，一般利润率不随劳动生产率的提高而变化；

（iii）当剩余价值国际转移率与剩余价值率的综合效应大于资本有机构成的负效应，即 $\frac{1}{1+\eta}\frac{d\eta}{df} + \frac{1}{s}\frac{ds}{df} > \frac{1}{1+o}\frac{do}{df}$，$\frac{dr'}{df} > 0$ 时，一般利润率随着劳动生产率的提高而上升。

## 三、关键变量测算、模型设定与数据说明

### （一）关键变量的测算

剩余价值国际转移率与一般利润率 r′ 是进行下一步实证检验的关键变量，本节利用国际劳工组织、世界银行以及 WIOD 公布的数据测算这两组关键变量。

1. 剩余价值国际转移率的测算

根据本节第二部分的分析，剩余价值国际转移率 η 主要由劳动生产率国际差异决定，因此，可以忽略剩余价值率国际差异的影响，用（5-27）式测算的活劳动价值国际转移比例来度量 η。由于无法获取各国的商品产量和工人年劳动量数据，因而无法估算劳动总量与单位劳动商品产量。我们用不变价-购买力平价法计算的生产净值来度量劳动总量，用不变价-购买力平价法计算的就业人口人均 GDP 来度量国家层面的劳动生产率。按不变价-购买力平价法计算，一方面剔除了通货膨胀因素，另一方面能够避免按汇率转换法计算所引起的偏差。国际劳工组织公布了按 2011 年不变价-购买力平价法计算的就业人口人均 GDP，世界银行公布了 2011 年不变价-购买力平价计算的国民收入（GNI，PPP（constant 2011 international $）），可用来度量不变价-购买力平价法计算的生产净值。将数据代入（5-27）式，可测算出 42 个国家（或地区）2000~2014 年的剩余价值国际转移率①。

2. 一般利润率 r′ 的测算

在测算一般利润率时，学界普遍用企业利润总额或用附加值总额同工资总额的差额度量剩余价值总额，在经济全球化日益深入的条件下，附加值通过按国际价格出售商品的方式实现，因此，用这种方法测算的一般利润率包含剩余价值国际转移，可用来度量（5-28）式所决定的一般利润率 r′。WIOD 公布了 43 个国家（地区）2000~2014 年按美元计价的世界投入产出表，据此可以得到这 43 个国家（地区）的附加值总额、消耗的不变资本总额以及可用作度量工资总额的消费支出总额。

需要说明的是，政治经济学界在计算剩余价值时，将商业、金融等非生产部门剔除（Shaikh & Tonak，1994；Dumenil & Levy，2004），笔者认为这样的处理

---

① 实际上可测算出 173 个国家的剩余价值国际转移率和 43 个国家的一般利润率，这里选取两者共同包含的 42 个国家的两种数据，这 42 个国家基本涵盖了全球的主要经济体。测算结果见附录六的附表5。

不符合马克思的本意。按照马克思的分析逻辑，抽象的剩余价值经过利润平均化的中间环节，分割为企业主收入、商业利润、利息、地租以及其他非生产部门的利润等具体形式。这也就是说，非生产部门的利润是剩余价值总额的一部分，在计算一般利润率时应将其考虑进来，"对一般利润率来说，利润＝利息＋各种利润＋地租"[1]。另外，在计算预付资本总额时，商业部门和金融部门是否应该剔除也是颇有争议的问题。笔者认为，应保留商业部门与金融部门，仅将政府、卫生保健、社会服务等非生产部门剔除，这是因为"商人资本会按照它在总资本中所占的比例，作为一个决定的因素参加一般利润率的形成"[2]，并且，"商人资本或商业资本分为两个形式或亚种，即商品经营资本和货币经营资本"[3]。

考虑到 WIOD 的投入产出数据特征，[4] 我们将（5－28）式进行如下变换：

$$r'_z = \frac{\sum va_i - \sum\sum con_{hj}}{\sum\sum\sum cc_{ihj} + \sum\sum con_{hj}} \qquad (5-31)$$

其中，$cc_{ihj}$ 表示 z 国第 i 部门所投入的第 h 国第 j 部门的不变资本，$va_i$ 表示 z 国第 i 部门的附加值，$con_{hj}$ 表示 z 国的工人在第 h 国第 j 部门的消费支出。将数据代入（5－31）式，可以测算出 2000～2014 年 42 个国家（地区）的一般利润率（测算结果见附录六的附表6）。[5]

## （二）模型的设定

为了考察剩余价值国际转移率对一般利润率的影响，我们构建如下模型：

$$r'_{it} = \alpha + \beta_1\eta_{it} + \beta_2 s_{it} + \beta_3 o_{it} + \gamma X_{it} + u_i + \lambda_t + \varepsilon_{it} \qquad (5-32)$$

根据（5－30）式，可以用两种方法分析在剩余价值国际转移率、剩余价值率与资本有机构成影响下的一般利润率变动。第一，首先利用模型（5－32）考察剩余价值国际转移率、剩余价值率、资本有机构成对一般利润率的影响，然

---

① 马克思恩格斯文集第7卷［M］. 北京：人民出版社，2009：267.

② 马克思恩格斯文集第7卷［M］. 北京：人民出版社，2009：318.

③ 马克思恩格斯文集第7卷［M］. 北京：人民出版社，2009：297.

④ 关于对 WIOD 投入产出数据的精简描述可参见徐春华. 危机后一般利润率下降规律的表现、国别差异和影响因素［J］. 世界经济，2016（5）.

⑤ 根据马克思的分析，在计算一般利润率时，不变资本等于预付的固定资本与流动不变资本之和，参照一些研究者（置盐信雄，2010）的做法，本节不考虑不变资本中的固定资本部分。笔者利用 WIOD 的社会经济账户（Socio Economic Accounts）所公布的固定资本存量、劳动报酬、汇率重新测算了一般利润率，虽然一般利润率的值发生了变化，但其变动趋势未发生显著变化，计量结果未发生实质性变化，为避免冗余，这里不再汇报，读者若有兴趣可向笔者索取。

后构建三个模型分别考察劳动生产率对剩余价值国际转移率、剩余价值率与资本有机构成的影响。第二,利用模型(5-33)考察同时引起剩余价值国际转移率、剩余价值率与资本有机构成正向变动的劳动生产率对一般利润率的最终影响。

$$r'_{it} = \alpha + \beta f_{it} + \gamma \mathbf{X}_{it} + u_i + \lambda_t + \varepsilon_{it} \qquad (5-33)$$

(5-32)式、(5-33)式中,$\alpha$ 表示常数项,$\beta$、$\beta_1$、$\beta_2$、$\beta_3$ 表示解释变量回归系数,$\mathbf{X}_{it}$ 表示控制变量向量,$\gamma$ 表示相应的回归系数向量,$u_i$ 表示国家固定效应,$\lambda_t$ 表示年份固定效应,$\varepsilon_{it}$ 表示扰动项,i 表示国家,t 表示年份。(5-33)式中的 f 表示劳动生产率,用不变价-购买力平价法计算的就业人口人均 GDP 度量。

对影响 r′的一些因素进行控制。首先,不变资本要素价值、工人工资、相对过剩人口、国际资本的输入或输出以及生产性部门所占比重等因素会对 r′产生影响,本节依次将失业率、外国直接投资、工农业附加值之和同附加值总额的比分别作为这三种因素的控制变量①。其次,垄断力量差异也能够引起剩余价值国际转移进而影响 r′(王智强,2015),这里用高科技出口占制成品比度量,原因在于,在国际贸易中,一国的垄断力量主要由其输出商品的垄断价格来体现,商品的垄断价格高表明国家的垄断力量强,而商品的垄断价格往往与技术含量成正比(Somel,2003;房宁,2004;李翀,2006)。最后,本节控制了按消费者价格指数衡量的通货膨胀率、难民人数等可能影响 r′的因素。此外,需要说明的是,在考察 r′与 η 的关系时,o 与 s 为控制变量,在测算 r′时可得到 o 与包含剩余价值国际转移的剩余价值率 s′,我们用 s′/(1+η) 度量 s。

## (三) 数据说明

r′、η、s、o 通过测算得到,附加值总额来自联合国数据库,其他变量全部来自世界银行。卢森堡的关键变量 η 具有明显的异常值特征,故将其剔除,本节的研究样本为 41 个国家(地区)2000~2014 年的面板数据。比利时 2000~2001年的外国直接投资数据缺失,加拿大 2000~2006 年及 2014 年的工农业附加值之和同附加值总额之比数据缺失。劳动生产率、外国直接投资、难民人数等变量数值过大,这里将其做了标准化处理。各变量的方差膨胀因子(VIF)均远小于 10(最大值为 3.60,均值为 2.03),这表明变量之间不存在严重的多重共线

---

① 不变资本要素价值与工人工资是通过直接影响资本有机构成与剩余价值率而影响一般利润率的,为了避免变量之间出现较为严重的共线性,我们不再对这两种因素进行控制。

性。表5-10为所选取主要变量的描述性统计。

表5-10 主要变量的描述性统计

| 变量 | 含义 | 观测值 | 均值 | 标准误 | 最小值 | 最大值 |
|---|---|---|---|---|---|---|
| r′ | 一般利润率 | 615 | 0.262 | 0.086 | 0.023 | 0.559 |
| η | 剩余价值国际转移率 | 615 | 0.075 | 0.447 | -0.887 | 1.104 |
| s | 不包括剩余价值转移的剩余价值率 | 615 | 0.759 | 0.322 | 0.053 | 2.458 |
| o | 资本有机构成 | 615 | 3.639 | 0.999 | 2.154 | 9.428 |
| f | 劳动生产率（标准化） | 615 | 0 | 1 | -2.158 | 2.363 |
| une | 失业率 | 615 | 0.080 | 0.041 | 0.021 | 0.275 |
| fdi | 外国直接投资（标准化） | 613 | 0 | 1 | -0.935 | 10.730 |
| aig | 工农业附加值之和同附加值总额之比 | 607 | 0.338 | 0.093 | 0.128 | 0.607 |
| ext | 高科技出口占制成品比 | 615 | 0.154 | 0.103 | 0.015 | 0.717 |
| inf | 通货膨胀率 | 615 | 0.038 | 0.051 | -0.045 | 0.549 |
| cor | 难民人数（标准化） | 615 | 0 | 1 | -0.331 | 7.176 |

# 四、计量结果及分析

## （一）剩余价值国际转移率对一般利润率的影响

1. 基准回归结果

从表5-11可以看出：第一，无论是选用混合OLS模型还是FE模型进行估计[①]，η与r′的回归系数均为正值且高度显著；第二，控制变量的加入对η与r′的估计结果产生了一定的影响，但回归系数的符号与显著性并未发生本质变化。这表明剩余价值国际转移率对一般利润率具有正效应，如果不考虑其他因素的影响，一国从其他国家转入的剩余价值越多，该国的利润率就越高，一国转入的剩

---

[①] 按照巴尔塔基（Baltagi，2001，2010）的观点，对于非平衡面板，Swamy - Arora（方差分析法（ANOVA）的一种）的回归系数估计结果相对较好，MLE（最大似然估计）的标准误估计结果相对较好，就本节所选取的样本而言，两者的估计结果与FE的估计结果差异很小，这里只报告FE的估计结果。读者若对其他估计结果感兴趣可联系笔者。

余价值增加或转出的剩余价值减少，该国的利润率就会增加；反之则相反。

表 5 – 11　一般利润率与剩余价值国际转移率的回归结果（被解释变量为 r′）

| 变量 | 混合 OLS 模型 | | | 固定效应模型 | | |
|---|---|---|---|---|---|---|
| | (1) | (2) | (3) | (4) | (5) | (6) |
| η | 0.114 *** (18.21) | 0.091 *** (38.11) | 0.101 *** (31.24) | 0.075 *** (4.03) | 0.078 *** (7.54) | 0.080 *** (7.36) |
| s | | 0.330 *** (59.82) | 0.321 *** (54.97) | | 0.259 *** (35.01) | 0.261 *** (34.88) |
| o | | −0.070 *** (−39.14) | −0.068 *** (−37.95) | | −0.052 *** (−21.22) | −0.055 *** (−21.10) |
| une | | | −0.095 *** (−3.38) | | | −0.056 *** (−2.90) |
| fdi | | | −0.002 (−1.47) | | | 0.001 (1.59) |
| aig | | | 0.072 *** (4.17) | | | −0.042 * (−1.85) |
| ext | | | −0.037 *** (−3.19) | | | −0.014 (−1.22) |
| inf | | | 0.043 * (1.95) | | | 0.027 ** (2.12) |
| cor | | | −0.004 *** (−3.53) | | | 0.001 (1.01) |
| 常数项 | 0.254 *** (92.04) | 0.260 *** (35.23) | 0.247 *** (35.18) | 0.245 *** (81.68) | 0.245 *** (40.14) | 0.275 *** (24.79) |
| 国家固定效应 | 未控制 | 未控制 | 未控制 | 控制 | 控制 | 控制 |
| 年份固定效应 | 未控制 | 未控制 | 未控制 | 控制 | 控制 | 控制 |
| 观测值 | 615 | 615 | 605 | 615 | 615 | 605 |
| $R^2$ | 0.351 | 0.911 | 0.920 | 0.215 | 0.761 | 0.772 |
| 调整 $R^2$ | 0.350 | 0.910 | 0.919 | 0.138 | 0.736 | 0.745 |

注：* 表示 p < 0.1，** 表示 p < 0.05，*** 表示 p < 0.01，括号内为 t 值或 z 值。

从表 5-11 还可以看出，s 与 r′显著为正，o 与 r′显著为负，回归结果符合马克思的分析，当一国的剩余价值率增加时，该国的一般利润率上升；当一国的资本有机构成增加时，该国的一般利润率下降。剩余价值率对一般利润率有显著的正效应，资本有机构成对一般利润率有显著的负效应。这说明估计结果具有稳健性。

2. 内生性问题及处理

剩余价值国际转移率与一般利润率可能存在内生性问题，但不会十分严重。某一时期的剩余价值国际转移率和该时期的劳动生产率、资本有机构成、垄断力量等引起国别价值转形的因素有关，一般利润率即使能够影响剩余价值国际转移率，也需要通过影响这三种因素来实现，而这个过程一般需要较长时期。为了解决可能存在的内生性问题，我们采取三种方法。第一，将 η 的滞后一期、滞后二期作为解释变量进行估计，回归结果见表 5-12 的（1）、（2）列。第二，采取工具变量法，我们将国际贸易程度作为工具变量，这是因为，国际贸易程度直接影响剩余价值国际转移，一般而言，国际贸易程度越高，剩余价值国际转移越普遍，然而国际贸易程度不会直接对 r′产生影响。我们用出口贸易附加值占附加值总额比度量国际贸易程度①，回归结果见表 5-12 的（3）列。第三，参照一些研究者的做法（王晋斌，2007；张杰等，2011），采用动态 GMM 的方法来克服内生性问题，表 5-12 的（4）列与（5）列分别报告了差分 GMM 与系统 GMM 的估计结果。与表 5-11 相比，表 5-12 中五种不同估计方法所得到的回归结果均未发生本质变化，这说明剩余价值国际转移率与一般利润率不存在严重的内生性问题，剩余价值国际转移率对一般利润率的正效应具有稳健性。

表 5-12　　　　　不同估计方法得到的结果（被解释变量为 r′）

| 变量 | （1） | （2） | （3） | （4） | （5） |
| --- | --- | --- | --- | --- | --- |
| | FE | FE | IV-2SLS | 差分 GMM | 系统 GMM |
| L1. η | 0.067 ***<br>(6.06) | | | | |

---

① 根据库普曼等（Koopman et al.，2014）的建议，笔者利用 WIOD 提供的投入产出表以及 OECD 提供的计算总出口中附加值来源（origin of value added in gross exports）的方法测算出各国的出口贸易附加值。具体可参见，R. Koopman；Zhi Wang and Shang Jin Wei. Tracing Value-Added and Double Counting in Gross Exports，*American Economic Review*，2014，104（2），pp. 459-494，或 http：//www. oecd. org/sti/ind/tiva/TI-VASaM_2016_Indicator_Definitions. pdf。

续表

| 变量 | (1) | (2) | (3) | (4) | (5) |
|---|---|---|---|---|---|
| | FE | FE | IV－2SLS | 差分 GMM | 系统 GMM |
| L2. $\eta$ | | 0.061 *** (5.70) | | | |
| $\eta$ | | | 0.123 ** (2.37) | 0.077 *** (7.17) | 0.091 *** (8.04) |
| s | 0.262 *** (32.50) | 0.262 *** (32.20) | 0.262 *** (34.76) | 0.274 *** (23.53) | 0.269 *** (16.47) |
| o | －0.052 *** (－19.52) | －0.048 *** (－18.24) | －0.057 *** (－18.33) | －0.062 *** (－26.77) | －0.059 *** (－23.03) |
| une | －0.045 ** (－2.34) | －0.033 * (－1.73) | －0.050 ** (－2.47) | －0.040 *** (－2.93) | －0.029 * (－1.73) |
| fdi | 0.001 * (1.84) | 0.002 ** (2.58) | 0.001 (1.53) | －0.000 (－0.10) | 0.000 (0.53) |
| aig | －0.041 * (－1.76) | －0.033 (－1.44) | －0.031 (－1.19) | 0.053 * (1.90) | 0.037 * (1.73) |
| ext | －0.006 (－0.46) | －0.005 (－0.42) | －0.017 (－1.42) | 0.014 * (1.88) | 0.031 *** (3.42) |
| inf | 0.021 (1.39) | 0.013 (0.71) | 0.041 ** (1.99) | －0.012 (－1.20) | －0.012 (－0.91) |
| cor | 0.001 (1.06) | 0.002 (1.51) | 0.001 (1.14) | 0.000 (0.42) | －0.004 *** (－2.78) |
| L. $r'$ | | | | 0.225 *** (5.02) | 0.186 *** (4.34) |
| 常数项 | 0.268 *** (24.49) | 0.249 *** (22.79) | | 0.195 *** (11.65) | 0.201 *** (13.29) |
| 国家固定效应 | 控制 | 控制 | 控制 | 控制 | 控制 |
| 年份固定效应 | 控制 | 控制 | 控制 | 控制 | 控制 |
| AR1 (z) | | | | 0.02 | 0.08 |

续表

| 变量 | (1) | (2) | (3) | (4) | (5) |
|---|---|---|---|---|---|
| | FE | FE | IV－2SLS | 差分 GMM | 系统 GMM |
| AR2（z） | | | | 1.24 | 1.47 |
| Sargan test（P） | | | | 0.95 | 0.99 |
| 观测值 | 566 | 527 | 605 | 525 | 566 |
| $R^2$ | 0.753 | 0.745 | 0.765 | | |
| 调整 $R^2$ | 0.723 | 0.712 | 0.737 | | |

注：* 表示 p<0.1，** 表示 p<0.05，*** 表示 p<0.01，括号内为 t 值或 z 值。差分 GMM 与系统 GMM 工具变量的最大滞后期数为 3 期，为了保证 IV－2SLS 工具变量的合理性，我们做了如下检验：(1) Cragg－Donald F 统计量高度拒绝了模型弱识别的原假设；(2) Anderson－Rubin F 统计量在 5% 的水平上拒绝了内生性回归元的系数之和等于零的原假设；(3) Sargan 过度识别检验证明了工具变量的外生性。

## （二）剩余价值国际转移率、剩余价值率、资本有机构成影响下的一般利润率变动

首先，我们考察剩余价值国际转移率、剩余价值率、资本有机构成对一般利润率的影响大小。表 5－11 与表 5－12 中，$\eta$ 与 $r'$、$s$ 与 $r'$ 的回归系数绝对值均大于 $o$ 与 $r'$ 的回归系数绝对值，然而，根据（5－29）式，$o$ 和 $r'$ 为非线性负向关系，因此，依据表 5－12 不足以判定 $\eta$ 与 $s$ 对 $r'$ 的正效应大于 $o$ 对 $r'$ 的负效应。为了尽可能准确分析 $\eta$、$s$、$o$ 对 $r'$ 的影响大小，我们先将这些变量对数化以转化为线性关系，然后进行标准化处理。需要说明的是，对数化处理后 $s$ 与 $\eta$ 之间存在共线性，因而我们将 $s'$ 作为 $s$ 与 $\eta$ 对 $r'$ 综合影响的度量指标。表 5－13 为采用五种不同估计方法得到的回归结果，从中可以看出，sln $s'$ 与 sln $r'$ 显著正相关，sln $o$ 与 sln $r'$ 显著负相关，并且前者的回归系数绝对值大于后者。这表明剩余价值国际转移率与剩余价值率对一般利润率的正效应大于资本有机构成的负效应，即，$\eta$ 与 $s$ 增加一单位引起 $r'$ 上升的幅度大于 $o$ 增加一单位引起 $r'$ 下降的幅度。

表 5－13　　　　不同估计方法得到的 slns'、slno 与 slnr'的回归结果

| 变量 | (1) | (2) | (3) | (4) | (5) |
|---|---|---|---|---|---|
| | 混合 OLS | FE | FE | 差分 GMM | 系统 GMM |
| sln $s'$ | 1.255 ***<br>(876.14) | 1.250 ***<br>(696.60) | | 1.259 ***<br>(878.94) | 1.264 ***<br>(713.13) |

续表

| 变量 | (1) 混合 OLS | (2) FE | (3) FE | (4) 差分 GMM | (5) 系统 GMM |
|---|---|---|---|---|---|
| sln o | −0.605*** (−382.95) | −0.584*** (−217.25) | | −0.599*** (−126.47) | −0.622*** (−225.60) |
| L2.sln s′ | | | 0.630*** (21.99) | | |
| L2.sln o | | | −0.183*** (−4.40) | | |
| une | 0.126*** (4.27) | 0.308*** (14.99) | −0.324 (−1.00) | 0.325*** (11.29) | 0.209*** (4.14) |
| fdi | 0.009*** (8.49) | 0.002*** (3.04) | 0.010 (0.82) | 0.001** (2.11) | 0.002* (1.88) |
| aig | −0.002 (−0.12) | −0.141*** (−5.79) | 1.112*** (2.72) | −0.072 (−1.41) | −0.112*** (−3.11) |
| ext | 0.068*** (5.72) | −0.009 (−0.81) | −0.046 (−0.22) | −0.040** (−2.14) | −0.038* (−1.93) |
| inf | −0.031 (−1.37) | 0.036*** (2.79) | 0.094 (0.31) | −0.069** (−2.00) | −0.049 (−1.21) |
| cor | 0.009*** (7.60) | 0.001 (1.19) | −0.035 (−1.63) | −0.003*** (−3.51) | −0.002 (−0.94) |
| L.r′ | | | | 0.004*** (2.77) | 0.003* (1.95) |
| 常数项 | −0.019*** (−2.76) | 0.025*** (2.59) | −0.220 (−1.56) | −0.002 (−0.13) | 0.017 (1.17) |
| 国家固定效应 | 未控制 | 控制 | 控制 | 控制 | 控制 |
| 年份固定效应 | 未控制 | 控制 | 控制 | 控制 | 控制 |
| AR1 (z) | | | | 0.99 | 1.20 |
| AR2 (z) | | | | −0.58 | −0.05 |
| Sargan test (P) | | | | 0.99 | 0.99 |

续表

| 变量 | (1) | (2) | (3) | (4) | (5) |
|---|---|---|---|---|---|
| | 混合 OLS | FE | FE | 差分 GMM | 系统 GMM |
| 观测值 | 605 | 605 | 527 | 525 | 566 |
| $R^2$ | 0.999 | 0.999 | 0.655 | | |
| 调整 $R^2$ | 0.999 | 0.999 | 0.611 | | |

注：* 表示 p<0.1，** 表示 p<0.05，*** 表示 p<0.01，括号内为 t 值或 z 值。sln 表示变量的对数化与标准化，差分 GMM 与系统 GMM 工具变量的最大滞后期数为三期；我们也将滞后一期的解释变量与被解释变量进行了回归，结果与滞后二期的基本一致，因而未予报告，读者若感兴趣可联系笔者。

接下来，我们考察同时引起剩余价值国际转移率、剩余价值率、资本有机构成正向变动的劳动生产率对一般利润率的最终影响。表 5－14 中，五种不同估计方法所得到的结果均显示劳动生产率与一般利润率显著正相关，即 $dr'/df > 0$，劳动生产率提高，一般利润率上升。综合表 5－13 与表 5－14 的估计结果，我们可以得出：劳动生产率提高所引起的剩余价值国际转移率和剩余价值率增加的正效应大于劳动生产率提高所引起的资本有机构成增加的负效应，劳动生产率对一般利润率的最终影响为正，在这种情况下，一般利润率随劳动生产率的提高趋于上升。这里得到的实证结果与第二部分所分析的一般利润率变动的第 iii 种情况相吻合。[1]

表 5－14　　　　　一般利润率和劳动生产率的回归结果（被解释变量为 $r'$）

| 变量 | (1) | (2) | (3) | (4) | (5) |
|---|---|---|---|---|---|
| | 混合 OLS | FE | FE | 差分 GMM | 系统 GMM |
| f | 0.070 ***<br>(20.88) | 0.033 ***<br>(3.80) | | 0.016 **<br>(2.04) | 0.020 ***<br>(3.29) |
| L2. f | | | 0.019 **<br>(2.18) | | |

①　根据本节第二部分的分析，如果考虑剩余价值国际转移，则会出现 i、ii、iii 三种情况，验证这三种情况需要更多的样本和更长时间跨度的数据。利用有限的数据，我们验证了，当剩余价值国际转移率与剩余价值率的综合效应大于资本有机构成的负效应时，一般利润率趋于上升的情况。如果选择不同的样本和不同的时间跨度，那么经验分析的结果可能会是 i 或 ii 种情况。

续表

| 变量 | （1）混合 OLS | （2）FE | （3）FE | （4）差分 GMM | （5）系统 GMM |
|---|---|---|---|---|---|
| une | −0.424 ***<br>（−6.25） | −0.022<br>（−0.67） | −0.006<br>（−0.19） | −0.025<br>（−0.88） | −0.049 *<br>（−1.85） |
| fdi | 0.004<br>（1.56） | 0.001<br>（1.01） | 0.001<br>（1.07） | 0.001<br>（0.99） | 0.001<br>（1.55） |
| aig | 0.335 ***<br>（9.33） | −0.069 *<br>（−1.68） | −0.015<br>（−0.37） | 0.171 ***<br>（3.57） | 0.119 ***<br>（3.56） |
| ext | −0.097 ***<br>（−3.57） | 0.057 ***<br>（2.80） | 0.067 ***<br>（3.06） | 0.031 **<br>（2.02） | 0.044 ***<br>（2.85） |
| inf | −0.074<br>（−1.39） | 0.058 **<br>（2.58） | 0.047<br>（1.49） | −0.044<br>（−1.47） | 0.012<br>（0.40） |
| cor | 0.006 **<br>（2.37） | −0.001<br>（−0.76） | −0.001<br>（−0.61） | 0.000<br>（−0.17） | −0.001<br>（−0.56） |
| L. r′ | | | | 0.768 ***<br>（12.95） | 0.815 ***<br>（23.74） |
| 常数项 | 0.200 ***<br>（12.23） | 0.263 ***<br>（16.04） | 0.265 ***<br>（18.25） | 0.000<br>（0.00） | 0.006<br>（0.34） |
| 国家固定效应 | 未控制 | 控制 | 控制 | 控制 | 控制 |
| 年份固定效应 | 未控制 | 控制 | 控制 | 控制 | 控制 |
| AR1（z） | | | | −3.31 | −3.29 |
| AR2（z） | | | | 0.23 | 0.52 |
| Sargan test（P） | | | | 0.99 | 0.99 |
| 观测值 | 605 | 605 | 527 | 525 | 566 |
| $R^2$ | 0.511 | 0.245 | 0.166 | | |
| 调整 $R^2$ | 0.506 | 0.160 | 0.060 | | |

注：*表示 $p<0.1$，**表示 $p<0.05$，***表示 $p<0.01$，括号内为 t 值或 z 值。差分 GMM 与系统 GMM 工具变量的最大滞后期数为 4 期。

## 五、结论与启示

综上分析，劳动生产率国际差异导致剩余价值国际转移；劳动生产率提高引起剩余价值国际转移率、剩余价值率、资本有机构成同时提高；剩余价值国际转移率、剩余价值率提高对一般利润率有正效应，资本有机构成提高对一般利润率有负效应，在三者的综合影响下可能出现一般利润率随劳动生产率的提高而下降、波动或上升三种情况；利用 41 个国家（地区）2000～2014 年的面板数据进行的经验分析表明，剩余价值国际转移率的确对一般利润率有正效应，剩余价值国际转移率与剩余价值率的正效应大于资本有机构成的负效应，一般利润率随劳动生产率的提高而趋向上升。

马克思的一般利润率下降规律应理解为，不考虑剩余价值国际转移，一般利润率在长期波动中趋向下降。在经验上证实这一点比较困难，从利用统计资料测算并分析一般利润率变动的文献中便能够看出。这是因为，在短期，在不同国家，受劳动强度、剥削程度、工人工资以及不变资本各要素价值等因素的影响，剩余价值率的变动可能等于甚至大于资本有机构成的变动。只有在长期，资本主义生产方式的发展普遍成熟，制约剩余价值率提高的因素所起的作用日益显著，资本有机构成比剩余价值率更快地提高，一般利润率才呈现出下降趋势。

在一般利润率下降规律基础上，必然演绎出资本主义生产方式具有不可消除的限制。首先，为了延缓利润率下降，资本家利用与利润率下降相伴而生的相对人口过剩压低工人真实工资，结果导致社会上大多数人的有支付能力的消费需求不足。其次，在利润率下降的情况下，为了保证绝对利润量，资本家会不断地扩大资本规模进行生产，结果导致大量商品充斥市场。这两种结果必然引起生产相对过剩，此时，"只有通过……价格的极大的下降，……，才能完成……流通过程和再生产过程。由于价格的普遍下降，再生产过程就陷入停滞和混乱。"[①] 这种停滞和混乱导致债务锁链破裂，进而引发危机。第三，一方面，资本的最低限额随着利润率的下降不断增加，导致大量分散的小资本失业；另一方面，当利润率下降到一定程度，追加资本不仅不能增加利润量反而会减少利润量，此时会出现资本绝对过剩。逐利的过剩资本"被迫走上冒险的道路：投机、信用欺诈、股票投机、危机。"[②] 这些特有的限制证明了资本主义生产方式的历史局限性。

---

① 马克思恩格斯文集第 7 卷［M］. 北京：人民出版社，2009：283.
② 马克思恩格斯文集第 7 卷［M］. 北京：人民出版社，2009：279.

在经济全球化深入发展的今天，剩余价值国际转移成为实现剩余价值的重要方式，受此影响，资本主义生产方式特有的限制在不同的国家有不同的表现。对发达资本主义国家而言，与其他起反作用的因素不同，剩余价值国际转移在一定程度上能够制止一般利润率下降，因此，在发达国家，资本主义生产方式的发展给自身造成的限制可能并不明显。一方面，发达国家的企业大多采用利润分享制，在这种制度下，转移来的剩余价值能够提高发达国家劳动者的真实工资水平和福利水平，而劳动者真实工资水平和福利水平的提高有利于发达国家的消费维持在一个合理区间。另一方面，前文已经指出，发达国家的资本积累不仅是资本量的扩大，而且是资本质的提高，如培养劳动者的综合素质、研发新技术、设计新产品、塑造国际品牌等。这种资本积累方式既提高了劳动生产率，又增强了国际垄断资本的规模和垄断力量，因此，发达国家能够持续地转入剩余价值，保证绝对的甚至是相对的利润量。剩余价值国际转移为资本的价值增殖提供了新渠道。这两方面能够缓解资本积累与一般利润率下降所引起的生产过剩与资本过剩危机。

对于欠发达的资本主义国家而言，剩余价值国际转移在一定程度上加剧了一般利润率下降的程度，因此，在这些国家，资本主义生产方式具有的限制往往表现得比较明显。剩余价值的转出会进一步降低利润率，低利润制约了工人真实工资的提高，进而制约了国内消费水平的提高。低利润使得资本积累普遍被限定在资本量的扩大上，难以向资本质的提高转变，技术创新缺乏容易造成国内高端商品供给不足而中低端商品生产过剩。为了解决这些问题，欠发达国家一般以低价出口中低端商品，以高价进口高端商品，这进一步增加了转出的剩余价值量，降低了利润率。在这种情况下，资本会不断地从实体部门转向金融、房地产等虚拟部门进行投机。对国外市场的依赖和国内实体部门日益"空心化"增加了欠发达资本主义国家经济的不稳定性。

马克思在高度抽象层次，根据资本积累的一般规律和一般利润率下降规律所引发的一系列矛盾，论证了资本主义生产方式的历史性和局限性，马克思论述的是以英国为代表的资本主义社会形态具有的特征，没有详细考察剩余价值国际转移的影响。当今世界资本主义体系发生了重大变化，资本主义阵营两极分化严重，在这种情况下，需要结合不同国家的实际情况进行具体分析。剩余价值国际转移能够减轻人口过剩、生产过剩以及资本过剩给发达资本主义国家带来的冲击，增强它们应对经济危机的能力；对于欠发达国家则正好相反。然而，资本主义的命运由发达资本主义国家掌控，因此，只要其他资本主义国家的生产力还不够发达，以致发达国家能够持续地从这些国家转移剩余价值，那么，资本主义生产方式自身特有的限制就不会令资本主义制度灭亡。正如马克思所指出的，"无论哪一个社会形态，在它所能容纳的全部生产力发挥出来以前，是决不会灭亡的；而新的更高的生产关系，在它的物质存在条件在旧社会的胎胞里成熟以前，是决不会出现的。"①②

---

① 　马克思恩格斯文集第 2 卷［M］.北京：人民出版社，2009：592.

② 　最后，有必要简要地谈一下剩余价值国际转移与帝国主义之间的联系。列宁在《帝国主义是资本主义的最高阶段》一书中论述帝国主义的寄生性和腐朽性时指出，"极少数最富的国家享有垄断高额利润，所以，它们在经济上就有可能去收买无产阶级的上层，从而培植、形成和巩固机会主义"；"造成工人运动在一段时间内腐化的这种趋势"（列宁选集第 2 卷［M］.北京：人民出版社，2012：665，667）。在帝国主义国家，被收买了的无产阶级上层一方面美化、捍卫帝国主义，另一方面愚化广大无产阶级，淡化他们的阶级斗争意识。无产阶级安然地同本国的资产阶级共享从国外转入的剩余价值，甚至听命于他们的驱使对一些国家发动战争。被收买的非帝国主义国家的无产阶级上层成为帝国主义渗透、干涉、颠覆和控制这些国家的"第五纵队"，他们大肆宣扬历史虚无主义和新自由主义，勾结帝国主义势力，借助甚至创造机会搞分裂破坏活动，他们的行径导致一些国家发生"颜色革命"，成为帝国主义的新型殖民地。

# 附录

## 附录一 斯拉法价格体系的历史演进

斯拉法价格体系可追溯至鲍特凯维茨。在 1907 年发表的《论〈资本论〉第 3 卷中马克思的基本理论结构的改正问题》一文中,鲍特凯维茨创造性地构造了投入要素生产价格化的价值转形模型:[①]

$$(1 + r)(xcc_1 + yvc_1) = x(cc_1 + cc_2 + cc_3)$$
$$(1 + r)(xcc_2 + yvc_2) = y(vc_1 + vc_2 + vc_3)$$
$$(1 + r)(xcc_3 + yvc_3) = z(m_1 + m_2 + m_3)$$

其中,x、y、z 分别表示三部类的生产价格与价值的偏离系数,为求解绝对生产价格与平均利润率,鲍特凯维茨假定 z = 1。塞顿将转形研究从 3 部门扩大到 n 部门,以里昂惕夫投入产出矩阵为出发点,构建出一种价格决定体系:[②]

$$\frac{1}{1 - r^s}(a_{ij})_{n \times n}(pp_1, pp_2, \cdots, pp_n)^T = (pp_1, pp_2, \cdots, pp_n)^T$$

其中,$r^s$ 表示塞顿定义的平均利润率,$a_{ij}$ 表示成本投入系数即生产一单位 i 产品需要投入的 j 商品数量,相当于鲍特凯维茨模型中各部门所投不变资本占总的不变资本的份额以及可变资本占总的可变资本的份额,即 $xcc_i/x\sum cc_i$ 或 $yvc_i/y\sum vc_i$,$pp_i$ 表示第 i 部门的单位产品的价格,相当于鲍特凯维茨模型中的 $x\sum cc_i$、$y\sum vc_i$、$z\sum m_i$。塞顿对平均成本率(equal cost ratio)的理解存在偏

---

① 参见: *On the Correction of Marx's Fundamental Theoretical Construction in the Third Volume of Capital*, in P. M. Sweezy, ed. *Karl Marx and the Close of his System by Eugen von Bbhm – Bawerk and Bbhm – Bawerk's criticism of Marx by Rudolf Hilferding with an appendix by L. von Bortkiewicz*, New York: Augustus M. Kelley, 1949, pp. 199 – 221.

② 参见: Seton, F., The "Transformation Problem", The Review of Economic Studies, 1957, 24 (3), pp. 149 – 160.

差，平均成本率应等于 $1/(1 + $平均利润率$)$，而不是 $1 - $平均利润率。按照这样的理解，塞顿模型变为：

$$(1 + r)(a_{ij})_{n \times n}(pp_1, pp_2, \cdots, pp_n)^T = (pp_1, pp_2, \cdots, pp_n)^T$$

无独有偶，几乎同时，作为"资本争论"的论战一方代表的美国著名经济学家萨缪尔森，利用里昂惕夫矩阵构建了简单再生产平衡条件下的一般利润率决定体系：[①]

$$\begin{cases} pp_1 = (l_1 w + a_{11} pp_1)(1 + r) \\ pp_2 = (l_2 w + a_{21} pp_1)(1 + r) \end{cases}$$

其中，w 表示工资，萨缪尔森理解的工资为劳动的价格，即劳动力商品的生产价格的假象形式，l 表示生产单位产品需要投入的活劳动量。如果把塞顿的 n 部门简化为两大部类（生产资料生产部类和生活资料生产部类），用按价格计算的劳动力成本表示每个部门的生活资料投入，即 $l_1 w = a_{12} pp_2$，$l_2 w = a_{22} pp_2$，那么可得到萨缪尔森模型。在求解过程中，萨缪尔森不得不回到鲍特凯维茨的三部类模型，并假定工资总额等于第二部类产品的生产价格总额。

有理由相信斯拉法受到了里昂惕夫投入产出法和"资本争论"的影响，斯拉法在旨在为批判新古典经济学提供理论基础的《用商品生产商品》一书中提出了他的工资、价格、利润率决定体系。将工资分解为生活资料的体系为：

$$(a_{i1}pp_1 + \cdots + a_{ij}pp_j + \cdots + a_{in}pp_n)(1 + r) = pp_i$$

其中，$a_{ij}$ 为斯拉法的 $J_i/I (J = A, B, \cdots, K; i = a, b, \cdots, k; I = A, B, \cdots, K)$。用工资代替对应的生活资料数量的体系为：[②]

$$(a_{i1}pp_1 + \cdots + a_{ij}pp_j + \cdots + a_{in}pp_n)(1 + r) + l_i w = pp_i$$

斯拉法及其著作《用商品生产商品》在经济学界产生的影响，将斯拉法价格体系在马克思主义经济学中的应用推向了一个新的高度，最早也是最成功的应用当属"置盐定理"。置盐信雄在《技术变革与利润率》（*Technical Change and the Rate of Profit*）中，以斯拉法价格体系为基础，证明了除非实际工资率有足够高的上升，否则资本家引进技术创新不会降低一般利润率。置盐信雄的一般利润率

---

① 参见：P. A. Samuelson, Wages and Interest: A Modern Dissection of Marxian Economic Models, American Economic Review, 1957, 47 (6), pp. 884 – 912; P. A. Samuelson, The "Transformation" from Marxian "Values" to Competitive "Prices": A Process of Rejection and Replacement, Proceedings of the National Academy of Sciences, 1970, 67 (1), pp. 423 – 425.

② 不难发现，斯拉法的两个体系存在矛盾，在第一个体系工人消费的生活资料作为成本有成本加成，而在第二个体系与生活资料的价值相同的工资却没有加成，对此斯拉法没有给出解释，从斯拉法体系的演进中考察，斯拉法的第二个体系是错误的。此外，斯拉法假定形成国民收入的"合成商品"等于 1，于是其第二个体系有了另外一个方程，$[A - (A_a + \cdots + A_k)]pp_a + \cdots + [K - (K_a + \cdots + K_k)]pp_k = 1$。

决定体系如下：

$$\begin{cases} pp_i/w = (1+r)(\sum a_{ij}pp_j/w + l_i) \\ 1 \equiv \sum b_i pp_i/w \end{cases}$$

其中，$(b_1,b_2,\cdots,b_n)$ 表示劳动者付出一单位劳动所能换得的一揽子消费品，置盐将其称为实际工资率。将置盐的一般利润率决定体系稍作变形便可得到

$$\begin{cases} \mathbf{pp} = (1+r)(\mathbf{ppA}+w\mathbf{l}) \\ w \equiv \mathbf{ppb} \end{cases}$$

其中，$\mathbf{A}$ 为里昂惕夫投入产出矩阵，$l$ 为生产单位产品需要投入的活劳动量向量，$\mathbf{pp}$ 为生产价格向量，$\mathbf{b}$ 为 $(b_1,b_2,\cdots,b_n)^T$。以上模型是斯蒂德曼攻击马克思劳动价值论的有力工具，运用该模型他得出劳动价值论是"多余"的、"矛盾"的。

斯拉法价格体系由两部分构成，$\mathbf{pp}=(1+r)(\mathbf{ppA}+w\mathbf{l})$ 是决定一般利润率和相对生产价格的核心方程，[①] $w=\mathbf{ppb}$ 是约束条件，用来确定方程组的唯一解，即求绝对生产价格。随着转形问题讨论的不断深入，斯拉法价格体系也在演进，但万变不离其宗，变的只是约束条件。一些学者将 $w=\mathbf{ppb}$ 替换为利润总额等于剩余价值总额、生产价格总额等于价值总额这两个约束条件，一些学者将 $w=\mathbf{ppb}$ 保留，选择利润总额等于剩余价值总额、生产价格总额等于价值总额这两个约束条件中的一个。[②]

① 置盐信雄和森岛通夫用 Perron–Frobenius 定理和马尔可夫过程对均衡的一般利润率和相对生产价格的形成过程给出了严格的数学说明，在推导过程中，他们假定，A 和 l 不随时间的变化而变化且长期的供求平衡。参见，置盐信雄，《マルクス経済学》，筑摩书房，1977 年，215–216ページ；M. Morishima, *Marx's Economics：a dual theory of value and growth*, London：Cambridge University Press, 1973, Part III.
② 荣兆梓，陈旸. 转形问题 B 体系 [J]. 经济研究，2014（9）；荣兆梓. 成本价格转形与转形问题 C 体系的特点 [J]. 世界经济，2020（6）.

# 附录二 按照要素禀赋论进行分工与贸易，两国在使用价值层面均获利

分工前，A、B 两国的生产如附表 1 所示。A 国的劳动要素丰裕，B 国的资本要素丰裕，C 商品为劳动密集型，F 商品为资本密集型。A 国生产 $L_C^A$ 件 C 商品投入的资本和劳动为 $K_C^A$、$L_C^A$，生产 $L_F^A$ 件 F 商品投入的资本和劳动为 $K_F^A$、$L_F^A$，B 国生产 $K_C^B$ 件 C 商品投入的资本和劳动为 $K_C^B$、$L_C^B$，生产 $K_F^B$ 件 F 商品投入的资本和劳动为 $K_F^B$、$L_F^B$。

| 附表 1 | 分工前 A、B 两国的生产 | |
|---|---|---|
| 国家 | C 商品 | F 商品 |
| A 国 | $(K_C^A, L_C^A)$ | $(K_F^A, L_F^A)$ |
| B 国 | $(K_C^B, L_C^B)$ | $(K_F^B, L_F^B)$ |

按照要素禀赋论，A 国生产并出口 C 商品，B 国生产并出口 F 商品。分工后，A、B 两国的生产如附表 2 所示。容易证明，$K_C^A + K_C^A \cdot L_F^A/L_C^A < K_C^A + K_F^A$，$L_F^B + L_F^B \cdot K_C^B/K_F^B < L_F^B + L_C^B$。假定 A 国与 B 国按照 1∶1 的比例进行交换，[①] A 国用 $L_F^A$ 件 C 商品交换到 $L_F^A$ 件 F 商品，B 国用 $K_C^B$ 件 F 商品交换到 $K_C^B$ 件 C 商品。这样，A、B 两国均获得了分工与贸易前同样的使用价值，A 国节约了 $K_F^A - K_C^A \cdot L_F^A/L_C^A$ 单位资本，B 国节约了 $L_C^B - L_F^B \cdot K_C^B/K_F^B$ 单位劳动。

---

① 这种假定是为了便于分析，其实 C 商品与 F 商品的交换比例只要大于 $(r^A K_C^A/L_C^A + w^A)/(r^A K_F^A/L_F^A + w^A)$，小于 $(r^B + w^B L_C^B/K_C^B)/(r^B + w^B L_F^B/K_F^B)$，A、B 两国之间的交换就可以进行。

附表 2 分工后 A、B 两国的生产

| 国家 | C 商品 | F 商品 |
|---|---|---|
| A 国 | $(K_C^A + K_C^A \cdot L_F^A/L_C^A,\ L_C^A + L_F^A)$ | $(0,\ 0)$ |
| B 国 | $(0,\ 0)$ | $(K_F^B + K_C^B,\ L_F^B + L_F^B \cdot K_C^B/K_F^B)$ |

# 附录三  伊曼纽尔的剩余价值国际转移思想梗概

伊曼纽尔仿照马克思在《资本论》第3卷第9章用于说明价值向生产价格转化的表格,分析了工资相同与工资不同两种情况下国别价值向国际生产价格的转化。

在附表3中,A、B两国的工资相同,资本有机构成不同,A国为4∶1,B国为2∶1,A、B两国生产的两种商品的国别价值同为170,在资本为获取平均利润而展开的竞争的作用下,国别价值转化为国际生产价格,A国生产商品的国际生产价格为190,B国的为150。于是,在世界市场交换中,"A国以170单位的国内劳动,换取了190单位的国际劳动,而B国却以同样单位的国内劳动换取了150单位的国际劳动"①,A、B两国生产的商品不是按170A=170B的比例进行交换,而是以190B=150A的比例进行交换。"在这种交换中,确实发生了剩余价值(20单位)从B国到A国的转移。"②

| 附表3 | | | 伊曼纽尔的不等价交换(工资相同) | | | | |
|---|---|---|---|---|---|---|---|
| 国家 | K 预付总资本 | c 不变资本 | v 可变资本 | m 剩余价值 | V 价值 | π 利润 | P 生产价格 |
| A | 240 | 50 | 60 | 60 | 170 | 80 | 190 |
| B | 120 | 50 | 60 | 60 | 170 | 40 | 150 |
| 合计 | 360 | 100 | 120 | 120 | 340 | 120 | 340 |

在附表4中,A、B两国的工资不同,A国为100,B国为20,资本有机构成也不同,A国为2.4∶1,B国为12∶1,A、B两国生产的两种商品的国别价值

①② 伊曼纽尔. 不平等交换:对帝国主义贸易的研究 [M]. 北京:中国对外贸易经济出版社,1988:89.

同为170，国际生产价格形成之后，A国生产商品的国际生产价格为210，B国的为130。于是，在世界市场交换中，"包含170小时劳动的每一种产品都是根据210B=130A的比率交换的，"① 在这种交换中，剩余价值（40单位劳动）从工资低的B国转移到工资高的A国。然而，伊曼纽尔并不赞同表2-5说明的资本有机构成差异是国际不平等交换的原因，他认为，"工资的不平等是引起不平等交换的唯一原因。"②

附表4　　　　　　　　　　伊曼纽尔的不等价交换（工资不同）

| 国家 | K 预付总资本 | c 不变资本 | v 可变资本 | m 剩余价值 | V 价值 | π 利润 | P 生产价格 |
|------|------|------|------|------|------|------|------|
| A | 240 | 50 | 100 | 20 | 170 | 60 | 210 |
| B | 240 | 50 | 20 | 100 | 170 | 60 | 130 |
| 合计 | 480 | 100 | 120 | 120 | 340 | 120 | 340 |

①② 伊曼纽尔. 不平等交换：对帝国主义贸易的研究 ［M］. 北京：中国对外贸易经济出版社，1988：91.

# 附录四　美元贬值与美国出口增加

假定美元与人民币的汇率为，1 美元 = α 元人民币。中国进口原材料生产商品，其价值为 $\dfrac{\bar{v}_i}{v_M^\$}\alpha v_M^{¥}+1$。其中，$\dfrac{\bar{v}_i}{V_M^\$}\alpha v_M^{¥}$ 表示具体劳动转移的不变资本价值，1 表示活劳动凝结形成的价值。该商品以美元标价的出口价格为 $\dfrac{(\bar{v}_i/v_M^\$)\alpha v_M^{¥}+1(1+\eta_{CHN})}{\alpha v_M^{¥}}$，简化为 $\dfrac{\bar{v}_i}{v_M^\$}+\dfrac{1(1+\eta_{CHN})}{\alpha v_M^{¥}}$。美国进口原材料生产商品，其价值为 $\bar{v}_i+1$，该商品出口到中国需要以人民币标价，其价格为 $\dfrac{\bar{v}_i+1(1+\eta_{USA})}{v_M^\$}$ α。当作为世界货币符号的美元贬值时，$v_M^\$$ 与 α 减小，中国商品的出口价格上涨。如果 $v_M^\$$ 的变动幅度小于 α 的变动幅度，那么美国商品的出口价格下降。

# 附录五　当时 $g_{il} \neq 0$，$g_{iGDP} > g_{il}$ 的证明

（1）当 $\eta_{ij}^{t} = \eta_{ih}^{t} = \overline{\eta}_{i}$ 时，$g_{iGDP} = \dfrac{\sum v_{ij}^{t} q_{ij}^{t+1}}{\sum v_{ij}^{t} q_{ij}^{t}} - 1 > \dfrac{\sum v_{ij}^{t+1} q_{ij}^{t+1}}{\sum v_{ij}^{t} q_{ij}^{t}} - 1 = g_{il}$。

（2）当 $\eta_{ij}^{t} \neq \eta_{ih}^{t}$ 时，假设 h 行业的劳动生产率增速快，那么，$\eta_{ij}^{t} < \eta_{ih}^{t}$，$q_{ij}^{t+1}/q_{ij}^{t} < q_{ih}^{t+1}/q_{ih}^{t}$。可以证明 $g_{iGDP}$ 是关于 $(1 + \eta_{ij}^{t})/(1 + \eta_{ih}^{t})$ 的单调递减函数，因此，$\eta_{ij}^{t} < \eta_{ih}^{t}$ 时的 $g_{iGDP}$ 大于 $\eta_{ij}^{t} = \eta_{ih}^{t}$ 时的 $g_{iGDP}$ 进而大于 $g_{il}$。

（3）构造 $G_{il} = \sum (1 + \eta_{ij}^{t}) l_{ij}^{t+1} / \sum (1 + \eta_{ij}^{t}) l_{ij}^{t} - 1$，证明过程同（1）、（2）。

244

# 附录六 第五章附表

## 2000~2014年42个国家的剩余价值国际转移率

| 国家 | 2000年 | 2001年 | 2002年 | 2003年 | 2004年 | 2005年 | 2006年 | 2007年 | 2008年 | 2009年 | 2010年 | 2011年 | 2012年 | 2013年 | 2014年 |
|---|---|---|---|---|---|---|---|---|---|---|---|---|---|---|---|
| 剩余价值国际转移率为正且逐渐增加的国家 | | | | | | | | | | | | | | | |
| 澳大利亚 | 0.28 | 0.28 | 0.31 | 0.31 | 0.32 | 0.31 | 0.31 | 0.32 | 0.35 | 0.42 | 0.39 | 0.38 | 0.42 | 0.44 | 0.46 |
| 奥地利 | 0.42 | 0.41 | 0.42 | 0.40 | 0.44 | 0.44 | 0.45 | 0.47 | 0.49 | 0.49 | 0.48 | 0.49 | 0.50 | 0.50 | 0.52 |
| 比利时 | 0.57 | 0.59 | 0.59 | 0.60 | 0.58 | 0.59 | 0.61 | 0.63 | 0.65 | 0.68 | 0.67 | 0.68 | 0.68 | 0.68 | 0.68 |
| 加拿大 | 0.30 | 0.30 | 0.30 | 0.28 | 0.28 | 0.30 | 0.30 | 0.30 | 0.31 | 0.35 | 0.35 | 0.36 | 0.37 | 0.38 | 0.40 |
| 瑞士 | 0.55 | 0.54 | 0.53 | 0.53 | 0.54 | 0.58 | 0.59 | 0.63 | 0.65 | 0.66 | 0.67 | 0.65 | 0.65 | 0.66 | 0.66 |
| 德国 | 0.39 | 0.40 | 0.42 | 0.43 | 0.42 | 0.42 | 0.45 | 0.47 | 0.49 | 0.45 | 0.47 | 0.48 | 0.47 | 0.46 | 0.47 |
| 丹麦 | 0.39 | 0.39 | 0.39 | 0.40 | 0.39 | 0.42 | 0.44 | 0.45 | 0.44 | 0.46 | 0.49 | 0.50 | 0.50 | 0.49 | 0.49 |
| 西班牙 | 0.32 | 0.31 | 0.31 | 0.29 | 0.26 | 0.24 | 0.24 | 0.26 | 0.30 | 0.38 | 0.38 | 0.38 | 0.41 | 0.43 | 0.42 |
| 芬兰 | 0.32 | 0.31 | 0.33 | 0.36 | 0.39 | 0.38 | 0.42 | 0.40 | 0.45 | 0.43 | 0.46 | 0.43 | 0.44 | 0.44 | 0.44 |
| 法国 | 0.48 | 0.47 | 0.47 | 0.44 | 0.45 | 0.45 | 0.48 | 0.49 | 0.50 | 0.52 | 0.52 | 0.53 | 0.54 | 0.55 | 0.55 |
| 英国 | 0.19 | 0.20 | 0.22 | 0.24 | 0.24 | 0.26 | 0.27 | 0.31 | 0.30 | 0.31 | 0.30 | 0.32 | 0.32 | 0.32 | 0.33 |
| 希腊 | 0.08 | 0.12 | 0.14 | 0.18 | 0.21 | 0.21 | 0.25 | 0.29 | 0.29 | 0.29 | 0.24 | 0.20 | 0.23 | 0.25 | 0.25 |
| 爱尔兰 | 0.51 | 0.54 | 0.59 | 0.60 | 0.60 | 0.61 | 0.65 | 0.70 | 0.70 | 0.77 | 0.79 | 0.85 | 0.87 | 0.85 | 0.91 |
| 日本 | 0.09 | 0.09 | 0.11 | 0.12 | 0.12 | 0.13 | 0.14 | 0.16 | 0.17 | 0.16 | 0.19 | 0.18 | 0.21 | 0.22 | 0.20 |
| 马耳他 | 0.18 | 0.13 | 0.15 | 0.15 | 0.14 | 0.15 | 0.16 | 0.18 | 0.23 | 0.23 | 0.24 | 0.22 | 0.20 | 0.20 | 0.21 |
| 荷兰 | 0.44 | 0.43 | 0.41 | 0.41 | 0.42 | 0.44 | 0.45 | 0.48 | 0.49 | 0.48 | 0.53 | 0.55 | 0.53 | 0.53 | 0.55 |
| 挪威 | 0.97 | 0.99 | 1.00 | 1.02 | 1.05 | 1.09 | 1.08 | 1.08 | 1.06 | 1.10 | 1.08 | 1.05 | 1.07 | 1.07 | 1.09 |
| 瑞典 | 0.30 | 0.29 | 0.31 | 0.33 | 0.38 | 0.39 | 0.43 | 0.46 | 0.45 | 0.45 | 0.50 | 0.50 | 0.48 | 0.48 | 0.50 |
| 美国 | 0.56 | 0.56 | 0.60 | 0.63 | 0.64 | 0.66 | 0.67 | 0.70 | 0.72 | 0.79 | 0.81 | 0.81 | 0.82 | 0.84 | 0.85 |

续表

| 国家 | 2000年 | 2001年 | 2002年 | 2003年 | 2004年 | 2005年 | 2006年 | 2007年 | 2008年 | 2009年 | 2010年 | 2011年 | 2012年 | 2013年 | 2014年 |
|---|---|---|---|---|---|---|---|---|---|---|---|---|---|---|---|
| 剩余价值国际转移率为负且逐渐增加的国家 | | | | | | | | | | | | | | | |
| 保加利亚 | -0.56 | -0.54 | -0.51 | -0.51 | -0.50 | -0.47 | -0.46 | -0.44 | -0.42 | -0.40 | -0.37 | -0.35 | -0.34 | -0.33 | -0.33 |
| 巴西 | -0.53 | -0.54 | -0.54 | -0.55 | -0.55 | -0.56 | -0.55 | -0.52 | -0.51 | -0.50 | -0.48 | -0.47 | -0.47 | -0.46 | -0.47 |
| 中国 | -0.89 | -0.88 | -0.87 | -0.86 | -0.85 | -0.83 | -0.82 | -0.79 | -0.77 | -0.74 | -0.72 | -0.69 | -0.67 | -0.65 | -0.62 |
| 爱沙尼亚 | -0.38 | -0.35 | -0.32 | -0.28 | -0.26 | -0.21 | -0.17 | -0.12 | -0.15 | -0.17 | -0.13 | -0.09 | -0.09 | -0.07 | |
| 克罗地亚 | -0.28 | -0.26 | -0.22 | -0.19 | -0.20 | -0.17 | -0.14 | -0.11 | -0.09 | -0.11 | -0.11 | -0.08 | -0.07 | -0.06 | -0.09 |
| 匈牙利 | -0.21 | -0.19 | -0.15 | -0.14 | -0.11 | -0.07 | -0.04 | -0.03 | 0.00 | -0.01 | -0.02 | -0.02 | -0.05 | -0.04 | -0.06 |
| 印度尼西亚 | -0.77 | -0.77 | -0.76 | -0.75 | -0.75 | -0.73 | -0.73 | -0.72 | -0.70 | -0.69 | -0.68 | -0.67 | -0.66 | -0.64 | -0.63 |
| 印度 | -0.88 | -0.88 | -0.88 | -0.88 | -0.87 | -0.86 | -0.85 | -0.84 | -0.83 | -0.81 | -0.79 | -0.78 | -0.77 | -0.76 | -0.75 |
| 立陶宛 | -0.49 | -0.44 | -0.43 | -0.39 | -0.35 | -0.30 | -0.26 | -0.18 | -0.13 | -0.17 | -0.12 | -0.10 | -0.08 | -0.05 | -0.04 |
| 拉脱维亚 | -0.53 | -0.51 | -0.49 | -0.45 | -0.41 | -0.36 | -0.32 | -0.26 | -0.27 | -0.25 | -0.25 | -0.22 | -0.21 | -0.20 | -0.19 |
| 波兰 | -0.34 | -0.33 | -0.30 | -0.28 | -0.27 | -0.26 | -0.25 | -0.23 | -0.22 | -0.18 | -0.16 | -0.13 | -0.12 | -0.11 | -0.10 |
| 罗马尼亚 | -0.64 | -0.61 | -0.54 | -0.53 | -0.48 | -0.45 | -0.41 | -0.37 | -0.30 | -0.31 | -0.32 | -0.30 | -0.30 | -0.27 | -0.26 |
| 俄罗斯 | -0.49 | -0.47 | -0.46 | -0.43 | -0.41 | -0.39 | -0.34 | -0.30 | -0.26 | -0.28 | -0.26 | -0.25 | -0.23 | -0.21 | -0.21 |
| 土耳其 | -0.30 | -0.34 | -0.30 | -0.26 | -0.20 | -0.15 | -0.13 | -0.10 | -0.10 | -0.12 | -0.11 | -0.09 | -0.10 | -0.08 | -0.07 |
| 剩余价值转移比例先负后正且逐渐增加的国家 | | | | | | | | | | | | | | | |
| 捷克 | -0.22 | -0.21 | -0.21 | -0.18 | -0.14 | -0.10 | -0.05 | -0.01 | 0.01 | 0.01 | 0.03 | 0.03 | 0.02 | 0.00 | 0.01 |
| 韩国 | -0.22 | -0.20 | -0.17 | -0.14 | -0.13 | -0.11 | -0.08 | -0.04 | 0.00 | 0.04 | 0.07 | 0.08 | 0.09 | 0.10 | 0.13 |
| 葡萄牙 | -0.09 | -0.10 | -0.09 | -0.10 | -0.09 | -0.09 | -0.08 | -0.06 | -0.05 | -0.01 | 0.00 | 0.01 | 0.01 | 0.02 | 0.01 |
| 斯洛伐克 | -0.33 | -0.32 | -0.30 | -0.29 | -0.25 | -0.23 | -0.19 | -0.12 | -0.09 | -0.08 | -0.03 | -0.02 | -0.01 | 0.00 | 0.01 |
| 斯洛文尼亚 | -0.14 | -0.14 | -0.11 | -0.08 | -0.11 | -0.07 | -0.04 | 0.00 | 0.05 | 0.01 | 0.02 | 0.05 | 0.03 | 0.04 | 0.06 |
| 剩余价值国际转移率为正(负)且波动的国家 | | | | | | | | | | | | | | | |
| 卢森堡 | -0.16 | -0.18 | -0.19 | -0.20 | -0.20 | -0.18 | -0.17 | -0.15 | -0.13 | -0.12 | -0.13 | -0.12 | -0.12 | -0.13 | -0.17 |
| 墨西哥 | 2.27 | 2.29 | 2.34 | 2.41 | 2.46 | 2.44 | 2.51 | 2.74 | 2.70 | 2.40 | 2.43 | 2.43 | 2.25 | 2.31 | 2.32 |
| 塞浦路斯 | -0.34 | -0.36 | -0.37 | -0.37 | -0.38 | -0.37 | -0.37 | -0.36 | -0.36 | -0.36 | -0.37 | -0.35 | -0.35 | -0.35 | -0.36 |
| 剩余价值国际转移率为正且逐渐减少的国家 | | | | | | | | | | | | | | | |
| 意大利 | 0.68 | 0.66 | 0.63 | 0.59 | 0.54 | 0.56 | 0.56 | 0.58 | 0.58 | 0.58 | 0.60 | 0.60 | 0.56 | 0.57 | 0.56 |

说明：正值表示剩余价值转入，负值表示剩余价值转出。

附表 6　　　　　　　　2000～2014 年 42 个国家的一般利润率 r′　　　　　　　单位：%

| 国家 | 2000年 | 2001年 | 2002年 | 2003年 | 2004年 | 2005年 | 2006年 | 2007年 | 2008年 | 2009年 | 2010年 | 2011年 | 2012年 | 2013年 | 2014年 |
|------|------|------|------|------|------|------|------|------|------|------|------|------|------|------|------|
| r′ 在波动中上升的国家 | | | | | | | | | | | | | | | |
| 澳大利亚 | 25.58 | 25.79 | 24.97 | 24.98 | 25.34 | 26.16 | 26.54 | 26.49 | 28.23 | 27.89 | 29.62 | 29.87 | 29.55 | 29.33 | 28.42 |
| 比利时 | 27.61 | 27.55 | 29.86 | 31.11 | 31.01 | 30.77 | 29.77 | 29.76 | 28.42 | 31.47 | 30.84 | 29.26 | 29.59 | 30.3 | 30.59 |
| 巴西 | 22.44 | 22.69 | 24.57 | 23.32 | 24.11 | 23.84 | 24.14 | 24.57 | 23.61 | 24.06 | 25.49 | 25.27 | 24.17 | 24.07 | 24.41 |
| 保加利亚 | 4.07 | 3.81 | 5.76 | 7.29 | 7.63 | 7.91 | 8.97 | 9.72 | 11.42 | 14.32 | 13.96 | 15.09 | 12.85 | 14.97 | 14.81 |
| 塞浦路斯 | 7.76 | 8.89 | 10.81 | 14.89 | 16.93 | 17.5 | 17.61 | 16.77 | 15.66 | 17.98 | 17.66 | 15.94 | 14.47 | 13.2 |  |
| 爱沙尼亚 | 12.2 | 12.95 | 14.39 | 17.83 | 18.59 | 19.79 | 20.44 | 23.02 | 24.01 | 26.04 | 25.27 | 24.99 | 24.07 | 24.65 | 26.31 |
| 德国 | 32.11 | 32.26 | 34.04 | 33.06 | 32.93 | 31.86 | 31.49 | 32.46 | 31.77 | 31.02 | 32.38 | 31.81 | 32.31 | 33.34 | 34.57 |
| 希腊 | 16.26 | 16.76 | 18.07 | 21.43 | 23.4 | 21.99 | 23.15 | 22.57 | 21.92 | 22.98 | 21.48 | 20.65 | 19.55 | 18.45 | 18.66 |
| 匈牙利 | 22.05 | 23.21 | 25.62 | 25.27 | 26.53 | 25.72 | 25.32 | 25.18 | 25.23 | 26.3 | 26.6 | 25.84 | 25.73 | 27.08 | 27.49 |
| 印度 | 18.32 | 17.99 | 18.09 | 19.65 | 20.91 | 21.51 | 21.85 | 22.31 | 21.28 | 22 | 21.94 | 21.51 | 20.61 | 20.76 | 20.62 |
| 爱尔兰 | 30.27 | 32.29 | 34.82 | 33.66 | 33.22 | 31.79 | 29.61 | 29.35 | 28.03 | 31.67 | 34 | 38.13 | 37.25 | 37.32 | 36.61 |
| 意大利 | 21.75 | 22.69 | 23.21 | 23.45 | 23.54 | 23.02 | 22.25 | 22.25 | 22.18 | 24.3 | 23.78 | 23.06 | 23.44 | 24.44 | 24.8 |
| 拉脱维亚 | 15.12 | 16.33 | 18.37 | 19.29 | 18.94 | 19.38 | 17.56 | 21.4 | 23.92 | 22.59 | 19.16 | 20.54 | 20.29 | 20.41 | 20.78 |
| 立陶宛 | 15.89 | 15.77 | 17.5 | 19.71 | 19.81 | 20.24 | 20.43 | 22.02 | 19.15 | 20.41 | 22.53 | 23.2 | 23.98 | 23.85 | 23.87 |
| 马耳他 | 2.3 | 2.8 | 5.77 | 7.96 | 8.16 | 8.86 | 8.57 | 11.62 | 13.19 | 11.86 | 13.08 | 13.15 | 13.37 | 15.28 | 16.79 |
| 墨西哥 | 24.99 | 23.58 | 24.48 | 25.04 | 24.64 | 24.71 | 25.69 | 25.66 | 25.63 | 27.36 | 26.4 | 25.92 | 26.07 | 25.99 | 26.41 |
| 荷兰 | 34.63 | 36.3 | 34.17 | 35.75 | 38.02 | 38.87 | 40.07 | 41.37 | 39.52 | 39.4 | 42.16 | 40.13 | 40.39 | 41.45 | 42.17 |
| 挪威 | 51.4 | 50.97 | 48.71 | 48.68 | 50.71 | 53.87 | 54.69 | 50.84 | 54.55 | 50.65 | 53.33 | 55.21 | 55.87 | 54.65 | 53.41 |
| 波兰 | 18.4 | 18.42 | 17.61 | 18.39 | 18.64 | 19.24 | 19.37 | 19.05 | 18.33 | 21.21 | 21.92 | 20.88 | 21.47 | 22.3 | 22.66 |
| 葡萄牙 | 15.23 | 15.86 | 17.15 | 18.38 | 18.6 | 18.01 | 18.04 | 18.56 | 17.68 | 20.58 | 19.15 | 18.35 | 17.86 | 19.54 | 19.02 |
| 罗马尼亚 | 17.16 | 16.52 | 16.96 | 18.65 | 16.45 | 16.5 | 16.77 | 17.17 | 19.33 | 22.91 | 20.08 | 18.79 | 18.3 | 19.61 | 19.84 |
| 斯洛伐克 | 12.68 | 12.62 | 13.71 | 16.18 | 18.09 | 18.6 | 19.35 | 20.8 | 20.84 | 20.54 | 21.18 | 19.95 | 20.81 | 21.84 | 22.13 |
| 斯洛文尼亚 | 17.53 | 18.62 | 20.45 | 22.44 | 23.63 | 23.87 | 24.77 | 24.97 | 25.58 | 25.76 | 24.23 | 24.39 | 23.69 | 24.86 | 26.05 |
| 西班牙 | 21.35 | 21.67 | 21.89 | 22.09 | 21.43 | 20.87 | 20.37 | 20.9 | 22.63 | 26.98 | 26.69 | 25.89 | 25.4 | 25.84 | 25.64 |
| 瑞士 | 26.45 | 25.91 | 26.58 | 26.86 | 26.82 | 26.82 | 27.71 | 28.81 | 28.93 | 28.69 | 29.6 | 30.08 | 30.11 | 30.36 | 30.69 |
| 土耳其 | 17.79 | 21.47 | 22.01 | 19.04 | 18.52 | 17.78 | 18.48 | 17.76 | 19.11 | 19.11 | 18.06 | 18.01 | 19.24 | 19.02 | 20.63 |
| 英国 | 25.5 | 25.76 | 26.5 | 27.89 | 27.92 | 29.01 | 28.63 | 28.18 | 28.33 | 28.83 | 28.91 | 28.59 | 28.05 | 27.62 | 27.77 |

247

续表

| 国家 | 2000年 | 2001年 | 2002年 | 2003年 | 2004年 | 2005年 | 2006年 | 2007年 | 2008年 | 2009年 | 2010年 | 2011年 | 2012年 | 2013年 | 2014年 |
|---|---|---|---|---|---|---|---|---|---|---|---|---|---|---|---|
| $r'$ 上下波动的国家 | | | | | | | | | | | | | | | |
| 加拿大 | 36.22 | 35.71 | 35.47 | 35.93 | 36.44 | 36.68 | 36.49 | 36.54 | 36.7 | 34.2 | 34.2 | 35.05 | 34.79 | 34.82 | 34.68 |
| 中国 | 22.84 | 23.88 | 24.77 | 24.52 | 24.21 | 23.81 | 24.44 | 24.31 | 24.82 | 24.8 | 24.44 | 23.79 | 23.93 | 23.3 | 23.89 |
| 克罗地亚 | 25.27 | 24.17 | 22.93 | 23.06 | 23.41 | 23.01 | 23.34 | 23.53 | 24.17 | 26.25 | 26.71 | 25.64 | 24.92 | 24.9 | 25.5 |
| 捷克 | 23.96 | 24.23 | 25.34 | 24.61 | 24.99 | 25.25 | 24.66 | 24.79 | 24.7 | 25.81 | 24.48 | 23.56 | 23.87 | 24.19 | 24.71 |
| 法国 | 34.08 | 33.65 | 34.54 | 34.79 | 34.56 | 33.73 | 33.15 | 32.99 | 32.57 | 33.62 | 32.76 | 32.47 | 32.38 | 32.94 | 33.55 |
| 印度尼西亚 | 25.76 | 24.6 | 22.05 | 26.43 | 23.6 | 24.27 | 25.7 | 24.13 | 25.27 | 25.68 | 26.44 | 26.98 | 26.3 | 25.64 | 25.67 |
| 韩国 | 23.86 | 23.83 | 23.53 | 24.59 | 25.4 | 24.37 | 23.53 | 23.44 | 21.66 | 22.77 | 22.92 | 21.39 | 21.52 | 22.7 | 23.47 |
| 瑞典 | 40.16 | 40.19 | 41.28 | 42.68 | 42.4 | 40.69 | 40.83 | 40.45 | 39.55 | 39.98 | 40.46 | 39.9 | 40.19 | 41.54 | 41.6 |
| 美国 | 24.39 | 24.57 | 25.14 | 25.03 | 24.74 | 24.19 | 24.21 | 24.04 | 23.58 | 26.19 | 25.65 | 24.22 | 24.48 | 24.3 | 24.03 |
| $r'$ 在波动中有所下降的国家 | | | | | | | | | | | | | | | |
| 奥地利 | 34.33 | 33.57 | 34.1 | 33.55 | 32.97 | 32.64 | 32.28 | 32.89 | 32.09 | 32.39 | 31.38 | 30.46 | 30.19 | 30.09 | 30.91 |
| 丹麦 | 43.38 | 42.87 | 43.41 | 44.03 | 43.49 | 41.39 | 39.47 | 38.18 | 38.15 | 41.02 | 42.96 | 40.72 | 40.28 | 40.65 | 40.89 |
| 芬兰 | 35.83 | 37.38 | 37.73 | 36.37 | 36.26 | 34.96 | 33.36 | 34.51 | 33.49 | 34.43 | 33.24 | 31.47 | 30.8 | 31.73 | 32.31 |
| 日本 | 30.95 | 30.57 | 30.72 | 31.11 | 31.18 | 30.14 | 29.22 | 29.16 | 27.7 | 29.23 | 29.8 | 28.54 | 28.26 | 27.68 | 28.02 |
| 卢森堡 | 25.98 | 25.35 | 26.31 | 26.83 | 25.25 | 24.46 | 24.01 | 23.52 | 23.39 | 24.95 | 24.62 | 24.12 | 23.23 | 23.58 | 21.82 |
| $r'$ 明显下降的国家 | | | | | | | | | | | | | | | |
| 俄罗斯 | 40.92 | 35.6 | 35.05 | 35.27 | 34.95 | 34.63 | 34.65 | 33.07 | 34.22 | 30.74 | 32.37 | 33.7 | 34.05 | 31.45 | 29.94 |

# 附录七 各章节公式中英文字母与希腊字母的经济含义

$\delta$：固定资本折旧率

$\bar{v}$：商品的市场价值或国际价值

$\overline{v_L}$：劳动力价值

$\varsigma$：垄断力量

$\nu$：垄断利润总额同总的垄断力量之比

$\bar{\pi}$：平均利润

$\bar{r}$：平均利润率

$\vartheta$：商品数量权重

$\bar{T}$：社会必要劳动时间

$\bar{f}$：世界平均劳动生产率

$\mathbf{A}$：里昂惕夫投入产出矩阵

$a_{ij}$：生产技术系数，即生产一单位 i 产品需要投入的 j 商品数量

$b$：劳动者付出一单位劳动所能换得的一揽子消费品

$c$：生产成本

$cc$：不变资本

$D$：需求

$e$：弹性

$f$：劳动生产率

$fc$：固定资本

$g$：单位货币商品金的价值量

$k$：成本价格

$K$：资本

$l$：活劳动量

L：劳动力数量

lc：流动不变资本

m/x：剩余价值用于资本家消费的部分

M：货币数量

m：剩余价值

mp：垄断价格

mπ：垄断利润

N：货币流通速度

o：资本有机构成

p：商品的价格或市场价格

P：价格总水平

pp：商品的生产价格

q：商品数量

Q：商品总量

$r'$：包含剩余价值国际转移的一般利润率

r：利息率或利润率

s：剩余价值率

v：商品的个别价值或国别价值

vc：可变资本

$v_M$：单位货币代表的价值量

w：工资

Y：国内生产总值或国民收入

ι：单位美元所兑换的黄金量

β：资本积累率

γ：需要兑换黄金的美元数量占美元总数量的比例

η：剩余价值转移率或剩余价值国际转移率

θ：劳动复杂程度或复杂系数

π：利润

τ：商品贸易额

φ：剩余价值国际转移量

Ψ：市场价格与市场价值的偏离系数或剩余价值国际转移量的代理变量

ω：单位劳动凝结形成的价值量与单位货币代表的价值量之比

# 参 考 文 献

[1] 奥林. 地区间贸易和国际贸易 [M]. 王继祖，等译. 北京：商务印书馆，1986.

[2] 巴兰. 增长的政治经济学 [M]. 蔡中兴，等译. 北京：商务印书馆，2016.

[3] 白暴力，白瑞雪. "三要素创造价值理论" 分析：内在逻辑缺陷与外在理论困难 [J]. 政治经济学评论，2019 (5)：117 – 137.

[4] 白暴力，白瑞雪. 物价总水平上涨理论 [M]. 北京：经济科学出版社，2012.

[5] 白暴力，傅辉煌. 收入分配差距偏大的主要因素和消费需求牵扯 [J]. 改革，2011 (7)：37.

[6] 白暴力. 价值价格通论 [M]. 北京：经济科学出版社，2006.

[7] 白暴力. 劳动生产率与商品价值量变化关系分析 [J]. 当代经济研究，2002 (3)：8 – 11.

[8] 白暴力，梁泳梅. 美元过量发行与贬值的财富转移效应 [J]. 江汉论坛，2009 (12)：21 – 24.

[9] 白暴力，梁泳梅. 世界价值与国际价格的形成与效应：劳动价值理论基础上的分析 [J]. 福建论坛（人文社会科学版），2008 (2)：9 – 13.

[10] 白暴力，王智强. 跨国企业超额利润的政治经济学分析：劳动生产率企业差异和劳动力价值国际差异的综合效应 [J]. 教学与研究，2016 (8)：35.

[11] 白暴力，王智强. 劳动力价值形成的国际差异与跨国企业超额利润的来源 [J]. 福建论坛（人文社会科学版），2015 (11)：5 – 10.

[12] 鲍特凯维茨. 马克思体系中的价值计算和价格计算（二），载《马列主义研究资料》（中共中央马克思恩格斯列宁著作编译局编），总第48 辑 [M]. 北京：人民出版社，1987.

[13] 鲍特凯维茨. 马克思体系中的价值计算和价格计算（三），载《马列

主义研究资料》（中共中央马克思恩格斯列宁著作编译局编），总第 53 辑 ［M］. 北京：人民出版社，1988.

［14］布劳格. 经济理论的回顾 ［M］. 姚开建，译. 北京：中国人民大学出版社，2009.

［15］陈永志，杨继国. "价值总量之谜" 试解 ［J］. 经济学家，2003（6）：35 - 42.

［16］程恩富，丁晓钦. 构建知识产权优势理论与战略：兼论比较优势和竞争优势理论 ［J］. 当代经济研究，2003（9）：20 - 25.

［17］程恩富，夏晖. 美元霸权：美国掠夺他国财富的重要手段 ［J］. 马克思主义研究，2007（12）：28 - 34.

［18］崔向阳，崇燕. 马克思的价值链分工思想与我国国家价值链的构建 ［J］. 经济学家，2014（12）：5 - 13.

［19］戴翔. 中国出口贸易利益究竟有多大：基于贸易附加值的估算 ［J］. 当代经济科学，2015（5）：80：- 88.

［20］单豪杰. 中国资本存量 K 的再估算：1952 - 2006 ［J］. 数量经济技术经济研究，2008（10）：17 - 31.

［21］党建德. 关于劳动价值论的几个问题 ［J］. 陕西经贸学院学报，2001（8）：17 - 20.

［22］丁堡骏. 按照马克思思想研究斯拉法：答斯蒂德曼 ［J］. 税务与经济，2003（1）：2 - 9.

［23］丁堡骏. 实物量关系分析体系究竟错在哪里 ［J］. 海派经济学，2006（14）：162 - 167.

［24］丁堡骏，张洪平. 揭开劳动生产力与商品价值量之间关系之谜 ［J］. 税务与经济，1994（3）：33 - 38.

［25］丁堡骏. 转形问题研究 ［J］. 中国社会科学，1999（5）：21 - 34.

［26］丁重扬，丁堡骏. 试论马克思劳动价值论在国际交换领域的运用和发展 ［J］. 毛泽东邓小平理论研究，2013（4）：52 - 59.

［27］多斯桑托斯. 帝国主义与依附 ［M］. 杨衍永，等译. 北京：社会科学文献出版社，2017.

［28］房宁. 当代资本主义世界经济体系的结构与矛盾 ［J］. 科学社会主义，2004（1）：73 - 76.

［29］冯金华. 价值转形：一个伪问题 ［J］. 经济评论，2008（3）：83 - 89.

［30］冯金华. 劳动、价值和增长：对 "价值总量之谜" 的一项研究 ［J］.

世界经济，2018（2）：3－19.

[31] 冯志轩. 不平等交换的历史动态：一个经验研究 [J]. 政治经济学评论，2016（2）：60－82.

[32] 弗兰克. 依附性积累与不发达 [M]. 高铦、高戈，译. 南京：译林出版社，1999.

[33] 高峰. 发达资本主义中的垄断与竞争 [M]. 天津：南开大学出版社，1996.

[34] 龚维敬. 论现代资本主义的垄断利润和垄断价格 [J]. 学术月刊，1984（2）：31－36.

[35] 谷书堂. 求解价值总量之谜 [N]. 中国工商时报，2001－11－5.

[36] 谷书堂. 求解价值总量之"谜"：两条思路的比较 [J]. 南开学报（哲学社科科学版），2002（1）：6－8.

[37] 哈曼. 利润率和当前世界经济危机 [J]. 丁为民，等译. 国外理论动态，2008（10）：8－16.

[38] 哈维. 新帝国主义 [M]. 初立忠，译. 北京：社会科学文献出版社，2009.

[39] 何干强. 也谈国际价值规律及其作用的特征 [J]. 政治经济学评论，2013（1）：115－128.

[40] 何干强. 也谈劳动生产率同价值创造的关系 [J]. 教学与研究，2011（7）：46－53.

[41] 何祚庥. 必须将"科技×劳动"创造使用价值的思想引入新劳动价值论的探索和研究 [J]. 北京：政治经济学评论，2014（1）：72－100.

[42] 赫德森. 从马克思到高盛：虚拟资本的幻想和产业的金融化（下）[J]. 国外理论动态，2010（10）：39－48、90.

[43] 赫德森. 从马克思到高盛：虚拟资本的幻想和产业的金融化（下）[J]. 国外理论动态，2010（9）：1－9、71.

[44] 胡大立，刘丹平. 中国代工企业全球价值链"低端锁定"成因及其突破策略 [J]. 科技进步与对策，2014（12）：77－81.

[45] 贾根良. 国际大循环经济发展战略的致命弊端 [J]. 马克思主义研究，2010（12）：53－64.

[46] 久保新一，中川信义. 国际贸易的理论问题 [J]. 经济资料译丛，2009（1）：78－96.

[47] 克鲁格曼，奥伯斯法尔德. 国际经济学：理论与政策（上册）[M].

黄卫平，等译．北京：中国人民大学出版社，2013．

[48] 蒯正明．论新帝国主义的资本积累与剥夺方式 [J]．马克思主义研究，2013（12）：80 - 87．

[49] 李帮喜，赵奕菡，冯志轩．新中国70年的经济增长：趋势、周期及结构性特征 [J]．管理世界，2019（9）：16 - 29．

[50] 李宾．我国资本存量估算的比较分析 [J]．数量经济技术经济研究，2011（12）：21 - 36、54．

[51] 李翀．论国际垄断和国际垄断价格 [J]．当代经济研究，2006（5）：13 - 17．

[52] 李翀．马克思主义国际生产价格理论的构建 [J]．马克思主义研究，2007（7）：47 - 57．

[53]《列宁选集》第2卷 [M]．北京：人民出版社，2012．

[54] 刘涤源．垄断价格机理研究 [M]．北京：中国物价出版社，1995．

[55] 刘秀光．质疑价值总量之谜及其破解方法：与武建奇教授商榷 [J]．中国经济问题，2006（6）：68 - 71．

[56] 刘志彪，张杰．全球代工体系下发展中国家俘获型网络的形成、突破与对策 [J]．中国工业经济，2007（5）：39 - 47．

[57] 鲁保林，赵磊．美国经济利润率的长期趋势和短期波：1966 - 2009 [J]．当代经济研究，2013（6）：55 - 61．

[58] 陆夏．国际垄断条件下剩余价值转移模型初探 [J]．海派经济学，2010（29）：57 - 67．

[59] 罗宾逊．论马克思主义经济学 [M]．纪明，译．北京：商务印书馆，1962．

[60] 罗默．马克思主义经济理论的分析基础 [M]．汪立鑫，等译．上海：上海人民出版社，2007．

[61] 马艳，程恩富．马克思"商品价值量与劳动生产率变动规律"新探：对劳动价值论的一种发展 [J]．财经研究，2002（10）：43 - 48．

[62] 马艳等．全球化背景下国际不平等交融理论与实证研究 [J]．财经研究，2017（3）：17 - 29．

[63] 马艳．马克思主义平均利润率变动规律的动态模型 [J]．海派经济学，2007（2）：42 - 55．

[64] 马艳，严金强，李韵．马克思内生增长理论的界定及其微观机制 [J]．经济学动态，2017（9）：34 - 43．

［65］曼德尔．晚期资本主义［M］．哈尔滨：黑龙江人民出版社，1983．

［66］孟捷．从"新解释"到价值转形的一般理论［J］．世界经济，2018（5）：3－26．

［67］孟捷，冯金华．非均衡与平均利润率的变化：一个马克主义分析框架［J］．世界经济，2016（6）：3－58．

［68］孟捷．复杂劳动还原与马克思主义内生增长理论［J］．世界经济，2017（5）：3－23．

［69］孟捷．技术创新与超额利润的来源：基于劳动价值论的各种解释［J］．中国社会科学，2005（5）：4－15．

［70］孟捷．劳动价值论与资本主义再生产中的不确定性［J］．中国社会科学，2004（3）：4－16、205．

［71］孟捷．劳动与资本在价值创造中的正和关系研究［J］．经济研究，2011（4）：15－25．

［72］慕亚平，肖小月．我国外资并购中的国家安全审查制度［J］．法学研究，2009（5）：52－61．

［73］钱书法，王卓然．国际贸易中价值转移问题的扩展研究：模型、推演及启示［J］．经济学家，2016（2）：16－25．

［74］荣兆梓，陈旸．转形问题B体系：模型与计算［J］．经济研究，2014（9）：149－161．

［75］森岛通夫．马克思经济学：价值与增长的双重理论［M］．张衔，译．北京：中国社会科学出版社，2017．

［76］邵沙平，王小承．美国外资并购国家安全审查制度探析：兼论中国外资并购国家安全审查制度的构建［J］．法学家，2008（3）：154－160．

［77］盛斌，牛蕊．国际贸易、贸易自由化与劳动力就业：对中国工业部门的经验研究［J］．当代财经，2009（12）：88－94．

［78］施生旭，郑逸芳，石礼忠．技术进步对经济增长的效应分析及实证研究［J］．理论月刊，2014（3）：12－16．

［79］石景云．马克思社会再生产理论中的增长公式［J］．中国社会科学，1988（2）：153－162．

［80］斯蒂德曼．按照斯拉法的思想研究马克思［M］．吴剑敏，等译．北京：商务印书馆，1991．

［81］斯威齐．资本主义发展论［M］．陈观烈、秦亚男，译．商务印书馆，2009．

[82] 宋涛.当代帝国主义经济 [M].北京：经济科学出版社，1988.

[83] 宋文飞，李国平，韩先锋.稀土定价权缺失、理论机理及定价解释 [J].中国工业经济，2011（10）：47.

[84] 唐国华，许成安.马克思经济增长理论与中国经济发展方式的转变 [J].当代经济研究，2011（7）：15-20.

[85] 王峰明.马克思经济学假设的哲学方法论辨析——以两个"社会必要劳动时间"的关系问题为例 [J].中国社会科学，2009（4）：54-64.

[86] 王今朝.打破当代西方比较优势理论教条：对中国贸易基础理论的思考 [J].海派经济学，2018（1）：61-66.

[87] 王晋斌.金融控制政策下的金融发展与经济增长 [J].经济研究，2007（10）：95-104.

[88] 王岚，盛斌.全球价值链分工背景下的中美增加值贸易与双边贸易利益 [J].财经研究，2014（9）：97-108.

[89] 王雪婷.马克思国际价值理论视角下的国际不平等交换研究 [J].当代经济研究，2017（11）：72-81.

[90] 王艺明，赵建.马克思及现有价值转形算法的分析与比较 [J].经济学动态，2019（11）：34-49.

[91] 王智强.按照马克思的思想研究"置盐定理" [J].当代经济研究，2011（9）：47-54.

[92] 王智强.国际垄断资本主义下的财富跨国转移：以全球铁矿石行业为例 [J].当代经济研究，2015（12）：12-19.

[93] 王智强，李明.剩余价值国际转移及其经济效应分析 [J].当代经济研究，2017（12）：15-23.

[94] 王智强.剩余价值国际转移与一般利润率变动：41个国家的经验证据 [J].世界经济，2018（11）：3-24.

[95] 卫兴华.关于深化对劳动和劳动价值理论的认识问题 [J].经济学动态，2000（12）：9-17.

[96] 魏浩，黄皓骥，刘士彬.对外贸易的国内就业效应研究：基于全球63个国家的实证分析 [J].北京师范大学学报（社会科学版），2013（6）：107-118.

[97] 魏旭，高冠中.西方主流经济学全要素生产率理论的实践检视与方法论反思 [J].毛泽东邓小平理论研究，2017（7）：45-52.

[98] 魏旭.论市场价值及其与平均价值、市场价格的辩证关系 [J].社会

科学辑刊，2017（5）：54 - 60.

[99] 魏旭．"造不如买，买不如租"的逻辑为什么要倒过来：一个马克思主义经济学的解读 [J]．理论月刊，2015（5）：17 - 21.

[100] 温忠麟，张雷，侯杰泰，刘红云．中介效应检验程序及其应用 [J]．心理学报，2004（5）：614 - 620.

[101] 吴宣恭．国际价值形成和实现的几个问题 [J]．福建论坛（人文社会科学版），2007（2）：4 - 7.

[102] 吴易风．经济增长理论的历史辨析 [J]．学术月刊，2003（2）：40 - 48.

[103] 吴易风．马克思的理论经济增长模型 [J]．经济研究，2007（9）：11 - 17.

[104] 武建奇．生产率、经济增长和价值总量的关系：基于劳动价值论的一个解释 [J]．中国经济问题，2005（6）：23 - 28.

[105] 希法亭．金融资本 [M]．福民，等译．北京：商务印书馆，2009.

[106] 习近平．共担时代责任共促全球发展 [N]．人民日报，2017 - 01 - 18（003）.

[107] 肖耀球．中性技术进步条件下的马克思经济增长理论与模型研究 [J]．系统工程，2007（3）：37 - 41.

[108] 谢长安，程恩富．分工深化论：五次社会大分工与部门内分工探析 [J]．马克思主义研究，2016（12）：6 - 58.

[109] 谢富胜，李安，朱安东．马克思主义危机理论和1975 - 2008年美国经济的利润率 [J]．中国社会科学，2010（5）：65 - 82.

[110] 许涤新．政治经济学词典（上） [M]．北京：人民出版社，1980.

[111] 晏智杰．破解"价值总量之谜"：与谷书堂教授切磋 [J]．江汉论坛，2007（7）：60 - 63.

[112] 杨继国．基于马克思经济增长理论的经济危机机理分析 [J]．经济学家，2010（2）：5 - 11.

[113] 杨圣明．马克思国际价值理论及中国化问题 [J]．经济学动态，2011（8）：22 - 31.

[114] 杨义芹．求解价值总量之"谜" [J]．理论与现代化，2002（1）：4 - 6.

[115] 杨玉华．国际贸易就业影响的国际比较：H - O - S 及贸易乘数理论对贸易大国的适应性实证分析 [J]．云南财经大学学报，2007（8）：102 - 106.

［116］伊曼纽尔．不平等交换：对帝国主义贸易的研究［M］．文贯中，等译．北京：中国对外贸易经济出版社，1988．

［117］尹振宇，任洲鸿．非物质生产领域劳动价值创造研究：基于微笑曲线视角［J］．马克思主义学刊，2016（1）：188－197．

［118］余斌．论二次价值转形［J］．当代经济研究，2016（3）：37－44．

［119］袁文祺．评现代国际贸易中的不等价交换和"价值转移论"［J］．中国社会科学，1982（4）：157－166．

［120］张丰兰，刘鸿杰．对垄断和金融危机的再认识［J］．马克思主义研究，2010（4）：57．

［121］张杰，周晓艳，李勇．要素市场扭曲抑制了中国R&D？［J］．经济研究，2011（8）：78－91．

［122］张军，章元．对中国资本存量K的再估计［J］．经济研究，2003（7）：35－43．

［123］张衔．劳动生产率与商品价值量的思考［J］．教学与研究，2011（7）：54－59．

［124］张衔，薛宇峰．对置盐定理的批判性解构［J］．中国社会科学，2020（6）：94－119．

［125］张晔．论买方垄断势力下跨国公司对当地配套企业的纵向压榨［J］．中国工业经济，2006（12）：29．

［126］张宇，蔡万焕．金融垄断资本及其在新阶段的特点［J］．中国人民大学学报，2009（4）：2－8．

［127］张雨微，赵景峰．生产分割下的国际价值转移及对中国新型开放战略的启示［J］．马克思主义研究，2015（11）：68－74．

［128］张忠任．劳动生产率与价值量关系的微观法则与宏观特征［J］．政治经济学评论，2011（2）：72－91．

［129］郑志国．世界贫富多级分化与资本国际侵蚀［J］．政治经济学研究，2020（2）：110－123．

［130］置盐信雄．技术变革与利润率［J］．骆桢，等译．教学与研究，2010（7）：48－56．

［131］朱燕．马克思主义分工理论视角下两种经济全球化模式比较研究［J］．马克思主义研究，2017（10）：52－59．

［132］Acemoglu D. Patterns of Skill Premia. Review of Economic Studies，2003，7（2）：199－230．

［133］ Amin S. Accumulation on a World Scale：A Critique of the Theory of Underdevelopment. New York：Monthly Review Press，1974.

［134］ Bardhan P. International Differences in Production Functions，Trade and Factor Prices. Journal of Economic，1965，75（297）：81 –87.

［135］ Demsetz H. Industry Structure，Market Rivalry，and Public Policy. Journal of Law and Economics，1973，16（1）：1 –9.

［136］ Dumeil G.，Levy D. Capital Resurgent：Roots of the Neoliberal Revolution Cambridge：Harvard University press，2004.

［137］ Dumeil G.，Levy D. The Profit Rate：Where and How Much Did it Fall？Did it Recover？（USA 1948 – 2000）. Review of Radical Political Economics，2002，34（4）：437 –461.

［138］ Dumeil G.，Levy D. The Real and Financial Components of Profitability. Journal of Review of Radical Political Economics，2004，36：82 – 110.

［139］ Emmanuel A. Unequal Exchange：A study of imperialism of trade. New York：Monthly Review Press，1972.

［140］ Foot S.，Webber M. Unequal Exchange and Uneven Development. Environment and Planning D：Society and Space，1983，1（3）：281 –204.

［141］ Foster J. B. Monopoly – Finance Capital. Monthly Review，2006，58：1 – 14.

［142］ Gereffi G.，Humphrey J.，Sturgeon T. The Governance of Global Value Chains. International Political Economy Review，2005，12（1）：78 – 104.

［143］ GibsonB. Unequal Exchange：Theoretical Issues and Empirical Findings. Review of Radical Political Economics，1980，12：15 –35.

［144］ Greenaway D.，Hine，R. C. and Wright，P. An Empirical Assessment of The Impact of Trade on Employment in the United Kingdom. European Journal of Political Economy，1999，15（3）：485 –500.

［145］ Heintz J. Low – Wage Manufacturing and Global Commodity Chains：A Model in The Unequal Exchange Tradition. Cambridge Journal of Economics，2006，30（4）：507 –520.

［146］ Helpman E.，Itskhoki O.，Redding S. Trade and Labor Market Outcomes. NBER Working papers 2011，No. 16662.

［147］ Houston D.，Paus E. The Theory of Unequal Exchange：An Indictment. Radical Political Economics Review，1987，19（1）：90 –97.

[148] Kaplinsky R. Globalization and Unequalization: What Can Be Learned From Value Chain Analysis? Journal of Development Studies, 2000, 37 (2): 117 – 146.

· [149] Kemp M. C. , Okawa M. Factor Price Equalization under Imperfect Competition. Review of International Economics, 1997, 5 (2): 153 – 178.

[150] Kliman A. McGlone T. A Temporal Single – system Interpretation of Marx's Value Theory. Review of Political Economy, 1999, 11 (1): 33 – 59.

[151] Lebowitz M. Marx' Falling Rate of Profit: A Dialectical View. Canadian Journal of Economics/Revue Canadienne D'Economique, 1976, 9 (2): 232 – 254.

[152] Leontief W. Domestic Production and Foreign Trade: The American Capital Position Re – Examined. Proceedings of the American Philosophical Society, 1953, 97 (4): 332 – 349.

[153] Leontief W. Factor Proportions and the Structure of American Trade: Further Theoretical and Empirical Analysis. Review of Economics and Statistics, 1956, 38 (4): 386 – 407.

[154] Liossatos P. Unequal Exchange and Regional Disparities. Papers of the Regional Science Association, 1980, 45: 87 – 103.

[155] Lucas R. E. On the Mechanics of Economic Development. Journal of Monetary Economics, 1988, 22 (1): 3 – 42.

[156] Mainwaring L . Equalisation in a Heterogeneous Capital Goods Model. Australian Economic Papers, 1976, 15 (26): 109 – 118.

[157] Marelli E. Empirical Estimation of Intersectoral and Interregional Transfers of Surplus Value. Journal of Regional Science, 1983, 23 (1): 49 – 70.

[158] Markusen, J. R. Trade and the Gains from Trade with Imperfect Competition. The International Economics Journal, 1981, 11 (4): 531 – 551.

[159] Metcalfe J. S. , Steedman I. Heterogeneous Capital and the Heckscher – Ohlin – SamuelsonTheory of Trade, in Steedman I. eds. , Fundamental Issues in Trade Theory, London: Macmillan, 1979.

[160] Michael E. P. Competitive Advantage: Creating and Sustaining Superior Performance. New York: Free Press, 1985.

[161] Morishima M. Marx's Economics: A Dual Theory of Value and Growth. London: Cambridge University Press, 1973.

[162] Moseley F. The Rate Profit and Future of Capitalism. Review of Radical Po-

litical Economics, 1997, 29 (4): 23 – 41.

[163] Nakajima A. , Izumi H. Economic Development and Exchange among Nations. Kyoto University Economic Review, 1994, 64 (2): 33 – 48.

[164] Okishio N. Competition and Production Prices. Cambridge Journal of Economics, 2000, 25 (4): 493 – 501.

[165] Paul M. S. The Triumph of Financial Capital. Monthly Review, 1994, 46: 1 – 11.

[166] Pissarides C. A. Learning by Trading and the Returns to Human Capital in Developing Countries. World Bank Economic Review, 1997, 11 (1): 17 – 32.

[167] Prebisch R. Commercial Policy in the Underdeveloped Countries. American Economic Review, 1959, 49 (2): 251 – 273.

[168] Prebisch R. The Economic Development of Latin America and its Principal problems. United Nations Publication, 1950.

[169] Ricci A. Unequal Exchange in the Age of Globalization. Review of Radical Political Economics, 2019, 51 (2): 225 – 245.

[170] Robinson J. The Production Function and the Theory of Capital. Review of Economic Studies, 1953, 21 (2): 81 – 106.

[171] Romer P. M. Endogenous Technological Change. Journal of Political Economy, 1990, 98 (5): 71 – 102.

[172] Romer P. M. Increasing Returns and Long-run Growth. Journal of Political Economy, 1986, 94 (5): 1002 – 1037.

[173] Rubin I. Essays on Marx's Theory of Value. Detroit: Black and Red, 1972.

[174] Samuelson P. A. International Factor – Prices Equalization Once Again. Economic Journal, 1949, 59 (234): 181 – 197.

[175] Samuelson P. A. International Trade and the Equalisation of Factor Prices. Economic Journal, 1948, 58 (230): 163 – 184.

[176] Samuelson P. A. , Nordhaus W. D. Economics. Boston: McGraw – Hill/Irwin, 2010.

[177] Samuelson P. A. Summary on Factor – price Equalization. International Economic Review, 1967, 8 (3): 286 – 295.

[178] Samuelson P. A. The "Transformation" from Marxian "Values" toCompetitive "Prices": A Process of Rejection and Replacement. Proceedings of the National Academy of Sciences, 1970, 67 (1): 423 – 425.

［179］Samuelson P. A. Understanding the Marxian Notion of Exploitation: A Summary of the So – Called Transformation Problem Between Marxian Values and Competitive Prices. Journal of Economic Literature, 1971, 9 (2): 399 – 431.

［180］Samuelson P. A. Wages and Interest: A Modern Dissection of Marxian Economic Models, American Economic Review, 1957, 47 (6): 884 – 912.

［181］Seton F. The "Transformation Problem". Review of Economic Studies, 1957, 24 (3): 149 – 160.

［182］Shaikh A. Foreign Trade and the Law of Value, Part II. Science & Society, 1980, 44 (1): 27 – 57.

［183］Shaikh A. , Tonak A. Measuring the Wealth of Nations: The Political Economy of National Accounts, New York: Cambridge University Press, 1994, 72 – 75.

［184］Singer H. W. The Distribution of Gains between Investing and Borrowing Countries. American Economic Review, 1950, 40 (2): 473 – 485.

［185］Smoel C. Commodity chains, Unequal Exchange and Uneven Development. Working Paper, 2004.

［186］Solow R. M. A Contribution to the Theory of Economic Growth. Quarterly Journal of Economics, 1956, 70 (1): 65 – 94.

［187］Somel C. Estimating the Surplus in the Periphery: An Application to Turkey. Cambridge Journal of Economics, 2003, 27: 919 – 933.

［188］Spilerman S. How Globalization Has Impacted Labour: A Review Essay. European Sociological Review, 2009, 25 (1): 73 – 86.

［189］Sraffa P. The Laws of Returns under Competitive Conditions. Economic Journal, 1926, 36 (144): 535 – 550.

［190］Thompson H. International Differences in Production Functions and Factor Prices Equalization. Keio Economic Studies, 1997, 34 (1): 43 – 54.

［191］Trefler D. International Factor Price Differences: Leontief was Right!". Journal of Political Economy, 1993, 101 (6): 961 – 987.

［192］Trefler D. The Case of the Missing Trade and Other Mysteries. American Economic Review, 1995, 85 (5): 1029 – 1046.

［193］Weisskopf T. Marxian Crisis Theory and the Rate of Profit in the Postwar U. S. Economy. Cambridge Journal of Economics, 1979, 3 (4): 341 – 378.

［194］Zambelli S. The Aggregate Production Function is not Neoclassical. Cambridge Journal of Economics, 2017, 42 (2): 383 – 426.

# 后 记

　　从创造被转移的剩余价值到意识到剩余价值转移再到研究剩余价值转移，13年过去了，我从一个马克思主义经济学的门外汉成为一名高校马克思主义学院的青年教师。马克思说过，"在科学上没有平坦的大道"，如果没有身边人的支持和帮助，我无法走到这一步。

　　首先，要感谢我的父母，他们教我坚毅望着前路，叮嘱我跌倒不应放弃。我来自农村，本科专业是工商管理，考研第一志愿填报的是金融学，当时的想法是到金融机构工作多赚些钱。面试失利，调剂到吉林财经大学自费攻读硕士研究生，我有些心灰意冷，父母鼓励我放下包袱继续深造，他们咬紧牙关克服经济困难又供我读了三年。白暴力老师的博士比较难考，第一次未能成功，父母安慰我说，不要紧，明年还考白老师的，"发展才是硬道理"。在丁老师的推荐下，我在吉林财经大学信息经济学院谋得了一份工作，一边工作一边备考，第二次如愿以偿。考上北师大白暴力老师的博士，父母叮嘱我，要居安思危，争取博士顺利毕业，找到自己比较满意的工作。三年后，我顺利通过博士论文答辩，拿到北师大的博士学位，并幸运地到首师大工作。父母虽然只是普通的农民，却让我铭记许多道理：胜不骄败不馁，持之以恒才有可能成功，不要有压力，"大不了从头再来"。衷心祝愿父母身体健康！

　　其次，要感谢我的两位导师，丁堡骏导师把我引入马克思主义经济学的殿堂，白暴力导师让我能够在这个殿堂里继续钻研。

　　研究生入学时我没有做研究的打算，不过，有幸能够聆听丁堡骏老师授课，并有幸成为他的学生。在讲课中，丁老师经常提出一些学术界争论比较激烈的问题，让我们思考讨论，有时还会亲自打印一些资料给我们研读。潜移默化中，我对一些问题产生了兴趣，并试着写了点东西，由于自己没有这方面的基础，写的那点东西毫无水平。但我没有灰心，丁老师也鼓励我继续写下去，并给我提供一个研究方向——"置盐定理"。接下来，我开始搜集、研读和"置盐定理"相关的国内外文献，把自己在研读时产生的一些想法整理成文交予丁老师，经过反复修改，文章最终刊发在 2011 年第 9 期《当代经济研究》杂志上。这篇文章虽然我是唯一署名者，但凝结着丁老师的大量心血。

能来到北京师范大学读白暴力老师的博士是我的荣幸，也是值得夸口的事情。博士刚入学，白老师就告诫我们，读博士千万别像电影《刘三姐》里的穷秀才一样，死读书，碰到问题不动脑思考只会在书本里找答案。不论做什么事情，要用心，把道理搞清楚，做学术、写论文也应如此，这是白老师教育我们时常说的话。博士一年级刚结束，白老师就叮嘱我抓紧开始写博士论文，并给我打印了一份《关于博士生培养研究》的文章，让我好好读。这是他在多年的博士生培养实践中总结出来的经典，是我博士论文撰写过程中的床头灯，起着指引性作用。一篇博士论文写下来，我有了很大的进步，具备了一名博士生应当具备的能力："选择的能力，围绕选择组织学习的能力和解决问题的能力"。

我特别想说的，也最令我感动的，是白老师指导我写论文的点点滴滴。学院要求，从 2013 级开始，要在 B 类期刊（《经济研究》级别）发表一篇文章，或者在 C 类期刊（《世界经济》级别）发表两篇文章，或者在 C 类 CSSCI 来源期刊发表一篇文章、在 D 类 CSSCI 来源期刊发表两篇文章，博士论文才能送盲审。对于我一个学术基础相对薄弱，而且文笔又一般的博士生而言，这个标准的确很高。达到这个标准，不知耗费了白老师多少精力。老师既要耐心地指导我如何理清文章的思路和逻辑，还要在我浮躁、气馁的时候，鼓励我静下心做下去。最后，为了确保能顺利发表，老师会像雕刻家一样悉心地对文章进行打磨，从题目、摘要、引言，到文章的逻辑结构，再到措辞用语。这种一丝不苟的学术精神令我敬佩，也值得我一生学习！

学术研究有三种境界：第一种是为名利，第二种是兴趣使然，第三种是为人民群众。我认为两位导师达到了第三种境界。我的成长离不开我的两位导师。正是在他们那种严谨求实的作风、孜孜不倦的创新精神和敬业精神的教益和熏陶下，我逐渐对学术产生了兴趣，在他们诲人不倦地指导下，我具备了一些研究能力。在此，谨向我的两位导师致以深深的谢意，感谢他们这些年来在我身上的付出，我会带着感恩的心努力奋斗。

再次，要感谢国家社会科学基金青年项目以及《当代经济研究》《马克思主义与现实》《世界经济》《经济纵横》等杂志给予的大力支持和帮助，他们对我的学术成果的认可坚定了我把"剩余价值转移及其世界经济发展不平衡效应研究"这一当前在理论经济学有些冷门的课题做下去的信心。

最后，要该感谢在南方的那段工作经历。《资本论》被誉为工人阶级的"圣经"，在工厂里劳动的工人比"所谓有教养的阶级"更容易理解和接受《资本论》，因此，马克思说，"卓越的理论思维能力，已在……所谓有教养的阶级中完全消失了，但在……工人阶级中复活了。"的确如此，如果不是那28天的打工经历，我可能还像一些学者那样对西方经济学的基本原理坚信不疑，对马克思主义政治经济学的态度可能也很难转变。在给本科生上《马克思主义基本原理概论》课时，我也时常把我的打工经历讲给同学们，并建议他们上完"思政课"最好能利用寒暑假到企业实习或者工作一段时间。

王智强

2022 年 5 月